한국인의 탄생

시대와 대결한 근대 한국인의 진화

한국인의 탄생

최정운 지음

1999년에 『오월의 사회과학』을 내고 10여 년이 흘렀다. 그간 연구를 게을리했다고 생각하지는 않는다. 술을 많이 마시고 다녔던 것도 아니고 나름대로 부지런히 책도 읽고 공부를 해오다 보니 흡사 '립 밴 윙클(Rip Van Winkle)'처럼 21세기도 한참 지났음을 문득 깨닫게 되었다. 문제는 5·18 연구는 1997년에 의도치 않게 떠밀려서 시작했지만 곧 내 자신이 전과는 전혀 다른 기분으로 책을 읽고 있음을 발견했다는 점이다. 그간에 서양의 사상, 철학 등을 공부해왔다. 물론 나름대로 열심히 해왔지만, 우리나라에 대한 연구는 전혀 다른 의식과 열정을 주었음을 발견했다. 인문·사회과학 연구라는 것은 주어진 어려운 문제를 푸는 것으로 성과를 내서 보상을 받는 것과는 상당히 다른 일이라는 것을 그간 뼈저리게 느낀 셈이었다. 물론 자연과학도 반드시 객관적인 성과의 경쟁만은 아닐 것이다.

막스 베버(Max Weber)가 그의 사회과학 방법론(Wissenschaftslehre)의 글에서 지적했듯이, 인문·사회과학 또는 문화과학의 연구란 주제를 우리가 선택한다기보다는 우리에게 떠오르는, 우리가 선택한다면 무의식적으로 선택하게 되는 우리 시대, 우리 사회의 문제, 고민거리에 대하여 연구하는 것이며, 그에 임하여서도 '가치 의식'이 충만한 '문화인'이라는 입장에서 연구할 수밖에 없다는 지적이 얼마나 심오한 지혜인가를 지난 10여 년의 경험을 통해 뼈저리게 느껴왔다. 그간 우리는, 필자의 경우도 전형적인 예인데, 외국에서 학문을 배워오는 것이 우리 사회를 위해서 할 수 있는 최고의 지적 노력이자 업적이라고 생각해 왔다. 이러한 관념은 우리나라에서 역사적으로 형성되어, 필자의 뇌리에 박힌 생각이었고 그것을 성취하는 것도 결코 쉬운 일은 아니었다. 하지만 우리에게는 우리 사회의 근본적이고 실존적인 지적 문제가 있고, 이는 외국에서 배워오고 외국 이론을 도입하는 것으로는 결코 해결되지 않는다는 것을 느껴왔다. 단적으로 우리는 어떻게 지금 이 자리에 왔고, 지금 우리의 이 자리는 어떤 자리이며, 우리는 누구냐는 문제는 절실한 문제이며 사회과학이라든가 하는 전문 분과 학문에서의 학문 방법론으로는 결코 해결되지 않는 문제이다. 더구나 외국의 이론을 도입해서 그 시각으로 우리 자신을 본다는 것은 그야말로 전형적인 이른바 '소외'의 절정임에 틀림없다. 결국 지난 10여 년간의 지적 여행은 너무나 소중한 경험이었던 셈이다.

우리 사회에서 지식인들은 전통문화의 관성으로 인해 자신들이 대단한 존재이며 큰 책임을 갖고 있다고 자부한다. 그러나 지난 20여 년간 대한민국의 최고의 학부인 모교에서 가르치고 연구하면서 느껴온 것은, 연구 환경은 열악하고, 학문을 연구하는 분위기는 전혀 내실이 없고, 연구를 제대로 하려고 하면 주변에서, 학교 제도에서, 그리고 무엇보다 학생들의 의식 상태가, 가장 심각하게는 사회 전반의 가치관이 결코 진지한 학문 연구를 권장하지도, 지원하지도, 허용하지도 않는다는 사실이었다. 더욱 심각한 문제는 이러한 분위기는 대학 밖에서 오기도 하지만 대학 안에서 더욱 팽배하다는 점이다. 이 책에서 지적하고 있는 반지성주의(反知性主義)는, 잘 보이지 않지만 밑바닥으로부터 스며드는 섬뜩한 저주의 안개처럼 우리 사회가 성숙하지 못하게, 우리가 자라지 못하게 하고, 우리 몸과 의식을 썩게 만드는 독소(毒素)이며, 이는 역사적으로 형성된 것으로 어떤 특정한 세대의 특정한 사상의 문제를 넘어선다는 것을 느끼지 않을 수 없다. 그간 오랫동안 필자 자신도 자유로울 수 없었던, 외국에서 학문을 배워 도입하면 된다는 생각은 바로 이 반지성주의의 원인이자 결과며 동일한 동전의 앞뒷면이라는 사실도 느끼게 되었다. 물론 필자는 해외에 유학가지 말라고 말하고 싶은 생각은 없다.

더구나 반지성주의는 우리 사회에서 역사적으로 형성된 또 하나의 저주인 '교육만능주의'와 짝을 이루고 있으며, 이 짝은 우리나라를 '교육 지옥', 수많은 청소년들을 학살하고 해외로 팔아넘기는, 그런 무시무시한 지옥으로 만들어왔다. 학생들이 대학에 들어오기 위해서는 온갖 희생을 치르고 부모들은 가산을 탕진하며 자녀들을 지원하지만, 정작 대학에 들어오면 무엇을 배우는지, 무엇을 배울 것인지, 그 대학이란 곳은 뭐 하는 데인가에 대해서는 학생들, 학부모들, 그리고 언론 등 사회 전반은 아무런 관심이 없다. 이는 결코 가벼운 문제가 아니라고 생각한다. 이 책에서 결국 마지막으로 이야기하고 싶은 것은 우리의 이러한 현실과 그 과거로부터의 뿌리를 파헤침으로써 우리 사회를 그래도 사람이 살 만한 곳으로 만들기 위한 생각을 같이 펼쳐보자는 제안이다.

우리의 근·현대 역사는 사람이 살 수 없는 곳, 그런 상황에서 시작되었다. 우리는 그간 엄청나게 먼 길을 왔고, 우리는 자부심을 느낄 자격이 있다. 그러나 우리는 지난 1백여 년의 역사를 통해 이런 성과를 이루어오는 과정에서, 우리 자신을 돌아보고 생각해야 한다는 근본적인 지적 과업을 망각하였고 결국 우리 자신을 잃어버리고 마는 또 다른 결과를 초래하였다. 우리의 이러한 역사는 결코 이상한 변태의 역사가 아니라 자랑스러운 역사였다. 하지만 우리가 현재 안고 있는 반지성주의와 교육만능주의의 지옥은 반드시 벗어나야 하는, 우리가 스스로 만든 죽음의 덫임을 깨달아야 한다고 생각해서 어렵게 이 책을 내게 되었다.

2013년 9월 최정운

일러두기
───

• 작품 인용은 원전의 편집 상태 그대로 싣는 것을 원칙으로 하되, 필요에 따라 최소한으로 띄어쓰기와 맞춤법을 적용하였다.

• 이 책의 몇 인용문에 대한 번역과 해석은 모두 저자의 것이다.

• 주(註)의 경우, 문헌 주는 후주로, 내용 주는 각주로 각각 구분하여 편집하였다.

• 이 책에 인용한 작품의 서지 사항은 다음과 같다.

허균 | 『**홍길동전**』
허균, 1616, 『홍길동전; 박씨부인전』, 전영진 편저, 한국고전문학선, 서울: 홍신문화사, 1995.

『**춘향전**』
『춘향전』, 한국고전문학선, 전영진 편저, 서울: 홍신문화사, 1995.

이인직 | 『**혈의 누**』, 『**치악산**』, 『**은세계**』, 『**귀의 성**』
이인직, 1906a, 『한국신소설전집』 권1: 이인직, 서울: 을유문화사, 1968.

안국선 | 『**금수회의록**』
안국선, 1908, 『신소설』, 이인직, 이해조, 안국선, 신채호, 한국소설문학대계1, 서울: 동아출판사, 1995.

이해조 | 『**빈상설**』, 『**구마검**』, 『**원앙도**』, 『**자유종**』, 『**화세계**』
이해조, 1907, 『한국신소설전집』 권2: 이해조, 서울: 을유문화사, 1968.

신채호 | 『**꿈하늘**』
신채호, 1977, 『단재신채호전집』, 하권, 단재신채호선생기념사업회, 서울: 형설출판사.

이광수 | 『**무정**』, 『**유정**』
이광수, 1979, 『이광수전집』 전10권, 서울: 우신사.

김동인 | 『**배따라기**』, 『**약한 자의 슬픔**』, 『**마음이 옅은 자여**』, 『**광염소나타**』, 『**배회**』, 『**붉은산**』, 『**광화사**』, 『**감자**』
김동인, 1988, 『김동인전집』 전16권, 서울: 조선일보사.

나도향 | 『**젊은이의 시절**』, 『**환희**』, 『**벙어리 삼룡이**』
나도향, 1988, 『나도향 전집』(상·하), 주종연, 김상태, 유남옥 공편, 서울: 집문당.

박태원 | 『**소설가 구보씨의 일일**』
박태원, 1934, 『한국해금문학전집』, 제3권, 서울: 삼성출판사, 1988.

이상 | 『**날개**』
이상, 1936, 『정본 이상 문학전집2: 소설』, 김주현 주해, 서울: 소명출판, 2005.

심훈 | 『**상록수**』
심훈, 1936, 『상록수』, 조남현 해설·주석, 서울: 서울대학교출판부, 1996.

홍명희 | 『**임꺽정**』
홍명희, 1928-1940, 『임꺽정』 전10권, 서울: 솔, 1988.

최서해 | 『**탈출기**』
최서해, 1925, 『최서해 전집』, 상권, 서울 : 문학과지성사, 1994-1995.

현진건 | 『**무영탑**』
현진건, 1941, 『무영탑』, 한국남북문학100선012, 서울: 일신서적출판사, 1990.

제1장

한국인의 정체에 접근하는 문제

'한국인'이란 너무나 친숙한 우리의 일부지만 심심찮게 우리를 깜짝 놀라게 만드는 존재이기도 하다. 허다한 순간에 우리는 우리를 의식하며 '도대체 한국인이란 누구인가?', '도대체 한국인은 어떻게 생겨 먹은 사람들인가?' 하는 질문을 던진다. 이러한 질문은 흔히 감탄 또는 경악의 표현인 경우가 많고, 또 실제로 답을 알고 싶은 호기심의 발로일 것이다. 그러나 돌아보면, 대부분은 유의미한 답을 얻기 전에 차제의 감탄과 경악으로 넘어갔을 것이다. 이 지점에서 우리는 스스로 그간 '한국인'을 잘 알고 있다고 생각해 왔던 것이 사실은 그렇지 않으며, 심지어 그들에 대해 전혀 모르고 있지 않은가 하는 또 다른 질문을 마주하게 된다. 더구나 우리를 둘러싼 세계를 이야기하며, 앞으로 세계는—늘 나오는 이야기지만—경제적 위기를 맞이할 것이며, 문명 집단들 간에 큰 충돌이 불가피할 것이며, 에너지는 곧 고갈될 것이며 따위의 이야기가 더해지면, 늘 우리나라와 우리 민족은 어떻게 적응해 나갈 것인지 불안을 떨칠 수 없다. 비관적으로 생각하든 낙관적으로 생각하든 그러한 불안은 상존하는 것이고, 우선 우리가 취할 수 있는 가장 현명한 길은 우리 자신, 우리 민족에 대해 품고 있는 강박적 호기심을 풀어 나가는 것이다. 그런 다음에야 우리 민족은 어떻게 적응할 수 있을지 그 해결책을 생각해 볼 수 있을 것이다.

인간은 개인으로나 집단으로나 이해하기 어려운 존재이다. 더구나 알겠다고 덤벼드는 우리 자신이 인간에 불과한 이상, 그리고 그들을 높은 곳에서 굽어볼 처지가 못 되는 이상, 뚜렷한 방법이 없고 그런 채로 도출되는 모습들에 혼돈에 빠질 뿐이다. '실증주의 사회과학 방법론'은 똑같은 사람들을 주체와 객체로 나누고 가정(assumptions)을 통해 지식을 이끌어낼 조건들을 설정한다. 하지만 이러한 실증과학 식의 접근으로는 인간이라는 대상체에 대해 우리가 알고 싶은 만큼, 특히 그들의 머릿속과 마음속에 관해서는 도저히 알 수가 없다.

이러한 질문을 진지하게 제기하고 고민했던 사람들이 대표적으로 정신분석학(psychoanalysis)이라는 분야를 개척해왔을 것이다. 정신분석학은 대단히 복잡한 학문 분야지만, 그 공통적인 접근 방법은 당사자의 역사—과거—를 알아보고 분석하는 것이다. 특히 당사자의 입을 통해 그로 하여금 편안한 조건에서 무슨 말이라도 하도록 유도하고, 그 말을 해석하여 점차 역사적으로 쌓여온 그의 심리와 마음에 다가간다. 어려서부터 부모와의 관계, 생장 과정에서 겪었던 일 등 당사자의 숱한 경험을 그의 진술을 통해 해석하고 재구성하여 그의 마음에 응어리졌던 욕망, 좌절, 고통, 상처 등을 파악한다. 그의 현재 심리 상태를 이해해서 심리적 문제들을 해결해 나가는 이런 식의 정신분석 기법은 물론 아직 한계가 있겠지만 실질적으로 인간을 이해하고 문제를 치유해 나가는 몇 안 되는 방법 중의 하나이다.

개인뿐만 아니라 집단, 더 나아가서 민족 단위의 다수의 사람들을 이해하려고 하는 경우에도 역사는 결정적인 접근법이다. 역사란 과거의 사실을 정확히 알아낸다는 것뿐만 아니라 현재까지 사람들의 마음속에 응어리져 쌓여 있는 기억과 퇴적물을 이해하기 위한 필수 불가결한 통로이다. 이것은 객관적 사실로서의 역사를 넘어, 경험과 기억 그리고 연속과 불연속의 의식과 무의식의 역사를 의미한다. 이를 재구성하는 일은 쉽지 않은 작업이다. 그러나 이러한 역사 작업을 통해 우리는 그간 심연에 가라앉아 보이지 않던 그들의 참모습이 우리 눈앞에 떠오르는 진귀한 장면을 마주하게 된다. 물론 이렇게 해석의 과정을 통해 떠오르는 모습이 누구에게나 객관적 타당성을 인정받을 수 있는 '진리'라고 주장할 수는 없다. 또 이 마지막에 나타나는 모습의 타당성에 대해서는 많은 사람들이 그 설득력을 인정할 수 있겠지만, 방법론에서 비롯된 과정 전체의 타당성을 주장하며, 그러한 방법을 통해 도출되었으므로 그 모습이 '객관적'이라거나 '유일한 진리'라고 할 수는 없다. 이런 식의 연구는 전통적인 학문에서 말하는 '사상사(思想史)'가 될 것이다. 사상사는 과거를 재구성하는 일일 뿐만 아니라 현재의 깊은 부분에 접근하고 알아내는 유일한 길이다. 물론 이러한 역사적 작업은 학문으로서의 역사학과는 별 관계가 없을지 모른다.

우리나라, 우리 민족의 사상사는 사실 학자적 시각에서 말하면 어느 시대에 대해서나 학문적 가치가 있다거나 영감을 주는 작품이 별로 눈에 띄지 않는다. 우리 정체성의 문제는 아직은 여전히 경악과 감탄과 의문의 반복 안에 갇혀 있다. 근대 이전 시대에 대해서는 사고방식과 언어 체계가 완전히 뒤바뀌어 오늘날 세대가 그 시대의 사고와 글을 이해하기 대단히 어렵고, 더욱 중요한 근현대 시대에 대해서는—사실 더욱 좌절하게 되는데—그 시대의 다양한 자료에 나타난 다양한 철학과 사상을 제대로 이해하지 못한 채로 연구하고 서술한 경우가 대부분이라 유치한 수준을 벗어난 것이 많지 않다. 우리의 근현대 사상사는 전통과 근대의 수많은 사상과 문화가 얽혀 온 역사이기에 더욱 어려운 분야이다. 그렇기에 현대 한국인의 모습은 다면적이고 복잡하다. 사상사의 생명은 해석이며, 이는 결코 쉬운 무공(武功)이 아니다.

우리 시대의 사상과 사상사에 관해서는 여러 가지 문제가 있겠지만 우선 과연 사상사가 가능한가라는 문제가 있다. 대부분 사람들은 우리 사회, 특히 정치에는 권력 투쟁과 난투극이 모든 것이지 '사상이 어데 있어?' 하고 되물으며 사상은 없고 따라서 사상사는 불가능함을 단언한다.* 물론 이런 부정적 단언은 여러 동기에서 연유할 것이다. 그러나 우리나라 사람들, 정치가들이 짐승이 아닌 이상, 인간인 이상, 사상이 없을 수는 없다. 그리고 우리 현대 정치에 과연 사상이 없다면, 그것은 역사의 어떤 과정을 통해 사상이 없어진 결과일 것이며 이는 여전히 사상사의 문제임에 틀림없다. 사상이 사

---

* 한국 사회의 '무사상(無思想)'을 비판한 대표적인 경우는 최정호일 것이다 (최정호 1989).

한국인의 탄생

라져버린 경우라 하더라도 그 사연과 과정이 깊이 논의되어야 한다. 어떤 경우라도 사상사는 쓰여야 하는 것이며 이를 통해서만 우리 자신을 알 수 있다. 우리 자신을 알지는 못해도 그림자라도 흘끗 볼 수 있을 것이다. 우리 자신을 알지 못하고 또 알겠다고 노력하지 않는 이상 우리 사회의 어느 분야도 안정될 수 없다. 우리 사회에 대해 최소한의 식견과 철학을 갖추지 못한 국민들은 대중 선동에 취약할 수밖에 없고 그 정치적 사회적 판단은 어린아이 수준을 벗어나지 못할 것이다. 정체성에 대한 관심이 옅은 사회는 안정될 수 없고 발전할 수 없다.

　　우리의 근현대 사상사 연구에는 난점이 한두 가지가 아니다. 우선 무엇보다도 우리의 근현대 역사에는 서구의 경우와 같이 사상사로 읽고 분석할 수 있는 그런 종류의 저서들, 텍스트가 거의 없다. 말하자면 이론적, 철학적으로 자신이 살던 사회의 문제에 대해서 자신의 논리를 전개한 그런 체계적인 저술이 거의 없다. 그런 저술을 우리의 조상과 선배들이 남기지 않은 이유는 여러 가지가 있을 것이다. 우선 사상적으로 우리 근현대사는 우리의 전통 철학과 사상이 붕괴되고 부정되고, 서양의 지식과 학문, 사상과 철학이 급격히 도입되는 지적 혼란 상태였다는 것을 꼽을 수 있을 것이다. 정치적으로도 오백 년을 이어온 조선 왕조가 그 사상 체계와 더불어 붕괴되고, 일제의 지배를 받고, 다시 나라를 세우고, 전쟁을 겪는, 이른바 죽음의 위기와 고난의 연속인 시대였다. 그 속에서 우리의 지식인들이 체계적인 사고를 펼치거나 저술을 풍부하게 남기지 못한 것은 결코 이상한 일이라 할 수 없을 것이다.

　　우리의 근현대사에서 사상사적 자료가 그나마 가장 풍부하게 남아 있는 분야가 있다면 문학, 특히 소설일 것이다. 우리의 지식인들은 20세기에 들어서는 여러 이유에서 문학, 특히 소설에 집착해왔다. 왜 그랬는지는 잘 연구해 보아야 할 쉽지 않은 문제일 것이다. 우리나라에서 근대 소설은 1906년에야 '신소설(新小說)'이라는 이름으로 시작되었으니 그 역사가 길다고 할 수는 없다. 고종(高宗)이 즉위한 것이 1863년이었고 그때부터를 '근대'로 본다면 근대의 온갖 것에 주목한 지 40여 년이 지나고 나서야 근대 소설문학이 시작된 셈이다. 일단 근대 소설문학은 서구에서 전파된 것이고, 따라서 근대 소설문학이 그때 우리나라에 전파되고 그렇게 시작되었다고 말할 수 있겠지만, 이러한 설명만으로는 대단히 미흡하다. 모든 문명 전파의 경우가 거의 다 그럴 것이다. 이웃 나라 일본에서 최초로 쯔보우치 쇼요(坪內逍遙)가 '소설(小說)'이라는 번역어를 만들고 근대 서구식 소설 작품을 발표한 것은 1885년이었다. ＊ 우리와는 20년 이상의 편차가 있었던 셈이다. 그러나 이 '소설문학'이라는 아이디어가 현해탄을 건너오는 데 20여 년이 걸렸다는 것은 이해할 수 없는 일이다. 앞으로 논의하겠지만 근대 서구식 소설을 써야 하는 주제의식과 소재들이 우리 사회에 압도적인 형상으로 나타나기 시작한 것이 바로 그 시대, 20세기 초였다고 이해해야 할 것이다.

근대 소설이란 17세기 초에 에스파냐에서 세르반테스의 『돈 키호테(*Don Quixote*)』를 필두로 나타난 문학 장르이다. 20세기 초 게오르크 루카치(György Lukács)는 그러한 근대 소설문학과 그 내적 형

＊ 쯔보우치 쇼요는 1885년에 소설 작품으로 『當代書生氣質』을, 그리고 이론서로서 『小說神髓』를 출간하였다.

한국인의 탄생

식이 인간이 소외되는 자본주의의 발달에 의해 나타났다는 주장을 제기하였다.[1] 그에 따르면, 근대 소설은 어떤 개인의 생애를 기술하기 위해서 만들어진 문학 형식으로, 그 안에서 인물은 자신의 욕망을 추구하며 세상과 공동체에 맞서 갈등과 대결을 벌인다. 그 인물은 이를 통해 자신의 존재를 확인해가는 광기 어린 그런 종류의 인물이며, 근대 소설은 바로 그런 인물들의 이야기를 위해 만들어진 장르라는 것이다. 르네 지라르(René Girard)는 세상과 부딪치는 그러한 개인의 욕망에 대하여, 그것은 자연적이고 자발적으로 우러나온 욕망이 아니라 자본주의 사회에서 역사적으로 나타난 욕망이자 진정하지 않은, 누군가에 의해 매개된 욕망이라고 지적한다.[*]

　그리고 근대 소설문학은 종래의 문학과는 다른 형태를 띤다. 우선 근대 문학은 문체의 아름다움을 추구하기보다 오히려 목적을 이루기 위해서는 천박한 문장도 마다하지 않는다. 근대 소설문학은 사실주의(寫實主義)라는 대원칙을 추구한다. 그러나 사실주의는 눈에 보이는 현실을 그대로 묘사하는 것을 목적으로 삼는 규범이 결코 아니다.[**] 왜냐하면 이야기 자체는 픽션(fiction) 즉 현실은 아니지만

● 지라르에 따르면 근대 소설문학의 특징은 욕망의 구조이며, 주인공 개인의 욕망이란 자생적으로 발생한 욕망이 아니라 매개된 것이다. 단적으로 근대 소설에 나타나는 욕망의 주체, 객체 그리고 매개라는 삼각형의 형태를 띤다는 것이다 (Girard 1961).

●● 서양의 리얼리즘(realism)은 문학을 포함한 예술 분야에서는 '사실주의(寫實主義)'라고 번역하지만 사회과학 분야에서는 '현실주의(現實主義)'라고 번역한다. 사실주의와 현실주의 간에는 느껴지는 의미의 편차가 있는 만큼 '현실'과의 관계에 있어서 상당한 차이가 있다고 할 수밖에 없다.

'있을 수 있다', '있을 법하다'고 여겨지게끔 만들어낸 이야기이지 현실은 아니기 때문이다. 근대 소설문학의 원칙으로서의 사실주의란 존재하지 않는 것, 인물, 행적, 이야기 등을 독자들에게 꼭 존재하는 것처럼, 흡사 눈앞에서 벌어지고 있는 일처럼 느끼도록 이야기를 지어내고 글을 써내도록 시도하는 규범을 말한다. 다시 말하면 거짓말을 꼭 사실인 것처럼 꾸며대는 것을 말하며, 그런 뜻에서 사실주의는 픽션을 지어내는 방법의 기준이 된다. 그런 이유에서 글이 운문인가 산문인가, 아름다운 명문인가 야비한 악문인가, 문어체인가 구어체인가 하는 형식은 중요하지 않다.

그리하여 근대 소설문학이 표방하는 사실주의(realism)란—사회과학에서의 '현실주의(realism)'와는 달리—주어진 현실을 재삼 반복하고 운명으로 확언하는 과다 반복의 보수주의의 신파조 담론이 결코 아니다. 오히려 사실주의는 아직은 없는 것, 없는 인물을 있을 수 있는 존재로 상상하여 흡사 이미 있는 존재로 포장하여 제시할 수 있는 언어 체계이며, 더 나아가 그 새로운 존재가 과연 현실 속에서 서식이 가능한지 실험하고 모색함으로써 주어진 현실의 대안(代案)을 시도할 수 있는 언어 체계이다. 『돈키호테』에서 세상은 낭만적 기사 소설에 탐닉한 나머지 정신이 나가버린 늙은이의 허황된 모험을 웃음거리로 만들고 그의 광기 어린 이상(理想)을 조롱한다. 하지만 종국에는 그를 넋이 빠지긴 했지만 귀여운 영감으로 만들어 따뜻한 세상의 품안으로 받아들인다. 결국 근대 서구 사회가 근대 소설문학을 통해 광기에 찬 이상(理想)—돈키호테—을 현실의 품안으로 받아들이는 이야기인 셈이다. 근대 문학의 규범으로서의 사실주의는 결코 유토피아주의(Utopianism)의 반대항(反對項)이 아니다. 오히려 사실주의적 근대 문학은 '영구 혁명'의 의미를 갖는다. 사실주의는 현실을 부정하는 이상의 광기를 길들이는 담론인 것이다. 근대 소설문학은 이미 존재하고 있는 인물뿐만 아니라 존재하기를 고대하는 인물, 나아가서 존재할 수도 있는 인물 등 다양한 종류의 인물을 창조할 수 있는 것이다. 사실주의가 작품에서 그려내는 모습은 눈앞에 보이는 현실에 더하여 우리의 머릿속이나 가슴속에 품고 있는 다양하고 좀 더 풍요로운 의미의 '사실'인 것이다.

　　서양의 근대 소설문학이 17세기 초반부터 제시한 인물들—대표적으로 파우스트, 돈키호테, 돈 후안, 로빈슨 크루소—은 근대 서구의 지배적인 사상인 개인주의(individualism)의 신화적 영웅들이었다.[•] 그들은 모두 자아와 세상의 대결(ego contra mundum)의 구도에서 투쟁하던 인물이었고 그들 대부분은 그런 인생에 대한 처벌로 지옥으로 떨어졌다. 그들은 하나같이 엄청난 인기를 끈 인물들로서, 내면에 말로 다 설명할 수 없는 복잡한 심리를 갖고 있었다. 이러한 근대 소설들이 창조한 주인공 인물들의 모습은 역사가 흘러감에 따라 변하여, 결국은 모두 지옥 또는 지옥 같은 세계로부터 구원받는 이야기와 그 인물이 되었고, 새로운 시대에는 새로운 인물로 재탄생하였다. 앞에서 지적했듯이 근대 소설은 기성의 우주가 찢어지는 시대, 자본주의 발달이라는 특정한 환경에서 나타난 예술 작품이며, 그 예술이 창조해 온 주인공들도 그런 환경에서 탄생한 인물들이었

• 17세기 초반부터 서구의 근대 소설문학에서 나타난 인물들을 이언 와트(Ian Watt)는 '개인주의 신화'로 분석하고 있다. 그는 파우스트, 돈키호테, 돈 후안, 로빈슨 크루소를 주요한 인물들로 논의한다 (Watt 1996).

다. 근대 소설은 시간과 역사를 체득하고 그것에 뿌리내리고 있는 예술로서 시대의 흐름에 민감하게 변화하며 새로운 인물들을 만들어왔다.

근대 이전의 문학, 예를 들어 서사시(epic)나 비극(tragedy)이나 소설이나 대부분의 작품은 영웅담이었다. 우리나라의 경우에도 근대 이전의 소설 대부분은 영웅담으로 제목도 주로 '—전'이었다. 하지만 근대 이전의 문학에 등장하는 개인들과 근대 이후의 소설에 등장하는 개인들은 전혀 다른 모습이다. 무엇보다 근대 이전 문학 작품의 영웅들은 진정한 의미에서 '개인(individual)'이라 할 수 없다. 그들은 모두 공동체나 민족의 염원, 꿈, 욕망을 대변하고 그를 이룬 사람들이었고, 그런 의미에서 영웅이었다. 독특한 개인으로 욕망을 가진 것도 아니고 개인으로 공동체와 갈등을 일으키지도 않았다. 그리고 무엇보다 근대 이전 문학 작품의 인물은 역사를 모르는 영웅들이었다. 세상의 변화와는 무관한 사람들이었다. 곧 이야기하겠지만, 우리나라의 『홍길동전』의 주인공 홍길동 같은 경우에도 타락한 세상 때문에 나타난 영웅이 아님이 작품 안에서 강조되고 있다. 따라서 근대 이전 문학 작품의 영웅 이야기는 신화(神話)로서 비슷한 이야기로 반복된다. 우리의 시각에서 보면 '그 이야기가 그 이야기다.'

근대의 소설문학도 신화적인 경우가 많았다.* 그러나 근대의 신화는 똑같이 반복되는 일은 없다. 16세기 말 지옥으로 떨어졌던 파우스트는 18세기 말에는 구원을 받아 천당으로 천사의 인도를

---

* 이언 와트의 주장은 근대 초의 네 인물들의 이야기는 계속 반복되었다는 의미에서 신화였음을 강조한다 (Watt 1996).

한국인의 탄생

받았다. 심지어 19세기 중반에는 돈 후안 같은 악당도 구원을 받았다. 작품 안에 그들이 구원받은 이유에 대해 나름의 설명이 있긴 하지만, 필자의 판단에는 자본주의의 발달과 산업 혁명으로 이미 그런 부류의 부도덕한 인간들이 꽉 들어찬 세상에서 그들을 계속 지옥으로 보내다가는 서구의 모든 땅에는 구원의 희망은 사라지고 지옥의 저주만 남게 되었을 것이기 때문이었다. 이러한 신화적 개인들은 18세기 말이 되면 새로운 근대적 시민의 모델이 되었다. 그리고 19세기에 들어서면 전 세계를 지배하는 제국주의자의 표상이 되었다.[*] 근대 소설은 역사와 사회의 변화에 처음부터 민감하게 나타난 예술 장르이며 우리는 근대 소설을 통해서 역사의 흐름과 그 속에 살았던 지식인 예술가들의 고민과 생각과 사상을 종합적으로 감상할 수 있을 것이다.

❖

이 책은 한국 근대 사상사를 이해하기 위한 방편의 하나로 우리의 근대 소설문학에서 창조되어 나타난 일련의 인물을 분석하고 해석하는 작업을 시도한다. 여기에서 우리 근대 소설을 다 다룰 수는 없고, 필자가 선정한 중요한 몇 작품들에 나타난 인물의 모습과 그들

● 명시적으로 제일 먼저 18세기 후반에 모범 시민의 자리를 오른 인물은 로빈슨 크루소였다 (최정운 1999b). 19세기 전반에 완성된 괴테의 『파우스트(Faust)』, 특히 제2부는 서구 제국주의자의 표상을 제시했다. 슈펭글러(Oswald Spengler)는 그것을 '파우스트주의(Faustinianism)'라 불렀다 (Spengler 1926-1928).

의 역사적 의미에 초점을 맞출 것이다. 작품의 역사성에 대해서는 작가가 작품을 집필한 시기에 기준을 둘 것이다. 그 시점에서 문학 가에게 인식된 사회적 현실과 사상이야말로 의미 있는, 우리가 이 책을 통해 찾으려는 보화인 것이다. 소설의 이야기가 가리키는 역사 적 시대는 의미 있는 요인이 아니다. 우리는 소설을 통해서 소설의 내재론적 사실을 밝혀내려는 것이 아니라 작가가 소설에 부여하려 했던 시각, 틀, 문제의식을 도출하려는 것이다.

나아가서 사상사에는 이런 예술 작품을 통해서만 알 수 있는 부분이 있다. 새로운 생각과 구상의 등장은 창조를 맡고 있는 예술 가의 손을 거치지 않고는 나타나지 않는다. 이론적이고 논리적인 글 이 기존의 사고와 사상을 더 정교하게 드러낼지 모르지만, 새로운 인간형, 새로운 사상의 구체적 실체로의 구상과 창조는 예술을 통해 서만 드러난다. 르네상스(Renaissance)는 예술가들이 이룩한 역사였 다. 우리 근대사의 경우와 같이 상이하고 이질적인 문화와 문명이 뒤얽혀 있던 세상, 논리적으로 따지는 능력만으로는 현실의 갈피를 잡기 어려웠던 시대 상황에서는 예술적 직관력만이 앞길을 비추는 등불이었을지도 모른다.

이 책에서 우리 근대 문학사의 명작을 읽는 방식은 국문학에 서 시도해왔던 방식과는 상당히 다를 것이다. 국문학에서는 주로 형 식적인 문제들, 문학예술 작품으로서의 완성도 등을 기준으로 평가 하며 논의해 왔지만 여기서는 문학 작품의 형식은 분석과 해석의 초 점이 아니다. 필자는 문학 전공자가 아니며 문학 자체에 대해서 높 은 안목을 갖추지 못하고 있기도 하지만, 여기서의 일차적인 관심 은 문학 작품이 우리에게 제공하고 있는 이야기의 내용과 그 의미,

그리고 그 역사적 변화이며, 이를 사회과학적으로 해석하는 것이다. 이야기들이 보여주는 내용은 사실과 이상과 고민을 포함한 역사적인 현실이며 그러한 역사적 현실의 재구성이 이 책의 목표이다.

　우선은 본격적인 논의에 들어가기에 앞서 우리나라에서 가장 유명한 인물들이 나타났던 작품들, 근대 이전 조선 후기에 나타난 『홍길동전』과 『춘향전』을 해석한다. 이 두 작품은 전근대적 신화로서 언제 어디에서라도 예술 작품으로 그리고 현실 속에서 반복되어 왔으며, 앞으로도 계속 재등장할 것이다. 본론에 들어가면, 우선 20세기 초반 우리 문학사에서 '신소설'이라 불리는 최초의 근대 소설문학 작품 중 이인직과 이해조의 작품들을 해석한다. 여기에서 우리는 우리 역사에서 진정한 근대의 출발을 목격하게 될 것이다. 이 작품들에서는 제시된 주인공들의 모습뿐만 아니라 그들이 당면하고 태어난 사회 현실을 해석할 것이다. 이를 통해 우리나라에서 근대 소설문학이 최초로 쓰였던 조건과 우리 근대사의 처절한 모습들을 마주하게 될 것이다. 그다음 4장에서는 우리의 초기 민족주의자들이 제시했던 민족주의 투사의 두 초상을 해석할 것이다. 1917년 우리나라 최초의 '근대 문학' 작품인 춘원 이광수의 『무정』과 1916년에 단재 신채호가 망명지에서 남긴 미완성 유고 『꿈하늘』을 해석할 것이다. 춘원과 단재는 우리 민족주의의 두 개의 상이한 노선을 대표했고 그들이 제시한 민족주의 투사의 모습은 극적으로 달랐다. 그다음 5장에서는 3·1운동 이후 1920년대에 나타난 일련의 중요한 단편 소설, 김동인, 최서해, 나도향의 작품을 해석할 것이다. 그리고 6장에서는 1930년대에 나타난 박태원의 『소설가 구보씨의 일일』 그리고 이상(李箱)의 『날개』를 논할 것이다. 이 작품들은 우리나라에 이 시대 1930년대에 새로운 대도시 서울이라는 독특한 생태에서 나타난 '지식인 부르주아'라는 신품종을 소개할 것이다. 그리고 그다음 7장에서는 1930년대 초반에 나타난 우리 문학사에서 중요한 장편 소설로 이광수가 1933년에 연재했던 『유정』을, 그리고 8장에서는 1928년부터 1940년까지 일간 신문에 연재되어 조선 전국의 격찬을 받았던 벽초 홍명희의 『임꺽정』을 논할 것이다. 이 두 인물은 각기 민족주의 우파와 좌파의 입장에서, 1910년대에 제시되었던 초기 민족주의 전사들을 진화시켜 한층 진일보한 신품종 민족주의 전사 모델을 탄생시켰다. 최근 일부 '진보학자'들이 우리 민족주의에 대해 내리는 허망한 비판과는 달리 이들 장에서 필자는 우리의 민족주의가 일제 시대를 거치며 큰 진전을 이루었음을 드러낼 것이다.

이렇게 이 책에서는 일제 시대까지의 시기를 다루며 그 기간 우리 근대 소설문학에 나타난 인물들, 그리고 그들이 바라본 우리 사회의 모습을 해석하며 마무리할 것이다. 해방과 대한민국의 건국 이후에 대해서는 필자의 다음 책에서 이어서 다루려고 한다. 우리 한국인은 실로 먼 길을 걸어 왔고 엄청난 자기 진화를 이루어왔음을 보이는 것이 『한국인의 탄생』의 일차적인 목표이다.

우리 근현대 사상사에 접근함에 있어서, 이 책의 시도는 특이한 접근 방법론임에 틀림없다. 이런 식의 비정통적인 접근 방법을 취하는 까닭은 우리의 근현대 사상사가 정통적인 방법론으로는 접근하기가 거의 불가능하기 때문이다. 필자가 이런 방법론을 선택한 것은 여러 차례의 좌절을 겪은 후에 내린 결정이었다. 물론 이러한 비정통적인 방법론을 사용하게 되면 예상하지 못한 새로운 모습들이 나타날 수도 있고 이 새로움이 우리 학문에 풍요로움을 더할 수 있으리라는 기대 또한 없지 않았다. 그러나 이 접근 방법은 하나의 사회과학 방법론으로 제시될 만한 수준에는 미치지 못한다. 앞서 언급했지만, 이렇게 분석되고 해석된 결과가 다른 방법론으로 산출된 결과물보다 더 훌륭하고 '진리'에 더 가깝다고 주장할 근거는 부족하다. 해석학(hermeneutics)의 철학적 한계는 말할 것도 없고 방법론으로서는 너무나 엉성하고, 어쩌면 결국 우리의 뛰어난 일류 문학가와 예술가의 눈과 지적 능력에 의지하겠다고 둘러댈 수 있을지 모른다. 그렇다면 이 책에서 나타날 수 있는 모든 문제점이 그들의 탓이라고 전가할 수는 없을까? 필자로서 지금 할 수 있는 말은, 최선을 다해서 지극정성으로 저술에 임할 것이라 다짐하고 독자들을 지겹게 하지 말기나 바랄 뿐이다. 방법론의 아름다움으로 학문 연구의 결과를 예단하는 것은 실증주의 사회과학, 특히 현재 미국 학계의 지배적인 흐름이 낳은 심각한 병폐다. 이러한 방법론에 대한 집착은 지식을 지식 자체로 판단하지 않고, 그 판단을 생산 공정의 디자인에 대한 판단으로 대체하려는, 흡사 산업 자본주의의 시장 논리와 대량 생산 논리에 의한 왜곡이라 아니할 수 없다. 인간의 앎, 지식에 대한 판단이 그것을 만들어내는 과정의 정당화를 통해 이루어질 수 있다는 주장은 이해할 수는 있어도 그 주장의 내용—과정이 지식의 정당성을 결정한다—은 도저히 동의할 수 없는 궤변이라 할 수밖에 없다. 독자들께서는 방법론을 말한 지금 이 서장에서 이 책을 판단하시지 마시고 다 읽고 나서 판단해 주시기를 바랄 뿐이다.

제2장

홍길동과 성춘향

홍길동의 정체

임진왜란 후 국토가 거의 초토화된 17세기 초 1616년에서 1617년 사이에 교산(蛟山) 허균(許筠)은 우리 역사 최초의 국문 소설 『홍길동전』을 썼다. 그 이래 홍길동(洪吉童)은 우리나라에서 제일 유명하고 인기 있는 영웅이었다. 대부분의 우리나라 사람은 어려서 여러 차례 어떤 판본으로든 『홍길동전』을 읽었고 재미있는 동화 같은 이야기로 기억하고 있다. 그 이유는 아마 폭력성도 선정성도 거의 없이 주인공이 각종 도술과 기지를 구사하여 어떤 난관도 멋지게 극복하고 큰 갈등 없이 꿈을 이루어내는 이야기이기 때문일 것이다. 그리고 이런 이미지 때문에 홍길동은 한국인들에게 늘 쉽게 가까이 할 수 있고 어떤 문제라도 편하게 하소연할 수 있는 그런 인물로 여겨진다.

　　우리가 갖고 있는 홍길동의 이미지는 자그마한 키에 걸음을 옮길 때마다 패랭이가 머리 위에서 달싹거리는 애교 있고 예쁘장한 미소년의 모습이다. 그 모습은 짙고 검은 수염을 자랑하며 징그러울 정도로 섹시한 남성성을 과시하면서 선망을 자아내는 임꺽정의 모습과는 대조적이다.[•] 이런 친숙함 때문인지 한국의 공공기관의 민원실에 가보면 기입해야 할 각종 서류 양식에 '홍길동'이라는 이름이 기재되어 범례로 제시되어 있다. 홍길동은 대한민국의 영웅이자 모범 시민의 이름이다.

한국인들은 어려움에 처했을 때 '슈퍼맨'이나 '황금 박쥐'나 '관세음보살'보다 훨씬 더 부담 없이 홍길동을 불러 도움을 청해 왔다. 이 경우 홍길동을 수식하는 말은 '신출귀몰(神出鬼沒)'이다. 널리 알려진 경우만 간추려보아도 1894년 갑오농민봉기 때 녹두장군 전봉준은 '신출귀몰'한 희대의 영웅이라는 소문이 파다했다. 또한 1880년대 말부터는 삼남 지방에 '활빈당(活貧黨)'이 나타났다는 소식에 전국은 전율했다. 이 활빈당은 일본군이 본격적으로 의병 토벌 작전을 펼쳤던 1906년 이후에야 의병으로 흡수되는 등 자취를 감추

• 필자의 기억에 어려서 《활빈당》이라는 극영화가 있었다. 그때 홍길동 역은 당시의 명배우이며 자그맣고 당찬 몸집에 애교 있는 모습이었던 황해(가수 전영록의 아버지)가 맡아서 청소년 같은 이미지를 한껏 풍겼다. 기억에 남는 장면으로는 밥을 먹다가 젓가락으로 날아다니는 파리를 잡아대는 장면이었다. 그리고 영화 《임꺽정》에서는 당시의 최고 인기 배우 신영균이 주연을 맡았다.
   루카치에 따르면 근대 이전의 서사시의 영웅들에게는 아이다움이 깃들어 있는 반면 근대 소설에 나타나는 영웅은 성숙한 남성성을 표출한다. 그 이유는 근대 소설의 영웅은 세상, 공동체와의 끊임없는 갈등과 고뇌를 그 인물의 본질로 하기 때문이라는 것이다 (Lukács 1920: 81).

한국인의 탄생

었다고 한다.* 그리고 일제 강점기 동안 만주 지역을 중심으로 전설적인 유격전을 펼쳤다는 김일성 또한 '신출귀몰'한 영웅이었다고 전한다.

해방 이후에도 '홍길동전'은 수없이 다시 쓰여 출판되었다. 1947년 박태원에 의해서, 1956년 정비석, 1972년 김이석, 그리고 1975년 박연희에 의해서 더욱 더 길고 두텁게 살이 붙었고 급기야 전6권짜리로 출판되었다.[1] 청소년을 위한 축약판 역시 현재까지 수도 없이 출판되어 왔다. 홍길동은 우리 민족의 수호신이자 마스코트였다.

천상의 영웅 홍길동

홍길동은 조선을 외적으로부터 지키는 전통적인 영웅은 아니었다. 그는 늘 어딜 가나 자기를 소개하며 '아비를 아비라 부르지 못하고 형을 형이라 부르지 못하는' 처지라고 그 유명한 로고송을 불러댔다. 효도를 못해서 한이 맺힌 사람이라는 것이다. 홍길동은 과연 효자였던가? '효(孝)'라는 가치를 대변하고 상징하는 인물이었나? '그렇다'고 답할 사람은 많지 않을 것이다. 홍길동은 그의 어머니 춘섬에게는 애절한 감정을 갖고 있었지만, 사실 그의 아버지에게는 의무감 이상의 감정을 갖지 않았고, 그의 형에 대해서는 오히려 그를 체포하려는 음모에 자발적으로 가담했던 전적 때문에 좋지 않은 감정

● 활빈당의 등장과 결성 시기는 확실치 않다. 1886년경이었다는 설이 유력한데 그들이 본격적으로 문제시된 것은 1900년경이었다. 당시 의병과 도적의 경계는 상당히 불분명했다 (박찬승 1984).

을 가지고 있었다. 따라서 작가는 홍길동이 율도국(聿島國)을 세운 후 형과 아버지를 바로 죽게 만듦으로써 주인공이 그들에게 진실한 감정이 없었음을 드러낸다.*

그렇다면 홍길동의 로고송의 의미는 무엇일까? 길동은 이를 통해 사회적으로 열등한 처지를 한탄한다. 그는 유교적 조선 사회에서 존엄한 인간의 자격인 '효도(孝道)'할 권리를 박탈당한 서자(庶子)였다. 정통적인 가족으로 이루어진 사회에서 서자는 인정받지 못하는 존재 즉 '자투리' 인간이었고, 길동의 로고송은 이를 한탄하는 타령인 것이다. 그는 분명히 제도적으로 가족 구조에서 튕겨져 나온 개인이었고, 이런 사람들은 당시 국법으로 과거를 보고 관리로 출세하는 길이 막혀 있었다. 사실 길동이 집을 떠나기 직전 아버지에게 작별 인사를 했을 때 아버지는 그에게 이제부터는 자신에게 '아버지'라고 부르고 형에게도 '형'이라 부를 것을 허락하였다. 그러나 길동은 집을 나와서도 기회만 있으면, 심지어는 왕 앞에서도 그 로고송을 계속 불러댔다. 아버지를 아버지라고 부르게 되었다는 사실로 인해 그의 처지가 달라진 것은 없었다.

한편으로 길동이 집을 나온 것은 자신의 선택이 아니라 어쩔

• 율도국에서 홍길동은 별을 보고 부친이 위독함을 알았다. 그렇지만 바로 조선으로 부친의 임종을 지키러 가지 않고 월봉산으로 가서 땅을 골라 산소를 만들었다. 산소 앞에는 석물을 세워 나라에서 지은 능(陵)과 같이 만들었다. 그러고는 머리를 깎고 중으로 가장하여 작은 배를 타고 조선으로 갔다 (허균 1616: 81-83). 즉 의도적으로 부친의 임종을 지키지 않았고 오히려 석물을 세우는 등 부친의 능을 거창하게 만들어 자신의 효성을 드러내는 데 정치적으로 이용하였다.

　　　　　　　　　　　　　　　　　　　　　　한국인의 탄생

수 없는 상황 때문이었다. 아버지의 본부인과 첩 곡산 어미는 길동을 없애기 위해 자객을 보내는 등 온갖 끔찍한 음모를 꾸몄고 그는 집을 떠날 수밖에 없었다. 길동이 집을 떠나는 과정은 대단히 길고 구체적인 과정이었다. 작가는 소설 전체의 약 절반을 할애해 그 과정을 서술했다. 길동은 집을 떠나야 했고 사회에서 쫓겨난 사람이 갈 수 있는 유일한 길은 도적의 길 외에는 없다는 것은 명백한 운명이었다. 이 운명의 길에서 길동은 '승승장구(乘勝長驅)'로 뻗어나갔다.

홍길동은 사회에서 제대로 된 정해진 지위를 차지하지 못하는 개인이었던 만큼 영웅 중에서도 더욱 빼어난 영웅이어야 했다. 그는 아버지 홍 판서가 대낮에 용꿈을 꾸고 잉태시킨 아들이었고, 나서부터 인물과 기골이 출중하고 영특하기 그지없었다. 그는 모든 종목의 공부에 힘썼고 시도하는 공부마다 성과를 거두었다. 그가 도술을 얻게 된 것은 『주역』을 읽으면서였다. 말하자면 당시에 공부한다면 누구나 다 읽는 『주역』을 읽으며 도술을 익혔다는 것이고, 이는 특별한 선생에게 특별한 것을 배워서가 아니라 그가 특별히 타고난 천재(天才)였음을 강조하는 것이다.● 집을 떠나는 지루하고 긴 과정을 거치고 나서는 일사천리로 거칠 것 없는 운명의 길을 가게 된다. 도적 떼의 두목이 되어 '활빈당'을 창당하고, 일약 '스타덤'에 오른 다음 결국 율도국을 건국한다.

● 이에 비하면 해방 후에 나온 여러 작가들에 의한 여러 판의 『홍길동전』들에서는 금강산, 묘향산 등으로 특별한 선생을 찾아가 특별하고 가혹한 훈련을 받아서 도술을 익힌다. 말하자면 역사가 흐르며 홍길동의 모습은 점점 세속화되고 현실화되는 셈이다.

도적 이야기로서의『홍길동전』을 말할 때, 작가 허균이 중국
의『수호전(水滸傳)』을 백 번 읽고 썼다는 말을 참작할 필요가 있다.
구체적으로 흉내 낸 부분을 지적할 수는 없으나 여러모로 유사하며,
허균은 분명히『수호전』을 읽고 영감을 얻었을 것이다.[2] 그런데 두
작품에 나타난 인물들 간에는 중대한 차이가 있다.『수호전』에서 양
산박의 108명의 인물들은 각자가 독특한 기술과 능력을 가진 영웅
들이었다. 특히 두목인 송강은 무공이 전혀 없고 대신 어려움에 처
한 친구들에게 밥과 술을 먹여주고 도와주는 데 특기가 있는, 일명
'급시우(及時雨)'라고 불린 정치적인 인물이었다. 이에 반해 홍길동은
근육의 힘, 무기 다루는 기술, 그리고 변신술, 둔갑술, 경신술, 분신
술 등의 초인적 능력을 자유자재로 구사하며, 이는 양산박의 108명
영웅들의 모든 능력을 한 몸에 갖춘 격이었다. 그는 절대적 실력자였
고, 세상의 모든 신화와 전설에 등장하는 어떤 영웅도 뛰어넘는 최
강의 영웅이었다.『수호전』과는 달리『홍길동전』에는 '활빈당 행수
(行首) 홍길동' 외에는 어떤 인물의 이름도 등장하지 않는다.

　　나아가서 작가 허균은 '홍길동(洪吉同)'이 이끄는 도적들이 약
한 세기 전 왕권이 땅에 떨어졌던 연산군 재위시에 한양을 중심으로
출몰했다는 역사적 사실을 알고도『홍길동전』의 시대적 배경을 세
종대왕 재위시로 옮겨 이야기하였다. 이는 뚜렷한 의도에서 나온 것
이었다. 말하자면 홍길동이라는 영웅은 세상이 어두워서 혹은 사회
가 혼란해서, 시대가 불러낸 영웅이 아니라는 것이다. 오히려 홍길
동은 조선의 전성기, '태평성대(太平聖代)'에 나타난 영웅이었다. 세
상이 홍길동이란 영웅을 부르고 찾아 빚어낸 것이 아니라 이미 날
때부터 하늘이 내린 '천상(天上)의 영웅'이었음을 명백히 한 것이었

다. 그런 영웅이기에 세상의 다른 영웅이 따라올 수 없는 초월적 재능을 타고난 것이다. 이로 인해 홍길동은 이루어야 할 업적을 위해 요구되는 것보다 훨씬 많은 능력을 갖춘 여유 있는 영웅이 되었다.

　　또한 이야기의 시대를 옮기는 것을 계기로 허균은 길동의 이름의 마지막 자(字)를 '같을 동(同)'에서 '아이 동(童)'으로 바꾸어서 그를 어린아이의 이미지로 손질하는데 이 역시 뚜렷한 정치적 의도가 발휘된 것이었다. 이로써 홍길동은 과대한 능력을 갖추고 있지만 귀여운 영웅이 되었다. 홍길동은 폭력을 사용하지 않는, 사용할 필요도 없는 인물로 디자인된 영웅이었고, 이러한 의도는 목적과 수단 간의 불균형으로 나타나게 되었다.

홍길동의 탄생

홍길동을 논할 때는 늘 『홍길동전』의 주제가 무엇인가라는 기본적인 문제로 돌아가게 된다. 우리나라에서 『홍길동전』이 진지한 학술 연구의 대상이 된 것은 일제 때인 1920년대 이후였다. 주로 1930년대부터는 『홍길동전』은 '사회 소설'로 분류되고 홍길동은 '의적(義賊)'으로 규정되었다.* 즉 홍길동은 백성을 착취하는 부도덕한 부자들로부터 재물을 빼앗아 가난한 백성에게 나누어주는 것을 주된 일로 삼는, 도적도 아니고 반도(叛徒)도 아닌 의적, '의로운' 도적이라는 것이다. 이 해석은 지금까지도 홍길동에 대한 정론으로 자리 잡고 있다. 한때 이러한 정론에 도전하며 홍길동을 출세주의자로 이

● 이런 주장을 최초로 공식적으로 제기한 것은 김태준의 1936년 논저일 것이다 (김태준 1936).

해해야 한다는 주장이 있기는 했지만 지금까지도 이 '의적설'은 건재하다. 1980년대 말에 이르면 이러한 '의적' 홍길동 외에도 『임꺽정』, 『장길산』이 대하 역사 소설로 출판되었고, '의적의 만신전(Pantheon)'이 완성되어 이른바 '의적주의'라는 하나의 정치 이데올로기가 형성되었다.[*]

그러나 홍길동이 부당한 재물을 빼앗아 가난한 백성에게 나누어준 일은 단 한 차례밖에 없었다. 그 외에는 그런 일이 없었다. 홍길동이 큰 규모의 재물을 약탈하며 '활빈당 행수 홍길동'이라는 글을 크게 남긴 것이나 백성들에게 재물을 나누어준 것은 모두 그의 이름을 널리 알리기 위해서였다. 여기서 홍길동이 백성들에게 재물을 나누어준 목적에 대해, 빈궁하고 불쌍한 그들을 먹여 살리기 위해서라거나 도와주기 위해서라는 교과서적인 답을 내놓는 것은 작가의 의도와 맞지 않는다. 이 소설의 시대적 배경은 조선의 전성기였다. 백성들이 도탄에 빠지고 불만을 표출한다든가 정치 사회적 질서가 붕괴되고 있다는 사실은 나타나지 않는다.[**] 홍길동은 작가 허균이 이전에 제시했던 '호민(豪民)'과는 전혀 다른 인물이었다. 이른바 주로 정론에서 논하는 이 작품의 사회적 문제의식은 일제 치하의 지식인들이 그들이 처한 상황으로 미루어 발명한 것이지 원작의 의미는 아니었다. 『홍길동전』은 전근대적 영웅 소설로서 쓴 작품이었다. 작가 허균은 이야기를 역사의 흐름과 현실을 초월하여 전개하기 위해 의도적으로 세종 시대로 끌고 올라갔던 것이다.

또한 어떤 이들은 『홍길동전』은 조선인의 이상향(理想鄕)에 대한 염원을 표출한 소설이라 주장하며 작품의 '혁명적 성격'을 강조한다. 이들은 인간이라면 근대인이나 조선인이나 누구나 더 나은 세상을 원하는 것은 당연하다고 전제한다. 그러나 단적으로 홍길동이 만든 새로운 나라 율도국은 이상향을 제시한 것이라 볼 수 없다. 율도국은 새로 만드는 나라라는 점에서 모든 제도를 새로 정비했다고는 할 수 있으나 독창적인 새로운 제도를 고안했다는 흔적은 보이지 않는다. 물론 이 나라에서 서얼차대(庶孽差代)는 없앴을 것이다. 율도국은 서얼차대 없는 '또 하나의', '더 나은' 조선 정도라고 이해해야 할 것이다.

1980년대부터는 위에서 필자가 제기한 문제점들에 착안하여 기존의 정론이었던 '사회소설론', '의적론'에 정면으로 반대하여 『홍길동전』은 주인공이 입신출세하는 이야기라는 주장이 제기되었다. 이 주장은 정론에 정면으로 도전을 제기했다는 점에서는 의미가 있지만 그 내용은 전체 스토리와 일관되지 않는다. 일단 홍길동은 조

● 『임꺽정』과 『장길산』은 모두 10권으로 된 '대하소설'이었다. 1975년에 출간된 박연희의 『홍길동』은 당시에 전6권으로 거의 대하소설의 규모에 육박하는 것이었다. 황석영의 『장길산』은 1984년에 완결되었지만, 홍명희의 『임꺽정』은 당시 연재되었던 신문 원본들을 미국의 하버드대학교 도서관에서 구하여 1985년이 되어서야 완간되었다 (박연희 1975; 황석영 1974-1984; 홍명희 1928-1940).
우리나라에서는 주로 구한말에 '의적'이라는 사회 정치적 존재에 대해서 많은 이야기와 전설들이 만들어지고 확산되어 왔다 (장양수 1991).

●● 해방 이후에 다시 쓰인 『홍길동전』들에는 예외 없이 '탐관오리(貪官汚吏)', '가렴주구(苛斂誅求)'에 대한 이야기가 펼쳐지며 이를 통해 의적의 행각을 찬양한다. 『홍길동전』을 이렇게 '사회 소설', '의적 소설'로 오역하는 것은 큰 역사적 흐름이었다. 일제 시대가 끝난 해방 이후에는 더욱 강한 흐름이 되었다.

선 시대의 대부분의 인물들과 달리 가족과 신분을 대표하는 인물이 아니다. 그는 가족 제도에서 추방된 외톨이 개인이었고 효도의 기회를 박탈당했음을 원통해하던 인물이었다. 자신은 효도의 기회가 없는 존재, 존엄성을 주장할 수 없는 존재임을 한탄하던 인물이었다. 결국 홍길동이 전국적인 스타가 되고 왕과의 협상을 거쳐 율도국의 왕이 되는 과정은 이른바 '입신출세'라는 기존의 어휘로는 감당할 수 없다. 이렇게 하늘이 내린 걸출한 영웅이라면 입신출세 정도는 이야깃거리가 되지 않는다. 그 정도의 목적이라면 이런 수준의 영웅을 필요로 하지 않는다. '의적론'이든 '입신출세론'이든 인물의 사적인 물질적, 세속적 이익을 얻으려는 욕망과 그 성취 과정이라는 식의 기존 해석들은 공히 작가가 부여한 홍길동이라는 존재의 무게와 그 인물이 추구하는 목적 간에 심각한 불균형을 만들고 있다.

단적으로 『홍길동전』은 동명왕 전설을 조선 후기라는 공간에서 반복시킨 신화(神話)였다. 홍길동은 무엇보다 하늘이 정해준 운명을 타고난 영웅이었고, 어렵사리 집을 나서자 밝은 운명이 그를 기다리고 있었다. 집을 나온 길동은 산길을 정처 없이 헤매다가,

> 한 곳에 다다르니 경치가 매우 빼어났다. 인가를 찾아 점점 들어갔는데 큰 바위 밑에 돌문이 닫혀 있었으므로 가만히 그 문을 열고 들어가니 넓은 벌판에 수백 채의 인가가 늘어서 있고, 여러 사람이 모여 잔치를 하며 즐기니, 이곳은 도적의 소굴이었다. 문득 길동을 보고 그 사람됨이 평범하고 만만하지 않은 것을 반겨서 묻기를 (……)
>
> 『홍길동전』, 39쪽

한국인의 탄생

길동은 천 근짜리 돌을 한 번 들어 올려서 도적의 두목이 되었다. 그리고 도적의 두목으로서 그의 운명은 승승장구로 전개되었다. 그 단계에서 중요한 일은 조선 백성의 일약 '스타(star)'가 되는 일이었다. 길동은 재물을 약탈하고는 그의 이름을 크게 써서 남기고 빼앗은 재물을 백성들에게 나누어주어 그의 이름을 알렸다. 그는 또 심심찮게 기막힌 도술을 보여주어 경이를 자아냈다. 그가 나중에 조정의 간계에 의해 잡혀오자 길거리에 수많은 백성들이 구름 떼 같이 밀려나와 '홍길동!'을 연호했다. 사실 길동은 백성들이 그를 연호하는 이 장면을 연출하기 위해 일부러 잡혀서 수레에 실려 왔던 것이다. 그는 왕이 두려워하지 않을 수 없는 존재가 되었고 왕은 그와 독대하지 않을 수 없었다. 당시 홍길동의 능력으로는 왕을 폐하고 자신이 왕이 될 수도 있었고 조선을 폐하고 새 나라를 만들 수도 있었을 테지만, 그는 겸손하게 왕의 허락을 받아 멀리 율도국이라는 새로운 나라를 만들기 위해 떠난다. 홍길동의 이러한 운명의 여정은 정해진 수순에 따라 아무런 차질 없이 완성되었다. 그는 이 과정에서 한눈 한 번 팔지 않았다.

작가 허균은 잘 알려진 대로 당시에 서양갑 등 서자 출신의 친구들과 가깝게 지냈고 그들의 불만과 울분에 익숙한 처지였다고 전한다. 잘난 사람이 조선에서 서자로 태어났다면 자신의 존재를 증명할 수 있는 유일한 길은—역성혁명(易姓革命)으로 스스로 왕이 되려는 반역의 길이 아니라면—옛날 동명왕처럼 새 나라를 만들어 왕조를 새로 여는 길밖에 없었다. 그러나 이는 누구나 수긍하지만 현실에서는 불가능한 해결책이었고, 이에 그 길을 상상해서 만든 초현실적인 스토리, 그것이 바로 『홍길동전』이었다. 『홍길동전』은 기막히게 재미있는 이야기였다. 사실 우리는 허균의 마음 같아서는 동명왕의 전설을 다시 쓰기보다는 조선을 뒤엎는 혁명 이야기를 제대로하고 싶었을 것이라 짐작할 수 있다. 그러나 만약 『홍길동전』이 조선을 멸하거나 왕가를 멸하는 폭력적 과정을 적나라하게 담은 이야기였다면 이 작품과 주인공 홍길동의 위상은 지금 우리가 떠올리는그것과는 판이하게 달랐을 것이다. 허균은 그러기보다는 동명왕 전설을 다시 써서 율도국이라는 새 나라를 세우도록 하는 것이 오히려조선인의 심성에 맞는 원만한 해결책이라고 생각했을 것이다. 바로이 점에서 홍길동은 '덕(德)'과 '인(仁)'의 미덕도 갖춘 마음이 넉넉한진정한 영웅이 되었다.

홍길동 신화

조정에서는 당시에 허균을 반역죄로 처형한 후 『홍길동전』이라는반역적인 이야기책이 있다는 것을 알고는 사람들이 읽지 못하게 '금서(禁書)'로 정했다. 그러나 이 이야기, 허균이 그의 외갓집에 보관하도록 했다는, 최초의 국문 소설 『홍길동전』은 사람들의 은밀한 손을 거쳐 널리 읽혔다. 사실 이 동명왕 전설의 재판은 실로 반역적인 이야기였다. 홍길동은 부모에게 그리고 왕에게 온갖 예절을 갖추었지만, 결국 왕을 희롱하고 능욕했으며 왕권에 공개적으로 도전했다. 왕과 관(官)은 홍길동을 잡기 위해 온갖 간계와 속임수를 마다하지 않는 치사하고 비겁한 모습을 드러냈고 그때마다 길동의 도술에망신을 당했다. 길동의 요구들 그리고 왕과의 협상은 요망스런 반역이었다. 더구나 수많은 백성의 환호를 업고 조정에 공개적으로 도

전한, 아마도 조정의 입장에서 가장 상상하기 싫은 형태의 반역이었다. 길동은 결국 조선을 떠나 율도국을 세우고 정착하였지만 그곳에 영원히 살기를 작정한 것도 아니었다. 그는 "이곳에 당분간 살다가 큰일을 꾀하리라." 하며 장차 더 큰 욕망이 없지 않음을 내비친다. 독자들은 마지막 장면을 보며 박장대소하며 억눌렸던 스트레스를 한껏 풀었을 것이고 그렇게 이 소설은 역심(逆心)을 부추기고 있었다. 임진왜란 이후 17세기 초는 역성혁명을 각별히 경계하던 때였고 백성의 환호나 추앙을 받는 사람은 철저히 제거해 나가던 때였다.

허균 자신도 이런 이야기가 결국 전복적인 이야기인 이상 독자들에게 재미있게 읽히기 위해서는 위협적이고 거북하게 느껴질 수 있는 부분들을 처리하고 다듬어야 한다고 생각했을 것이다. 우선 홍길동에게 각종 도술을 섭렵하고 구사하도록 이야기를 꾸민 것은 이야기가 폭력을 회피하고 해학으로 우회할 수 있도록 하기 위함이었을 것이다. 근대 소설에서라면 폭력적인 묘사가 필요했을 장면은 새로운 '도술'이라는 세계에서 웃음으로 해소되었다. 『홍길동전』이후 이에 영향을 받아 『전우치전』 등 이른바 '도술 소설'이 한 시대를 풍미한 것은 도술이라는 새로운 소재의 창의성 때문이었다. 그 외에도 홍길동을 유혹에 흔들리지 않고 다른 생각 없이 자신의 운명에만 집중하는 순진한 어린아이처럼 표출한 것이라든지 어떤 나라의 영웅과도 비교할 수 없는 절대적 무공을 부여한 것도 홍길동이라는 영웅에 대한 위협감, 특히 폭력성과 자의성을 해소하여 '무해한' 영웅을 만들기 위함이었다. 그리고 허균의 의도는 성공했다. 홍길동은 엄청난 능력에 비해 전혀 위협적이거나 고압적이지 않은 천상의 영웅이었고, 누구라도 언제 어디서나 쉽게 찾을 수 있는 부드럽고 귀여운 영웅이었다.

홍길동은 가족의 일원이 아니었다. 그는 가족과 사회에서 그리고 국가에서도 쫓겨난 인물이었다. 그러나 그는 사회와 세상과 갈등하는 인물은 아니었다. 사회가 그와 같은 영웅을 필요로 하는 타락한 사회가 아님에도 나타난 인물이었으며, 백성들에게 기막힌 도술을 보여주고 빼앗은 재물을 나누어주어 그의 이름과 영웅됨을 알린 그런 인물이었다. 그리하여 그가 잡혀서 서울로 끌려오자 수많은 백성들은 연도에서 그의 이름을 연호했고, 그는 임금 앞에서 도술로 대적하며 조선 백성 전체의 스타가 되었다. 이러한 개인은 이전에 존재하지 않았고, 이러한 장면도 이전에 연출된 적이 없었다. 환호하는 군중과 함께 왕과 대적하는 영웅이란 카리스마(charisma)적 존재이며, 이는 세상을 바꿀 영웅, 혁명을 위한 영웅일 수밖에 없다.

그러나 어떤 이유에서든 홍길동은 조선을 다시 만드는 혁명을 끝까지 완수할 생각이 없었고, 혁명가나 영웅으로서 평생을 힘들게 살 생각도 없었다. 그가 새로 만든 율도국은 조선과 비슷한 나라였다. 무엇보다 율도국은 조선과 유사하게 가족 제도를 중시하는 나라였다. 길동은 왕이 되어 두 명의 부인을 얻었고, 어머니를 효성으로 모셨으며, 아버지의 능을 크게 만들어 그가 효자임을 과시했다. 홍길동이 힘든 모험을 끝내고 천수를 마치며 돌아간 곳은 따뜻한 가족의 품이었다. 그래서 '해피엔드'였다. 홍길동은 '근대적 영웅'과는 거리가 먼 존재였다. 그는 가족으로, 전통적인 삶으로 돌아갔다.

작가의 의도에서 보면, 홍길동은 시원하게 혁명을 수행하기보다는 혁명의 가능성을 보여주는 선에서 자제력을 발휘한 미덕을 갖춘 영웅이었다. 그는 혁명을 완성시키지 않은 대신, 한국인들이 원한다면 언제든지 돌아올 수 있는 영웅이 되었다. 홍길동은 언제든지 부담 없이 찾을 수 있도록 친근한 모습으로, 그리고 흉악하고 엽기적인 폭력을 배제하고 해학과 기지와 초월적 능력으로 모든 문제를 풀어내 줄 우리의 영원한 수호신이자 마스코트로 우리 곁에 나타날 것이다. 그는 혁명을 끝까지 마무리하지 않고 미완성으로 남겨 놓은 채 떠났고, 그렇게 그의 존재는 우리 역사에서 '영구 혁명'의 프로그램이 되었다. 우리 민족은 '혁명을 못 겪었다'고 하지만, 최근에만 해도 우리가 이룬 것은 전대미문의 '압축적 근대화'와 '한강의 기적'뿐만이 아니었다.

한편, 홍길동이라는 인물은 모든 인격적, 도덕적 미덕을 갖춘 영웅이었지만 과도한 능력을 갖춘 영웅이었다. 수단과 목적의 불균형과 모순은 언제든지 재림할 우리 수호신이 사랑받기 위해 품게 된 조건이지만, 이는 권총을 들고 뛰어노는 어린아이의 모습과 진배없는, 우리 민족의 악몽이기도 할 것이다. 우리 민족은 위기 때는 우리 어린 자식과 학생들을 충동질하여 내몰고는 늘 그들의 과격함에 두려워했다. 우리는 위기 때 영웅을 찾고는 그의 초능력과 커진 모습에 전율했다. 그러나 또 한편으로 홍길동은 천상의 영웅인 이상, 우리가 불러내든 그렇지 않든 스스로 나타날 수 있다. 그러면 우리나라는 홍길동'류'의 스타로 발 디딜 틈이 없을지 모른다.

성춘향의 정체

홍길동이 우리에게 일차적으로 책과 동화를 통해서 친근한 인물이라면 성춘향은 영화, 뮤지컬, 연극, 창극, 판소리 등 공연 예술을 통해서 더욱 친근한 인물일 것이다. 허균의 『홍길동전』은 요즘 출판물 분량으로는 100쪽도 채 안 되는 짧은 이야기지만 판소리 《춘향가》는 완창에 무려 여덟 시간이나 걸리는 대작 중의 대작이다. 홍길동의 이야기와 마찬가지로 춘향의 이야기도 우리나라 사람이라면 누구나 다 아는 얼핏 뻔하고 간단한 이야기지만, 둘은 여러모로 대조적인 이야기이기도 하다. 홍길동이 나라와 정치, 사회 제도에 대한 공공의 문제와 연관된 영웅이라면 성춘향의 이야기는 사랑과 결혼에 대한 사적인 이야기라 할 수 있다. 또 『홍길동전』이 동화 같은 작품이라면 『춘향전』은 성인용 종합 오락 예술 작품이다.

　『춘향전』은 『홍길동전』보다도 후대인 17세기 후반부터 18세기 초 숙종 때의 이야기라고 작품 안에 기술되어 있지만 학자들은 18세기 숙종 때보다는 영·정조 때 만들어진 작품이 아닌가 추측한다. 두 작품은 공통적으로 조선 후기, 나라가 점차 붕괴되어 가던 시대의 작품인데, 흥미롭게도 두 작품 모두 그 시대적 배경을 '태평성대' 시절의 이야기라고 기술하고 있다. 이렇게 작품이 스스로 역사적 시점을 '태평성대'로 규정한 것은 이야기로 하여금 역사성 즉 역사적으로 특수한 조건의 구속에서 벗어나 이야기의 보편성을 강조한 것으로 이해할 수 있다. 『홍길동전』과는 달리 『춘향전』의 작가는 '미상(未詳)'이다. 이는 정확히 알 수 없다는 말이지만, 다른 의미로 너무나 많은 사람들이 동시에 또는 시간을 두고 창작에 참여했으리라 생각된다는 말이다. 실제로 이 작품은 당시 사회의 계층들을 폭넓게 끌어안고서 그들이 향유하던 굉장히 다양한 예술 양식 즉 민요, 사설, 시조, 가사, 무가(巫歌), 한시, 사부(辭賦) 등을 한데 포괄하고 있다.[3]

그리고 판소리로는 19세기 대원군 때 신재효(申在孝)에 의해서 열두 마당 중의 하나로 정리된 것으로 알려져 있다. 현재 《춘향가》는 존재하는 판소리 다섯 마당 중에 대표적인 최고의 걸작으로 남아 있으며 판소리로서는 지금도 많은 상이한 '재(齋)'에서 변형을 거듭하고 있다. 오늘날에도 《춘향가》는 전국적으로 셀 수 없을 만큼 빈번히 공연되고 있으며 그때마다 수많은 귀명창들은 추임새를 넣어가며 웃고 울고 작품에 몰입하며 성춘향과 이몽룡의 혼과 함께 하고 있다. 『춘향전』의 경우 소설로서도 이본(異本)이 1백 종이 넘고 그 대사의 다양성도 거의 무한에 가깝다. 하지만, 그 내용에 있어서는 별로 중대한 차이가 지적된 일은 없었다. 역사적으로 이본의 출현은 불가피하다고 전제하면 이런 현상은 우리 민족 문화의 통합성을 드러내주는 예일지도 모른다.

사랑과 현실

『춘향전』은 일차적으로 성춘향과 이몽룡의 아름답고 농염하면서도 숭고한 사랑 이야기이다. '사랑'이라는 말이나 관념을 가지고 있는 민족은 흔하지 않다. 서구의 '사랑'과 꼭 같지는 않지만, 우리의 전통문화에도 '사랑'이라는 말과 개념이 있었다. 흥미롭게도 우리를 제외한 동아시아 문화권에서는 비슷한 말은 있지만 남자와 여자 간의 성관계를 포함하는 특별한 관계와 감정으로서 정확히 대응되는 개념은 거의 없다. 한자(漢字)의 '애(愛)'도 원래 고전에서의 용례는 '아끼는 마음', 예를 들어 백성을 아끼는 마음을 지칭할 때 쓰는 말이었다. 일본어에서 근대 이전에 많이 등장하는 '이로(色)'라는 말은 게이샤나 유녀들과의 관계를 이르는 말로 우리 문화나 서구 문화에서의 '사랑', 'love'와는 아주 다른 뜻이었다. 물론 『춘향전』에 나타나는 우리 전통문화에서의 사랑과 서구 문화에서의 사랑은 상당히 다르다.* 그러나 몇 가지 중요한 특징 즉 상대방에 대한 욕망, 각별한 감성, 상대에 대한 배타적 정의(定義)와 의리, 그리고 특정한 '사랑'의 관계에 대한 결의 등은 공통적이다. 『춘향전』은 일차적으로 사랑 이야기이며 이 이야기는 우리 전통의 사랑의 모든 측면을 포괄적으로

* 서구의 사랑 관념에 대해서는 드니 드 루즈몽(Rougemont 1983)을 참조. 서구의 사랑과 우리 전통문화에서의 사랑의 관념 차이에 대해서는 최정운(2000a; 2000b; 2011)을 참조할 것.

보여준다.

사랑의 주체 그리고 상대로서 여주인공 성춘향은 작품에서 여러 차례 뛰어난 미모 그 자체, '절색'의 여인으로 기술된다. 그리고 이러한 아름다움은 사랑이 시작되는 이유이다. 그녀의 미모는 특정 상대만이 인식하는 '콩깍지가 씐' 그런 미모가 아니다. 그녀의 부모뿐만 아니라 이웃, 나아가서 남원 고을 전체에 소문이 자자한 그런 미모이다. 춘향의 미모는 얼굴에만 국한하는 것이 아니라 전체적인 몸매, 옷맵시, 달고 있는 장신구 등까지도 포함하는 총제적인 것이고, 더 나아가 춘향의 아름다움에 대한 평판에는 그녀의 효행, 총명함, 그리고 늘 서책을 읽는 생활 양식 전체에 대한 포괄적 평가를 포함한다.

홍길동이 그의 '주제가'로 유명하듯이 춘향 또한 특이한 사회적 신분이 그녀의 정체성의 출발점이다. 춘향의 어미는 퇴기 '월매'이고 아버지는 양반인 '성 대감'이다. 신분적으로 애매한 경우였다. '기생의 딸'이라 불리고 기생으로 취급받기도 했지만, 춘향은 동시에 '양반집 규수'였다. 본인과 그 어미는 양반의 생활 양식을 고수하며 살았고 춘향은 기생 일은 절대 하지 않았다. 춘향이 어려서부터 서책을 가까이했다는 것은 바로 이러한 계급적 조건을 채우기 위해서였다. 춘향의 신분 조건은 애매하고 논쟁적인 문제였다. 춘향의 미모는 이러한 사회적 신분의 애매함으로 인해서 더욱 중요한 조건이 되었다. 신분의 애매함은 춘향과 그 어미가 그녀의 미모를 활용하여 극복해야만 하는 열등감이자 약점이며 평생의 숙제였다. 그녀의 이런 신분 조건이 없었다면 그녀의 아름다움은 이야깃거리가 될 필요도 없었고 희대의 사랑도 이루어지지 못했을 것이다.

당시 남원 부사의 아들 이몽룡은 춘향의 미모에 대한 소문을 듣고서 노복 방자에게 그녀를 보게 해달라고 한다. 춘향이 만약 제대로 된 양반집 규수였다면 춘향을 만나보는 것은 불가능한 일이었을 것이다. 이몽룡은 방자를 따라 간 광한루에서 춘향이 그네 타는 모습을 멀리서 보고 그녀의 아름다움에 감탄한다. 그는 좀 더 접근하여 춘향을 보고 싶어 다시 방자에게 부탁하여 어렵사리 그녀를 가까이서 보게 된다. 그가 본 춘향의 얼굴 모습은 작품에 길게 기술되어 있듯이 '천하일색'이었고 그는 그녀의 모습에 그만 넋을 빼앗기고 만다. 춘향 또한 이몽룡 앞에 가자,

이때 춘향이 은근한 눈길을 잠깐 들어 이 도령을 살펴보니 당세의 호걸이요, 천하의 기남아였다. 이마는 높이 위치했으니 어린 나이에 이름을 떨칠 것이요, 이마, 턱, 코, 좌우 광대뼈를 가리키는 오락이 조화를 이루니 나라를 위한 충신이 될 것이어서, 흠모하는 정이 생겨 나방 같은 고운 눈썹을 숙이고 무릎을 여미며 단정히 앉아 있을 뿐이었다.

『춘향전』, 51쪽

춘향도 이몽룡을 보자 그 모습에 반하게 되었고 몽룡은 방자를 시켜 춘향의 어미에게 저녁에 집으로 찾아가겠다고 약속을 정한다. 몽룡이 춘향과의 재회를 기다리며 공부방에 앉아 시간을 보내는데 춘향의 모습이 눈에 어른거리고 가슴이 뛰어서 도저히 책을 읽지 못하는 모습은 우리 전통 해학의 백미라 할 것이다. 관객들과 함께 방자는 이몽룡의 이런 모습에 배꼽을 잡고 웃는다.

저녁에 이몽룡은 춘향을 만나기 위해 집으로 찾아간다. 물론 이러한 만남도 춘향이 퇴기의 딸이었기에 가능한 일이었을 것이다. 춘향의 어미 월매는 최선을 다해 한껏 집을 꾸미고 주안상을 차려 과연 춘향이 최고 수준의 양반집 규수임을 보인다. 춘향과 몽룡은 주안상 앞에서 술 한 잔을 나누고 잠시 대화를 나눈 뒤 성행위를 한다. 그러고는 성애의 즐거움에 빠져들어 가며 사랑을 급속히 키워나간다. 춘향과 몽룡의 사랑은 아름다운 모습에 반하는 것에서 비롯되었지만, 바로 그날 저녁부터 성행위와 그 쾌락에 빠져듦으로써, 둘의 사랑은 다음 단계로 넘어가 더욱 깊어진다. 소설은 그들의 성행위를 묘사한다.

> 뼛속에 있는 즙을 짜내는데, 세 겹 이불이 춤을 추고 샛별 요강은 장단을 맞춰 쨍그렁 쨍쨍, 문고리는 달랑달랑, 등잔불은 가물가물, 맛있게 잘 자고 났구나, 그 가운데 짜릿한 일이야 오죽했을까.
> 하루이틀 지내가니 어린 것들이라 새콤한 맛이 사이사이 새로워져, 부끄러움은 차차 멀어지고 이제는 희롱도 하고 우스운 말도 있어 자연히 사랑가가 되었구나.
>
> 『춘향전』, 99쪽

'사랑'이라는 말의 정의(定義)는 성행위를 즐기는 것을 경계로 결정되었다. 바로 이 시점에서 춘향의 '사랑'은 본격적으로 시작된 것이며 여기에서 우리 전통문화에서의 '사랑'의 개념 구조가 드러난다. 이때 춘향과 몽룡은 둘 다 열여섯 살이었다. 춘향과 몽룡의 사랑이 근대 서구식 사랑과 구별되는 또 하나의 특징은 둘의 사랑은 처음부터 주변의 인물들이 모두 눈치 채고, 알고, 웃고, 놀리기도 하고, 도와주고, 축복하고 있었다는 점이다. 이몽룡의 아버지만 빼고는 모르는 사람이 없다. 나중에 변학도에게 춘향이 시련을 겪을 때에도 온 고을 사람들이 두 젊은이를 응원하고, 변 사또에 대해서는 노골적으로 적대감을 표시한다. 성춘향과 이몽룡의 사랑 이야기는 명랑하고 밝고 즐겁고 웃음이 가득한 무대였다. 서양의 사랑 이야기처럼 처음부터 죽음의 그림자가 드리운 그런 이야기가 아니었다. 춘향과 몽룡의 사랑은 온 고을의 축복이었고 지금까지도 남원에서는 매년 축제로 재현하고 있다. 서양의 사랑이 음침하고 우울하고 불길한 것이라면 춘향의 사랑은 밝고 짜릿한 삶의 행복 그 자체였다.

시련

한편 이몽룡은 그의 아버지가 한양에 동부승지로 발령을 받아 전근을 가게 되면서 춘향과의 이별이 불가피함을 깨닫는다. 가부장인 아버지를 따라 가야 한다는 것은 당연한 것이지만, 그보다도 한양에서 과거를 치르는 것이 남자로서 인생에 더욱 중요한 일임을 깨달았기 때문이었다. 몽룡은 물론 아버지에게 춘향과 정식으로 혼인하겠다는 말을 감히 하지 못하고 부친을 따라 한양으로 올라가기로 결정하였고, 춘향에게 찾아가 그 결정을 통보한다. 그러자 춘향은 그와 도저히 헤어질 수 없음을 노골적으로 하소연하며 작별을 거부한다. 춘향은 그를 따라 한양으로 올라가 첩으로 살겠다고 우긴다. 그러다 이내 정신을 차려 작별을 고하는가 싶다가는 작별을 거부하며 이몽룡을 욕하고 저주하고, 다시 이성적인 작별의 예(禮)를 표시하는가 싶다가는 분노에 차서 욕과 저주를 쏟아낸다. 춘향은 이렇게 오랜 시간 동안 체념과 격정이 교차하는 모습을 드러내며 그녀의 이몽룡에 대한 사랑과 애착이 얼마나 깊은가를 실감나게 보여준다.

이몽룡이 서울로 올라가고 나서는 이야기가 끝날 때까지 두 사람은 사랑을 나눌 기회가 없다. 춘향이 몽룡을 그리워하며 기다리는 동안에 이들의 사랑 이야기는 시련을 당한다. 변 사또는 남원에 부임하기 전부터 춘향의 미모에 대한 소문을 듣고 춘향을 꼭 안아보리라 마음먹고 있었다. 춘향을 불러 수청을 들 것을 요구하는데 그녀는 단호히 거절한다. 변학도의 요구는 점점 거칠어지고 급기야는 견디기 어려운 폭력과 고문으로 이어진다. 하지만 춘향은 죽음을 각오하고 자신은 지아비가 있는 여인이며 정절을 지킬 의무가 있음을 '열녀', '충신'을 운운하며 선언한다. 물론 변학도는 그녀의 주장을 인정하지 않지만 춘향은 의지를 조금도 굽히지 않는다. 춘향은 옥에 갇혀 매를 맞으며 이몽룡에 대한 사랑의 결의를 끝까지 지켜낸다. 고난 속에서 아름다운 여인 춘향은 점점 존재감을 높여가며, 이몽룡을 온몸으로 사랑하는 뜨거운 연인, 사랑의 화신이 되어간다.

물론 이 시절의 사랑의 개념은 근대 서구의 '순수한 사랑'과는 다른 것이었다. 서구의 사랑은 육체관계에 탐닉하지 않는 절제하는 순수한 영혼의 사랑을 이상화하지만 춘향의 사랑은 근대 서구식의 이념적이고 금욕적인 사랑을 말하는 것이 아니었다. 근대 이전의 우리의 전통적 사랑이란 총체적인 삶으로서의 사랑이었고 따라서 성관계를 배제하고는 사랑일 수 없었다. 그러나 『춘향전』에서 절실히 보여주는 사랑은 단순히 두 남녀 간의 감정, 성행위, 삶의 행복을 말할 뿐만 아니라 그리워함, 다른 사람과의 관계의 철저한 거부, 그리고 종합적으로 '사랑'이라는 관계에 대한 의리(義理)와 결의(決意)였다. 성춘향과 이몽룡의 사랑은 그들이 성행위를 즐기면서 '사랑'이라는 경계를 넘었고 이들의 사랑은 유혹에도, 협박에도, 회유에도, 폭력에도, 심지어는 죽음에도 굴하지 않는 의지와 결의, 그리고 이것을 표현하고 지키는 독기(毒氣)까지도 포함하는 것임을 유감없이 보여준다.

　　『춘향전』에서 춘향과 몽룡의 사랑이 일차적으로 독자와 관객들의 흥미를 끌고 있지만, 그 이면을 들여다보면 사실 순수한 사랑의 감정 외에 춘향이 자신의 열등한 신분에서 벗어나려는 신분 상승의 동기가 작동하고 있음을 볼 수 있다. 처음부터 춘향의 어미는 그녀를 키울 때부터 신분의 가장(假裝) 전략을 사용하여 이미 양반집 규수로 신분 상승을 이룬 것처럼 보이도록 했다.[•] 춘향이 광한루에서 이몽룡을 처음 보았을 때 그를 평가한 기준은 앞에서 인용했듯이 그의 관상이 높은 관직에 올라 입신양명할 사람인가를 판단하는 것이었다. 즉 이몽룡이 그녀와 어미의 평생의 꿈을 이루어줄 수 있는 사람인가를 판단하는 것이었고 그는 이 시험을 높은 점수로 합격했다. 춘향의 어미 월매는 사또의 아들이 춘향에게 연정을 품었음을 알고는 이를 최대한으로 활용하기 위해 최선을 다한다. 춘향 어미로서는 혼인도 하지 않은 16세의 딸 춘향이 몽룡과 성행위에 탐닉하도록 방기한 것도 실은 그와 혼인을 하도록 하기 위해서 조장한 바였

• 사회 계급, 신분, 그리고 계급 투쟁, 계급 상승 전략 등에 관해서는 부르디외(Bourdieu 1979)를 참조할 것. 이미 신분 상승을 다 이룬 것처럼 가장하는 것은 일반적이고도 보편적으로 애용하는 계급 상승 전략이다.

　　　　　　　　　　　　　한국인의 탄생

다. 이는 실제로 엄청난 위험을 감수하는 행위였다. 이몽룡이 약속을 지키지 않는다면 춘향의 인생은 그야말로 끝장나는 것이었다.

신분 상승의 욕망이 처음부터 춘향과 그 어미에게 강하게 작용했다는 것은 현실적으로 이상한 일이 아니다. 동양에서나 서양에서나 '사랑'에는 자신보다 높은 존재, 높아 보이는 존재에 끌리는 마음을 포함한다. 신(神)에 대한 사랑이나 아름다움에 대한 추구는 모두 높은 수준의 존재에 대한 직관의 결과이다. 높은 존재에 대한 사랑과 아름다움에 대한 사랑은 현실적으로 정확히 구별되지 않는 것이며 춘향의 사랑의 경우도 신분 상승의 문제를 이질적인 것으로 간주하는 것은 사랑을 해보지 않은 사람들의 생각인 것이다. 춘향과 몽룡의 사랑 이면에는 전략적이고 합리적인 사고가 부지런히 작동하고 있었다. 춘향의 어미는 늘 이몽룡이 배신하지 않을까 걱정하고, 이몽룡도 춘향의 사랑이 신분 상승을 위한 의도적인 유혹이 아닌가 의심한다. 그리고 마지막 단계에서 시험을 시도한다. 하지만 앞에서 지적했듯이 원래 합리적 사고와 뜨거운 사랑의 경계는 애매하고 정확히 결정짓기 어려운 것이다. 오히려 『춘향전』에 포함된 우리의 전통적인 사랑 개념에는 이러한 신분 상승을 위한 전략적 계교마저도 포함하고 있을 것이다. 사랑과 얽혀 있는 신분 상승을 위한 전략적 사고는 춘향 어미의 경우에 가장 심하게 작동하고 있었고, 춘향의 경우는 이몽룡에게 푹 빠져 작동이 불가능한 상황이었다.

그러나 사랑과 신분 상승이라는 두 높은 사회적 가치를 추구해온 춘향은 결국 이야기가 흘러갈수록 좌절할 수밖에 없는 상황으로 내몰린다. 이몽룡은 과거를 보기 위해 한양으로 올라갔고 변 사또라는 인물이 나타났다. 작품에서는 그가 유별나게 나쁜 사람은 아니었음을 강변하며 이야기의 보편성을 강조한다. 변 사또는 포기하지 않고 끈질기게 춘향에게 수청을 요구하며 온갖 수단을 동원하고, 춘향은 기어이 옥에 갇히고 엄청난 폭력을 당하게 된다. 옥에 갇힌 춘향은 사랑하는 이몽룡을 그리워하는 장면에서 그녀가 꿈에 그렸던 신분 상승도 포기할 수밖에 없게 되었음을 한탄한다. 그들의 사랑이 이루어지고 또 춘향이 신분 상승을 이루기 위해서는 변 사또를 밀어내야 하는데, 이는 그야말로 힘, 권력이 필요한 상황이었다. 당시 유일하게 그 힘을 동원할 수 있는 길은 한양으로 떠난 이몽룡이 암행어사가 되어 마패를 차고 돌아오는 것뿐이었다. 그리하여 그 힘으로 변 사또의 폭력으로부터 춘향을 구해주는 것이었다. 그러나 춘향이 옥에 갇혀 애타게 기다리고 있건만 이몽룡은 소식이 없고, 변 사또의 잔인한 폭행과 고문은 심해가기만 하고, 춘향은 살날이 얼마 남지 않았음을 느낀다. 춘향과 어미가 할 수 있는 일은 이몽룡이 암행어사가 되어 돌아오기를 기다리는 것뿐이었고, 그 꿈이 이루어질 것인가는 하늘의 뜻이었다.

　　『춘향전』에서 관객들의 뇌리에서 사라지지 않는 마지막 대목은 변학도의 수청 요구를 춘향이 단호하게 거절하며 자신은 정절(貞節)을 지키는 '열녀(烈女)'임을 주장하며 자신의 정절을 짓밟으려 드는 사또의 파렴치함을 꾸짖는 대목이다. 춘향은 변 사또에 대해서 자신의 행동의 정당성을 '충신'과 '열녀'를 기준으로 주장한다. 그녀는 "충효열녀에 상하가 있겠소?"라고 물으며 자신의 주장의 의미를 신분, 계층과는 별개의 보편적 존엄성에서 찾는다. 춘향의 주장은 조선 사회의 성리학적 윤리를 원용하는 방식으로 표현되었지만, 그녀의 공식적인 주장 밑바닥에서 그녀를 떠받쳐준 것은 신분의 상하

를 떠나서 자신이 존엄한 인간임에 대한 확신이었다.[*] 신분 상승이
춘향의 인생의 진정한 동기였다면 춘향은 변 사또의 요구를 안 들을
수 없었을 뿐만 아니라 오히려 그를 유혹해야 했을 것이다. 춘향이
그 모진 폭력을 버텨낸 것은 신분 상승의 욕망과 꿈 때문이 아니라
자신의 인간으로서의 존엄성에 대한 믿음 때문이었다.

이때 과거에 장원 급제하고 암행어사가 된 이몽룡은 남원으
로 내려오는 길에 춘향이 난관에 처해 있다는 사실을 알고는 춘향의
사랑의 순수함을 시험하기 위해 일부러 거지꼴을 하고는 먼저 춘향
어미 앞에 나타난다. 춘향 어미는 과거에 낙방했다는 말을 듣고는
당장 그를 구박한다. 결국 춘향 어미가 진정으로 바란 것은 신분 상
승이었음이 드러난다. 다음으로 옥으로 찾아가니 춘향은 진심으로
그를 반겨준다. 낙방한 것은 물론 아쉬워했지만 서방님을 다시 만난
것을 행복해 한다. 이 장면에서 춘향은 신분 상승보다는 이몽룡에
대한 사랑이 더욱 중요했음을 드러내며, 그녀의 순수한 사랑을 증명
한다. 옥에 갇혀 있는 춘향은 앞이 보이지 않는 상황이었고 이몽룡
의 시험 위에서 그녀의 사랑의 정체를 실토한다. 신분 상승과 이몽
룡과의 행복한 삶, 모든 것을 포기할 수밖에 없으며, 이몽룡과의 사
랑의 추억을 가슴에 안은 채로 죽음의 길밖에 남지 않았음을 깨닫는
다. 춘향은 모든 욕망을 내려놓고 그 한(恨)을 〈옥중가〉로 풀어낸다.
그녀는 옥에서 어미에게 "원한이나 없게 해 주십시오." 하고 여러 차

• 설성경은, "판소리계 소설의 보편적 주제는 인간이 지닌 상승(上昇)의 욕구
요 성장의식(成長意識)이라" 하며 『춘향전』의 주제 또한 그러함을 지적한다
(설성경 1995).

례 간곡히 부탁한다. 결국 춘향의 이런 생각, 모든 욕망을 접고, 포기하고, 한을 풀고, 죽음을 받아들인 춘향의 마음은 하늘을 움직인다. 다음 날 아침 결국 '암행어사 출도요!'가 꿈같이 이루어지고, 춘향은 이몽룡과 재회하고 '해피엔드'로 끝을 맺는다.

춘향의 출현의 의미

『춘향전』에서 춘향의 사랑과 신분 상승 그리고 해피엔드, 이 모든 것이 이루어진 것은 결국은 춘향의 사랑의 순수함과 자신의 인간적 존엄에 대한 확신 때문이었다. 춘향에게도 신분 상승을 위한 전략적 사고가 없는 것은 아니었지만 순수한 사랑과 인간적 존엄성을 가리지는 못했다. 춘향의 사랑과 존엄성에 대한 확신이 신분 상승을 위한 책략이 아닐까 하는 문제는 관객과 마찬가지로 이몽룡에게도 의구심이 가지 않는 바가 아니었다. 관객들과 더불어 그는 춘향의 사랑과 존엄의 순수함을 두 차례에 걸쳐 시험한다. 우선은 앞에서 이야기한 거지 행색을 하고 과거에 낙방했다 하며 시험하고, 다시 한 차례 '암행어사 출도'를 한 후에 동헌 뜰에 앉아 있는 춘향에게 가서는 부채로 얼굴을 가리고 새 사또에게 수청을 들 것을 요구한다. 그러자 춘향은 단호하게 냉소와 함께 "어서 빨리 죽여주옵소서." 하고 대답할 뿐이었다. 이렇게 하여 사랑의 순수함이 증명되자 모든 시련이 끝나고 '해피엔드'의 새 인생이 시작된다. 이 마지막 장면들은 한국 문화의 깊은 철학을 유감없이 드러낸다.

결국 『춘향전』의 흥미, 오락성, 대중적 인기는 기본적으로 그 둘 간의 사랑 이야기에 기인했지만, 대중에게 진한 감동을 선사한 것은 이야기 후반으로 접어들면서 나타나는 춘향이라는 16세 소녀의 당찬 모습이었다. 변 사또의 폭력을 견뎌내는 것은 말할 것도 없고, 자신의 확고한 신념을 솔직하게 이야기하고, 사또의 파렴치함을 엄하게 꾸짖고, 그러고는 점차 현실을 받아들이고 모든 욕망을 내려놓고 기꺼이 죽음을 받아들이는 이 소녀의 모습에 우리 모두가 숙연해 질 수밖에 없다. 하긴 이 이야기는 처음부터 춘향이라는 소녀의 이야기를 둘러싼 인간의 존엄성에 대한 이야기였을 뿐이다. 사랑의 즐거움과 해학 그리고 신분 상승의 꿈 등은 모두 인간 존엄성의 이야기를 전개하기 위하여 꺼낸 것이었다.

성춘향이라는 인물의 등장의 의미에 대하여 김영민은 지배 계급이 아닌 어린 소녀가 조선의 중심 사상인 성리학의 원리를 전유하고 원용하여 사또에 대항해 자신의 정당함을 주장하고 더구나 그를 꾸짖는 경우는 조선 후기에서야 예술 작품에 나타난 역사적인 모습이며, 이는 "정치공동체의 균열이라는 문제"가 다루어지는 모습이라 주장했다.[4] 춘향은 성리학의 윤리 원칙을 전유하여 활용했을 뿐만 아니라 그녀의 이러한 주장 밑에서 그녀를 굳건히 떠받치고 있던 것은 보편적 인간으로서 자신의 존엄에 대한 확신이었다.* 그리고 이 인간의 존엄성에 대한 확신은 성리학의 깊은 철학이었다.

성춘향이라는 소녀는 천하일색의 미인에다 이몽룡 한 사람에게 정열적인 사랑에 빠져 정절을 목숨으로 지키고, 자신의 신념을 어떤 상황에서도 뚜렷하고 강하게 표현하는 당찬 근대적 여인의 모습이었다. 그녀는 전통문화의 조선 여인의 아름다움까지 갖추고, 자

---

* 필자가 주장하는 인간의 존엄성이란 서구 근대의 이념인 '인권(人權, human rights)'과는 전혀 다른 것이다.

아를 확신하는 여인이었다. 춘향이란 인물의 등장 못지않게 중요한 것은 춘향이 원용하고 있는 사상적 기반인 성리학이었다. 성리학은 한편으로는 사회의 신분 제도와 각종 계서제를 정당화하여 봉건 사회를 구성하고 있었지만, 다른 한편으로는 개인의 도덕성과 존엄성의 문제를 나라와 학문의 궁극적 목적으로 제시하여 오히려 근대화의 가능성을 열고 있었던 것이다. 성리학은 전근대적 조선의 기반이었지만 동시에 근대화의 가능성을 연 사상이었다. 과연 춘향의 출현은 조선이라는 중세 국가의 심각한 동요, 그 뿌리에서 흔들리는, 한 사람 한 사람의 깨어남을 보여주고 있다.

　그러나 성춘향 역시 끝까지 근대적이지는 못했다. 결국 그녀도 행복한 가정을 꾸미고 정경부인이 되어 신분 상승을 완성하고 전통의 품안으로 회귀하고야 말았다.

근대 이전의 두 인물

○

위에서 논의한 홍길동과 성춘향, 이 둘은 모두 근대 개인주의적 속성을 강하게 갖고 있는 인물이었다. 우리가 그들의 처지를 잘 알고 있듯이, 두 인물 모두 가족이 나라의 가장 중요한 구조가 되는 '수신제가치국평천하(修身齊家治國平天下)'를 신봉하는 성리학 국가에서 그 강고한 가족 제도의 틈에서 튕겨 나온 개인들이었다. 서얼금고법(庶孽禁錮法)이란 조선에만 있던 변태적인 법으로서 가족을 보호하기 위해서 큰 대가를 치른다는 것을 알면서도 강행한 불합리하고 무리한 법이었다. 그리고 기생의 딸인 춘향의 경우에도 아버지가 양반이었지만 어머니의 신분을 따라야 한다는 잔인한 원칙에 따라 낮은 신분을 이어받았고, 그에 따라 양반 대접을 받지 못하던 그런 개인이었다. 이런 개인들이 나타나게 된 것은 적어도 형식적으로는 조선의 가족 제도가 내부적으로뿐만 아니라 전국적인 구조 관리의 차원에서도 비정상적으로 경직되었기 때문이었다. 다시 말하면 종법제에 근거한 가족 제도를 보호하려는 무리한 시도들은 피해자를 양산했고, 이들은 조선의 전통문화, 특히 가족 제도에 대한 저항 세력이 되었다. 18세기에 이르면 조선의 신분 제도는 거의 초토화되었다.

또 그런 개인들인 만큼 두 인물은 모두 인간의 존엄성에 민감하게 반응하며 그를 강하게 주장하던 개인들이었고 이러한 개인들의 주장은 조선의 신분 제도에 도전하는 것이었다. 그들의 주장의 근거는 성리학이었다. 당시 성리학은 양날의 칼이었다. 한편으로는 인간의 존엄의 상이함을 근거로 신분 질서를 정당화하는 이념 체계이기도 했지만 동시에 인간의 기본적인 존엄성을 통해 형식적 신분 제도에 도전하는 사상적 기반으로서 작용하고 있었다. 성리학은 나름대로 전근대적 사회를 지키고 있었지만 동시에 근대화의 가능성을 제공하고 있었던 것이다. 그러나 홍길동과 성춘향 모두 이런 모험과 난관을 겪은 후에는 따뜻한 가족의 품으로 돌아가고 말았다. 홍길동은 왕가를 이루었고 '또 하나의 조선'을 만들었다. 성춘향은 이몽룡과 결혼하여 정경부인이 되고 자식을 낳고 행복한 가정을 이루었다. 그리고 둘 다 '천수(天壽)'를 누렸다.

두 인물의 공통점은 한두 가지가 아니지만 몇 가지만 들어보면 우선은 홍길동과 성춘향 모두 폭력적인 대결을 피하고 있다. 홍길동의 경우는 그런 갈등과 대결의 상황에서는 도술로써 익살스러운 장면을 만들어 돌파해 나가고 마지막 대목에서는 자신의 원하는 바를 다 이루지 않고 오히려 한 발 물러서서 자제하고, 양보하고 비켜감으로써 전통적 성인의 미덕을 발휘한 영웅이었다. 홍길동은 폭력이 필요 없는 '초절정 고수'였고 혁명을 덕(德)으로, 무위(無爲)로

소리 없이 이루어나가는 그런 영웅이었다. 홍길동의 전략은 무공의 사용을 자제하고 '민중의 스타'가 되어 민중의 지지를 등에 업고 몰아붙이는 민주주의적 스타 전략이었고 이 전략은 대한민국의 현대 정치에서 점점 중요성을 더해 왔다.

성춘향의 경우는 마지막으로 가면 이몽룡이 말로는 정식으로 혼인하겠다고 또 과거에 장원 급제해서 돌아오겠다고 철석같이 약속해 놓고는 돌아오지 않고, 자신은 변태적인 사또에게 죽도록 매 맞고 죽어가고 있는데, 서방님은 나중에, 이제야 나타나서는 '낙방했'느니, '할 수 없'느니 하고 뭉개고 있으니, 자신은 지금 칼을 쓰고 옥에 갇힌 채로 화가 머리끝까지 나지만 어쩔 수 없는, 모든 것이 끝장나고 앞에 아무것도 보이지 않는 상황이었다. 이 상황에서 춘향은 모든 욕심과 꿈을 스스럼없이 내려놓는 한편 서방님과 나누었던 뜨거운 사랑의 추억을 안고서 아무런 원한 없이 편안한 마음으로 죽음의 길을 가고자 했다. 그러자 춘향의 마음에 감동받은 하늘은 기어이 다음 날 아침 '암행어사 출도'를 이루고, '해피엔드'를 허락하였다.

성춘향은 '한(恨)을 갚는' 처녀 귀신이 아니라 '한을 푸는' 영혼이었기에 꿈을 이루었다. 우리 민족이, 우리 모두가 같이 위기에 처했을 때 찾을 수 있는 구세주가 홍길동이었다면, 권력이 우리를 핍박하고, 밟고, 죽음으로 몰아갈 때 찾을 수 있는 영혼은 춘향이었다. 그녀는 사랑의 화신이었고, 자신의 고결함을 확신하고 주장하는, 죽음을 무릅쓴 영혼이었다. 홍길동이 덕과 인을 갖춘 넉넉한 우리의 스타 영웅이었다면, 성춘향은 공동체에 해(害)를 끼치는 원혼이 되지 않는, 사랑을 증오로 갚지 않는 존엄한 사랑의 화신이었다.

제3장

신소설의 인물들과 그들의 세상

신소설에 드러나는 현실

우리 역사에서 최초로 근대식 소설이 발표된 것은 을사조약 다음 해인 1906년이었다. 국초(菊初) 이인직(李人稙)은 자신이 근무하던 『만세보』에 『혈의 누』를 연재하였고, 국문학자들은 이 작품이 최초의 근대식 소설임에 합의하고 있다. 보통 '근대 소설문학' 또는 '근대 소설'은 1917년에 『매일신보』에 연재되었던 이광수의 『무정』으로부터로 이해하고, 『무정』 이전의 이인직, 이해조 등의 소설들은 '신소설(新小說)'이라 칭한다. 사실 『무정』의 경우도 '신소설'이라는 문구를 앞에 내세워 출간되었다. 신소설이라는 범주는 후대에 확립된 것이다.[•]

● 김영민에 의하면 '신소설'이라는 범주를 확립시킨 사람은 임화(林和)였다. 그는 1940년 『조선일보』에 연재한 「신문학사」에서 '신소설'이란 용어를 사용하였다 (김영민 1997: 131-132).

신소설은 정확히 정의되지 않는다. 그 출발에서는 일본에 유학했던 이인직이 기존의 '구소설(舊小說)'과는 전혀 다른 소설을 1906년『만세보』에 연재해서 인기를 끌었고 이어 이해조도 뛰어난 작품들을 발표하였다. 이인직은 한일병합 이전까지『혈의 누』,『귀의 성』,『치악산』,『은세계』 등 네 편을 발표하였고, 이해조는『빈상설』,『구마검』,『원앙도』,『자유종』,『화세계』 등을 발표하였다. 이 글에서는 1910년 한일병합 이전까지 나온 작품들에 한해서 논할 것이다. 한일병합 이후에 발표된 신소설들은 분위기와 문투 등이 상당히 달라지고 있어 다른 기회에 따로 논할 것이다.[•]

이로써 출발에서는 명백한 경계를 그을 수 있으나 사실상 신소설은 한일병합 이후에도 계속 쓰였고, 3·1운동 이후 1920년대 초반까지도 그 모습을 확인할 수 있다. 우리 문학사에서 신소설이라는 범주는 '구소설'과 이광수부터의 '근대 소설' 사이에 나타난 소설, 즉 그 구(舊)와 근대(近代) 사이에 있는 소설들을 지칭한다. '신소설'이라는 명칭 자체가 전대미문임을 전광용은『한국신소설전집』의 서문에서 다음과 같이 말한다.

「신소설」이란 한국 문학사만이 가지고 있는 독특한 문학 양식상의 명칭이며, 그 어휘는 그대로 한국 근대화 과정의 한 반영

• 최원식에 따르면, 신소설은 "1910년을 고비로 급속히 자체 붕괴의 길을 길었으며 1913년『장한몽(長恨夢)』의 출현은 신파문학이 신소설을 대체하는 상징적인 사건"이었다 (최원식,「장한몽과 위안으로서의 문학」, 임형택·최원식 편 1982: 244-246; 최원식 1986: 11-12).

한국인의 탄생

인 동시에, 그 기형적인 사회 발전의 배경 속에서 소산(所産)된 한국 문학의 비정통적인 변모를 고스란히 대변하는 명칭이기도 한 것이다. (……) 이러한 연유로 다른 나라 문학사에서는 도저히 찾아볼 수 없는「신소설」이라는 특수한 명칭이 한국 문학사에서만 쓰여졌고, 또한 이 명칭은 문학사에 있어서 소설의 한 양식을 대표하는 사적(史的)인 술어로 정착되는 단계에까지 이르렀다.[1]

신소설을 읽어본 사람들은 누구나 실로 희한한 소설임을 느낄 것이다. 우리의 공식적인 국문학사에서도 신소설은 묘한 역사적 단계로 이해되고 있다. 전근대 소설과 구분되고 근대 소설과도 구분되는데, 보통은 문학적 수준이 결여된 수준이 낮은 작품들로 이해된다. 사건의 진행이 지나치게 자의적이고 우연한 사건들이 수시로 끼어들며, 스토리는 복잡하고 정신없이 전개되고, 또 인물들의 이야기를 표현함에 있어 '우여곡절', '기구한 운명'이라는 말 외에 다른 말을 찾기 어려울 정도로 얼핏 개연성에 문제가 있어 보인다. 그리고 여성 인물들이 빈번하게 자살을 시도하는 등 과도한 흥미 위주의 전개에 이르기까지 여러 이유로 신소설들은 역사 발전에서 비정상적인 단계로 취급되어 왔다. 한마디로 신소설에 등장하는 인물들의 모든 행동이 합리적이라고 판단하기 어렵고, 따라서 전체적으로 하나의 예술 작품이라고 이해하기 어렵다고들 말한다. 그런데 신소설의 이런 특징을 단순히 근대 이전이라 미발달 단계의 소설이기 때문이라고 설명할 수는 없다. 왜냐하면 근대 이전 '구소설' 작품들의 경우에는 이러한 현상이 나타나지 않기 때문이다. 이인직, 이해조 등의 작가들이 지적 수준이 미흡했던 사람들인가? 도저히 소설가로서 적합지 않은 인물들이었던가? 그렇지 않다면, 왜 이 시점에서 이런 작품들이 나타나게 되었는가에 대해 질문이 제기되어야 한다.

독특한 종류의 소설이라는 판단과 분류를 떠나서 더 관심을 쏟아야 할 문제는 이러한 독특한 작품들이 어쩌다, 왜 이 시대에, 이 모양으로 나타나게 되었는가 하는 것이다. 선뜻 이해하기는 쉽지 않다. 이 시대에 대해 우리가 아직 이해하지 못하는 부분이 많을지 모른다는 느낌을 떨칠 수 없다. 사실 구한말 역사에서, 1898년 독립협회가 해산되던 시점에서부터 1904년 러일 전쟁과 1905년 을사조약에 이르기까지의 시기 동안 어떤 일이 벌어졌는지, 그 시대는 어떤 시대였는지, 한국인들은 어떻게 살고 있었는지, 이 시대는 기본적인 역사가 전혀 쓰이지 않은 '암흑 시대'라 아니할 수 없다. 물론 우리 대부분은 이 시기의 역사를 배웠다. 그 내용은, 러일 전쟁 후에는 을사조약으로 국권이 공식적으로 침탈당하고 이후 일본이 완전히 강제 '병탄'하기까지 점차 우리나라를 집어삼켜 가던 과정, 그리고 우리나라 사람들이 그에 저항하는 과정으로 점철된 역사이다. 1906년에 신소설이 나타난 것은 뜬금없는 일이었다. 그러나 이 소설들을 유심히 읽어보면 그간 전혀 알지 못했던 대한제국의 현실이 담겨 있음을 발견하게 된다. 현 시점에서 그것은 아마도 많은 이들에게 매우 놀라운 모습일 것이다.

그간 '신소설'을 폄훼해 왔던 우리 국문학계의 판단을 필자는 이해할 수 없다. 일단 서구 문학의 흉내에 불과하다는 판단은 전혀 근거를 대고 있지 않은 중상이다. 신소설은 그 내용이나 형식에 있어서도 희한한 경우이며 신소설들이 흉내 냈다고 판단할 수 있는 서구 소설은 거의 발견할 수 없다.[*] 또한 신소설 작품들, 대표적으로 이인직의 작품들이 보여주는 배경 현실의 모습을 받아들일 수 없다는 근거로 이인직은 당시 이완용의 개인 비서로 활약하며 한일병합 준비 작업을 비밀리에 추진했던 골수 친일파라는 평계를 대고 있지만 이는 학술적으로는 도저히 이해할 수 없는 판단이다. 이러한 평가는 이인직이 의도적으로 당시 대한제국을 인간이 살 수 없는 땅으로 그려 놓았다는 것으로서, 이는 예술 자체를 부정하는 망언이다. 우리 '국학계'는 '친일파'에 대해서는 그야말로 인종주의자들이었다. 친일파들은 태어나면서부터 '친일'을 하고 나라를 팔아먹을 운명을 타고난 괴물로 취급되었고 독자들은 이런 난센스를 묵인해왔다. 친일파에 대한 본격적인 인문사회과학적 연구는 단 한 차례도 제대로 이루어진 일이 없었다.

　혹 이인직은 그랬을지 모르지만 또 다른 대표적 신소설 작가인 이해조는 친일파로 분류할 수 없는 사람이었다.[**] 그럼에도 그의 소설에 나타나는 배경으로서의 조선의 모습은 이인직이 보여 주었던 모습들과 거의 다르지 않다. 신소설들에 나타나는 이러한 조선의 현실은 오히려 20세기 초반에 대규모로 등장한 친일파의 기원을 설명해 줄 것이다.[***] 신소설은 서양식 소설을 흉내 내기 위해 시작된 이야기가 아니라 오히려 일차적으로 당시에 우리 조선 말고는 어디에도 없는 희한한 이야깃거리가 나타났기 때문에 시작된 예술 장르였는지 모른다. 이야깃거리로서의 당시 현실, 우리의 역사는 한국의 역사학자들로서는 알면 알수록 말하고 싶지 않은 것, 혹은 말할 수 없는 것으로 여겨졌을 것이다. 그런 연유로 우리 역사학계가 연구하지도 않고 말하지도 않던 시대였을 것이다. 하지만 필자는 이번 기회에 신소설들이 그렇게 쓰여야만 했던 현실을 밝혀야 한다고 확신한다.

주인공 김옥련

이인직의 『혈의 누(血의 淚)』는 1894년 청일 전쟁 때부터 이야기를 시작한다. 일본군과 청국군 간의 전투가 평양 부근에서 한 차례 벌어진 후 그 부근 벌판에서 어떤 젊은 부인이 어린 딸을 찾아 벌판을 헤매고 있다. 문득 어떤 '조선인 농사꾼'의 모습이 멀리 보이자 부인은 겁에 질린다. 그 농부는 과연 가까이 다가오더니 부인을 겁탈하려 한다. 그때 마침 총소리가 울리며 일본 군인이 나타나자 그 농부는 달아나고 부인은 일본 군인에 의해 구출되어 집으로 돌아간다. 이 와중에 부인의 일곱 살짜리 딸 '옥련'이는 총에 맞았으나 일본군에 구출되는데, 부모가 나타나지 않자 일본군 군의관의 손에 일본으로 보내져 그곳에서 교육받을 기회를 얻는다. 뛰어나게 총명한 옥련

• 1973년에 이미 조동일은 신소설은 서구 소설의 모방이 아님을 명쾌하게 주장한 바 있다 (조동일 1973).

•• 이해조의 일생에 대해서는 별로 알려지지 않았으나, 그는 "대원군 집정시 (1864~1873)에 득세한 왕족 출신"이었으며, 『제국신문』의 기자였다 (최원식 1986: 9-10).

••• '친일파'라는 말은 1880년대 후반부터 나타난다. 당시에는 고위관직을 얻기 위해 일본 공사관을 드나들며 사교를 벌이던 인사들을 비난조로 일컫는 말이었다 (황현 1996: 207). 그 당시의 뜻은 '일본 사람들과 친하게 지내는 사람'이란 뜻이었다. 물론 20세기 초반의 '친일파'는 그 뜻이 전혀 다르다. 20세기 초반에는 그야말로 '반역자'들을 의미하는데, 말의 연원에 비춰 볼 때 '친일파'라는 말은 사실 잘 어울리지 않는다.

이는 그녀를 도와주는 사람을 만나서 다시 일본을 떠나 미국으로 공부하러 가게 된다. 그곳에서도 뛰어난 성적으로 유명해지자 신문에 옥련에 대한 기사가 실린다. 마침 미국에 유학 와 있던 아버지와 만나고 결국에는 조선에 있던 어머니와도 만나 가족이 재회한다.

이 소설의 주인공은 김옥련이라는 평양에 사는 부유한 중인 가정의 일곱 살짜리 소녀이다. 이 소녀의 역할은 청일 전쟁의 참담한 상황에서 일본군에 의해 구출되어 일본과 미국으로 원치 않은 유학을 가서, 나중에 조선에 돌아와서 개화(開化) 운동을 주도하기 위해 공부하여 신학문을 익히고, 부모와 재회하는 것이다. 왜 이렇게 어린 여자아이에게 이러한 막중한 역사적 임무를 맡겼는가는 어렵지 않게 유추할 수 있다. 중인 가정 출신이라면 조선의 전통적인 양반 문화에 오염되지 않았을 것이며, 부유한 가정 출신이기에 강박적인 환경이 아닌 여유 있는 환경에서 자라났고 학교에서 적응하고 공부하는 데 유리할 것이며, 또 어린 여자아이여야 문화적으로 육체적으로 가벼워서 기동력이 뛰어나 날렵하게 다른 환경들에 적응할 수 있다고 판단했기 때문일 것이다.

옥련이는 일본에서의 환경과 학교생활에 뛰어나게 적응했다. 그런데 옥련이를 구해주었던 일본군 정상(井上) 소좌가 전사하고 부인이 다시 시집을 가려하자 옥련이는 결국 그 집을 나와서 기차를 타고 떠날 결심을 한다. 이때 그녀가 우연히 만나서 도움을 받게 되는 조선인 청년 구완서는, 자신은 나이가 들어서 유학을 오니 머리가 굳어 말 배우기도 어렵고 공부의 진척도 느리다고 말하며 옥련과 같이 어린 나이에 공부를 시작해야 제대로 신학문 공부를 할 수 있다는 판단을 토로한다. 개화를 제대로 이루기 위해서는 옥련이처럼 어린아이를 외국에 보내 유학을 시켜야 한다는 것이다. 말 그대로 '조기 유학'을 시켜야 한다는 것이며, 작가는 이를 위해 전쟁을 틈타 옥련이 같이 어린 여자아이를 납치했던 것이다. 옥련을 주인공으로 내세웠지만, 작가는 사실상 전쟁 통에 어린 여자아이를 납치해서 강제로 외국으로 보내서 공부를 시키겠다는 과격한 '극약 처방'의 선택을 한 것이었다. 이런 선택을 하게 된 이유는 그간의 개화 운동이 계속 실패하고 결국 망국의 위기에 처했다고 판단했기 때문일 것이다. 이인직 자신이 일본 유학생 출신이라 자신의 경험과 주변에서 보고 들은 것들이 작용했을 것이다. 구완서라는 인물은 작가 이인직을 대신하여 말하고 있는 것으로 보인다.

작품 안에서 여러 차례 여러 방법으로 지적되듯이, 청일 전쟁이란 이웃 청나라와 일본이 자기들 멋대로 우리나라에서 전쟁을 벌여 국토를 초토화시키고 백성들을 살육한 통탄할 만한 일이었다. 이런 일이 벌어진 것은 나라가 약하기 때문이었고, 나라가 약해진 것은 '양반님네들'이 해온 짓거리 때문이었다. 소설에서 하인들은 당시에 어디서나 나오던 한탄을 늘어놓는다.

나라는 양반님네가 다 망하여 놓셨지요. 상놈들은 양반이 죽이면 죽었고, 때리면 맞았고, 재물이 있으면 양반에게 빼앗겼고, 계집이 어여쁘면 양반에게 빼앗겼으니, 소인 같은 상놈들은 제 재물 제 계집 제 목숨 하나를 위할 수가 없이 양반에게 매었으니, 사람 위할 힘이 있읍니까. 입 한 번을 잘못 벌려도 죽일 놈이니 살릴 놈이니, 오금을 끊어라 귀양을 보내라 하는 양반님 서슬에 상놈이 무슨 사람값에 갔읍니까. 난리가 나도 양반의 탓이올시다. 일청전쟁도 민영춘이란 양반이 청인을 불러왔답니다. 나리께서 난리 때문에 따님아씨도 돌아가시고 손녀아기도 죽었으니 그 원통한 귀신들이 민영춘이라는 양반을 잡아갈 것이올시다.

『혈의 누』, 24쪽

당시의 현실에서 앞으로 해야 할 일에 대해서는 다음과 같이 말한다.

오냐, 죽은 사람은 하릴없다. 살아 있는 사람들이나 이후에 이러한 일을 또 당하지 아니하게 하는 것이 제일이다. 제 정신 제가 차려서 우리나라도 남의 나라와 같이 밝은 세상 되고 강한 나라 되어 백성된 우리들이 목숨도 보전하고 재물도 보전하고, 각도 선화당과 각도 동헌 위에 아귀 귀신 같은 산 염라대왕과 산 터주도 못 오게 하고, 범 같고 곰 같은 타국 사람들이 우리나라에 와서 감히 싸움할 생각도 아니하도록 한 후이라야 사람도 사람인 듯싶고 살아도 산 듯싶고, 재물 있어도 제 재물인 듯하리로다.

『혈의 누』, 18쪽

당시 문제는 전쟁만이 아니었다. 당시 조선의 상황은 죽은 사람은 말할 것도 없고 산 사람 간에도 사람이 '살아도 살아 있는 것인지', 재물이 '있어도 있는 것인지' 확인할 수 없는 참담한 세상이었다. 당시 조선은 전쟁의 피해는 물론이거니와 모든 '존재가 확인되지 않는' 그런 곳이었다. 결국 작가가 옥련을 유괴한 것은 모든 조선 백성이 이런 비참한 상황에서 벗어날 수 있도록 하기 위함이었다. 옥련이는 미국에서 공부하던 중에 자신은 원했던 것도 아니요, 공부하느라 그간 너무 힘들었다는 한마디 하소연을 할 뿐이다. 작가는 조선 백성을 위해서 7살짜리 여자아이를 납치해서 엄청난 학대를 자행한 셈이다.

옥련이라는 주인공을 이렇게 만들어낸 것은 납치해서 공부의 노예로 만들기 위해서였다. 과연 옥련이는 어떠한 개성도, 성격도, 자의식도, 주체성도 갖추지 못한 속이 텅 빈 '소녀'라는 이름의 인형이었다. 어여쁘고, 똑똑하고, 성실하고, 예의바른, 착한 '모범생'의 모습을 벗어나지 않게 만든 인형이었다. 그러나 작가는 소설을 진행시키면서 옥련의 모습을 필요에 따라 변형시켜 갈 수밖에 없었다. 옥련에게는 간혹 일곱 살짜리 어린아이의 모습보다는 노련한 능청스러움이 눈에 띄기도 한다. 옥련이는 처음에 대판(大阪-오사카)으로 가는 배 안에서 혼잣말을 한다.

남은 제 집 찾아가건마는 나는 뉘 집으로 가는 길인고. 남들은 일이 있어서 대판에 오는 길이거니와 나 혼자 일 없이 타국에 가는 사람이라. 편지 한 장을 품에 끼고 가는 집이 뉘 집인고. 이 편지 볼 사람은 어떠한 사람이며, 이내 몸 위하여 줄 사람은 어떠한 사람인가. 딸을 삼거든 딸 노릇 하고, 종을 삼거든 종노릇 하고, 고생을 시키거든 고생도 참을 것이오. 공부를 시키거든 일시라도 놀지 않고 공부만 하여볼까.*

『혈의 누』, 28쪽

한국인의 탄생

주인공 김옥련은 나라를 구할 영웅이면서 동시에 전쟁의 와중에 납치당해 외국으로 끌려간 어린 소녀라는 극단적 모순에 처한 인물이었다. 이런 식의 주인공의 모습은 『혈의 누』뿐만은 아니었다. 1906년에 나온 이인직의 다음 소설 『귀의 성』에서도, 1908년의 『치악산』에서도 동일한 유형의 인물들이 등장한다. 이들은 모두 젊은 여성이며 부모의 말에 순종하며 전통적인 조선 여인의 길을 가던 미인들이었다. 『혈의 누』의 김옥련은 납치되어 일본으로 미국으로 강제 유학을 갔다가 돌아오고, 『귀의 성』의 길순이는 김승지의 본처가 보낸 자객에게 비참하게 아들과 함께 살해당하고, 『치악산』의 이씨 부인은 온갖 시련과 위기를 겪고 가까스로 살아남아 사랑하는 가족들과 재회한다. 마지막에 다다른 운명은 달랐지만, 모두 주체성, 자의식, 개성 등을 갖추지 못한 여성들이었다. 이처럼 피동적이고 내용이 전혀 없는 껍데기만 있는 '여성 피해자'들이 바로 우리 역사에서 나타난 최초의 근대인의 모습이었다. 이는 서구의 경우와 극적으로 상반된다.

• 정상(井上) 소좌가 전사하고 나서부터 부인은 옥련이를 학대한다. 어느 날 옥련이 밤에 자지 않고 있다가 부인과 일하는 노파 간의 대화를 엿듣는데 노파가 옥련이를 욕한다. 이를 들은 옥련이는 나가서 자살할 결심을 하고 혼자 밤에 일어나서 그날 밤 잠든 노파에게 하는 말이, "이 몹쓸 늙은 여우야, 사람을 몇이나 잡아먹고 이때까지 살았느냐. 나는 너 보기 싫어 급히 죽겠다. 너는 저 모양으로 백년만 더 살아라." (이인직 1906a: 37). 옥련이는 주변의 온갖 눈치를 다 보는 단계에 이르렀다. 물론 이를 드러내지 않은 것은 그녀가 이미 노련해졌기 때문이었다.

인물들이 이런 모습으로 나타나게 된 이유는 첫째, 이들은 이야기의 모든 사건에서 피동적으로 '당하는' 피해자들이었기 때문이다. 피해자가 되었다는 사실 이전에 그런 세상에서 언제 누구에게 '욕을 보게 될지' 모르는 피해 의식 속에 살아온 인물들이었다. 그들은 이야기에 등장하면서 이미 누군가 주변 사람들에게 다 뜯어 먹혀 껍데기밖에 남지 않은 인물들이었다. 그리고 사실 주변에서 뜯어 먹히도록 고안된 먹잇감이었다. 물론 이런 식의 인물 제시를 반드시 그런 의도 때문이었다고 말할 수는 없을 것이다. 옥련의 경우에는 납치를 당했지만 교육에 있어서 남다른 축복을 받은 선택받은 인물이었고 '먹잇감'으로 만들 의도는 없었을 것이다. 그렇다면 이제 각 신소설에서 주인공들을 둘러싸고 벌어지는 이야기의 구조를 살펴보자.

신소설의 이야깃거리

먼저 이인직의 『귀의 성(鬼의 聲)』을 보자. 이야기는 '길순이'의 아버지 '강동지'가 신분 상승과 큰돈을 노리고 그의 무남독녀 길순이를 군수인 김승지에게 첩으로 팔아넘기고, 그녀가 부모를 원망하는 장면으로 시작한다. 그런데 김승지는 본처가 무서워 길순이를 서울로 데려가지도 못하고 있다. 강동지는 양반들을 증오하고 힘이 장사임에도 돈을 위해 양반 뒤를 졸졸 따르는 모순적인 인물이다. 강동지는 거짓말로 김승지가 부른다고 전하여 자신에게 곱지 않은 눈총을 보내는 길순이를 서울로 보낸다.

길순이가 김승지 집에 당도하니 그곳은 완전히 공포 분위기이다. 김승지는 당연히 길순에게 따뜻하게 대하지 못하고, 주변에 길순이가 기댈 사람은 단 한 사람도 없다. 김승지 부인은 길순이뿐만 아니라 모든 사람을 의심하고 온 집안은 공포 분위기이다. 그나마 길순이가 대화할 수 있는 사람은 유일하게 그 집 침모이다. 그 집 종 점순이는 자신의 '속량(贖良)'을 위해 김승지 부인이 첩 길순이를 제거하려는 음모를 이끌고 있다. 길순이는 이미 세상에는 자기 아버지와 서방인 김승지를 포함하여 믿을 사람이 없음을 알고 자살을 기도하나 순검에게 들켜 실패하고, 고독 속에서 출산을 한다. 그 가운데 드디어 점순이는 김승지 부인에게 길순이를 죽일 계교를 말하고 온갖 수단과 작전을 동원하여 추진한다. 그들이 고용한 자객은 길순이와 아기를 속여 꾀어내서는 산골짜기에 이르러 잔인하게 살해한다.

한편 길순이가 살해당했다는 것을 알게 된 강동지는 복수를 감행한다. 그 후 강동지는 해삼위(海蔘威−블라디보스토크)로 망명을 가고, 우는 새소리를 전하며 소설은 끝이 난다.

이인직의 1908년 소설 『치악산(雉岳山)』은 치악산 기슭이라는 특정한 공간에서 벌어지는 일을 이야기한다. 소설은 치악산 기슭의 단구역마을의 홍 참의 집에서 벌어진 이야기이다. 그 집의 젊은 며느리 이씨 부인은 시골에 어울리지 않을 정도의 미인이다. 이씨 부인은 유일하게 친정에서 데리고 온 몸종 검홍이와 함께 이야기하며 지낼 뿐이다. 그 집에는 이씨 부인의 남편 백돌이, 그의 아버지 홍 참의, 그리고 그의 계모 김씨 부인과 그 딸 남순이가 하인들과 더불어 살고 있는데, 시어머니 김씨 부인과 남순이는 이씨 부인을 증오한다. 이 와중에 이씨 부인의 남편 백돌이가 집안이 골치 아프니 신학문을 공부하러 가겠다고 동경으로 유학을 떠나버리고 이씨 부인은 혼자 남고 만다. 홍씨 집안 사람들은, 특히 시어머니와 딸, 그리고

종들 몇몇은 이씨 부인을 제거하기 위해 음모를 꾸민다.

　　이 소설에는 외부 남자들도 등장하는데 하나같이 돈을 벌겠다, 욕망을 이루겠다고 하면서 집안의 음모와 연루되어 거침없이 범죄에 가담한다. 최치운이라는 자는 이씨 부인에게 반해서 그녀를 손에 넣기 위해 그 집 종 옥단이에게 돈을 주고 속량을 약속하며 음모에 가담한다. 그들은 음모를 꾸며 흡사 이씨 부인이 외간 남자와 밀애를 하는 것처럼 보이게 해서 홍 참의에게 이씨 부인을 쫓아내게 한다. 이씨 부인에게는 친정으로 보낸다고 속이고, 검홍이는 그 집 종 고두쇠에게 죽도록 매를 맞는다. 그리고는 이씨 부인이 탄 교군은 미리 정한 대로 치악산의 무시무시한 숲속으로 올라간다. 이씨 부인을 노리던 최치운은 치악산에서 그녀에게 접근하려고 하다가 장 포수의 총에 맞고 죽는다. 이씨 부인은 이렇게 살아남지만 심심 산중에서 어쩔 수 없이 장 포수를 따라 그의 집으로 가게 된다. 그는 악한 인간이라고 할 수는 없지만, 그와 그의 어미가 이씨 부인을 붙잡아 놓고 색시로 삼으려고 하자 이씨 부인은 도주를 시도한다. 그녀를 쫓던 장 포수는 호랑이에게 물려죽고 만다. 한편 '수월당'이라는 도승이 우연히 구덩이에 빠져 있던 이씨 부인을 구해준다. 그녀는 그를 따라 그의 보호를 받기 위해 금강산까지 간다. 그녀는 절에서 머리 깎고 중노릇을 하며 지내는데 그곳에서도 다시 사단이 난다. 그녀의 아름다움에 넋을 잃은 젊은 중들 간에 다툼이 벌어지고 또 그들은 그녀에 대해 험담을 퍼뜨리고 다닌다. 결국 이씨 부인은 절을 떠나는 수밖에 없게 된다. 절을 떠나며 이씨 부인은 자신의 상황이 너무나 절박하여 생각하기를,

기막힌 팔자를 생각하는 것도 아니요, 첩첩한 설움을 생각하는 것도 아니요, 마디마디 생각나는 사람이 있는데, 둘은 속인이요, 둘은 중이라.

정이 들어 보고 싶어서 그렇게 생각나는 것이 아니라 원수같이 미워서 생각이 난다.

속인은 최치운이와 장포수요, 중은 혜명이와 강은이라. 진저리가 부득부득 치이고, 이가 박박 갈리도록 생각이 나는데, 등 뒤에서 그런 몹쓸 놈이 쫓아오는 듯 오는 듯 하여 잠시라도 마음을 놓을 수가 없어 겁이 나는데, 아무리 생각하여도 나 혼자 나서서 어디로 가든지 그런 놈에게 필경 욕을 볼 것 같은지라. 차라리 진작 죽어서 욕도 보지 말고 이런 고생도 아니하는 것이 편하다 생각하고 죽기로 결심하였더라.

『치악산』, 330쪽

만났던 사람 하나하나가 마귀가 되어 지금도 쫓아오는 것 같은 공포가 온몸에 배어 있음을 느끼고 결국은 죽음으로써 면하기로 작정하고 우물에 뛰어들지만 자신도 모르게 "물 속에서 물구나무를 섰다." 그녀가 자살을 시도했지만 어떻게 된 일인지, 자기도 모르게 우물 안에서 물구나무를 서서 하여튼 살아남게 되었다는 말이다.

한편 서울 이 판서 집, 즉 이씨 부인의 친정집에서는 검홍이가 살아 돌아와서 자초지종을 말하고 '배 선달'과 함께 이씨 부인이 행방불명인 것을 알아보고 복수할 것을 모의한다. 검홍이는 배 선달과 더불어 '장사패'들을 이용하여 흉계를 진행시킨다. 결국 이들은 각종 속임수를 사용하여 고두쇠, 옥단이, 김씨 부인 등 음모에 가담했던 사람들에게 잔인한 복수를 집행한다. 그리고 모든 가족들이 재회하고 끝이 난다.

공간의 문제

『귀의 성』을 쓰고 난 후, 이인직은 이야기의 핵심은 악인(惡人) 몇몇의 문제가 아님을 느꼈다. 다음에 이인직이 소설 제목으로 삼은 '치악산'이라는 곳은 모든 사람들이 이상하게 변하고 이상하게 행동하게 되는 그야말로 '마법(魔法)'에 걸린 공간으로 이야기를 꾸몄다. 이인직은 『치악산』에서 그 공간을 소재로 희한한 이야기를 들려준다.°
『치악산』은 다음과 같이 시작된다.

> 강원도 원주 경내에 제일 이름난 산은 치악산이라.
> 명랑한 빛도 없고, 기이한 봉우리도 없고, 시꺼먼 산이 너무 우중충하게 되었더라.
> 중중첩첩하고 외외암암(巍巍暗暗)하야 웅장하기는 대단히 웅장한 산이라. 그 산이 금강산 줄기로 내린 산이나 용두사미라. 금

° 지리적 공간을 소재로 삼았던 세계 문학 작품으로는 토마스 만(Thomas Mann)의 『마의 산(*Der Zauberberg*)』이 대표적이다 (Mann 1924). 이 작품은 1924년에 출간되었으니 이인직의 『치악산』은 상당히 선구적이었던 셈이다. 한국 문학에서 지리적 공간을 소재로 삼은 예는 1964년 김승옥의 『무진기행』이 대표적일 것이다. '무진'은 실제 지명이 아니고 가상의 지명이었다.
설성경은 이인직 소설에서 공간이 갖는 특별한 의미를 강조하였다 (설성경 2005: 141-143). 그러나 그 이유는 전혀 설명하지 않았다.

강산은 문명한 산이요, 치악산은 야만의 산이라고 이름지을 만한 터이라.

그 산 깊은 곳에는 백주에 호랑이가 덕시글덕시글하여 남의 고기 먹으려는 사냥 포수가 제 고기로 호랑의 밥을 삼는 일이 종종 있더라.

하늘에 닿듯이 높이 솟아 동에서부터 남으로 달려 내려가는 그 산 형세를 원주 읍내서 보면 남편 하늘 밑에 푸른 병풍 친 것 같더라.

치악산으로 병풍 삼고 사는 사람들은 그 산 밑에 논을 풀고 밭 일어서 오곡 심어 호구하고, 그 산의 솔을 베어다가 집을 짓고, 그 산의 고비 고사리를 캐어다가 반찬하고, 그 산에서 흘러 내려가는 물을 먹고 사는 터이라. 때 못 벗은 우중충한 산일지라도 사람의 생명이 그 산에 많이 달렸는데 그 산 밑에 제일 크고 이름난 동네는 단구역말이라.

치악산 높은 곳에서 서늘한 가을 바람이 일어나더니, 그 바람이 슬슬 돌아서 개 짖고 다듬이 방망이 소리 나는 단구역말로 들어간다.

『치악산』, 271쪽

이인직의 『귀의 성』과 『치악산』은 섬뜩한 엽기 소설이다. 당시에 서양에서 나타나던 추리 소설이나 괴기 소설을 흉내 냈다고 볼 수는 없고 아마 실제로 있었다고 들은 흉악한 이야기들을 소설화한 것이라고 추측할 수 있다. 『귀의 성』의 경우에는 본처와 첩 간의 전통적인 갈등을 이야기로 다룬 것이지만 『치악산』은 좀 더 문제의식과 구상을 가지고 치악산 기슭이라는 특정한 마법의 공간 이야기로 발전시킨 것이라고 추측할 수 있다. 이 소설에 나타나는 모든 사람은 불쌍한 여주인공을 해칠 기회를 엿보다가 결국은 저지르고야 마는데, 이인직은 여주인공이 처한 그러한 살벌한 상황을 공간의 문제로 접근한다. 소설이 시작되자 계모 시어머니인 홍 참의의 부인 김씨가 자신의 친딸 남순을 앉혀놓고 말하는 긴 대사가 희한하다. 이 대사는 김씨 부인의 심리 상태를 드러낸다.

'우리 모녀 다 없어지면 홍씨 댁이 잘될 터이다. 팔자가 오죽 사나운 년이 남의 후취댁이 되었겠느냐. 남순아, 너도 진작 뒈지거라. 너도 여북 팔자가 사나와서 남의 후실의 딸이 되었겠느냐. 네가 복을 많이 타고났을 것 같으면 남의 전실 마누라의 며느리 종님이 되었을 터이다. 너의 아버지께서는 그렇게 의좋은 초취댁 죽을 때에 왜 돌아가시지 아니하였다더냐. 그래 역성을 하더라도 분수가 있지. 초취댁 며느리 종년까지 역성을 들고, 나 같은 년은 전실 며느리에게 소리 없는 총을 맞아죽어도 알은 체하여 줄 사람도 없을 터이로구나. 우리 모녀만 죽으면 이 집안에서 몇 사람이 춤을 출지 모를 것이다. 남순아, 너 죽고 나 죽자. 그런 인생들이 살아서 무엇한단 말이냐. 오냐, 그만두어라. 오늘밤 내가 너를 쳐죽이고 나까지 죽어서 여러 사람의 소원이나 풀어주겠다.' 하더니 남순이를 쾅쾅 두드리며 독살풀이를 하니 온 집안 사람들이 안방으로 구름같이 모여드는데, 홍 참의는 눈살을 잔뜩 찌푸리고 안으로 들어오다가 보니 검흥이가 안마당 섬돌 아래 쪼그리고 앉아서 고개를 푹 숙이고 손이

한국인의 탄생

발이 되도록 빈다.

『치악산』, 275쪽

후취 생모가 외동딸에게 퍼붓는 이 저주는 집안 분위기를 드러낸다. 이 집 가족들은 모두 자신에 대한 자부심도 없고 열등감에 사로잡힌 채 사방에 온갖 증오와 저주의 독을 퍼붓고 산다. 김씨 부인은 '악인'이라고 할 수는 없고 차라리 '사이코' 괴물이며 증오의 핵이다. 그리하여 주변 인물들 특히 집안의 하인들, 여종들과 음모를 꾸민다. 이들 하인들은 각자가 자신의 이해, 예를 들어 주인에게 큰 혜택을 받아 속량하겠다는 꿈을 이루기 위해서는 무슨 짓도 하겠다는 의지와 교활함을 갖춘 사람들이다. 주변에 여주인공을 도와줄 사람은 검홍이 단 한 사람밖에 없다.

더욱 처절하게도, 여주인공들은 부모조차 믿지 못하는 처지였다. 『귀의 성』에서 길순의 아버지 강동지는 자기 딸을 첩으로 팔아먹은 사람이었고, 『치악산』의 이씨 부인의 친정집은 멀리 서울에 있고 그녀의 시아버지는 "실없는 소리 잘하는" 믿지 못할 사람에다 집안을 다스릴 능력이 없는 사람이었다. 홍 참의는 자기 마누라에게 속아 며느리를 사지(死地)로 몰아넣는다. 또 한 가지, 여주인공을 해치려는 악인 주변의 사람들은 결코 서로 다정한 사람들이 아니었다. 이씨 부인을 성공적으로 처치하자,

단구역말 홍참의 집에서 그 며느리 없애버린 후에는 그 집안에서 재미가 옥시글옥시글할 줄 알았더니, 며느리 없앤 후에는 무엇이 부족하여 김씨부인의 쨍알거리는 소리가 나는지 한 달

삼십 일에 웃고 지내는 날이 눈살을 아드득 찌푸리고 지내는 날보다 많지 못한 모양이라.

옥단의 마음에는 김씨부인의 비위를 맞추어서 이씨부인을 없애버리면 그 공로로 제 소원이 다 잘될 줄로 알았더니, 제가 바라던 마음과는 틀려도 여간 틀리는 것이 아니라, 열 가지를 바랐으면 한 가지쯤 제 마음대로 될락말락하였더라.

『치악산』, 337쪽

그들 집안 식구들은 원래부터 서로가 미워하여 며느리까지 해치게 된 것이었으며 며느리가 사라지자 이제는 저희들끼리 살벌하게 다툰다. 그들은 각자가 모두 서로 싫어하고 갈등하는 사이이며 잠시 적을 두고 동맹을 맺었으나 기본적으로 자신의 몫을 챙기는 데만 혈안이 된 사람들이었다. 이 두 소설에서는 공통적으로 여주인공이 끔찍한 해를 당한 후에 여주인공의 단짝이 복수를 감행한다. 이 복수에는 또 필요한 사람을 가세시켜 교활하고 기묘한 음모를 꾸며 더욱 잔인한 피의 복수를 집행한다.

어떤 문학사가들은 신소설을 폄훼하여 이인직은 주로 가정 이야기, 말하자면 폭력적 가정의 이야기를 했고, 여기서 가정 이야기란 한 가정이라는 작은 사적인 공간 혹은 구석에서 벌어진 이야기라고 하는데 그러한 해석은 소설의 의미를 제대로 보여주지 못한다. '수신제가치국평천하'를 신봉하는 성리학적 문화에서 가족이란 사회의 근본 구조이며 그 내부는 본격적인 정치적 공간이며 나라의 소우주(microcosm)였다.˙ 신소설에 등장하는 가족은 혈연관계로만 이루어진 소가족도 아니었다. 대가족, 여러 친척들, 수많은 하인들, 침

한국인의 탄생

모, 행랑 식구들로 이루어진 그야말로 정치 세계였고 나라의 축소판이었다. 가족의 문제는 나라 전체의 문제와 진배없었다. 『치악산』의 경우에는 작가의 의도가 가족을 넘어서서 마을, 더 나아가 치악산 기슭 전체 공간을 포함하여 꽤 넓은 지역을 아우른다. 그리고 서울은 말할 것도 없이 금강산에 있는 절간까지도 공간으로 포괄한다.

단적으로 신소설이 보여주는 이러한 공간의 모습은 공동체가 개인으로 분해되어 모든 사람들이 각자 살아남기 위해 하루하루 다투며 공포에 떠는, 그리고 자신을 위해서는 범죄도 마다하지 않고 여유만 있으면 자신의 욕망을 채우려고 하는 그런 공간, 모든 사람들이 아귀가 되어버린 그런 세상을 그리고 있다.** 다른 작품에서도 이런 모습은 빠지지 않는다. 『혈의 누』는, 전투가 끝난 후 벌판을 헤매던 부인이 어떤 조선인 농사꾼의 모습을 보는 장면으로 시작한다. 그녀는 그 모습의 정체가 당장 무엇인지 누구인지를 알아볼 것도 없이 공포에 휩싸인다. 으레 조선 남자가 어둠이 찾아오는 벌판에서 자신에게 다가온다면 틀림없이 자기 같은 여인을 겁탈할 것이라는 직관이었다. 아니나 다를까 덤벼들려는 찰나에 총성이 울리며 일본

• 도이힐러(Martina Deuchler)에 따르면 조선은 건국 시기부터 가장 중요한 개혁 과제는 가족 구조의 개혁이었고 이는 18세기까지 장장 4세기에 걸쳐 끊임없이 진행되었다 (Deuchler 1992).

•• 많은 문학사가들은 이인직의 소설이 전통 소설에서의 선과 악의 대결 구도에서 벗어났음을 지적한다. 실로 신소설에 등장하는 인물은 피해자가 아니면 악한 인물이며, 그 외에 자리가 있다면 영악하고 교활한 인물 정도다. 선한 인물은 거의 없고, 인간의 선악이란 이인직 소설에서 별 의미가 없다.

군이 나타났고 그녀는 위기를 모면했던 것이다. 일본군과 조선인 농사꾼 중 누가 더 무서운가의 문제가 아니라 당시에 모르는 사람이라면 으레 덤벼들 것은 상식이었다. 이인직의 소설뿐만 아니라 이해조의 소설에서도 '민심이 흉흉하다'는 것은 상식이며, 여인네들은 무서워서 감히 밖에 나가지 못한다.

저항의 흔적

1908년에 나온 이인직의 『은세계(銀世界)』는 당시 조선 사회의 특정한 악인들의 모습에 초점을 맞춘 소설이었다. 그 악인들 즉 지방관, 강원도 감사는 당시 국가권력의 전형적인 일부로 조선 사회를 이렇게 지옥으로 만든 장본인들이었다. 그리고 제목도 『은세계』라고 하여 공간에 반어적인 이름을 붙였다. 이 소설도 『치악산』의 경우와 같이 특정한 공간, 흰 눈이 내려 별천지가 되어 버리는 강원도 강릉의 이야기였다. 소설은 이렇게 시작한다.

> 겨울 추위 저녁 기운에 푸른 하늘이 새로이 취색하듯이 더욱 푸르렀는데, 해가 뚝 떨어지며 북새풍이 슬슬 불더니 먼산 뒤에서 검은 구름 한 장이 올라온다. 구름 뒤에 구름이 일어나고, 구름 옆에 구름이 일어나고, 구름 밑에서 구름이 치받쳐 올라오더니, 삽시간에 그 구름이 하늘을 뒤덮어서 푸른 하늘은 볼 수 없고 시커먼 구름 천지라. 해끗해끗한 눈발이 공중으로 회회 돌아 내려오는데, 떨어지는 배꽃 같고 날아오는 버들가지같이 힘없이 떨어지며 간 곳 없이 스러진다. 잘던 눈발이 굵어지고, 드물던 눈발이 아주 떨어지기 시작하며 공중에 가득 차게

내려오는 것이 눈뿐이요 땅에 쌓이는 것이 하얀 눈뿐이라. 쉴 새 없이 내리는데, 굵은 체 구멍으로 하얀 떡가루 쳐서 내려오 듯 솔솔 내리더니 하늘 밑에 땅덩어리는 하얀 흰무리 떡덩어리 같이 되었더라.

사람이 발 디디고 사는 땅덩어리가 참 떡덩어리가 되었을 지경 이면 사람들이 먹을 것 다툼 없이 평생에 떡만 먹고 조용히 살 았을는지도 모를 일이나, 눈구멍 얼음덩어리 속에서 꿈적거리 는 사람은 다 구복(口腹)에 계관(係關)한 일이라. 대체 이 세상에 허유(許由) 같이 표주박만 걸어놓고 욕심 없이 사는 사람은 보 두리 있다더라.

『은세계』, 409쪽

소설은 그곳에 사는 부지런히 일해서 부자가 되었다고 동네 에서 부러움을 사는 최본평(최병도)의 이야기였다. 당시 관권은 화적 이나 마찬가지였다. 법적인 권력이 있고 조직이 있고 건물, 감옥 등 의 막강한 기제들이 있었지만 그 폭력 조직이 움직이는 동기는 개인 적인 이해였다. 국가권력은 '사유화'되어 있었다. 작중 화자는 다음 과 같이 말한다.

대체 영문 비관을 가지고, 사람 잡으러 다니는 놈의 욕심은, 남 의 묘를 파서 해골 감추고 돈 달라는 도적놈보다 몇 층 더 극악 한 사람들이라. 가령 남의 묘를 파러 다니는 도적놈은 겁이 많 지마는 영문 장차들은 겁 없는 불한당이라. 더구나 그때 강원 감영 장차들은 불한당 괴수 같은 감사를 만나서 장교와 차사들은 좋은 세월을 만나 신이 나는 판이라. 말끝마다 순사도(巡使道)를 내세우고 말끝마다 죄인 잡으러 온 자세를 하며 장차의 신발 값을 달라고 하는데, 말이 신발 값이지 남의 재물을 있는 대로 다 빼앗아 먹으러 드는 욕심이라. 열 냥을 주마 하여도 코웃음이요, 백 냥을 주마 하여도 코웃음이요, 이백 냥 삼백 냥을 주마 하여도 코웃음인데, 그때는 엽전 시절이라, 새끼 밴 큰 암소 한 필을 팔아도 칠십 냥을 받기가 어렵고 좋은 봇돌논 한 마지기를 팔아도 삼사십 냥을 넘지 아니할 때이라.

『은세계』, 412쪽

최병도의 집에 그들이 쳐들어 왔지만 고분고분하게 물러가고 끝날 것 같았다. 동네 사람들은 구경하러 모여서는 하는 말이 "이런 놈의 세상은 얼른 망하기나 했으면 (……) 우리 같은 만만한 백성만 죽지 말고 원이나 감사나 하여 내려오는 서울 양반까지 다 같이 죽는 꼴 좀 보게." 이런 상황과 이런 말은 당시 강원도 강릉에만 국한된 것이 결코 아니었다. 원래 이 작품은 《최병도 타령》이라는 노래가 유행하여 소설을 썼던 것이고 당시에 '원각사'에서 창극으로도 공연되어 엄청난 인기를 끌었다고 한다.*

최병도는 동네 사람들에게 화가 미칠까 두려워 스스로 감영으로 잡혀갔지만 감사에게 돈을 "들이밀고, 살려 달라, 놓아 달라, 그따위 청을 하고 싶은 마음은 없"음을 분명히 하고 있다. 그가 이런

---

* 최원식에 의하면 이 타령의 제목은 '최병도 타령'이 아니라 '최병두 타령'이었다 (최원식, 「〈은세계〉 연구」, 임형택·최원식 편 1982: 220-225).

생각을 한 것은 관에 대한 증오심과 그 못지않은 자존심 때문이었다. 그는 결국 '불효'의 죄목으로 갇혀 갖은 고문을 받지만 풀려나기 위해 돈을 주는 것을 끝내 거절한다. 결국 감영은 그가 매를 너무나 많이 맞아 죽어가는 가운데 살지 못할 것을 알고서 그를 풀어준다. 그리고 그는 곧 죽고 말았다. 온 마을 사람들은 감사의 무도함과 최병도의 불행한 죽음에 애도의 타령을 부른다. 사람들은 그의 '한(恨)'을 노래한다. 노래는 그에게 한을 풀라는 것이 아니라 그 한을 풀지 말고 꼭 모두를 위해서 갚아야 함을 상기시키는 내용이다.

소설의 후반부는 최병도의 자식들, 아들과 딸들이 아버지의 뜻을 받들어 외국으로 유학을 가 공부하여 돌아오는 이야기였다. 부인은 아기를 낳고 정신병이 들고, 그의 자식들이 공부할 수 있도록 보살펴 준 친구 김정수는 죽고, 옥순이와 옥남이 자매는 갖은 고초 끝에 독지가를 만나 어렵사리 공부를 끝낼 수 있었다. 두 남매는 조선에 개혁이 일어난다는 소식을 듣고 개혁에 참여할 꿈을 안고 귀국하여 고향에 내려오지만 오히려 그들은 의병들에게 조정에서 보낸 선유사(宣諭使)로 오인되어 잡혀 간다. 그렇게 소설은 끝난다. 결국 우리나라의 무지몽매한 백성들이 오해하고 국가 개혁의 기회를 날려버리고 마는 이야기였다.

현실의 뿌리

이인직의 소설에 나타나는 조선 사회의 모습은 사람들 사이에 사회적 유대가 사라지고 각자 개인들로 흩어져서 생존을 위해 자신을 지키기에 급급하고 기회만 되면 누구에게 무엇이라도 빼앗으려 하고 자신의 욕구를 채우고자 혈안이 되어 있는 모습이었다. 대개는 중심적인 악인이 악행을 음모하고 공모자를 끌어들이지만 이들도 모두 각자의 목적을 위한 것이지 신뢰하는 관계는 아니었다. 모든 가족 관계 특히 부모 자식의 관계도 이해관계로 분해되고 모든 사람들은 믿을 사람 하나 없는 세상에 내팽개쳐진 채 살아남으려 애를 쓰지만 대부분 실패하고 만다. 그리고 피해를 당한 인물들은 나중에 똑같이 잔인한 피의 복수를 감행하고야 만다.

이인직의 소설들은 당시 대한제국 사회의 모습을 이렇게 의식하고 이야기를 전개했다. 당시 비견할 만한 신소설 작가였던 이해조가 작품에서 그리고 있는 조선 사회의 모습도 거의 다르지 않다. 이해조가 1907년에 연재했던 『빈상설(鬢上雪)』은 고독하게 지내는 젊은 부인(화개동 아씨)을 중심으로 이야기가 펼쳐진다. 그녀의 남편 서정길은 바람이 나서 집에 들어오지 않더니 급기야 '평양집 부용'이라는 기생 출신 첩을 얻어 부인은 거들떠보지도 않는다. 주된 이야기는 첩 평양집이 본처를 없애기 위해서 주변의 하녀 금분이, 동네 뚜쟁이, 무당, 동네 건달 등을 동원하여 음모를 꾸며 악행을 저지르지만 그녀는 남동생의 도움으로 살아남는다는 이야기다. 본처가 첩을 내쫓겠다는 이야기가 아니라 첩이 본처를 내쫓겠다는 상식을 벗어난 악행의 이야기이다. 젊은 부인을 도와주는 사람은 유일하게 '복단 어미'인데 딸 복단이는 이미 살해당했고 갈등은 살벌하게 진행된다. 이런 움직임을 눈치 챈 부인의 쌍둥이 남동생 '승학'이 그녀를 도와 서로 남녀 옷을 바꿔 입고 변장을 하여 위기를 모면한다.

물론 이 소설은 이인직의 소설들과는 달리 여주인공의 남동생이 개입하면서 위기를 모면하고 피해를 당하지는 않았으나 갈등의 구조는 똑같은 모습으로 나타난다. 주인공을 해칠 동기를 가진 악인이 있고 이 인물은 주변의 이익에 혈안이 되어 있는 하인배, 잡인들, 중매쟁이, 무당, 건달 등에게 돈을 주던지 하여 음모에 가담시켜 악행을 저지른다. 많은 사람들이 자신들의 이해 때문에 악행인지 알면서도 가담한다. 이해조는 소설에서 당시에 새로 만들어진 경찰, 재판소에서 보복이 이루어지게 했다. 주인공이 어디까지 피해를 당하도록 하는가는 작가의 선택이었다. 이해조는 비교적 이인직보다는 엽기적인 결과를 피하고 해학적인 장면으로 전환하고, '해피엔드'를 중요시하는 성향의 작가였다.

이해조가 1908년에 쓴 『구마검(驅魔劍)』은 무당, 판수, 지관 등의 미신을 직업으로 삼는 사람들, 당시로서는 특정한 악인들에 대한 소설이지만 이 또한 위에서 논의한 것과 같은 구조를 그대로 보여주고 있다. 소설은 재산깨나 모았다는 함진해라는 사람을 무당, 판수, 지관 등의 사기꾼들이 등쳐먹고 알거지로 만드는 이야기였다. 여기에서도 동일하게 악인들은 목적을 이루기 위해 생존에 매달려 있는 개인들을 동원하여 악행에 가담시킨다. 나중에 무당은 평리원 판사 앞에 잡혀와서 조사를 받는데 함진해를 패가시킨 경위를 물으니,

"네, 아뢰기 죄만하오나, 그 댁은 그러하실 밖에 수가 없으시지요. 그 댁 마님께서 귀신이라면 사족을 못쓰시는데 좌우에서 거행하는 하인이라고는 깡그리 불한당 년이올시다. 의신은 구복(口腹)이 원수라, 그 댁 하인의 시키는 대로 할 따름이지, 한 가지 의신의 계교로 속인 일은 없습니다." (……) "그 댁 하인의 다른 것들은 다만 심부름만 하였지요마는 그 댁에서 안잠자는 노파가 그 댁 일을 무이어 자주장하다시피 하는데, 하루는 의

신의 집에를 와서 그 댁 아기 죽은데 진배송을 내어달라 하며, 그 댁 세세한 일을 모두 가르쳐 의신더러 알아맞히는 모양을 하여 별비가 얼마나 나던지 반분하자 하압기 말씀이야 바로 하압지, 무녀 되어서 그런 자리를 내어놓고 무엇을 먹고 사옵니까? (……)"

『구마검』, 139-140쪽

이야기의 구조는 이인직의 소설들과 비슷하다. 주변의 하인배들, 이웃의 대부분의 사람들은 각자의 이해에 따라서 악당과 연관을 맺고 가책도 없이 죄라는 것을 의식하면서도 범행에 가담한다.

주인공 김수정

1910년이 되자 이해조는 좀 더 세련된 문장과 스토리로 『화세계(花世界)』를 내놓았다. 이때는 이해조도 이인직처럼 소설의 제목을 '세계', 하나의 비유적 공간으로 아이러니컬하게 달았다. 소설은 이렇게 장황하게 시작한다.

세월이 덧없도다. 어느덧 삼복 염증이 지나고 구시월이 되었는가? 간밤에 불던 바람, 뜰 앞에 섰는 나무를 이리 흔들 저리 흔들 흔들흔들 말지 않더니 무수한 낙엽이 분분히 날아 내리는구나. 저 낙엽을 무심한 사람이 무심히 보게 되면 밟고 가고 밟고 오며 비를 들어 버릴 따름이라. 조금도 사랑하고 어여삐 여기며 불쌍하고 슬피 여기지 아니할 터이로되, 풍상을 많이 겪어 강개(慷慨)한 마음이 가슴에 가득한 유지(有志) 남아는 큰 잔에 술을 가득 부어 한숨에 다 마신 후에 개천으로 굴러 들어가는 저 낙엽을 두 손으로 얼풋 집어 다정히 돌아보며 말 한 마디를 불가불 물어보리로다.

「낙엽아, 말 물어보자. 너는 어찌타 낙엽이 되어 지금 저 모양으로 옛 가지를 사례하고 동서로 표박(漂迫)하여 부딪칠 곳이 바이 없는다? 머리를 돌려 너의 전신을 생각하건대, 삼월 동풍에 영화로운 빛과 번성한 그늘이 사람으로 하여금 무궁한 흥을 이끌게 하던 네가 아니런가?

두어라 천시(天時)의 대사(代謝)함은 자연한 이치라, 동물 중 가장 신령한 사람의 힘으로도 먼키 어렵거든, 하물며 식물된 너야 일러 무엇하리오.

그러나 묵은 잎이 떨어짐은 새로운 싹을 기르고자 함이니, 너는 부대 몸을 가벼이 가져 사면 팔방으로 날려가지 말고 낱낱이 옛 뿌리로 돌아와 명년에 다시 돋을 새 잎을 보호할지어다.」

슬프다! 이는 낙엽을 대하여 탄식하는 바어니와 이 세상에 신세가 저와 같은 자 몇몇인고? 뚝섬 맞은편 강 위 바위 틈에 연지 풀어 들인 듯한 단풍 그림자가 맑고 맑은 물 가운데 울연히 비치었는데, 그 앞 겨드락 좁은 길로 연기(年期)가 이십 남짓한 여승 하나이 옥양목 주의(周衣)에 세대삿갓을 숙여쓰고 무리바닥 메투리를 날아갈 듯이 들메우고 구절죽장(九節竹杖)을 탁탁 내어 짚으며 푸른 산 저문 연기 속으로 허위단심으로 들어가는데, 무엇이 그다지 설운지 한 걸음에 한숨 한 번씩을 태산이 덜컥덜컥 무너지게 쉬더라. 이 여승은 별사람이 아니라 (……)

『화세계』, 231쪽

이인직의 『치악산』 이래로 이런 식으로 소설을 시작하는 것이 하나의 방법으로 자리 잡게 되었다. 소재로 삼은 어떤 현실적, 비유적 공간에서부터 시작하여 점차 그 안의 사람들 이야기를 풀어나간다. 어떤 공간, 어떤 세상을 바라보되 자신의 특정한 감정을 풍경에 투사하여 표현하는 다분히 시적 언어로 시작하는 특이한 양식이었다.

　　이야기의 주인공은 경북 의성군의 이방 김홍일의 무남독녀 '수정'이며, 이 소녀 역시 빼어난 미모에 부모에게 효성이 지극하고 모든 행실이 방정한 모범적인 소녀로 온 동네에 그녀를 칭찬하지 않는 사람이 없었다. 그러던 중 대구 진위대(鎭衛隊)에 출주(出駐)하여 있는 구 정위(正尉)라는 호색한이 병사를 보내 김 이방을 불러 거의 위협을 가하며 그의 딸 수정에게 청혼을 한다. 난감한 김 이방이 집에 돌아와 사정을 말하니 부인은 구 정위면 양반이라고 우겨 결국 정혼을 하고 말았다. 그러던 중 군대가 해산되고 구 정위는 온데간데없이 사라지고 말았다. 세월이 흘러 수정이 과년한 처녀가 되자 부모는 결국 다른 혼처를 알아본다.

　　부모의 이상한 낌새를 눈치챈 수정은 결국 자신이 스스로 구정위를 찾겠다고 결심하고 가지고 있던 온갖 패물을 챙겨 겨드랑이에 끼고 야음을 틈타 가출을 감행한다. 야밤에 집을 나오고 보니까 그간 '흉악한 인심'에 대해 듣던 말이 있어 너무나 겁이 나지만 결국은 집으로 돌아가지 않고 개울에 빠져 죽을 생각으로 뛰어든다. 그러나 개울이 얕아서 죽지 못하고 강가에 밀려와서 정신이 드니, 사람들이 빙 둘러서서 보고 있는데 웬 '붓 장수'가 자기를 도와주겠다고 나선다. 그가 집에 데려다 주겠다고 하는 것을 거절하고 길을 가

다가 사람들에게 밀려서 어디론가 납치되고 만다. 끌려 간 곳을 보니 주정꾼, 난봉패, 투전꾼 등 불량한 패거리가 모여 온갖 짓을 일삼는 동네였다. 과연 어떤 소년이 와서 수작을 붙이는데, 수정은 어서 도망가야 한다고 생각하고 꾀를 내어 야밤에 탈출한다. 그때 여승 '수월암'을 만나서 도움을 받는다. 그리고 그 붓 장수가 다시 등장해 쫓아오는 불한당들로부터 도망칠 수 있도록 도와준다. 그녀는 밤을 도와 수월암의 친정 동리로 간다. 거기서 머리를 깎고 여승으로 위장하여 위기를 벗어난다.

그녀는 머리를 깎고 비구니가 되어 위기를 모면하고 생각해본즉 자신의 목적을 이루어야 한다고 생각하여 수월암에게 부탁하여 패물을 맡기고 정혼한 구씨를 찾으러 서울로 올라간다. 수월암은 패물에 대한 비표로 '모감주'를 건네주며 이 모감주를 보여주면 그 사람에게 패물을 돌려주겠다고 한다. 수정은 서울 근처에 자리를 잡고 소년 하나를 고용하여 찾아보게 한다. 한참을 찾다가 거의 포기한 상태에서 이야기를 하다가 알고 보니 전에 자신을 구해주었던 붓 장수가 바로 정혼자 구씨였다. 그의 말에 따르면 군대가 해산되어 서울로 올라와 보니 그간에 자신이 했던 나쁜 짓들이 후회되어 가난한 붓 장수로 세상을 떠돌며 살기로 했다는 것이다. 그들은 이에 수월암에게 맡겨둔 패물을 찾아와 살림을 차리기로 하고 구씨가 대신 패물을 찾으러 가는데 길에서 어떤 사기꾼에게 걸려 매 맞고 빼앗기고 만다. 그러자 수정이 나서서 다시 구씨를 찾고, 패물도 찾고, 영악하게 모든 것을 해결해낸다.

결국 이 이야기의 또 하나의 핵심은 김수정이라는 중산층 이방의 딸이, 규방에서 컸지만 어려서부터 은근히 개화되어 가출하였고, 온갖 재난과 시련을 겪고 여승으로 변장하며 살아남다 보니까 성격도 변하여 점차 영악하고 과감하고 능력 있는 신세대, 합리적이며 자신감에 넘치는 근대적 여인으로 변화하게 되었다는 이야기였다. 마지막에 붓 장수 구 참령은 수정을 가리켜 "그 맵고 찬 성품"이라 하며 그녀가 가진 자기가 중심이 된 합리적 성격에 대한 느낌을 전하고 있다.

이 이야기의 배경은 여전히 개화하여 전통문화는 간데없고 사람들은 각자 이해에 따라 움직이고, 믿을 사람은 없고, 민심이 흉악하고, 모든 곳에 서로를 틈만 나면 해치려드는 인간들이 도사리고 있는 세상이었다. 주체성도 개성도 자의식도 없던 텅텅 빈 피해자형 여주인공들은 그런 세상에서 살아남아 그 과정에서 진화하였고, '구한말'의 마지막 해 1910년에 이르면, 영악하고 합리적인 근대적 인간형으로 나타났다.

그러나 여기에 덧붙여 지적해두어야 할 것은 『화세계』의 김수정은 이야기의 출발에서 이미 '개화된' 여인이었다는 점이다. 그녀는 비록 규방에서 전통문화의 영향 아래 자랐지만 어떤 연유인지 이미 홀로 개화되고 개인화되어 있었다. 부모를 철저하게 믿지 못하고, 그들의 말을 엿듣고 자신이 홀로 결정하여 부모에게서 받아 가지고 있던 패물을 챙겨서 옆구리에 끼고 가출하였다. 이미 밖에는 '민심이 흉악하다'는 소문을 많이 들어 알고 있었지만 수정은 더 이상 부모에 의존해서 산다는 것을 용납하지 못하고 어떤 운명을 당하든지 간에 모험을 각오한 소녀였다. 여러 차례 집으로 데려다 주겠다는 제의를 받지만 단호히 거절한다. 어떤 연유에서인지는 소설에 나타나지는 않지만 수정이라는 소녀는 마지막까지 가족들과 갈등했다는 점에서 근대적 개인이었다. 비록 그녀가 정혼자 구 정위를 굳이 찾아 결혼해야 한다는 목적은 전통 사회에서 물려받은 가치이며 그녀가 그것에 강하게 집착했다고 볼 수 있지만, 그 목적을 이루는 길은 스스로의 판단에 의해서, 그리고 부모가 제시하는 다른 길을 거부했다는 점에서, 그녀는 전통적 가치와 근대적 가치를 같이 갖고 있는 인물이었다.

구한말 현실과 신소설

한편, 『화세계』에서는 보조적 등장인물들, 예를 들어 인력거꾼들 사이의 대화를 통해 당시 세상의 문화에 대한 판단들을 전하고 있다. 당시는 바로 '개화 세상'이며 이제는 '양반 상놈' 아무 소용없고, "돈만 닥상 벌면" 모든 게 다 해결되는 그런 세상이라는 것이다. 그리고 그런 세상은 '갑오'부터 즉 1894년 갑오경장 때부터였다는 것이다. 즉 갑오 이전과 이후는 전혀 다른 세상이었고 바로 갑오경장은 역사의 전환점이었다는 것이다. 이미 모든 신소설에 보면 전통문화와 전통문화를 대표하는 '수구파' 인물들은 아무런 능력이 없는 퇴물이 되어버렸다. 대개 이런 사람들은 이미 세상을 주도하지 못하는 악인이며 『귀의 성』의 김승지의 부인이나 『치악산』의 김씨 부인의 경우와 같이 '사이코'들이다. 그들은 징그러운 파괴 충동을 드러내며 세상에 독을 뿌리며 죽어가고 있다. 그들은 합리성을 잃은 이해할 수 없는 악인들이었다.

결국 이인직과 이해조의 신소설에 나타난 당시 조선 사회의 모습은 이른바 '홉스적 자연상태(the Hobbesian State of Nature)'라고 부를 수 있을 것이다. 17세기 영국의 정치사상가 토머스 홉스가 그의 저서 『리바이어던』에서 제시하는 국가 이전의 상황 즉 국가를 필히 만들어야 할 '자연상태(the State of Nature)'와 유사한 상황이었다.[2] 그리고 이인직과 이해조의 소설이 보여주고 있는 당시의 현실, 즉 사회는 붕괴되고 개인으로 흩어져서 사투를 벌이고 있는 모습이야말로 신소설이라는 새로운 이야기의 형태가 우리 역사에서 나타난 원인이었다. 루카치에 따르면 근대 소설은 "세계가 신에게 버림받았다."는 관념에서 출발하였다.[3] 우리나라에서 신소설도 죄악으로 가득 찬 사회, 망한 나라, 타락한 세상이라는 판단에서 출발하였다. 바로 이 지점에서 전무후무한 '신소설'이라는 문학의 장르가 나타난 것이었다.

근대 소설로서 신소설의 또 하나의 특징은 대부분의 경우 결코 행복하지 못하고 극도로 고단하고 참담한 인생의 이야기임에도 불구하고 해피엔드로 끝맺는 경우가 대부분이라는 것이다. 이인직의 『혈의 누』의 경우에 앞에서 가족들이 헤어지는 과정을 작위적으로 복잡하게 서술하는데, 그 이유는 모두를 살려두어서 나중에 재회할 수 있도록, 억지로라도 '해피엔드'를 만들기 위해서였다. 또한 이해조의 소설들은 의도적으로 해피엔드로 끝맺는 경우가 대부분이었다. 그 이유는 우리 민족의 공통된 문화적 기반인 것으로 보인다. 전통적으로 한국인들은 사회에 피맺힌 원한을 해결하지 않고 비극적 종말로 마무리하는 것을 대단히 불길한 일로 생각했다는 것이다.[4] 신소설이 전대미문의 참담한 이야기들을 엽기적으로 그려낸 작품들이었기에 '해피엔드'는 더더욱 절실했을 것이다. 그 어느 때보다는 더 많이 더 독한 한(恨)을 풀어내야 했다.

자연상태에서의
삶과 죽음

사회란 사람들이 함께 사는 것을 말한다. 함께 사는 사람들은 공통의 목적을 위해서 서로 돕기도 하고 조직적 활동도 한다. 오랫동안 같이 살기 위해서는 서로 지킬 것은 지켜야 하며, 따라서 공통의 윤리도 만들어 나간다. 나아가서 오래 같이 살다 보면 비슷한 방식으로 살게 되고 그런 생활 양식을 의식하게 된다. 이런 식의 오래된 사회를 독일의 사회학자 퇴니에스(Ferdinand Tönnies)는 '공동체(Gemeinschaft)'라 하였다. 반대로 사람들이 특정한 개인적인 이해관계 때문에 집단을 이루며 사는 사회는 '이익 사회(Gesellschaft)'라 하였다. 이익 사회란 구성원 각자가 특정한 목적, 특히 경제적 이익을 이루기 위해 모여 사회를 이루고 있는 것을 말한다. 이런 사회에는 공동체적 요소들이 없는 것은 아니지만 최소한으로만 윤리와 규범을 지키게 된다.[5] 이러한 연구를 통해서 우리는 인간의 사회는 여러 유형이 가능하다는 것을 알 수 있다.

홉스적 자연상태

이미 앞에서 언급한 '홉스적 자연상태'란 영국의 토머스 홉스가 1651년에 출판한 그의 저서 『리바이어던(Leviathan)』에서 국가의 기원의 조건으로 제시한 것으로 사람들이 처해 있는 특정한 상태를 의미한다. 즉 국가가 만들어지기 이전의 '자연상태'에서는 인간들은 각 개인이 고독하게 살아가며, 그들은 다른 인간들을 두려워하여, 자신의 안전을 지키느라 노심초사한다는 것이다. 인간은 폭력과 꾀로 서로를 죽일 수 있는 능력을 갖고 있다는 점에서만큼은 평등하게 타고 났고, 자신의 안전을 위해 필요하다면 다른 사람을 먼저 공격할 수도 있다는 것이다. 홉스는 이러한 자연상태를 '만인의 만인에 대한 투쟁' 상태, '전쟁 상태'라고 말한다.[6] 이런 곳에서는 '폭력적 죽음의 공포' 속에 지낼 수밖에 없으며 편안함도, 행복을 느낄 겨를도 없고, 문명도 물론 없다는 것이다. 홉스의 다음의 말은 너무나 유명하다.

> 그러한 조건하에서는 근면함의 여유가 없다. 왜냐하면 그 과실(果實)이 불확실하기 때문이며, 또 결과적으로 땅을 경작함도 없고, 바다를 건너 수입해야 할 상품들이 소용이 없으므로 항해(航海)도 없고, 널찍한 건물도 필요 없고, 큰 힘으로 물건을 움직일 도구도 필요 없고, 지표면에 대한 지식도 필요 없고, 시간의 측정도 필요 없고, 예술도, 글자도, 사회도 필요 없고, 나아가서 최악으로 계속되는 공포와 폭력적 죽음의 위험만이 있

을 것이며, 그곳에서 인간의 삶은 고독하고, 가난하고, 야비하고, 폭력적이며 짧을 것이다.

Leviathan, 113쪽

한마디로 자연상태란 극단의 야만 상태이며 서로에 대한 전쟁 상태를 말한다. 그곳에서 인간은 어떤 장점도, 미덕도 축복도 없는 야수에 불과하다.

만인의 만인에 대한 전쟁에서는 결과적으로 불의한(unjust) 것은 아무것도 없다. 옳고 그름, 정의와 불의의 관념들은 자리가 없다. 공통의 권력이 없는 곳에서는 법이 없고, 법이 없는 곳에서는 불의(injustice)도 없다. 힘과 속임수는 전쟁에서 두 개의 주요한 미덕일 뿐이다. 정의와 불의는 육체나 정신의 능력이 아니다. 그것들이 능력이라면, 감각이나 정열과 마찬가지로 세상에 홀로 있는 인간에 속할 것인지 모른다. 그들이 능력인 경우는, 그것은 사회에 있는 인간에 관련된 것이지 고독한 상태에 있는 사람과 관련된 것은 아니다. 동일한 조건에서의 결과는 재산도 영역도 나의 것과 당신 것의 구별도 없고 오로지 그것을 얻을 수 있는 사람 것이며 그것을 유지할 수 있는 한 그의 것일 뿐이다.

Leviathan, 115쪽

한마디로 자연상태에서는 모든 사람들이 '자연권(jus naturale)', 즉 자신을 보전하기 위해서 자신의 힘을 사용하여 자신의 판단과 이성에 따라 무엇이라도 할 수 있는 자유를 갖는다.[7] 말하자면 자연상태에서는 모든 사람들이 아무런 공통의 법도 규범도 없이, 자신의 생명을 지키기 위해서 무엇이라도 판단에 의해 할 수 있으며, 모든 상태는 싸움의 결과일 따름이다.

　　루소(Jean-Jacques Rousseau)는 홉스의 자연상태는 국가가 생기기 이전의 선사 시대의 모습이 아니라 국가가 생긴 이후에 국가가 타락을 거듭하여 나타난 갈등과 투쟁이 악화된 '전쟁 상태(the State of War)'의 모습이라고 비판하였다.[8] 홉스의 자연상태가 역사를 거슬러 올라가 국가 이전의, 역사 이전의 모습이라는 근거는 없다. 오히려 국가가 생긴 이후에 타락의 어떤 단계에서 나타날 수 있는 상황이라고 생각된다. 아마 당시 17세기 중반 이전 서구의 오랜 중세 봉건 사회가 붕괴되며 어디에선가 나타났던, 또는 청교도 혁명(the Puritan Revolution) 전후의 혼란 상태에서 홉스가 영감을 얻었을 것이라 판단된다. 어쨌든 토머스 홉스가 제시했던 이런 식의 세상, 즉 사회가 붕괴되어 고독하고 불안에 떠는 개인들로 흩어진 그런 세상은 가능할 것이다. 신소설에 나타난 자연상태는—선사 시대가 아니라—조선이 타락하고 붕괴되어 나타난 현실의 모습이었다.

　　필자는 10여 년 전에 '5·18광주민중항쟁'에 대하여 한동안 연구에 매진하였다. 1980년 5월 대한민국 전라남도 광주시에서, 개인들은 목숨을 건 투쟁의 과정 속에 죽음의 공포를 넘어서서 서로에 대한 사랑으로 완벽하게 융합하는 상태가 되었다. 그들 사이에서 '개인'이 의식 자체에서 사라지고, 사유재산 개념도 사라지고, 생명도 광주 시민 전체를 하나의 생명으로 느끼게 되는, 즉 개인은 생명의 단위가 아닌 것으로 느껴지는 그런 상태가 되었다. 필자는 당시

한국인의 탄생

광주 시민들 사이에 그 상태가 형성되어 비록 길지는 않았으나 일정 기간 지속되었다는 것을 밝히고 이를 '절대공동체'라 불렀다.[9] 이번 연구에서는 정반대로 구한말 신소설들이 나타나던 시기 즉 20세기의 첫 십 년 동안에, 조선의 사회와 공동체가 완전히 붕괴되고 분해되어 각자 개인들로 흩어져버린 상태, 바로 홉스가 '자연상태'라 불렀던 그런 상태가 이루어졌다는 사실을 발견하였다. 물론 그 시기가 언제였는지는 정확히 알 수 없다. 또한 이는 당시에 쓰였던 신소설들의 해석을 통해 발견한 것이다. 이렇게 사회가 붕괴되어 자연상태로 분해된 경우이든 개인이 절대공동체 속으로 사라진 경우이든 모두 인간 사회의 양극단의 경우이고 이는 결코 흔하지 않을 것이다.

이렇게 개인으로 사회가 흩어진 상태에 대한 얘기는 흔치 않지만 다른 나라의 경우에도 없지는 않다. 그러한 사회에 대한 대표적인 증언은 중국의 대문호 루쉰(魯迅)이 1919년에 쓴 중국 최초의 근대 단편 소설 『광인일기(狂人日記)』일 것이다. 사람들이 서로 잡아먹으려 한다는 인식은 비상식적인 것이며 따라서 주인공 자신이 미쳤다고 판단되었지만 그런 인식이 나타난 상황은 1919년 당시의 중국 또한 붕괴된 사회였음을 시사한다.[10] 그리고 이러한 사회 붕괴 현상과 이에 대한 인식이 바로 중국에서 근대 소설문학이 비로소 쓰이게 된 조건이었다고 생각할 수 있다.

위에서 언급한 절대공동체나 홉스적 자연상태라는 것은 인간이 오랫동안 살 수 있는 사회 상태라기보다는 극단적 상황으로 오래 지속될 수는 없는 삶의 형태일 것이다. 절대공동체가 견딜 수 없는 죽음의 공포를 넘어선 특수한 상황에서 잠시 성립된 것으로서 극단적 상황이 바뀌면 유지되기 어려운 경우라면, 자연상태는 사람들이 그 상황 자체가 괴롭고 견딜 수 없어서 속히 벗어나려는 경우라 할 것이다.

전대미문의 상태

인간이 사는 사회가 왜, 그리고 어떻게 '자연상태'로 분해될 수 있을까? 이에 대한 연구는 필자는 아직 접해 보지 못했고 어쩌면 사회과학의 새로운 질문이 될 수 있을 것이다. 우선은 이런 상황이 졸지에 급격하게 이루어졌다고 상상할 수는 없다. 자연상태에 다다르기 위해서는 공동체적 삶의 오래된 습성(habitus)이 사라지고 망각되어야 하며, 이는 상당한 시간이 걸릴 수밖에 없을 것이다. 아마 조선 사회의 붕괴는 오랜 기간에 걸쳐서 진행된 것으로 양란(兩亂) 이래 거의 3백 년에 걸친 과정이었는지 모른다. 그리고 이 시대, 19세기 후반부터 이른바 '개화기'의 각종 사건들은 조선이 붕괴해가던 마지막 단계에서 나타난 일들이었을 것이다. 이 과정에서 중요한 요인은 정부, 즉 국가권력의 붕괴였을 것이다. 국가권력이 무능해진 것은 말할 것도 없고 국가 기관들의 조직이 붕괴되고 국가권력이 사유화되는 현상은 모든 계층에게 최악의 고통이었을 것이다. '삼정(三政)의 문란'은 이미 19세기 전반에 인식된 일이었고, '탐관오리', '가렴주구'의 전설은 이미 정착되었고, 매관매직은 이때부터 끝까지 멈추지 않았다.●『은세계』에서 드러난 관권의 도적화,『화세계』에 등장하는 관인들의 횡포는 국가권력 붕괴의 완결을 보여준다.

　　조선의 문화에서 왕권과 그 상징들은 중요한 일부였다. 조선 사회에서 화려한 색깔들은 왕권과 그 상징들에서만 눈부시게 나타나는 것이었고 가시성은 왕권을 드러내는 핵심 요소였다. 백성들은 이런 상징들을 통해 왕의 '거둥' 행렬을 보았고 지극히 경건한 태도로 대하였다. 그런데 구한말 조선을 방문했던 외국인들의 증언에 의하면 왕의 행렬과 백성들이 그를 대하는 태도에 시간이 흐르며 미묘한 변화가 있었다. 영국의 지리학자 비숍(Isabella Bird Bishop)은 1894년에 거둥을 구경했는데, 이미 그때에도 훈련 상태가 엉망인 기병들의 우스꽝스런 모습들이 엄숙한 분위기를 흩트려 놓고 있었다.[11] 비숍은 반년 만에 만주에서 돌아왔을 때 받은 인상도 기록했다. 일본군에 의해 지배되는 시대가 되자 화려한 상징과 그에 대한 경건함은 더욱 퇴색되어 버리고 거의 남은 것이 없었음을 다음과 같이 기술한다.

● 매관매직은 세도 정치 시기에 이미 시작되었고 본격적으로 다시 시작된 것은 1880년대 후반부터였다. 고종은 당시 명성왕후와 함께 직접 주도했다고 한다 (황현 1996: 201). 매관매직에 대해서 황현은 1900년에 있었던 재미있는 일화를 소개한다.

청국공사 서수붕(徐壽朋)이 귀국하고 참찬관 허태신(許台身)이 공사서리로 임명되었다. 그가 고종을 처음 알현했을 때 우리 기수(氣數)가 왕성하고 풍속이 아름답다고 극구 칭찬을 하므로 고종은 그것을 이상히 여기어 그 이유를 물었다. 그는 '폐방(敝邦)에서는 매관매직을 한 지 10년도 안 되어 천하가 큰 난리를 겪고 종사(宗社)가 거의 위태롭게 되었는데 귀국은 매관매직을 한 지 30년이 되어도 아직까지 보좌(寶座)가 건재하니 그 기수가 왕성하지 않고 풍속이 아름답지 못하면 어찌 그렇게 될 수 있겠습니까?'라고 대답하였다.
이때 고종은 크게 웃음을 터뜨리면서 부끄러워할 줄 모르자 서수붕은 밖으로 나가 사람들에게 말하기를, '한국민은 슬픈 민족이다.'라고 하였다 (황현 1996: 488).

궁궐 밖 긴 도로에는 한국 기마병이 얼굴을 벽 쪽으로 돌리고 등짝과 조랑말의 꼬리를 왕에게 향한 채 도열해 있었다. 다양한 형의 머스킷 총을 가진 한국 군인들은 녹슨 듯한 검정색과 갈색, 푸른색 제복을 갖춰 입고 있었다. 어떤 이의 바지 길이는 30센티미터 정도 짧고, 또 어떤 이는 30센티미터 정도의 긴 바지를 입고 있었으며, 흰 솜버선에 끈을 매는 신발을 신었고, 티롤 스타일의 검은 융단모에는 분홍빛 리본을 둘러 쓰고 있었다. 그들은 푸른색 유럽식 제복을 입고 서울 경찰들과 섞여, 혼잡한 가운데 어설프게 서 있었다.[12]

6개월 만에 다시 본 조선의 국가와 군대는 상징마저 깔끔하게 재생산할 능력을 잃어버렸다. 그런 모습을 숨길 수 없었다. 1894년을 통해 조선의 왕권은 그 위엄을 잃었다고 말할 수 있을 것이다. 이러한 조선의 국가 붕괴는 근본적인 문제인 전통문화와 서구 문화의 혼재와 갈등 속에 나타난 결과 중의 하나에 불과한 것이었고 두 문화, 두 문명의 갈등은 아직 제대로 연구되지 못한 문제이다. 19세기 후반부터 '위정척사파'와 '개화파' 간의 갈등은 목숨을 건 투쟁이었으며, 이는 모든 가치관과 윤리의 대혼란 속에 진행된 것이었고 또한 주변국들 간의 전쟁과도 직결된 문제였다.

그리고 이런 상황과 해체 과정은 경제적인 피폐와 백성들의 빈곤화와 앞뒷면을 이루고 있었을 것이다.[*] 각종 재화의 생산과 유통에 심각한 문제가 생겼을 뿐만 아니라, 생산자들 예를 들어 농민과 노동자들의 노동 윤리와 경제 활동에 심각한 문제가 생겼고, 국민 전체의 생활 윤리에도 마찬가지로 문제가 발생했다. 이 자연상태

한국인의 탄생

로 타락해 간 과정에서 조선의 문명은 타락하고, 학문도, 물건을 만드는 능력과 기술도, 윤리도, 용기도 타락하고 있었다. 19세기 말경에 조선에는 경제, 특히 상업은 거의 아무것도 볼 만한 것이 없는 상황이었다.[**] 비숍에 따르면 당시에 조선에서 만들어지는 것 중에 유일하게 외국인의 관심을 끄는 공산품은 종이류밖에 없었다.[13] 당시 조선의 경제적 낙후란 경기의 침체나 시장의 작동에 문제가 생겼다거나 하는 그런 차원이 아니었다. 러일 전쟁 중에 대한제국을 여행했던 스웨덴 기자 그렙스트(William Andersson Grebst)는 서울에서 가게들을 구경하며 다음과 같이 말한다.

> 코레아에는 산업이라 할 만한 것이 없다. 여러 종류의 무명과 삼

- 조선 후기의 경제적 상황에 관한 연구는 상당히 진전되어 축적되어 왔다. 대표적으로 이영훈 등(이영훈 편 2004)을 참조할 것. 이영훈의 오랜 연구에 따르면, 18세기 중반부터 문제가 나타나기 시작했던 조선 경제는 1860년대부터 지표 차원에서 급격히 붕괴되어 마지막까지 회복하지 못했다. 19세기 말의 경제 상황은 이루 말할 수 없을 정도였다.

- - 1894년의 상황에 대해 비숍에 따르면 서울의 길거리에는 많은 상점들이 있지만, "당연히 거기는 그냥 상점이고 구경할 만한 아무것도 없다. 상점들은 글자 그대로 별 볼 일 없는 모습을 하고 있다. 한국 상점들의 가장 큰 특징은 별난 것이 아무것도 없다는 사실이다." (Bishop 1898: 53).
그리고 지방 도시들도 관찰하고는, "즉 겉으로 보기에 한 지방과 다른 곳 사이의 상품 교역도, 거주상인들에 의한 수출 수입도, 지역적 수요를 더 많이 보충하려는 산업도 없었다. 그러한 양상은 한국 남부의 몇 지역, 특히 전라 지역에서 똑같이 발견되었다. 평양을 출발하고 난 후에 내가 통과했던 어떤 지역에서도 '교역'은 이루어지지 않았다." (위의 책: 351).

은 주로 농촌의 볼품없는 베틀에서 제작되며, 이외에 저질의 비단이 생산될 뿐이다. 염색은 아주 원시적인 방법으로 행해진다. 옛날에 그렇게 명성이 높았던 코레아의 기술은 지금은 낙후되어 보잘것없는데 대장 기술도 예외는 아니었다. 낙천적인 풍조와 노동을 중시하지 않는 태도는 필수 불가결한 것 외의 다른 물품을 생산하는 데 전혀 정력을 쏟지 않는 결과로 나타났다. 하다못해 생활필수품이라 하더라도 마지못해 되는 대로 제작된다.[14]

말하자면 당시에 대한제국에는 외국인의 눈에 가치가 있어 보이는 상품은 전혀 생산되는 것이 없었다. 예전에 조선은 물건 만드는 기술이 뛰어났는데 이제는 타락한 나머지 그러한 기술이 사라졌다고 회상하는 사람이 많았다.*

구한말 20세기 초에 나타난 이러한 자연상태는 당시 사람들에게 '공동체가 분해되어 개인들의 집합체가 되었다.' 하며 마치 '남의 일 말하듯이' 현실을 기술하고 끝날 문제가 아니었다. 무엇보다 사람들은 자신의 안전, 생명의 유지에 위협을 느꼈을 것이며, 이 생존이라는 것이 온 사회에서 최대의 관심사가 되었을 것이다. 이인직의 『혈의 누』에는 당시 지혜의 말씀과도 같았을 "죽은 사람은 하릴

* 1906년 12월 8일과 10일에 『제국신문』은 「나라 결딴나는 근인이 물건 제조하는 자에게 있음」이라는 논설을 연속해서 냈다. 이렇게 생산자의 윤리와 의식을 문제 삼고 비난하는 글은 대단히 예외적인 경우였다 (방일영문화재단 1995a: 752-755).

없다. 산 사람은 살아야 한다."라는 말이 곳곳에 메아리치며 울리고 있었다.

당시의 조선 사회에 대한 비판, 특히 윤리적 타락에 대한 비판은 이미 19세기 말부터 수도 없이 많다.[*] 모든 전근대 문화에서 사람들이 열심히 노동하지 않는다는 것은 일반적인 상황이지만 그것에 대한 윤리적인 비판은 자주 등장하지 않는다. 그런데 당시 조선에는 노동하지 않고 게으르게 '놀고먹는' 사람들이 많으며, 남의 것을 얻어먹고, 등쳐먹고 빼앗아 먹으며 사는 사람들이 너무나 많음을 비판하는 글이 무수히 쏟아져 나왔다.[**] 특히 『독립신문』은 그러한 비판의 대표 주자였다. 서재필은 그런 문제들을 '조선병'이라고 불렀다.[15] 윤치호가 1899년 일기에서 회상하기로는 독립협회와 만민공동회 투쟁에 참여했던 인사들 중에 90퍼센트는 완전히 부패한 사람들, '순 도둑놈들(regular thieves)'이었다는 것이다.[16]

그 이전에도 이미 1880년대부터 민심이 흉흉하고, 흉악한 유언비어들이 떠돌고, 서울에는 대낮에도 도적들이 활개를 친다는 증

---

[*] 조선에 선교사로 온 미국 여인 노블(Mattie Wilcox Noble)은 그의 『노블일지』에서 1892년경 "한국에는 진실한 남자가 거의 없다."라고 하였다. 물론 자기가 겪은 것 외에 한국인들의 이야기를 듣고 한 말이었다 (Noble 2010: 62).

[**] 신채호는 1908년 『가정잡지』에 쓴 글에서 집안에 누구 한 사람이 벼슬을 하면 "온 식구 살릴 것을 빼려 하니 어찌 탐관오리가 아니되며, 생애 없으면 무슨 짓을 하든지 온 식구를 살리려 할 테니 어찌 도적질 아니하리오." 하며 놀고먹는 사람이 많은 것과 국가권력의 부패가 연관되어 있음을 지적하고 있다 (신채호 1977 下: 416).

언은 여러 곳에서 들을 수 있다.[17] 나아가서 1880년대 말에 이르면 무덤을 파 시신을 훔쳐가서는 가족에게 돈을 요구하는 '굴총적(掘塚 賊)'이라는 경악스런 신종 도적들이 나타나는가 하면 화적이 직업화 되었다. 더구나 '활빈당' 같은 공개적으로 '의적'을 자처하는 집단까 지 등장했다.[18] 정통성을 주장하는 도적 떼가 등장했다는 것은 당시 사회 질서가 완전히 허물어지고 사유 재산 제도 등 사회 제도의 정 통성이 붕괴되었음을 보여주는 것이다.* 1890년대에 이르면 민심은 흉흉해지고 사람들은 거칠어지고 폭력적이 되었고 심지어는 서울의 개들마저도 거칠고 공격적으로 변해 있었다.** 20세기 초 민간에서 는 도적 이야기가 밤새 흥미진진한 화젯거리였다.*** 그러나 시간 이 지날수록 '의적' 이야기나 하며 즐길 여유가 없어졌을 것이다. 신 소설에는 도적도 아니고 반도(叛徒)도 아닌 그 사이의 '의적'이라는 '폼 나는' 존재는 전혀 등장하지 않는다.

나라가 망하고 사회가 붕괴되어 가는 전대미문의 과정에는 듣도 보도 못한 현상들이 나타나서 사람들을 어리둥절하게 만들곤 했다. 매천(梅泉) 황현(黃玹)은 1906년 한 기사에서 사람들의 희한한 모습에 대해 다음과 같이 증언한다.

이에 도청에서는 귀천을 막론하고 모두 삭발을 하여 일을 하는 데 위생적이어서 모두 이익이 있었고, 또 의복의 형태도 날마 다 변하여 적삼과 바지가 화살통처럼 좁은 데다가 색깔도 일정 한 색이 없어 연보라색, 검은색, 문제 있는 색 등이 모든 괴물처 럼 찬란하였다.

그리고 삿갓도 창도 띠 무늬와 같았으며, 버선의 코도 칼처럼 뾰족하여 그 모습이 이상하고 창피하여 차마 바로 볼 수가 없었지만 사람들은 제각기 호기를 부리고 다녔다. 혼자 하얀 옷을 입고 상투를 한 사람들은 도리어 기가 죽어 옛날 이방인(異邦人)처럼 느껴졌다.[19]

또한 1906년 1월 13일 『제국신문』의 「복색제도의 관계」라는

● 1900년 말경의 생활상에 대해서는, 『제국신문』 1900년 12월 17~18일자 「기막힌 시골 사정」은 서울보다 시골은 더 살기 어렵다는 것을 장황하게 설명한다 (방일영문화재단 1995a: 621-624). 사람이 살 수 없는 사정은 끝이 없다.

●● 1894년 비숍은 서울의 수많은 개들에 대해서 "한국의 개들은 용감하고 거칠다. 개들은 이방인들을 보면 맹렬하게 짖으며 덤벼드는데 그때마다 나는 그들을 우산으로 두들겨 패서 쫓아야 했다. 그러나 한국에서 개들은 친구도, 가족의 일부도 아니다. 한국인들은 개들을 몽둥이로 때려죽여 봄이나 여름철에 식용으로 먹기를 좋아한다. 한국어에는 개는 철저한 경멸의 말, 혹은 욕설, 상소리에 나타나는 접두어이다."(Bishop 1898: 63). 개들이 스스로 거칠어진 것이 아니었다. 사람들이 개들에 대해 전보다 거칠고 잔인해져 있었다.

서울에 개가 많다는 말은 1880년대부터 외국인 증언에 많이 등장하지만 그때 개들의 모습은 더럽고 겁이 많다는 정도였다. 거칠다는 증언은 1894년이 처음이다. 사실 개들이 변했다는 것은 도시 분위기 변화의 중요한 부분이 아닐까?

●●● 러일 전쟁 전에 대한제국에 초빙되어 왔던 프랑스 엔지니어 부르다레(Emile Bourdaret)에 따르면, "원거리 여로에 있는 숙소와 집들 안마당에서 저녁마다 도적 이야기가 끊이지 않는다. 같은 지붕 밑에서 다듬이질 하는 주부와 하녀들은 민첩하게 혀를 굴려가며 여러 세대에 걸쳐 전해온 이야기를 늘어놓는다. 아이들은 하품하면서 듣다가 재미있어 하거나 놀라기도 한다."(Bourdaret 1904: 74-76).

논설에는 다음과 같은 내용이 있었다. 어쩌면 비슷한 상황을 조우했는지 모른다.

> 슬프다. 우리나라에는 법령이 없어 그러한가 규모가 없어 그러한가 이천만 인구가 하나도 같은 의복이 없이 다 각기 각 빛이니 가령 겉에 입는 주의 같은 것은 설혹 같은 사람이 있더라도 바지 저고리 배자 조끼 마고자 등속이 다 각 빛이요 부녀로 말하여도 오채가 영롱하게 가지가지 각 빛이요 한 가지에도 여러 가지를 합하여 울긋불긋하게 하고 아이들은 더욱 황홀찬란한 형용을 일로 말할 수 없으니 만고 이래 동서양 각국은 물론하고 우리나라 의복 같은 데는 있지 못하리로다.
> 속담에 이르기를 사람의 마음 같지 않기가 사람의 얼굴 같지 않은 것과 같다 하거니와 우리나라에는 인심이 같지 않은 것이 의복 빛이 같지 않은 것과 같을지로다. 그 의복의 균일하지 못한 것이 나라 정치에 관계도 되거니와 전국 인심이 모두 각각이 되어 저마다 제 마음대로 제 주견이 옳은 줄만 알고 나라의 체모와 경제상 이해와 나라 사랑하는 마음이 없는 까닭이라 할 것이다.[20]

필자로서는 우선 사실을 역사적으로 확인할 수 없다. 언제부터 언제까지 어떤 사람들이 이렇게 옷을 입었는지 알 수 없지만 어쨌든 도저히 그 의미를 해석해 내기 어려운 희한한 장면이다. 이 사람들은 '이상한 나라의 앨리스'처럼 알 수 없는 세상에 와 있는 환상적인 기분이었을 것이다. 신소설이 출범하던 1906년경 대한제국에

한국인의 탄생

서는 사회와 개인의 관계에서 이전의 문화는 다 사라져 버리고 도저히 해독할 수 없는 장면들이 만화경처럼 나타나곤 했던 것 같다.

생존의 문제

신소설이 나오던 당시 현실은 하루하루가 살아남기 다급한 시대였다. 20세기 초에 한국인들이 자신의 안전을 추구하는 행동을 할 때는 사회적으로 성립되어 있던 각종 윤리와 도덕은 거의 무시되었을 것이다. 말하자면 모든 개인들은 부도덕해지고 파렴치해지며, 나아가서 행동의 일관성과 합리성은 사라져버렸을 것이다. 구한말 조선 사회에서 윤리가 사라져버렸음을 지적하고 한탄하는 글과 문서는 셀 수 없이 많다. 조선 백성의 대다수는 '정체성 위기(identity crisis)'에 시달렸을 것이다. 홉스에 따르면 자연상태에서는 도덕, 윤리라는 개념 자체가 존재할 수 없다. 이런 상황에서 각 개인들의 생존을 위한 행동은 도덕, 윤리에서 완전히 해방되어 무도하고 필사적일 수밖에 없었을 것이며 죄에 대한 가책에서도 벗어나게 됐을 것이다. 즉 생존을 위한 물질적 이익을 위해서라면 끔찍한 범죄에 가담하는 경우가 허다했을 것이다. 물론 이러한 상황에서 개인의 양심이 완전히 없어지진 않았겠지만 범죄의 동기를 압도하지 못하여 나쁜 짓임을 알고도 해야만 하는 경우가 더 많았을 것이다. 결과적으로 개인으로 흩어지고 나름의 타협(modus vivendi)이 성립되지 못한 세상은 사람이 살기 어려운 세상, 극도로 야만적이고 야비한 세상일 수밖에 없다. 그야말로 모든 사람들이 자신이 살아 있는지 죽었는지도 확인할 수 없는 세상이었을 것이고, 자신의 앞일과 내일 일을 예측할 수 없는 그런 상황이었을 것이다. 합리성이 사라지고 정체성마저 사라져

가는 세상이었을 것이다. 신소설에 나타나는 복잡다단한 스토리는 당시 사회에서 인생에 대한 일반적 관념을 반영하고 있는지 모른다.

신소설에서 최고의 악인들은 단연 하인들, 특히 영악한 하녀, '종년'들이었다. 그들은 속량을 목적으로 또는 한 밑천 얻기 위해 주인마님에게 접근하여 악행에 앞장설 것을 제의한다. 속량은 인간 해방과 계급 상승이라는 측면에서 당시에 공식적인 '개화'와 연관하여 이념적으로 정당한 욕망이었지만 현실적으로는 상당한 금전을 통해서만 가능한 것이었고, 이는 다시 영악한 계교와 잔인성을 통해서만 가능했다. 그런데 대개의 경우 그들은 속량의 꿈을 이루지 못한다. 주인마님은 대개 '사이코'이며 약속을 지키지 않고 배신한다. 원래 처음부터 주인마님하고 종년 간에는 전혀 신뢰가 없었다. 각자의 이익을 위해서 잠시 참고 서로를 이용했을 뿐이다. 이 시대의 악(惡)은 성품의 문제가 아니라 이해(利害)와 능력의 문제였다. 이 이야기의 끝에서 악인들은 결국 복수의 칼날에 쓰러지고 만다.

당시 한국인들의 윤리적 문제점과 부도덕함을 비판하는 글의 절정은 단연 1908년 천강(天江) 안국선(安國善)이 쓴 『금수회의록(禽獸會議錄)』이라 할 것이다.* 인간들의 부도덕을 비난하다 못해 짐승들, 까마귀, 여우, 개구리, 벌, 게, 파리, 호랑이, 원앙새 등 8종류의 짐승의 입을 빌어 비난한 것은 적어도 인간이 만물의 영장임을 부정한 것이었다. 서언은 "우주는 의연히 백대(百代)에 한결같거늘, 사람

---

* 유사한 의도로 당시에 시도된 작품으로는 1908년 같은 해에 나온 김필수의 『경세종』이 있다. 이 작품은 잘 쓴 작품으로 평가받지 못하여 별로 논의되지 않는다 (김필수 1908).

의 일은 어찌하여 고금이 다르뇨? 지금 세상 사람을 살펴보니 애달프고, 불쌍하고, 탄식하고, 통곡할 만하도다."라고 탄식하며 시작한다. 계속하되,

> 전인의 말씀을 듣든지 역사를 보든지 옛적 사람은 양심이 있어 천리(天理)에 순종하여 하느님께 가까웠거늘, 지금 세상은 인문이 결딴나서 도덕도 없어지고, 의리도 없어지고, 염치도 없어지고, 절개도 없어져서, 사람마다 더럽고 흐린 풍랑에 빠지고 헤어나올 줄 몰라서 온 세상이 다 악한 고로, 그름·옳음을 분별치 못하여 악독하기로 유명한 도척(盜跖)이 같은 도적놈은 청천백일에 사마(土馬)를 달려 왕궁 극도에 횡행하되 사람이 보고 이상히 여기지 아니하고, 안자(顏子)같이 착한 사람이 누항(陋巷)에 있어서 한 도시락밥을 먹고 (……) 슬프다! 착한 사람과 악한 사람이 거꾸로 되고 충신과 역신이 바뀌었도다. 이같이 천리에 어기어지고 덕의가 없어서 더럽고, 어둡고, 어리석고, 악독하여 금수(禽獸)만도 못한 이 세상을 장차 어찌 하면 좋을꼬? (……) 지금 세상은 바뀌어서 금수·초목이 도리어 사람의 무도패덕함을 공격하려 하니, 괴상하고 부끄럽고 절통(切痛) 분하여 열었던 입을 다물지도 못하고 정신없이 섰더니 (……)
>
> 『금수회의록』, 443-444쪽

인간들의 노는 꼴을 비난하러 금수들이 모인 것이었다. 회의가 끝난 후 저자는 "사람이 떨어져서 짐승의 아래가 되고, 짐승이 도리어 사람보다 상등이 되었으니, 어찌하면 좋을꼬?"라고 한탄한다.

이 글은 우화적이고 유머가 넘치는 글로서 사태의 심각성을 알리는 데 성공했다고 볼 수 없다. 현대 국문학자들은 이 글을 저자가 유머 감각과 비판의 날카로움을 과시하며 쓴 걸작으로 평가하지만 당시는 글솜씨를 뽐내는 순수 문학의 시대는 아니었다. 이 글을 작가의 유머 감각을 과시하는 글로 읽어서는 안 된다.

이런 사회에서 일단 전반적인 문화로 모든 사람들은 자신의 모습, 특히 재산 등의 소중한 것을 가진 사람들은 자신을 위장(僞裝)하는 것이 일반적인 일상 행위였다. 이해조의 『구마검』은 처음에 이야기가 펼쳐지는 동네의 모습을 이렇게 묘사한다.

> 중부 다방골은 장안 한복판에 있어, 자래로 부자 많이 살기로 유명한 곳이라. 집집마다 바깥 대문은 게구멍만 하여 남산골 딸각샌님의 집 같아여도 중대문 안을 썩 들어서면 고루거각(高樓巨閣)에 분벽사창(粉壁紗窓)이 조요하니, 이는 북촌 세력 있는 토호재상(土豪宰相)에게 재물을 빼앗길까 엄살 겸 흉 부리는 계교러라.
>
> 『구마검』, 87쪽

동네의 재산깨나 있다는 사람들은 거의 피해망상중 환자들로 자신들을 보호하기 위해 자신의 모습뿐만 아니라 집 전체를 위장하고 살아갔다. 그런데 이런 문화는 이 동네 사람들에게만 해당하는 게 아닌 전국적인 문화였다. 이미 1880년대 말 조선을 여행했던 프랑스 지식인 바라는 다음과 같이 말한다.

한국인의 탄생

나는 유럽이나 미국, 일본, 중국 어디를 가나 조선은 민속학적
으로 별 볼 일 없는 나라라는 말을 누차 들어왔다. 실제로 언뜻
보아선, 심지어 수도에 이르기까지, 조선의 도시만큼 비참하
고 처량하고 가난해 보이는 도시는 없는 것 같다. 오랜 세월에
걸친 전쟁과 외세의 침략을 겪으면서 조선의 왕들은 이웃 강
대국들의 탐욕을 어떻게든 피해 보겠다는 생각을 굳히게 되었
다. 그 결과 모든 이방인과 자국민의 출입을 금지했을 뿐만 아
니라, 국내의 광산 채굴을 금지하고, 사치방지법 같은 것을 만
들어서 이전까지만 해도 그토록 찬란했던 국가적 생산 활동을
중단시켰고, 심지어 개인들이 가지고 있는 재산마저 어딘가 깊
숙이 숨겨두기에 이른 것이다. 그 바람에 겉모습에서 느껴지는
황폐함이 사람들의 관심을 아예 차단했던 것이다.[21]

이 말은 본 것 외에 들은 것들을 종합해서 생각한 것이었다.
가난하게, 허름하게, 비참하게 보이도록 위장하는 습성은 구한말의
일반적인 문화였다. 외국인들의 이런 증언은 수없이 많다. 배를 타
고 조선에 입국했던 대부분의 외국인들은 조선의 해안가는 의도적
으로 외적이 침입할 동기를 없애기 위해서 황량하게 보이도록 만들
어 놓았다는 이야기를 들었던 것이다.

홉스의 자연상태에서 인간은 서로를 죽일 수 있는 능력에서
평등하지만, 20세기 초 대한제국의 자연상태에서는 평등하지 않았
다. 무엇보다도 이 상황에서 최대의 피해자는 약자들이었으며 우선
여성들이었다. 신소설의 여성들 대부분은 자부심을 갖지 못하고 자
신에 대해서 늘 '팔자 사나운 년'이라는 식의 탄식으로 자신을 경멸

한다. 이런 경멸의 반복적 일상화는 높은 기대 이후에 벌어질 추락의 충격을 완충하려는 시도였다. 이러한 존재에 대한 경멸은 자신에게뿐만 아니라 주변의 다른 인물들에게도 표현된다. 이런 한탄은 대부분 자신의 의지대로 인생을 살지 못하는 현실, 즉 정체성 위기에 대한 한탄이었다. 또한 이인직의 소설에서 근대식 사실주의의 증좌로 등장하는 혼잣말과 내면 대사들은 적대적이며, 욕설과 저주로 가득 차 있다. 이는 당시 조선 사람들이 자신과 주변 사람들에 대해 가졌던 일반적인 감정이었다.[*] 이 소설의 여성들은 늘 그때 '차라리 죽을 걸' 하는 소리가 입에 붙어 있다.

또 흥미 있는 단면으로 이해조의 『구마검』에 보면 이 시대에는 사람이 죽으면, 특히 여자가 죽으면 으레 원귀가 된다. 주인공 함진해의 삼취 부인 최씨가 아들을 낳자 무당들이 달려들어 굿을 해야 한다고들 하는데,

> 그런데 그 아이에게 펄쩍 잘 덤비는 여귀(女鬼) 둘이 있으니, 최씨 마음에 죽지 아니하였고 살아 있어 그 지경이면 다갱이에서부터 발목까지 아드등 깨물어 먹고라도 싶지마는, 죽어 귀신이 된 까닭으로 미운 마음은 어디로 가고 무서운 생각이 더럭 나며, 무서운 생각이 너무 나서 위하고 달래는 일이 생겨 행담(行擔)과 고리짝에다 치마 저고리를 담아서 둔 방 축머리에 줄남생이같이 위해 앉혔으니 그 귀신은 도깨비도 아니오, 두억시니도

● 이런 대사는 곳곳에 있다. 예를 들어 이인직(1906a: 38-39).

한국인의 탄생

아니오, 못다 먹고, 못다 쓰고, 함씨집에 인연이 미진(未盡)하여 원통히 세상 버린 초취(初娶)부인 이씨와 재취(再娶)부인 박씨라. 사람이 죽어 귀신이 되어 산 사람에게 침노한다는 말이 본래 요사스러운 무녀의 입에서 지어낸 말이라. 적으나 현철한 부인이야 침혹(沈惑)할 리가 있으리요마는, 최씨는 지각이 어떻게 없던지 노파와 무녀의 꾸며내는 말을 열되들이 정말로만 알고 그 아들이 돌림감기만 들어도 이씨 여귀, 설사 한 번만 해도 박씨 여귀, 피륙과 전곡(錢穀)을 아까운 줄 모르고 무당·점장이 집으로 물 퍼붓듯 보내다가, 고삐가 길면 더딘다더니 함진해가 대강 (……)

『구마검』, 88-89쪽

이미 『독립신문』은 무당, 판수, 지관 등의 미신을 이용한 사기꾼들이 득실대고 대부분의 조선인들이 미신에서 헤어나지 못함을 비판한다. 지금 위에서 인용한 부분에 의하면 갓난아이가 건강하게 자라기 위해서는 초취 부인과 재취 부인의 원귀들을 굿을 크게 해서 달래야 한다는 말은—무당들의 영업을 위한 작전이지만—당시의 분위기, 문화로는 상당한 설득력을 갖는 말이었다. 사람의 인생이란 으레 원한으로 가득 차는 것이었으니 죽으면 당연히 모두 원귀가 된다. 따라서 누가 죽어도 다 원귀가 되어 원한을 갚으려 할 것이며 특히 삼취 부인이 아들을 낳았으니 그 시샘이 오죽하겠는가? 그 시대에 인간의 삶과 귀신의 삶은 이런 식으로 연관되어 있었다. 인간은 천성(天性)이 사악한 존재였고 죽은 귀신도 마찬가지였다.

이러한 상황에서 당시에 신소설에 등장하는 최고의 해결책은 한반도를 떠나는 것이었다. 『혈의 누』에서 결국은 작가가 옥련에게 한 짓은 어린 여자아이를 납치해서 공부의 노예로 만들어 일본으로, 미국으로 보낸 것이었지만 그럼에도 불구하고 독자들이 즐겨 읽은 이유는 당시에 '유학'이라는 최고의 혜택을 옥련이에게 제공했기 때문이었다. 신소설에서 여성이 유학을 떠나는 경우는 그 외에는 나타나지 않는다. 당연히 남성들이 더 많이 '유학'이라는 명분으로 한반도를 탈출하는데, 이 경우에는 가족들에게 가장으로서 대단히 무책임한 행동을 하는 것으로 나타난다. 다시 말하면 무책임하게라도, 뻔뻔스럽게라도 유학을 가는 것이 그렇게 중요함은 두말할 나위가 없는 것이다.

　　『혈의 누』에서 옥련의 아버지 김관일은 전쟁 통에 아내와 딸이 집과 동네에서 보이지 않자 평소의 소망대로 훌쩍 외국 유학을 떠나고 만다. 유학 비용은 장인에게 요구해서 받았다. 『치악산』에서 이씨 부인의 남편 백돌이는 계모가 자기 아내를 적대시하여 집안이 시끄럽다는 이유로 아무런 기약도 없이 일본으로 유학을 떠나며 하는 소리가 "죽은 셈치고" 편지도 하지 말라는 것이었다. 유학 비용은 뻔뻔하게 장인에게 요구하였다. 『귀의 성』에서 길순의 아버지 강동지는 딸의 원수를 갚은 후 배를 타고 해삼위로 떠나고는 소식이 없다. 그리고 이런 무책임한 도피와 연관되어 신소설에서 등장하는 모든 남성 가장, 성인들은 자기 살아남을 생각만 하니, 하나같이 무책임하고 가족을 다스릴 능력이 없다. 『귀의 성』의 강동지는 딸을 팔아먹어 비극을 자초했고, 『치악산』의 "홍 참의는 본래 실없는 소리 잘하는 사람" 즉 집의 분란을 악화시키는 사람이었다. 그리고 『화세계』의 구 참령은 군대가 해산되자 아무런 생각 없이 모든 것을 잊고 훌쩍 떠나버리고 붓 장사로 전국을 유람하고 살았다. 우리 민족에게 한반도를 떠나는 꿈은 이때에 공식화되었고 아직도 해외 유학의 열정은 뜨겁기만 하다. 우리 민족의 디아스포라(diaspora)는 이미 1870년을 전후해서 시작되었고,[*] 1904년 초에는 한인의 외국 국적 취득을 엄금하였다.^{**}

진화

이런 현실에서 이 소설들에 등장하는 여성 인물들이 자살을 시도하는 일이 너무 많다는 것은 결코 이상한 일이 아니다. 더구나 우리의 전통문화에서 여성의 '정조'에 부여한 높은 가치는 여성들로 하여금 언제든지 '욕(辱)을 볼지 모른다'는 불안과 그렇게 되면 자신의 인생이 어떻게 될지 모른다는 공포를 주었고 그러한 불안과 공포는 점점 확대되었다. 『혈의 누』에서 옥련의 어미는 집에 왔다가 집이 비어 있음을 보고 "남편이 살아오거니 하고 고대할 때는 마음을 붙일 곳이 있어서 살아 있었거니와, 죽어서 못 오거니 하고 단망하니 잠시도 이 세상에 있기가 싫다." 하여 자살을 결심한다. 그러고는 나중에 다시 하는 말이, "이 몸이 혼자 살면 일평생 근심이요, 이 몸이 죽었

● 안수길은 『북간도』에서 1870년을 전후로 북간도로의 이주가 시작되었다고 한다 (안수길 1959-1961).

●● 이러한 조치는 당시에는 정치적인 이유로 내린 것이었다. "갑신정변 이후 역도들은 법망을 이탈하여 해외로 도주한 즉시 그들이 정착한 곳에서 국적을 취득하고 있다가, 기회만 있으면 한국으로 돌아와 외국인 형세를 하며 군상(君上)을 경멸하고 조정 대신들을 억압하였다." (황현 1996: 543-544).

으면 이 근심 모르리라. 십오 년 부부 정과 일곱 해 모녀 정이 어느 때 있었던지 지금은 꿈 같도다. 꿈 같은 이내 평생 오늘날뿐이로다. 푸르고 깊은 물은 갈 길이 저기로다." 죽겠다는 이유는 이해할 수 없을 만큼 세속적이며 이기적이다. "혼자 살면 일평생 근심"이니 죽겠다는 것이다.

많은 국문학자들은 여성 인물들의 빈번한 자살을 근거로 신소설의 등장인물들은 의지가 박약한 '자포자기형'이며 신소설은 문학적 가치가 열등하다고 비난한다.[*] 그러나 이러한 판단은 천박한 속단이다. '자살'이라는 행위의 의미를 따져보면 결코 쉽게 말할 수 없다. 18세기 후반 괴테의 『젊은 베르테르의 슬픔』에서 베르테르는 로테의 약혼자 알베르트와 어떤 소녀의 자살에 대해서 논쟁을 벌인다. 알베르트는 그것은 인간으로서 가치가 없는 자포자기적 행동이라 하지만 베르테르는 소녀에게 자살이란 자신의 의지로 스스로 목숨을 끊는 결단을 내리는 강한 의지의 행동이라고 반박한다.[22] 원래 자살이란 전통 사회에서 정상적인 사람이라면 불가능하다. 세계의 모든 종교에서 자살은 금지된 최악의 죄이며, 더구나 유교 사회에서 자살은 부모에 대한 최악의 죄일 수밖에 없다. 우리나라에서 여성의 자살이란 갑오경장 이후에 개인의 권리와 자유라는 관념이 등장한 이후에 '개화인'만이 할 수 있는 것이었다. 즉 목숨이란 '자기의 것'

● 신소설에서 여주인공이 자살을 시도하는 것에 대해 신소설의 인물들이 '순응형', 자포자기형 인물이라는 지적은 광범위하게 이루어져 왔다. 신동욱의 「신소설과 서구문화 수용」(임형택·최원식 편 1982: 201-202) 등 그 외에도 수없이 많다.

이라는 생각은 갑오년 이전에는 불가능한 것이었다. 그리고 을사조약 직후 민영환(閔泳煥)의 자결과 '혈죽(血竹)'에 대한 보도가 전파되고 사건에 대한 사회적 관심이 고조되는 분위기 속에 아마도 자살은 멋진 행동으로 유행하고 있었을 가능성이 있다.[*]

더욱이 위에서 인용한 경우처럼 현실적인 이유 때문에, 앞으로 다가올 불행한 삶이 '싫어서' 자살한다는 것은 자포자기의 행동이 아니라 '개화인'만이 결행할 수 있는 적극적이고 이기적인 도피 행각이다. 그런 이유로 보통의 경우는 치마로 얼굴을 가리고 강물에 뛰어드는 것이다. 신소설에서 여성 인물들에게 자살을 시도하도록 하는 것은 이 소설들에서 인물들에게 당시로서는 적극적인 의지, 자의식, 주체성이 있는 존재, 개화인임을 상기시키려는 것이지 결코 자포자기의 행동일 수 없다. 바로 그런 이유 때문에 중인들이 많이 사는 지역, 대표적으로 대동강변에서 주로 이야기가 많이 전개되던 것이다. 사실 당시에 실제 얼마나 많은 사람들이 자살을 시도했는지는 알 수 없다. 하지만 평소에 존엄성과 적극성을 증명하지 못하던 여성들이 마지막 단 한 번만이라도 자신의 삶을 자신의 의지대로 결정할 수 있음을 증명하는 행위가 강물에 뛰어드는 자살이었다. 이 내면의 극적인 꿈틀댐이 바로 신소설이 보여주는 이 시대 여성들의 새로운 모습이었다. 신소설에서 여주인공의 자살은 한반도에서

• 자살은 유행할 수 있다. 18세기 말에 괴테의 『젊은 베르테르의 슬픔』 때문에 유럽의 젊은이들 사이에서는 노란 조끼를 입고 다니는 것과 권총 자살은 큰 유행이었다고 한다. 권총 자살이란 물론 큰 소리로 온 세상에 자신의 세상에 대한 저항을 외치는 의미였다.

여성들이 깨어나는 몸부림이었다.

신소설에서 사람이 사는 것은 '죽지 못해' 사는 것이며, 대부분의 경우 책임져야 할 자식이나 부양가족 때문에 살고 있다는 것이 입에 붙은 말이었다. 더구나 신소설 특유의 자의적인 우연의 개입은 바로 이 시점, 여주인공이 강물에 뛰어들었을 때 서둘러 이루어진다. 중요한 인물의 경우에는 이야기가 이어지기 위해서는 진짜 죽도록 내버려 둘 수 없기 때문이다. 그 여주인공을 살리기 위해서는 어떤 인물이 나타나 개입해야 하며 이때는 무리를 해서라도 억지 인물을 만들어야 한다. 아무라도—미국 대통령이라도—강변에서 또는 배를 타고 기다리도록 해야 하는 것이다.

이렇게 자연상태의 이야기가 몇 년 계속되자 기어이 새로운 인간형들이 나타나기 시작했다. 피해자형 인물들은 규방의 여인들에게나 가능한 것이었고 그 주변의 인물들만 해도 가능하지 않았다. 『치악산』에서 이씨 부인의 몸종인 검홍이는 이씨 부인이 쫓겨나던 날 고두쇠에게 죽을 지경으로 폭행을 당한다. 그리고 그녀는 살아서 서울의 이 판서의 집까지 와서는 이씨 부인의 행방에 대해 수사하고 복수할 것을 시도한다. 이를 위해서 배 선달이란 인물을 구해서는 피비린내 나는 복수를 멋지게 시도한다. 『귀의 성』에서 길순의 아버지 강동지는 물론 그 이전부터 천하장사에 강한 성격의 인물이었지만 딸이 살해당한 것을 알고는 각성하여 피비린내 나는 복수를 시도한다. 이를 위해서 그답지 않게 교묘하고 교활한 계교를 꾸며서 잔인하게 복수를 집행한다. 물론 작품에는 강동지라는 인물이 무엇을 느꼈는지 어떻게 달라졌는지에 대한 언급이 전혀 없지만 자신이 양반에게 아첨하여 금전적 혜택을 얻으려 희생시킨 딸의 비참한 죽음을 알게 되어 그가 이전에 오랫동안 모시던 김승지 집안 사람들에게 복수를 감행한다는 것은 풍부한 극적인 가능성을 보여준다.

인물의 진화와 관련해서는 이해조의 작품들에서 중요한 진전이 이루어진다. 우선 『빈상설』의 화개동 아씨의 경우에는 위기에서 살아남기 위해 남장을 한다. 그녀는 쌍둥이 남동생 승학의 권유에 따라 남자의 옷을 입는데, 이는 변장(變裝)에 불과했지만 중요한 계기가 되었다. 이해조가 1910년에 발표한 『화세계』의 김수정은 우리 역사에 나타난 최초의 근대적 여성이라 할 수 있다. 그녀는 규방에서 자랐지만 20세의 나이에 개화되어, 자신의 운명을 자신이 선택하겠다는 근대적 의식이 형성되어 있었다. 그녀는 기지를 발휘하여 잡혀 있던 곳에서 탈출과 도주를 시도하고 행운으로 수월암과 붓 장수를 만나 도움을 얻는다. 그러고는 살아남기 위해 머리를 깎고 비구니가 된다. 그녀는 변장을 했을 뿐만 아니라 변장을 하자 성격도 변하여, 흡사 마법의 가면을 쓴 것처럼 다른 사람이 된다. 규방 여인의 옷을 벗자 그녀의 내부에서 잠자고 있던 활달함과 용기와 집요함이 뛰쳐나왔고, 자신의 운명을 영리하고 용기 있게 스스로 개척해 나가는 인물이 되었다. 자신의 목적에 따라 정혼한 구 참령을 찾고, 패물을 도로 찾기 위해 능력을 발휘했을 뿐만 아니라 자신의 운명을 개척할 엄두를 내지 못하고 어쩔 줄 몰라 하던 구 참령을 '그 맵고 찬 성품'으로 과감하게 자신과 함께 인생을 개척하도록 이끌었다. 김수정이라는 여인은 세상을 위해서 무언가 하겠다는, 나은 세상을 만들겠다는 생각을 가진 인물은 전혀 아니었다. 오히려 그녀는 세상에서 살아남겠다는 의지로 잠재력을 발휘하여 여러 모습을 구사해 나가는 합리적이고 강한 의지의 인물로 다시 태어나는 존재였다. 김수정은 한일병합 전야에 태어난 한국 최초의 근대인이었다.

나아가서 우리 역사에서 의미 있는, 신소설에 등장하는 중요한 인물은 이인직의 『은세계』의 주인공 최병도일 것이다. 그는 원래 젊어서부터 '개화파'로 새로운 지식을 공부하고 김옥균의 길을 따라 새로운 세상을 만들어가야 한다고 생각했던 사람이었다. 개화파의 정치 운동이 실패하자 그는 재산을 모아 큰일을 하고자 열심히 노력하여 주변의 존경을 받는 강한 '부르주아'형 농부가 되었다. 그는 주변의 게으르고 뻔뻔스럽고 남의 것을 빼앗아 먹으려는 그런 사람들로 가득한 세상에서 홀로 손가락질을 받아가며 외롭고 힘들게 재산을 모아온 인물이었다. 그는 처음에 화적 떼와 다름없는 관가가 들이닥쳤을 때 자신의 안위뿐만 아니라 동네 사람들을 보호하기 위해 민요(民擾)를 수습했고 감사의 탐욕으로부터 이웃들을 보호하기 위해 제 발로 관가에 따라간다. 하지만 그는 사또의 뻔뻔스러움을 대하면서 끓어오르는 분노를 참지 못했다. 애초에 적당히 돈을 주고 풀려날 생각이었지만 사또의 탐욕을 보고서는 도저히 타협할 수 없음을 깨닫고 대결 상황으로 몰고 간다. 급기야 자신과 사또 즉 시대의 악(惡)과의 '그만의 전쟁'으로 치달아 가고 말았다. 그에 대해 다음과 같이 말한다.

그러나 최병도가 큰 병통이 있으니 그 병통은 죽어도 고치지 못하는 병통이라. 만만한 사람을 보면 숨도 크게 쉬지 아니하는 지체 좋은 사람이 양반 자세 하는 것을 보든지, 세력 있는 사람이 세력으로 누르려든지 하는 것을 당할 지경이면 몸을 육포(肉脯)를 켠다 하더라도 지고 싶은 마음은 조금도 없는 위인이라.

『은세계』, 432쪽

그는 결국 그러한 '탐관오리', '가렴주구'와 같은 악인에게 굴복하지 않는다는 자존심이 앞선 나머지 생존을 도모하지 못하고 말았다. 최병도라는 인물은 바로 그 시대, '자연상태' 시대의 자식이었다. 개인으로 붕괴된 세상에서 자신의 신념에 따라 자신의 모습, 에고(ego)를 고집스레 만들고, 끝까지 지키며, 고독하게 평생을 싸워온 위인이었다. '믿을 놈 한 놈도 없는' 자연상태에서 혼자서 죽을 때까지 싸울 그런 사람이었다. 그는 타협을 하고 싶어도 하지 못하고, 자존심을 앞세워 전쟁을 하고, 그 와중에 원래의 목적을 지나치고 마는 인물, 특히나 정치적으로 비합리적인 인물이었다. 최병도와 유사한 인물형으로서 고독한 순례자는 이미 1890년대 중반에 큰 공감을 얻은 바 있었다.[*]

계속되는 삶

홉스적 자연상태에서는 사회의 일관된 문화가 붕괴된 상태이며 따라서 개인들이 어떻게 만들어져야 한다고 규정하는 문화의 핵심적

---

[*] 캐나다 출신의 미국인 선교사 게일(James Gale)은 17세기 영국의 버니언(John Bunyan)이 쓴 기독교 소설 *The Pilgrim's Progress*를 한국어로 번역하여 1895년 『천로역정(天路歷程)』이란 제목으로 출간하였다. 최초의 서양식 의료기관이었던 제중원에서 이 책을 판매하였는데 베스트셀러가 되었다. 이 소설의 주인공 크리스천(Christian)은 구원을 찾아 길고도 험난한 여정을 따라가는 고독한 인물이었다 (Bunyan 1684).

구조가 작동하지 않는다. 이런 상황에서 최고의 선택은 한반도를 떠나는 것 특히 유학이었고, 그다음은 자신의 개화된 의지를 증명하는 자살이었다. 이런 선택을 하지 못하는 사람들 중에서 약자들이야말로 가장 큰 어려움을 겪을 수밖에 없었다. 약자들은 피해자로서 인간의 존엄성을 박탈당했다. 거의 삶을 포기한 사람들이든 그런 대로 살아 보겠다고 애쓰는 사람들이든 그들은 작은 목적을 이루기 위해 악행에 서슴지 않고 가담해야 했다. 영악해야 했고 교활해야 했다. 자신의 모습을 숨기기도 하고 상대를 기만해야 했다. 그런가 하면 세상을 바꾸어보려는 사람들은 우선 자기 자신에 집중해야 했고 그런 세상에서 자신을 지키는 삶을 살기 위해서는 다른 사람들과 섞이지 않고, 그들의 삶의 모습을 결코 따라하지 않고, 에고를 만들고 목숨을 걸고 지키기 위해 외롭게 싸워야 했다. 최병도와 같이 그런 삶이 긴 세월 동안 지속된 경우에는 '독불장군'의 비사회적 인물, 나아가서 반(反)사회적 인물이 되어갔다. 그들은 인간들이 함께 사는 '사회', '공동체'라는 것을 거의 평생 겪어 보지 못한 세대였다. 그들에게 공동체란 '호랑이 담배 피던 시절 이야기', 신화(神話)에 불과했다. 최병도라는 인물은 세상을 바꾸어야 한다고 생각하던 사람으로서, 에고 과대증과 같은 괴벽에서 자유로울 수 없었다. 그와 같은 인물의 문제는 강한 의지에도 불구하고 정치적 능력은 거의 없었다는 것이다. 이는 우리 역사의 심각한 문제였다.

한반도에는 영웅, 주인공이 먼저 나타난 것이 아니라 그의 배경이 될 현실로서의 자연상태가 먼저 나타나 있었다. 근대 사회 또는 근대성이란 다양한 얼굴을 갖지만, 한반도에서는 중세가 망가지고 흩어진 파편들로서의 개인들이 근대로 나타났다. 그곳은 지옥 같은 '정글'이었으며 거기에서 처음 발견된 근대의 생명체는 속 빈 넝마 인형 같은, 인물성이 부정된 '피해자 여성'들뿐이었다. 그러나 몇년 후 그 지옥의 정글에서 자라난 생명체, 즉 한국인은 생명력 그 자체였다. 생존의 대가(survivalist)로서의 최초의 한국 근대인, 특히 여성은 누가 창조한 인위적인 피조물이 아니라 그 지옥 같은 자연에서 살아남고 진화한 최적(fittest)의 생명체였다. 그들은 말하자면 인물성이 부정된 껍데기밖에 없던 피해자에서 그런 존재성이 다시 부정되어 진화한 강한 자의식과 개성을 갖춘 강한 인간이었다. 그러나 이 시대에 나타난 고독한 남성 투사는 가족생활에 무책임하며 능력 없고, 사회 정치적 행위의 합리성은 전혀 갖추지 못한 채 이 모든 것에 자존심을 앞세우는 그런 인물이었다.

자연상태와 정치

이렇게 사회가 붕괴되고 모든 윤리가 파괴된 시대에 이르자 기존의 사회문화와 전통문화 전체가 부정되는 경향이 나타났다. 이 시대에 오면 그간 구한말을 통해 지배력을 유지했던 '위정척사(衛正斥邪)'나 '수구(守舊)'는 급격히 힘을 잃고 '개화'가 지배적인 흐름으로 부상한다. 이 흐름은 갑오경장부터 뚜렷했다. 신소설 작품들의 경우는 노골적으로 친(親)개화 입장이었다. 예를 들어 이해조의 1910년 작품 『자유종(自由鍾)』에서는 여성들이 입을 모아 우리나라가 이 지경이 된 것은 단적으로 "학문 없는 연고"라고 하며 전통 유학은 '학문도 아닌' 것으로 치부하고 학문과 교육의 필요성과 한문 교육, 유학 교육의 혁파를 여성들의 입으로 평이하게 지적한다. 눈에 보이는 모든 기존의 문화는 비참한 현실의 주범이었다. 이런 경향은 중국에서도 사회가 붕괴된 현상을 증언하던 루쉰의 『광인일기』에도 동일하게 나타났다. 사람이 사람을 잡아먹는 세상이 '예교(禮敎)' 때문에 나타났다고 하며 중국의 유교 전통을 통째로 부정한다.* 구한말의 마지막 시기에는 서구 문물, 지식과 사상들이 뚜렷한 의미와 용도도 묻지 않은 채 마구잡이로 수입되었다. 20세기 초에는 서구의 '신학문'은 위기에서 구원을 위한 카리스마적 존재로 나타났다.

토머스 홉스에 따르면 자연상태에서는 각자 자신의 보전을 위해 평화를 추구할 권리를 가지며, "그가 평화를 얻을 수 없다면 그것을 얻기 위해 도움을 얻고 전쟁에서의 유리한 점을 이용할 수 있다."²³ 나아가서 이런 불행한 상태에서 다수의 인간들은 도저히 견딜 수 없어 궁리 끝에 모여서 사회계약(social pact)을 맺게 된다. 즉 주권자를 모시고 주권자의 명령에 절대 복종하며 질서를 지키며 평안히 살기로 합의하여 계약을 하며 이것이 바로 국가의 연원이라는 것이다. 이렇게 만든 국가는 그 연원에서 인공(人工)의 괴수였다. 홉스적 자연상태에서는 주권자는 계약의 당사자가 아니며 아무런 계약상의 책임도 지지 않는다. 그리고 이러한 주권체는 자연적으로 이루어질 수도 있고, 전쟁을 통해서 획득된 권력일 수도 있고, 나아가서 사람들이 모여서 합의하에 사회계약을 맺고 자연권을 포기하며 공통의 주권을 형성함으로써 이루어질 수도 있다. 전쟁을 통해서 이루어진 경우는 "획득에 의한 국가(commonwealth by acquisition)"라 하고 후자의 경우는 "제도에 의한 국가(commonwealth by institution)"라 한

---

* '예교(禮敎)'라는 말은 루쉰이 만든 말이었다. 그 의미는 확실치는 않으나 유교가 역사적으로 변하고 타락해서 나타난 어떤 사상을 말하는 것으로 보인다 (루쉰 1919).

다.[24] 말하자면 홉스에 따르면 국가란 자연상태에서의 인간들이 비참함과 괴로움에서 벗어나기 위해서 공통으로 만드는 것이며 이는 계약(covenant)에 의할 수도 있고 자연적으로 또는 전쟁에 의해서 이루어질 수도 있다.

강한 국가권력 신화

사회가 개인으로 분해된 구한말의 자연상태에서도 모든 사람들이 우선 다급하게 원하는 것은 각자의 생존과 이를 위한 수단이었을 것이다. 이 시대에 생존을 위한 결정적인 수단은 물질적 재산이었고 관직은 당시 유일한 수입원이었다. 그리고 모두가 꿈꾸는 것은 이 고통의 땅 한반도를 떠나는 것이었다. 이 꿈을 이룬 사람들은 소수에 불과했다. 집단적으로, 모든 국민들의 집단으로서 최선의 해결책은 홉스의 말대로 강한 국가권력을 세우는 것이었다. 우리는 홉스의 정치이론을 비판한다. 즉 강한 국가를 정당화하는 이론을 만들기 위해 편협한 방법으로 논리를 이끌었다는 것이며 이는 홉스와 철학을 공유하는 자유주의적 입장에서 흔히 제기되어 왔다.[25] 특히 홉스의 사회계약에서 주권자는 계약 당사자가 아니며 따라서 어떠한 계약상의 책임도 지지 않는다는 점은 비판의 초점이 된다. 그러나 우리가 홉스의 이론을 비판한다 해도 대한제국의 마지막 십 년의 경우와 같이 일단 홉스적 자연상태에 처하게 되면, 그곳을 벗어나는 유일한 방법은 홉스적 사회계약, 즉 리바이어던, 강력한 국가권력을 세우고 복종하는 것 외에 다른 방법은 없다는 것을 깨닫는다. 인간들이 서로 불신하고, 의심하고, 경계하고, 증오하는 그런 곳에서는 강한 국가권력을 세워 복종하는 것 외에는 다른 해결책이 없다. 말하자면 홉스적 자연상태에서 로크적 또는 루소적 사회계약을 맺는 것은 가능하지 않다.

　　이 시대에 대한제국의 국민들이 간절히 원했던 것은 강한 국가권력이었다. 강한 국가권력만이 질서를 세우고, 범죄를 제압하고, 평화롭고 안정된 사회를 만들어 나갈 수 있다는 것이다. 실제로 조선의 국가와 사회가 붕괴되어 오던 지난 약 3백 년 동안 현실을 마주하며 그에 부응하여 정부와 조정은 계속 왕권 강화를 시도했다. 18세기 초부터 탕평책을 내세웠지만 이는 강한 왕권을 전제로 가능했던 것이었다. 조선 백성들이 가난해지고 험악해질수록 유교 전통의 '왕도정치(王道政治)'는 점점 멀어지고 있었다. 마지막까지 왕도정치의 이념이나 외관만이라도 살려 보려고 했던 이는 대표적으로 정조와 고종이었다. 하지만 현실적으로 강력한 권력을 이루었던 사람은 세도정치 60년을 겪고 집권한 흥선대원군이었다. 그는 아무런 제도적 뒷받침이 없는 가운데 세도 정치의 관행을 이용하고, 왕의 아버지라는 지위와 개인적인 능력으로 조선 역사에는 예가 없는 절대 권력을 이루었고, 최초로 '부국강병(富國强兵)'을 국시로 내세웠다. 그러나 그의 권력은 개인적인 권력으로서 강력한 왕권으로 이어지지 않았고 조선의 국가와 사회의 붕괴 과정을 멈추게 하지도 못했다.[26] 잠시 복권했다가 1882년 임오군란(壬午軍亂)으로 청(淸)에 납치되어 실권했지만 1898년 사망할 때까지 그는 민중들의 대안이었다. 말하자면 조선의 민중들, 많은 사람들은 '대원군 같은 강력한 지도자가 권력을 잡아야 한다.'고 믿었고 대원군의 신화는 갑신정변(甲申政變) 때부터 1930년대까지 지속되었다.*

안과 밖

1873년 아버지를 쫓아내고 친정(親政)을 시작한 고종도 강한 왕권을 시도하였다. 그러나 아버지와 구별하기 위해 왕도정치를 강력히 내세우고 개화를 표방했다. 갑오경장 이후에는 현실적으로 왕도정치를 시도한다는 것은 불가능했다. 무엇보다도 고종은 갑오경장에서 과거 제도와 신분 제도가 혁파되기 전부터 사대부 출신이 아닌 한미한 계급 출신의 사람들을 중용하여 그들의 고종 개인에 대한 높은 충성심을 이용하여 왕권 강화를 시도하였다. 그가 추구한 것은 강한 국가권력이라기보다는 왕 개인의 권력이었다. 매관매직을 끈질기게 실행한 것도 돈으로 개인의 통제력을 강화하기 위해서였다. 사회의 질서를 잡고 평화를 유지하기 위한, 자연상태에서 벗어나기 위한 강한 국가권력이 아니라 왕의 개인적인 통제력을 강화하기 위한 것이었고 이는 그 시대에 필요했던 국가 권력이 아니었다.

고종의 대표적인 왕권 강화 시도는 '아관파천(俄館播遷)'에서 환궁한 다음의 1897년의 칭제건원(稱帝建元)일 것이다. 개화 세력과 구미 외교관들이 반대하고 조롱했지만 전통적 수구 세력들로부터는 강한 지지를 받아 '대한제국(大韓帝國)'을 선포하고 황제에 즉위하여 최고의 위치에 올랐음을 선포하였다. 이어 고종은 갑오경장 때 시도했던 많은 개혁 조치들 중에서 무리하다고 판단된 것들을 수정하는 '광무개혁(光武改革)'을 시도하였다. 상당히 많은 부분은 갑오경장의 중요한 개혁 조치들을 구제도로 돌려놓는 것들이었다. 많은 백성들은 광무개혁 조치에 강하게 반대하였다. 무엇보다도 정부의 부패는 전혀 개선되지 않았고 오히려 더욱 심해지는 형국이었다. 고종은 그런 차원의 개혁을 달가워하지 않았다.** 이미 고종이 아관파천에서

- 갑신정변 직전에 썼다고 하는 박제형(朴齊炯)(본명은 박제경(朴齊絅)이라 한다)의『근세조선정감』(상)은 대원군을 칭송하고 있다. 그러나 그것은 그가 통상적인 의미에서 훌륭한 왕이었다는 말이 아니었다. 그는 좋은 일도 했지만 천주교도 학살 등 많은 끔찍한 악행도 했다는 것이다. 대원군을 칭송한 이유는 바로 선행도 하고 악행도 많이 한 강한 군주였기 때문이라는 것이다 (박제형 1981).

  갑신정변 직후에 나온 정강의 첫 번째, 대원군을 청에서 모셔올 것의 의미는 단순히 자주를 상징적으로 확인하는 일뿐만 아니라 실제로 대원군으로 고종을 대체하려는 의도가 있었던 것으로 보인다. 정교에 따르면, 갑신정변 중에 고종을 폐하자는 논의가 있었다는 것이다 (정교 2004 1: 121). 그리고 1880년대 중반에는 민씨들의 착취가 심해지자 백성들은 대원군을 그리워하기 시작했다는 것이다 (황현 1996: 45).

  일제 때 표현된 대원군 신화의 대표적인 예는 김동인이 1933년에 출간한 장편 소설『운현궁의 봄』일 것이다.

- - 윤치호는 1897년 초반 일기에서 Mr. Min(아마도 민영환)을 만났을 때, 그가 "the country is hopelessly gone(나라는 다 결단낫소)."이라고 했다고 썼다 (윤치호 1973 5: 20). 윤치호는 1897년 이미 고종에 대해서는 모든 기대를 포기한 상태였다 (위의 책: 83).

  비숍은 1897년에 본 한국 군인들의 모습을 보고 다음과 같이 말한다. "매우 헐렁한 바지와 너무 길어서 펄럭이는 흰 도포를 입고, 길고, 테가 없는 낡아빠진 모자를 쓴 평범한 한국인들은 일반적으로 순하며 해를 끼치지 않는다. 그러나 이 사람들이 한번 유럽식 군복을 입고 무기를 가지게 되면 본연의 서민적인 감정이나 애국심은 온데간데없고 야만적이고 반항적인 데다가 잔인하기 짝이 없는 사람들로 변한다. 이들은 폭력을 행사하고 싶어 하고 무엇이든 해치려든다. 온 나라를 통하여 파견된 군인들은 1897년 초기에는 그들의 야만성과 약탈의 습성 때문에 민중들에게 공포의 대상이었다." (Bishop 1898: 496-497). 조선에 서양식 군사 훈련은 이미 1880년대 초에 시작이 되었고 서양식 군대는 분명히 이때가 처음이 아니었다. 이들이 공포의 대상이 된 것은 다른 이유가 있어서였을 것이다. 하여튼 비숍이 보았던 1897년의 한국 군인들과 국가권력의 모습은 그랬다.

환궁하고 왕권의 강화를 시작했을 때 고종의 권력은 전통적인 조선의 왕권이 아니라 전혀 새로운 스타일의 '부국강병'의 '근대적 국가 이념에 동조하는 입장'이었다. 그러나 서구식 절대주의적 관료제 국가나 민족 국가로의 발전 방향은 아니었다. 오히려 고종의 왕권—또는 황제권—강화 시도는 일정한 방향 없이 흔들렸고 '수구(守舊)'와 '근왕주의(勤王主義)' 사이에서 개인의 장악력을 확보하는 방향으로 움직이고 있었다.

　　1898년 독립협회가 해산된 뒤에는 '수구의 대반격'이 시작되고 지방 수령들의 탐욕스런 토색질은 더욱 기승을 부렸다.[27] 이어 고종은 1899년 「대한국국제(大韓國國制)」를 반포하여 대한제국은 '무한 군권(無限君權)'의 황제 '전제국'임을 선포하였다. 1898년까지 독립협회 등을 중심으로 제기된 왕권을 부정하는 공화제, 국회 개설 등의 시도를 일축하고 황제 독재 체제임을 만천하에 선포한 것이었다. 나아가서 1901년 6월에는 "인민들이 마주 대하고 이야기하는 것을 금"했고,[28] 1902년 6월에는 '익문사(益聞社)' 즉 일종의 정보국을 설치하여 정보에 근거한 독재 체제를 구축하려 하였고, 실제로 많은 지식인들은 '공포 정치'가 시도되고 있다고 판단하고 고종의 통치를 증오하기 시작했다.[29] 고종의 이러한 조치들은 대중의 지지를 얻지 못했고 외국인들도 이런 조치들을 전혀 지지하지 않았다.* 끝없이 이어진 고종의 각종 개혁들은 주로 외국인들의 눈에 보이기 위한 가시적인 서울시 정비 등에 국한된 것이었고 백성들의 삶과는 별 관련이 없는 것이었다. 대한제국의 독립이란 결국 한 나라가 아니라 '열강', 다수의 국가들에게 의존하는 체제였고, 이는 국내 정치에 다시 반영되었다. 열강들이 이런 상황에서 내정 간섭을 하지 않는다 해도 대한제국은 오래 버틸 수 없었다.

더구나 갑오경장 이후 개화의 흐름은 고종의 정부에 대해 점점 더 예리한 비판 의식을 세워나갔다. 1896년『독립신문』이 창간되고 독립협회가 창설되었으며, 1898년에는 독립협회가 주도한 '만민공동회'에 의한 대중 시위운동이 확산되었다. 같은 해부터『황성신문』,『제국신문』등이 창간되며 정부에 대한 비판이 점점 더 예리해지고 있었지만 대한제국 정부는 전혀 개선되지 않았다. 20세기에 들어오면 고종은 전국에 '술사(術士)'들을 수소문하여 불러들이기에 바빴다.[30] 외국인들의 평가에 따르면, 대한제국은 세계에서 가장 타락한 나라 중의 하나였다. 1906년 5월 16일『제국신문』은「정부대관의 의향」이라는 논설에서 다음과 같이 말한다.

근일 국세 위급한 사정을 누가 모르리오마는 부모의 병이 위중한데 죽을 테니 약을 써서 무엇하리로 하고 가만히 앉아서 죽기만 기다리는 것이 가하겠는가 아무쪼록 동동촉촉하여 지성으로 의약을 구하여 치료하는 것이 가하겠는가 지금 나라 병세

• 20여 년에 걸쳐 미국의 의사, 선교사, 영사, 공사를 거치며 조선을 관찰했던 알렌(H. N. Allen)에 따르면 "왕은 1897년 자기의 칭호를 황제라 했으며 1902년에는 자신의 40년 집권을 경축하는 큰 기념식전에 외국의 대사들을 초대했다. 이것은 가엾은 일이었다. 그러나 친절한 성품인 왕은 인간으로서 약점을 가지고 있었고 아첨하는 신하의 설득에 곧잘 넘어가곤 했다. 그리하여 그의 정부는 점차 좋지 못한 상태로 악화되었고 마침내는 조선에 들어와서 정의를 구현할 수 있을 만큼 강력한 국가의 제물이 되고 말았다." (Allen 1908: 220).

는 전국 인민에 대하여 부모의 병으로만 비할 뿐 아니거늘 사람마다 말하기를 우리나라 일은 이제 할 수 없이 되었으니 그렇게 애를 써서 무엇하나 하는 자도 없거니와 황성신문을 거한즉 어떤 당국한 정부 대신의 말이 우리나라는 인제 망한 지 오랜 지라 나라 일이 이 지경된 후에는 어찌 할 수 없거늘 판 밖의 사람들은 그런 사정을 생각지 않고 공연히 정부 정부하면서 책망이 답지하니 정부대신은 어떻게 하나 정부대신이 모두 결박을 당하여 매사에 자주 권리가 없고 등신 모양으로 정부에 앉은 사람들을 가지고 잘한다 못한다 책망하니 정부대신은 어찌하겠는가 하고 혹 어떤 자는 말하기를 자강회니 광학사니 하는 것이 무엇에 쓸 것인지 알 수 없다 하며 촉 유지인들이 성력을 다하여 무슨 이국편민할 일을 시작하던지 장래에 소용이 있어 무슨 일을 시작하면 찬성하기는 고사하고 백번 저의하여 아니 되도록 은근히 주선하는 자 부지기수라.[31]

아마 이런 판단은 이미 을사조약, 러일 전쟁 전에 일반적으로 이루어졌을 것이다. 그런데 위의 인용문은 하나만 알고 둘은 모르는 형국이었다. 이 나라는 그냥 망해가는 것이 아니라 하루하루 백성들의 고혈을 빨고 죽이고 있었다. 약을 안 쓰고 죽기를 기다릴 것이 아니라 독약이라도 써서 빨리 죽기를 재촉해야 했다.

대한제국의 백성들 특히 지식인들은 대한제국이라는 국가에 대해 신뢰를 보내지 않았다. 이는 개화가 진행되며 언론 등을 통해서 더욱 뚜렷해졌다. 이제 자연상태의 괴로움을 벗어나자는 당시의 해결책은 제대로 된 강한 국가권력의 대안으로 이웃나라 일본의 국가권력을 초대하여 사회계약을 맺자는 방향으로 선회하고 있었다. 당시 자연상태에서의 고통과 괴로움은 공통적이었겠지만 이로부터 벗어나기 위해 일본에 의존할 것인가는 사람마다 판단이 같을 수는 없는 것이었다. 일본의 힘에 의존해서 상황을 벗어나겠다는 판단은 철저하게 따지고 계산하는 이성적(理性的)인 것이었다. 말하자면 그것은 자신의 이해관계에 대한 계약적 판단이지 '의(義)'에 따른 판단은 아니었다. 1904년 러시아와의 전쟁을 위해 대규모의 일본 군대가 한반도로 진주하자 그 기회에 대한제국에 저항하고자 모습을 나타낸 사람들은 엄청난 숫자로 보였다. 현실적으로는 사회계약의 시대가 아니라 내전(內戰)의 시대로 접어든 것이었다.

　　이미 1880년대부터 조선에서 일본은 '메이지유신(明治維新)'을 이룩하여 천황이 권력을 잡은 후 국가가 일변하여 나날이 발전하고 백성들의 삶도 개선되어 태평성대가 이루어지고 있다는 사실이 널리 알려져 있었다. 또한 일본군은 1894년 청일 전쟁 때 한반도에 들어와 강한 전투력과 엄정한 기율을 과시하였고 많은 조선인들은 이를 감명 깊게 보지 않을 수 없었다. 실제 갑오경장은 조선의 관료들도 참여하였지만 일본인들의 힘으로 이루고 있다는 것이 알려져 있었고 일본에 대한 정치적 지지는 점점 커지고 있었다. 대부분의 개화파들은 일본에 절대적인 신임을 보내고 있었다. 1898년 일본의 이토 히로부미(伊藤博文)가 조선을 방문하자 수많은 조선인들은 그를 '동양의 영웅'으로 추켜세우고 독립협회 회원들은 대규모로 환영 행사를 벌였다. 회원들은 각자 선물을 준비하고 시를 지어 바치는 등 난리를 피웠고, 일부 신문들은 이를 창피스런 일로 보도했다.[*] 독립협회의 만민공동회가 벌어지던 이때 조선의 지식인들은 그들을 구원해 줄 영웅을 이웃나라에서 찾고 있음이 명확히 드러났다.

　　그 후 많은 일본인들이 조선으로 이주하여 조선인들과 갈등을 벌이고 횡포를 부리는 무리가 많았음은 주지의 사실이다. 일본 정부가 조선을 식민지화하기 위한 공작이 본격적으로 시작된 것도 이때부터였다. 1904년에 이토가 다시 방한했을 때 고종은 그의 위세에 눌려 안절부절못했다.** 이미 1905년이 되면『대한매일신보』에 게재되는 '항일가' 및 '창의가'에 대한제국에 대한 충성심이 표현되는 일이 거의 없어졌다.*** 이러한 현상은 구한말에 일본의 이른바 '소프트 파워(soft power)'가 강력하게 작동하고 있었다고 말할 수 있을 것이다.[32] 그러나 소프트 파워를 작동하게 하고 있었던 결정적 요

● 대표적으로『제국신문』은 1898년 8월 27일자 논설에서 당시 한국인들의 이토에 대한 열광을 비난하였다 (방일영문화재단 1995a: 560).

●● 황현은 그때의 일을 다음과 같이 말한다. "이때 여론에 의하면 이등박문은 비상한 일을 저지를 것이라고 하였지만 그가 폐하를 알현할 때 매우 정중한 예의를 지키며 의지를 굳게 하기를 권하고 또 정부에 고하기를, 구습을 버리고 새 조류에 따르라고 하였다. / 그는 겉으로 보기에는 악의가 없는 것 같으나 고종은 그의 위세에 눌려 10일 사이에 내부로 칙령을 내려, 사람을 택하여 궁중의 극장을 철거하도록 하였다." (황현 1996: 546).

●●● 민병수, 조동일, 이재선은『개화기의 우국문학』에서 1905년『대한매일신보』의 항일가 및 의병의 창의가에서 당시는 "독립신문의 경우와는 달리 충군(忠君) 즉 애국이라는 구호를 찾아볼 수 없는 것도 주목할 일이다. 군주와 그의 정부에 기대를 걸거나 의의를 부여하지 않고 있다. 군주는 이미 무력할 대로 무력해져 매국 집단의 허수아비가 되어 버렸다는 객관적인 정세에 근거를 둔 생각이기도 하지만, 충군(忠君)을 지상의 가치로 여기는 낡은 사고에서 탈피했음을 보여준다." (민병수·조동일·이재선 1974: 101-102).

인은 날로 깊어지는 조선 사회의 위기였다. 새롭고 강한 국가권력을 원한 것은 위기감, 고난이 다가오고 있다는 불안, 추상적인 공포뿐만 아니라 자연상태에서의 하루하루의 고통과 모멸 때문이었던 것이다.

활로

이인직은 그의 소설에서 조선, 대한제국의 개혁에 대해서는 비관적임을 여러 차례에 걸쳐 표명하였다. 이인직은 『은세계』에서 미국에 유학하고 있던 최병도의 아들 옥남의 입을 빌어 이렇게 말한다.

> 옥남의 마음에 우리나라에는 놀부의 천지라 세도 재상도 놀부의 심장이요, 각도 관찰사도 놀부의 심장이요, 각읍 수령도 놀부의 심장이라. 하루바삐 개혁당이 나서서 일반 정치를 개혁하는 때에는 저 허다한 놀부떼가 일시에 박을 타고 들어앉았으려니 생각한다.
>
> 옥남이가 날마다 때마다 우리나라에 개혁되기만 기다리는데, 그 기다리는 것은 놀부떼를 미워서 개혁되기를 기다리는 것도 아니요, 국가의 미래중흥을 바라고 인민의 목하도탄을 면하게 되는 것을 바라는 마음이라. 그러나 우리나라 일은 깊은 잠 어지러운 꿈과 같아야 불러도 아니 깨이고 몽둥이로 때려도 아니 깨이는 터이라. 어느 때든지 하늘이 뒤집히도록 천변이 나고 벼락불이 뚝뚝 떨어지기 전에는 저 꿈 깨기가 어려우리라 싶은 것도 옥남의 생각이라.
>
> 『은세계』, 460쪽

이인직은 조선의 개혁을 바라지만 결코 실현될 수 없을 것으로 비관하고 있다. 『혈의 누』에서는 더욱 직접적이다. 옥련의 공부가 끝나갈 무렵 구완서는 대화 중에 다음과 같이 말한다.

옥련이가 구씨의 권하는 말을 듣고 조선 부인교육할 마음이 간절하여 구씨와 혼인언약을 맺으니, 구씨의 목적은 공부를 힘써 하여 귀국한 뒤에 우리나라를 독일국(獨逸國)같이 연방도를 삼되, 일본과 만주를 한데 합하여 문명한 강국을 만들고자 하는 비사맥 같은 마음이요, 옥련이는 공부를 힘써 하여 귀국에 뒤에 우리나라 부인의 지식을 넓혀서 남자에게 압제받지 말고 남자와 동등한 권리를 찾게 하며, 또 부인도 나라에 유익한 백성이 되고 사회상에 명예 있는 사람이 되도록 교육할 마음이라.

『혈의 누』, 50쪽

이 시점에서 조선과 일본과 만주가 한 나라로 합쳐야 한다는 생각은 결코 민족주의적 사상을 배반하는 것이 아니었다. 충분한 힘을 전제로 유럽의 민족 국가 체제를 생각하던 19세기 후반 마치니(Giuseppe Mazzini) 식 유럽의 자유주의적 민족주의 사상을 연상시킨다. 모든 민족은 대소를 막론하고 국가를 만들 수 있어야 한다는 것은 미국의 윌슨(Woodrow Wilson) 대통령의 1917년에 발표한 '14개 조항(Fourteen Points)' 이후의 사상이었다.[33] 위에서 인용한 구완서의 이 발상은 바로 영락없는 한일병합으로 귀착된다. 이인직의 소설에서 개화주의뿐만 아니라 친일 사상은 노골적이었다. 그의 소설에서 수구, 전통문화를 고집하는 인물들은 예외 없이 완고하고, 무지하고,

한국인의 탄생

폭력적인 '악당'들이었다. 이인직은 여러 곳에서 조선의 개화를 강하게 희구했지만, 여러 요인으로 결코 성공할 수 없을 것이라는 비관적인 입장이었다. 그는 지금 상태로는 조선 백성들이 더 이상 견딜 수 없다고 생각했던 것이다.

이해조의 경우에는 그래도 이런 범죄, 비극적 사태의 해결책으로 당시에 새로 개혁한 순검, 재판소, 평리원(平理院) 등의 대한제국 국가기관을 제시한다. 예를 들어 『빈상설』, 『구마검』, 『화세계』 이들 작품에서 결국 악당들을 이러한 관가에 끌고 가 문제를 해결한다. 『구마검』에서 제목 그대로 마귀를 쫓는 칼은 바로 평리원 판사의 권력이었다. 그러나 이인직의 소설에는 개혁되어 새롭게 등장한 순검, 재판소에 대한 언급은 전혀 나오지 않는다. 이해조 역시 대한제국을 국민들을 구원할 궁극적인 제도로 보지는 않았지만 그래도 소설 한 귀퉁이에는 등장시켰다.

반역 집단 일진회

당시 대한제국의 '홉스적 자연상태'에서 일부 사람들에 의해 해법으로 제기된 '홉스적 사회계약'의 발상은 1904년 러일 전쟁 와중에 일진회(一進會)와 진보회(進步會)로 구체화되었다. 당시 신문에서나 많은 지식인들은 이들을 제대로 이해하지 못했다. 일진회와 진보회란 실제로는 괴로운 자연상태에서 벗어나기 위한 방편으로 이웃나라 일본의 천황의 주권을 들여와서, 또는 일본의 정복(征服)을 초대하여 도탄에 빠져 하루하루 죽어가고 있는 조선 백성을 구해야 한다는 이성에 근거한 사회계약적 발상의 정치적 표현이었다. 일진회와 진보회는 처음부터 반역 음모 집단이었다.[*] 일진회의 핵심적인 집단은

'동학 잔당'이었음은 알려진 일이었다.** 그들은 동료 동학도들을 수도 없이 학살했던 조선 정부에 대한 복수를 노리는 집단이었고, 그들의 목표는 조선의 멸망이었다. 1904년 말부터 그들은 전국적으로 '단발회(斷髮會)'라는 행사 등 구경거리를 만들어 시위를 하며 전국을 누볐다. 그들의 빡빡 깎은 머리와 검은 옷은 '반(反)조선'의 상징이었다. 그들은 스스로 이 운동을 일러 '갑진개혁운동'이라고 했다. 그들은 1905년 11월 5일에는 대한제국은 일본에 외교권을 위임해야 한다는 '선언서'를 발표하여 마각을 여지없이 드러냈다.*** 알려진 바에 따르면 회원 비표를 갖고 다니며 회비를 납부하는 정식 회원만 14만 명이 넘었고, 주변에서 일진회의 시위에 합류하고, 박수치고 성원하며 좇아다니는 사람들의 수는 1백만 명을 헤아렸다는 것이다. 말하자면 핵심의 동학 잔당을 제외한 사람들은 거의 대부분 홉스적 사회계약에 참여하여 조선 백성을 위해 일본의 국가권력을

• 문유미에 따르면 일진회는 대한제국의 흥망에는 관심을 갖고 있지 않았다고 한다 (Moon 2005: 2). 그러나 필자는 처음부터 일진회의 핵심 집단은 대한제국의 멸망을 목적으로 삼고 있었다고 생각한다.

•• 일진회와 진보회는 1904년 말에 합병하였지만 여전히 독자적 외형은 유지하고 있었다. 실제로 동학 잔당들은 이용구가 처음에 만들었던 진보회 쪽이었다. 하지만 여기서는 일진회와 진보회를 구별하지 않고 일진회로 통일해서 논할 것이다.

••• 이즈음에 일진회의 윤시병, 송병준 등이 선언서를 게시하였는데 그 대의는 "우리나라는 멸망할 징조가 이미 나타나고 있으므로 공사 간의 대소인(大小人)이 모두 일본의 명을 따라야 한다."라고 하였다 한다 (황현 1996: 604). (김정인 2009: 65-69).

모셔 와야 한다고 판단한 사람들이었을 것이다. 1905년 의정부찬정이던 최익현(崔益鉉)은 여러 차례 사직 상소를 올렸으나 고종은 허락하지 않았고 고종은 그를 불러 대화를 청했다. 그 자리에서 최익현은 당시 최대의 현안이던 일진회에 대해 다음과 같이 말했다.

저 백성들이 스스로 달갑게 외국 사람들의 앞잡이 노릇을 하는 것은 본디 미련하고 완고해서입니다. 하지만 참으로 그 근원을 따져보면 관리들이 탐욕을 부리고 포악하게 굴어 민심을 잃었기 때문에 백성들이 본성을 잃고 이 지경에 이르게 만든 것입니다.[34]

일진회의 정체에 특별한 비밀이 있었던 것이 아니다. 그들은 단지 우매했던 우리 민족의 일부였다. 백성들이 견디기 어려운 관리들의 착취는 이미 오래된 일이었지만 사회 자체가 분해된 자연상태의 고통은 더욱 입체적이었으며 육체적으로 정신적으로 각별했으리라 짐작할 수 있다.

초기에 대부분의 언론은 일진회에 대해 혼란에 휩싸인 상황이었다. 일진회의 공식적 목적은 대한제국 황실에 충성한다는 것이었지만, 일본 군대가 그들의 모임을 조선 군대의 탄압으로부터 보호해주고 있었다. 그들의 일관되지 않은 행동은 사실 처음부터 그들의 궁극적인 목표를 의도적으로 가리고 있었다. 그리고 그들의 공식적인 주 활동은 독립협회의 후신으로서 연설회, 대중집회를 통한 대한제국의 개혁 운동이었고 이는 당시 현실에서 강한 설득력을 갖고 있었다. 당시 현실에서 이런 운동이 나타났다는 것은 자연스러운 일로

보였다. 『제국신문』은 1904년 9월 30일 일진회 창설에 대한 논설을
다음과 같이 끝맺는다.

> 비록 소요하고서라도 국맥회복할 도리나 있으면 어찌 지체하
> 리요마는 어리석은 백성은 많이 모일수록 해만 많이 끼치는 법
> 이라 우리 동포들에게 낱낱이 대하여 이 뜻을 성명하고자 하거
> 니와 이 말로써 아무것도 말자는 줄로 아는 것은 또한 본 기자
> 의 주의가 아니라 어서 바삐 힘쓰고 일하여 일심으로 행할 것
> 은 사람마다 교육과 학문으로써 세상에 어두움을 깨치며 경천
> 애인하는 도로써 인심을 화하여 각각 남을 해하고 나만 살자는
> 본의를 버리고 피차 남을 위하여 목숨을 버리고저 하는 동포가
> 되며 나라를 팔아서라도 나 하나만 잘 살고 편히 지내자는 마
> 음이 없어지고 국가를 위하여 공변된 이익을 경영하는 일꾼들
> 이 되어 이 지옥 같은 나라가 날로 변하여 하늘나라 같이 되기
> 를 힘쓰자함이로다.[35]

　　당시에 독립협회의 뒤를 이어 개혁 운동을 다시 벌인다는 이
들의 공식적인 명분에는 의문의 여지가 없었다. 하지만 이들이 시도
한 것은 독립협회의 운동보다 훨씬 강력한 것이었다. 무엇보다 그들
은 독창적인 조세저항 운동을 벌였고 이는 엄청난 지지를 받았다.*
그들은 처음부터 일본군의 보호를 받은 이상 대한제국의 자의적인
폭압에서 자유로웠고 그만큼 더 큰 것을 처음부터 원했던 것이다.
당시 "이 지옥 같은 나라"라는 표현이 누구나 수긍하는 말이었다면,
그 나라를 멸(滅)하는 것은 동서고금의 명분에 타당한 일이었다.

처음부터 이용구, 송병준 등이 이끄는 일진회는 그들 내부에서 이해하기로 반역 집단이라는 점이 명백했을 것이다. 1906년 천도교를 창건한 손병희(孫秉熙)가 이용구를 비롯한 60여 명을 출교시켰을 때 공식적인 명분은 그들은 조선에 복수를 목표로 삼고 있다는 것이었다. 그들의 핵심부는 복수를 원하는 동학 잔당이었고, 목표는 일본의 정복을 초청하는 것이었다. 그러한 목표 아래 일본군의 보호를 받으며 독립협회가 개발한 연설회, 시위운동과 여러 구경거리 등을 통해 대중을 동원하는 전략을 구사했던 것이다.** 우찌다 료헤이(內田良平)를 비롯한 일본의 흑룡회(黑龍會) 간부들이 일진회의 취지를 들었을 때 그들은 자신들의 귀를 의심했다. 조선 내에서 일본을 도와줄 세력을 기대하긴 했지만 막상 나라를 통째로 갖다 바치겠다는 말을 듣고서 말 그대로 믿을 수가 없어 여러 차례 확인 절차를 반복해야 했다.[36]

국가가 없는 우리

20세기 초반의 우리의 민족주의는 이러한 홉스적 자연상태의 대혼란과 일본의 침략 와중에 그 모습을 드러낸 것이었다. 무엇보다 일

• 문유미는 일진회의 조세저항 운동에 초점을 맞추어 연구하였다 (Moon 2005).

•• 문유미는 일진회의 포퓰리스트적 성격을 강조한다 (Moon 2005: 10).
나아가서 일진회를 이끌던 지식인 계층은 대부분 겸인(傔人) 계층 즉 실력이 있음에도 불구하고 고급 관리로의 진출이 막혀 있는 사람들이었다. 이를테면 쁘띠 부르주아 계층이 상당수를 이루고 있었다는 것이다 (김종준 2010: 55).

진회 운동의 전국적인 확산과 정치 사회적 갈등은 '우리가 누구인 가?' 하는 정체성의 문제를 자극했다. 나아가서 이 정체성의 문제는 1905년부터 '매국노', '오적신(五賊臣)' 즉 나라를 팔아먹은 반역자들에 대한 전국적인 분노로 이어졌다. 일진회의 활동과 을사조약, 오적신에 관한 소식은 당시에 모든 조선 사람들에게 엄청난 충격이었다. 을사조약의 소식을 들은 한국인들의 반응은 참담했다. 황현은 다음과 같이 전한다.

> 이로부터 도성 사람들은 사기가 저하되어 마을마다 수천 명 수백 명이 떼를 지어 큰 소리로 '나라가 이미 망했으니 우리들은 어떻게 살란 말이냐?'라고 외쳤다. 그들은 미친 듯이 슬퍼하고 꾸짖고 발길을 서성거리며 그들의 요구를 수용하지 않을 듯이 보였다. 그리고 밥 짓는 연기도 나지 않아 그 경색(景色)은 매우 참담하기가 무슨 병란을 치른 것처럼 느껴졌다. 이에 일본인들은 병사를 파견하여 순찰을 돌게 하여 비상사태를 대비하였으나 우연히 그들을 헐뜯는 말을 해도 결국 금지하지 못하였다. 이런 광경은 한 달간이나 계속되었다.[37]

이는 저항이라기보다는 분노와 좌절의 표현이었을 뿐이다. 그들의 나라 대한제국이란 아무런 의미가 없어졌고, 모든 보호막을 잃어 한없이 참담했고, 무력했고, 슬펐다.

조선이나 대한제국과 같은 국가는 민족 국가가 아니었다. 백성은 국가의 중요한 부분이지만 주인일 수 없었다. 백성은 통치의 대상이며 피지배자였을 뿐이었다. 그러나 백성과 국가는 서로 결코 무관할 수 없었다. 을사조약 이후 을사오적신의 처리에 대하여 송병선(宋秉璿)은 상소문에서 이렇게 말한다.

> 그들의 소위 5조약이라고 하는 것은 곧 우리를 노예로 삼으려는 것이며, 우리를 신첩으로 삼으려고 하는 것입니다. 그렇다면 우리 조종의 강토는 모두 이역(異域)이 될 것이며, 우리 조정의 생명들은 모두 그들의 어육(魚肉)이 되고 말 것이니 나라가 나라 노릇을 하려고 해도 어찌 그렇게 될 수 있겠습니까? 나라는 비록 멸망하더라도 의리가 망해서는 안 될 것입니다.[38]

이 말은 물론 송병선의 독특한 주장도 아니고 독창적 언어 표현도 아니다. 전형적인 유학자의 반복된 언어일 뿐이었다. 유교 국가에서 백성은 결코 주인은 아니지만 나라는 '우리 나라'인 것이다. 한 집안의 가장뿐만 아니라 어린아이, 하다못해 갓난아이(赤子)에게도, 여자들에게도 그 집은 '우리 집'인 것이다. 그들에게 집과 나라에 대한 권리는 없지만 집은 '우리 집'인 것이며 백성에게 나라는 '우리 나라'인 것이다. 다른 나라가 쳐들어와서 빼앗으면 남의 나라, '이역(異域)'이 된다.

그런데 당시에 일진회든 또는 누구든 을사조약에 의해서 '우리가 누구냐?'라고 질문이 던져지면 아무도 결코 '우리는 일본인이다.'라고 답할 수는 없었다. 오랫동안 제기되지 않았던 질문이지만, 일단 제기되면 '조선 사람', '조선인' 이외에 다른 답은 가능하지 않았다. 이미 한국인의 종족적, 문화적 정체성은 객관적으로도 뚜렷이 확립되어 있었다.* 골격, 얼굴 생김 등은 말할 것도 없고 모두 하나같이 흰옷을 입었다는 것을 강한 인상으로 말하는 외국인들도 많았다. 조선에 미국의 의사, 선교사, 영사, 공사를 20여 년에 걸쳐 두루 거쳤던 알렌(H. N. Allen)에 따르면, "조선인은 자신을 백의민족이라고 부르는 경향이 있다."[39]고 하였다. 구한말에 조선인들은 공통적으로 흰옷을 입는 자신들의 문화를 의식하고 있었다는 사실을 알 수 있다. 그러나 한국인들은 그들의 집단적 정체성에 대해서는 구한말을 통해 별로 깊이 생각해 볼 여유가 없었을 것이다. 1866년 병인양요(丙寅洋擾) 때 대원군의 친구였던 신재효는 최초로 '이천만 동포'를 노래했다.** 1898년에 독립협회의 만민공동회 운동은 엄청난 대중을 동원하며 '민권' 문제, 정치 문제 등에 관심을 불러일으켰다. 그리고 30년 전에 신재효가 노래했던 '동포'에서 각별한 의미를 찾고 외쳤지만 그 이상으로 발전시키지는 못했다.[40]

1904년 가을부터 부각된 일진회 운동은 사회 구성원들에게 집단적 정체성의 문제를 생각하도록 강하게 자극하고 있었을 것이다. 그들의 모든 언동과 활동은 '한국'과 '일본'의 다름을 드러냈고 그들의 운동은 수많은 사람들을 불쾌하게 하였다. 사람들이 불쾌하게 느낀 이유는 바로 그들의 가슴속 깊은 곳에는 양심에 새겨져 지워지지 않는 역사적, 문화적 정체 즉 '조선 사람'이라는 낙인이 있었기 때문이었다. 더구나 을사조약과 오적신에 대한 이야기는 '불쾌'한 기분에서 '분노'로 이어졌을 것이다. 이러한 분노에서 일진회를 공격한 사람들이 바로 의병들이었다. 1906년부터 그들은 일진회와 내전에 돌입했고, 일진회는 심각한 타격을 입었다. 일진회 회원들은 다 머리를 짧게 깎았기 때문에 외관으로 쉽게 식별할 수 있었다. 의병들은 일진회 회원들을 보이는 대로 물에 빠뜨려 죽였다.*** 의병

들이 일진회 회원들을 물에 빠뜨려 죽였다는 의미는 '죄인을 벌한
다'는 것이 아니라 '없앤다'는 의미로 해석할 수 있다. 이런 분위기는
지식인 계층에도 연결되어 1906년 4월 '대한자강회'가 창립되고 일
진회 사람들과 갈등을 빚게 되었다.**** 지식인들은 바로 이 시점

● 1880년대 후반 조선을 여행했던 프랑스의 지식인 바라(Charles Louis Varat)
는 다음과 같이 말한다. "지금까지 살펴본 바를 종합하건대, 조선인은 그
생김새나 풍습, 생활 습관, 특산품 등 모든 면에서 이웃하는 나라들과는
다르다는 게 나의 결론이다. 만약 어떤 조선인이든 그를 일본인이나 중국
인 여럿과 뒤섞어 놓는다 해도 금방 구별이 될 것이다. 마찬가지로 한양
한복판에 떨어진 중국인이나 일본인은 그 용모나 복장·언어 등으로 쉽게
눈에 띌 것이다." (Varat 1894: 96-97).

●● 1866년 프랑스군이 쳐들어온다는 이야기를 들은 신재효가 '잠 못 이룬다'
고 하면서 〈십보가(十步歌)〉 또는 〈갈처사십보가(葛處士十步歌)〉를 지었는
데 그중 '제2보' 셋째 줄에서 '이천만 동포 생겨나서 이 세상에 다 죽을까'
라고 읊었다 (조동일 2005 4: 59-61). '동포'라는 말뿐만 아니라 '이천만'이라
는 숫자는 오랫동안 민족주의 담론에서 중요한 상징이었다. 그러나 여기
에서 강조된 숫자는 뭉쳐서 큰 힘을 만들어서 이길 수 있다는 뜻의 숫자가
아니라 강한 제국주의자들이라 해도 다 죽이지는 못할 것이라는 기묘한
바람을 담은 것이었다. 이 말은 당시에는 화서학파(華西學派) 식의 저항 논
리, 정서와 맞닿아 있었다고 보인다. 우리 애국가의 가사 "동해물과 백두
산이 마르고 닳도록"도 오늘날 파악되는 의미와는 다르게 '오랫동안 버텨
보자.'라는 구한말의 발상을 드러낸다.

●●● 1907년 7월부터 1908년 5월까지 의병들에게 살해된 일진회원들의 숫자는
무려 9,200명이나 되었다고 한다 (황현 1996: 766). 1907년 말에 일진회는
단발령을 철회하였다. 의병들의 표적이 되어 당하는 피해가 심각했기 때
문이다.

●●●● 윤치호에 의하면 대한자강회의 설립에는 일진회에 대항하는 의식이 있었
다고 한다 (윤치호 1973 6: 227-228).

에서 의병들과 같은 편임을 의식하고 우리나라에서 최초로 의병과 개화지식인 간에 동맹이 성립되었다.

　　이러한 와중에 일진회가 자극한 정체의 문제는 조선 사람들에게 절실하고 다급한 질문을 던졌다. '우리는 누구인가?', '우리가 도대체 누구냐?' 하는 문제는 마치 새로운 질문처럼 폐부를 찔렀을 것이다. 이 질문에서 문법적 주어인 '우리'는 바로 '동포(同胞)', 즉 형제(兄弟)로서 같은 배에서 나온 무리라는 표현으로 수많은 사람들을 하나로, 하나의 주체로 묶는 말이었다. 질문은 바로 이 주어를 설명할 '술어(述語)'를 묻는 말이었고 술어는 남들도 알아들을 수 있는 객관적 설명이어야 했다. 이전부터 우리는 '조선 사람', '조선인'이었지만 이는 동의어 반복에 불과했다. 객관적 설명이 되려면 보통 명사여야 했다. '국민'이라는 말이 그동안 쓰여 왔지만 우선은 국민은 일본인이 만든 말이었고 국가를 매개로 한 집단을 지칭했는데, 당시의 우리 국가인 대한제국은 국민들에게는 혐오의 대상이었고 의미를 잃어가고 있었다. 국가를 매개로 하지 않고 사람들만을 지칭하는 말을 답으로 원했던 것 같다. 이 지점에서 '민족(民族)'이라는 말은 이미 1903년경에 중국의 양계초(梁啓超)에 의해 도입된 말로 비로소 쓰임새가 생기게 된 셈이다.[41] '민족'이라는 말이 『대한매일신보』 논설에 처음 등장한 것은 1908년 초였다.* '민족'이라는 단어는 도입되고 5년 만에야 적절한 용도를 발견한 것이다. 재미있는

---

* 1908년 1월 9일 181호 '긔셔'에서, "슯흐고 통흔호도다 혈루가 잇고 현생이 잇눈 한국민족이여 간밤 취한 꿈을 어셔 깨여 뎌 광명흔 일월을 흔번 볼지어다."

현상은 1908년 직전에는 '민족'이라는 말이 쓰였어야 했을 자리에는 '인종', '종족'이라는 말이 한때 쓰이고 있었다는 사실이다. 이런 말들의 쓰임은 우리가 우리를 설명하는 적절한 말을 부지런히 찾고 있었음을 나타내고 있다.

'동포'에서 '민족'을 말하는 데 10년이 걸린 셈이다. 두 말의 차이는 동포는 '우리끼리', 주체의 하나임을 표현한 말인데 반해 '민족'은 우리를 밖에서 보고 지칭하는 객관적인 보통 명사였다. 물론 그 질문에 대한 답은 '한민족', '조선민족' 등 보통 명사 앞에 고유 명사를 붙인 말이어야 했다. 결국은 '민족'이라는 말을 선호하고 선택하게 된 것은 '민(民)'이라는 말로 정치적 의미를 부가한 종족의 뜻을 나타냈기 때문이었다. 이때 정치적 종족으로 말했다는 것은 당시 우리의 정체성을 어떤 국가에 대한 소속 의식을 떠나 규정했다는 의미이고, 이는 기존의 국가 즉 대한제국의 존재를 정체성에서 지워버렸음을 뜻한다. 즉 민족은 특정한 국가와는 직접 관계를 부정하며 일반적인 국가, 말하자면 앞으로 만들 국가와의 관계를 긍정할 뿐이다. 우리의 정체성이 적어도 언어 차원에서 현재와 같이 이렇게 표현되기 시작한 것은 1908년 초였다.

민족주의의 탄생과 분기

이때에 이르러 '민족주의자'로 지칭된 사람들은 1880년대 후반부터 조선 사회의 붕괴와 혼란에 대해 위기감을 느끼며 백성들을 교육하는 것만이 장기적으로 문제를 해결할 유일한 수단이라고 생각하던 지식인들이었다. 그들은 국민 교육으로써 '자연상태'를 해소해야 한다고 생각하며 독립협회를 이끌었다. 대표적으로 윤치호는 만민공동회 투쟁 시대를 되돌아보며, "새로운 교육과, 새로운 정부와, 새로운 종교로 피나 인종(the blood or the race)이 바뀌어야 한다."고 생각했다.[42] 이들은 러일 전쟁과 일진회 운동을 시점으로 정체성의 문제를 고민했고 교육을 통해 백성들을 자신의 민족적 정체성을 의식하는 사람들로 만들어 가야 한다고 생각했다. 특히 민영환(閔泳煥)의 자결과 유서, '혈죽'은 '개화민족주의'가 형성되는 결정적 계기였다. 이들의 생각을 '개화민족주의'로 완성시킨 장본인은 1907년 초에 귀국하여 초인적인 활동으로 신민회(新民會)를 창설한 도산(島山) 안창호(安昌浩)였다. 사상적으로 도산의 문제의식은 개인으로 분해되어 버린 망가진 조선 사회를 대대적으로 고치고 재조립해야 민족의 살 길이 있다는 것이었고 이는 나중에 '민족개조론(民族改造論)'으로 발전하였다. 우리 역사에서 근대 민족주의의 주류라 할 수 있는 '개화민족주의'는 홉스적 자연상태의 극복이라는 구체적인 문제의식에서 형성되었다. 하지만 이들은 붕괴되기 이전의 조선 사회로 돌아가는 것은 결코 원치 않았다. 오히려 우리 민족이 나아갈 길은 새로운 세상, 서구와 같은 사회로 발전해야 한다는 입장이었다.

　　단재 신채호를 중심으로 형성된 '저항민족주의' 또한 비슷한 시기에 형성되었다. 저항민족주의는 물론 개화민족주의를 저변에 깔고 형성된 것이었으며 그런 의미에서 개화민족주의의 문제점을 극복한 형태로 나타났다. 저항민족주의의 직접적인 계기는 당시에 일진회를 중심으로 등장한 대규모의 친일 세력에 대한 분노와 적개심이었다. 일진회의 형성 논리는 자연상태의 괴로움에서 벗어나려는 '사회계약'으로, 홉스가 제시하듯이 계산하는 '이성(理性)'이었고 일진회 회원의 상당 부분은 이해(利害)에 따라 입장을 결정한 사람들이었다.* 당시에 수많은 '친일파' 중에서 전형적인 부류는 바로 이완용의 경우처럼 철저하게 이해타산에 의해 움직이는 사람들이었다. '매국노(賣國奴)'라는 말은 개인적으로 돈을 받았기 때문이 아니라 '의(義)'가 아니라 '이해(利害)'에 따른 판단으로 움직인다는 뜻으로 느낌을 잘 담은 말이었다. 그런 논리에 반대하고, 그런 사람들에게 분노를 느낀 것은 '정체(正體)'라는 보편적 문제이기도 했지만 '의(義)'라는 유교적 사상의 맥락에서 더욱 직접적인 반응이었고 따라서 '의병(義兵)'들이 가장 먼저 행동했던 것은 자연스런 일이었다. 우리의 유학 전통은 민족주의 형성에 중요한 계기로 작용하였다.

저항민족주의는 침략자 일본에 대한 적개심뿐만 아니라 '친일파'들, 즉 민족을 팔아먹는 반역자들에 대한 분노가 일차적인 계기였다고 할 수 있다. 사상적으로는 무엇보다 교육뿐만 아니라 투쟁을 통해서 우리의 민족적 정체성을 확립해 나가야 한다는 입장이었다. 개화민족주의자들이 당시 조선의 자연상태의 해결을 최대의 과제로 삼고 있었다면, 저항민족주의자들은 그 해결책으로 일본에게 주권을 양도하는 안을 제시한 친일적 사회계약주의자들 그리고 일본에 대한 투쟁을 민족주의의 근본적인 노선으로 주장한 사람들이었다. 3·1운동 이후 두 민족주의 노선이 갈등하기 시작했을 때 그 차이는 바로 이 시대에 이렇게 비롯된 것이었다.

---

* 김종준 2010: 60-61. 그런데 이 사실은 일진회의 핵심 집단은 '동학 잔당'이라는 사실과 모순되는 것이다. 1904년 창설 이후 해가 지나며 종교 집단의 성격보다는 정치적, 경제적 이유로 가입하는 회원들이 증가한 것은 사실이었다 (위의 책: 63). 독립협회 출신의 비중도 줄어들고 있었다.

단재는 1908년 초부터 친일 반역자들에 대한 분노를 공식적으로 표현하는 한편 민족과 민족주의를 표방하는 민족사 연구도 발표하기 시작했다. 단재의 저항민족주의의 출발은 이러한 반역 집단, 오적신, 칠적신 특히 나아가서는 "일본의 삼대충노(三大忠奴)"에 대한 분노에서였다. 1908년 4월 2일 『대한매일신보』에 실은 「일본의 삼대충노」에서 다음과 같이 표현한다.

> 그러므로 한국의 국권이 일본에 넘어감을 사람들이 모두 곡하더라도 나는 곡하지 않으며, 한국의 국리(國利) 피탈을 사람들이 모두 곡하더라도 나는 곡하지 않으며, 한국정부에 일본인들이 날로 증가함을 사람들이 모두 곡하더라도 나는 곡하지 않으며, 한국토지에 일본인이 식민(植民)하는 것을 사람들이 모두 곡하더라도 나는 곡하지 않지만, 이 나라에 일본의 삼대충노(三大忠奴)가 있음은 내가 곡하지 않을 수 없고, 내가 크게 곡하지 않을 수 없고, 내가 소리 내어 곡하지 않을 수 없고, 내가 가슴을 치며 곡하지 않을 수 없고, 내가 하늘과 땅에 부르짖으며 곡하지 않을 수 없다.
> 저 삼대충노가 제 일신만 노예 노릇을 한다면 내가 곡하지 않을 것이며, 제 일신만 노예 노릇을 한다면 내가 곡하지 않을 것이나 아아! 통탄스럽도다! 눈알을 한번 굴림에 무고한 양민들을 날마다 노예의 지경으로 몰아넣는구나.[43]

단재가 지목하는 삼대충노의 한 사람인 신기선(申箕善)은 그가 어려서 어려웠던 시절에 그의 학업을 도와주었던 은인이자 친척

이기도 했다. 그리고 열흘 후 단재는 어느 친구가 일진회에 가입했다는 소식을 듣고 그와 절교하는 편지 「여우인절교서(與友人絶交書)」를 같은 신문에 게재하였다.[44]

단재는 1908년 4월 『대한협회월보』에 「대한의 희망」이라는 제목으로 다음과 같이 토로하고 있다.

> 시국이 날마다 어지러워지고 조정이 날마다 잘못돼서 한 배 안에 있는 것들이 눈을 들어보면 모두가 적이요, 문 앞 가시밭길에 발걸음을 뗄 데마다 찔릴까 두렵다. 뱃속과 심장이 모두 병들었으니 비록 대영웅, 대정치가가 일어나더라도 활동할 여지가 어디 있겠는가?
>
> 그러므로 희망의 반대되는 것 즉 절망이 항상 이르고, 산림에 은둔한 자들이 완몽(頑蒙)을 조금 깨닫고 신사업에 마음을 두려고 하다가 홀연히 비감한 눈물을 닦고 옛날 시대에 눈을 돌려 우러러 보는 것이다. 장하다, 신라·고구려의 무략(武略)이여! 동쪽으로 일본을 제어하고 서쪽으로 중국을 정벌하고 거란을 격파하며 여진을 구축했으니, 그때의 호걸을 오늘날 다시 얻을 수 있겠는가? 성대하다, 여러 조상들이여! 도덕에는 조정암(趙靜庵)·이퇴계(李退溪)며 경세(經世)에는 정다산(丁茶山)·유반계(柳磻溪)며 장략(將略)에는 이충무(李忠武)·곽망우(郭忘憂)며, 문장(文章)에는 최간이(崔簡易)·유어우(柳於于)니, 이러한 큰 운수를 오늘날 다시 만회할 수 있겠는가?[45]

즉 신채호가 우리의 고대사에 역점을 두는 '민족주의 사학'을 시도하게 된 동기 중에 중요한 것은 당시 그의 눈에 보이는 20세기 초 조국의 현실에 대한 역겨움과 분노였다. 말하자면 붕괴된 조선 사회 그리고 그 상황에서 벗어나겠다고 일본에 빌붙는 수많은 친일 파들은 모두 그에게는 참을 수 없는 역겨움의 대상이었고, 이는 그가 저항민족주의에 귀의하고 고대사 연구에 몰입하게 된 동기가 되었다.

자연상태와 정치

아직 이 시절은 개화민족주의와 저항민족주의가 본격적으로 갈등을 시작하던 때는 아니었지만, 민족 형성의 전략과 수단을 구상함에 있어 어디에 초점을 두느냐에 따라 분명하게 구분되는 두 노선이 형성되었다. 우리의 근대 정치, 그리고 근대 정치적 갈등은 구한말의 자연상태에 연원을 두고 있다. 우리의 '친일파'들의 탄생은 조선 지배층이 야기한 사회의 붕괴, 자연상태에서 연유한 것이었고, 우리의 민족주의자들은 친일파들에 자극받아 우리의 정체를 비로소 생각하고 배신자들과의 투쟁에서 태어난 사람들이었다. 그러나 이 시대의 정치가들 대부분은 최병도와 비슷한 유형의 타협할 줄 모르는 고독한 전사들이었다. 그들은 조직을 이끌고 필요하면 타협도 하는 정치적 인간은 되지 못했고, 따라서 혁명을 이루지도 일본의 병합을 막지도 못했다.

1909년 한일합방 문제가 거론되자 민영규(閔泳奎) 등이 '합방 반대임시국민대연설회'를 개최하였다. 이 회의에서 주최자들과 연사들은 합방론자들 즉 일진회를 통렬히 질책하면서 "일진회 회원들을 국민으로 여기지 않을 것을 맹세하였다."[46] 1909년이 되면 일진회 활동에 자극받은 정체성의 문제가 그 모습을 드러내며 드디어 일진회 회원들을 '우리'로부터 배제시켰다. 그리고 이렇게 구석에 몰린 일진회는 1910년 9월 병합 후 한 달 만에 총독부가 해산 명령을 내리자 흔적도 없이 피 한 방울 남기지 못하고 사라져 버렸다. 그리고 그들은 우리 역사의 기억에서 지워져 버렸다. 민족과 일제에게 철저히 버림받은 이용구는 곧 화병으로 죽고 말았다.

일진회 회원들은 이성(理性)과 이해(利害)로 판단하였다. 그들에게 국가의 문제는 이성적 판단의 문제인 것처럼 보였다. 그러나 그간 우리의 의식, 역사적, 문화적 정체성 아래 침잠해 있던 '의(義)'가 어느 순간 일깨워지자 그것은 순식간에 이성의 판단을 뒤엎었고 그 결정은 돌이킬 수 없었다. 우리 정체의 '의'는 나라가 망했어도 우리 모두의 마음속에서 살아 있었다. 현대 우리의 정체의 틀, '한민족'임은 구한말 우리가 처했던 고난의 자연상태에서 우리의 '조선 사람'임을 '부정(否定, negation)'했던 홉스적 사회계약을 다시 '부정'하는 이중 부정의 고통스런 변증법을 겪고서야 비로소 이루어졌다. 그리고 우리의 민족주의 역사에서 3·1운동이 위대한 역사인 것은 3·1운동을 계기로 수많은 사람들이 용서받고 우리 민족으로 재결합될 수 있었기 때문이었다.

신소설과 그 현실의
역사적 의미

우리의 첫 근대 소설인 '신소설' 작품들은 서구 근대 소설의 첫 세대 작품들과는 너무나 달랐다. 차라리 정반대였다. 서구의 첫 세대 근대 소설들은 주로 특이한 인물들의 모험 이야기였지만 우리의 신소설들은 내용이 없는 이름만 있는 속 빈 인형들이 학대당하고 살해당하는 엽기적인 괴담들이었다. 그들은 모험을 할 능력이 없는 인물들이었다. 나아가서 한국의 주인공들의 경우는 서구의 주인공들과 달리, 마주 대하고 갈등하고 다툴 사회나 세상조차 존재하지 않았다. 주인공의 머릿속에 잔상으로 전통 사회, 문화, 윤리가 남아 있던 것처럼 느껴지지만 실체는 없었다. 그들이 처한 곳은 '정글' 같은, '자연상태'라는 환경에 불과했다. 그럼에도 불구하고 우리의 신소설을 근대 소설문학으로 분류하는 근거는 바로 그 소설이 보여주고 있는 세상과 환경이 '신이 버린 세상'이었기 때문이다. 돈키호테를 능욕하던 세상은 타락한 세상이었다. 하지만 우리의 신소설을 태생시킨 사회는 분해되어 파편밖에 남아 있지 않은 상태였다. 이런 면에서 우리의 신소설은 극단적인 경우였다. 신소설이 이러한 사회 조건을 배경으로 이야기를 전개했기 때문에 어떤 문학사가들은 그 사회적 배경을 비현실로 간주하고 신소설을 구소설과 유사한 이야기로 이해하는 경우도 많았다. 또는 우리의 협소한 역사적 경험으로 인해 신소설에 비친 세상이 초현실적으로 느껴지기도 했다. 그런 세상이 실제로 있었다는 것을 설득할 다른 마땅한 방법은 없는지 모른다. 필자가 현학(衒學)의 위험을 무릅쓰고 '홉스적 자연상태'를 원용한 것은 그 현실을 개념화시킴으로써 그러한 세상이 실제로 있었음을 설득하기 위해서였다.

신소설은 무엇보다도 우리 역사에서 첫 번째 근대 소설문학 작품으로 손색이 없다.[*] 무엇보다도 근대 이전의 '구소설'들과는 달리 당시 작가가 겪고 있던 현실에 뿌리박은 이야기들이었다.[**] 그런 이야기인 만큼 끔찍한 이야기이며, 살벌하고 엽기적인 이야기들이었다. 이전의 '구소설'이 머릿속에서 어떤 영웅의 이야기를 구상하고 배경은 조선일 수도, 중국일 수도 있다는 식으로 써낸 것이라면, 신소설은 바로 자신이 겪고 살아온 가혹한 현실에서 이야기를 써낸

● 소설가로서의 국초 이인직을 심도 있게 논의한 사람은 대표적으로 전광용일 것이다. 물론 이인직을 이렇게 평가하게 된 것은 그가 인용하고 있는 김동인이 1929년에 쓴 『조선근대소설고』에서의 평가에 힘입은 바 컸을 것이다 (전광용 1986: 190-192).

●● 이미 이점은 자산(自山) 안확(安廓)이 지적한 바 있다 (안확 1996: 144-146).

것이었다. 자연상태에서의 첫 번째 인물들은 인물적 성격이 부정된 인물들이었다. 그러나 이 불쌍한 피해자들의 이야기는 그렇게 끝날 수는 없었다. 시간이 흐르면서 그 빈약한 인물들은 죽음을 무릅쓰고 살아남아 자아를 키워나갔다. 그리고 그 정글, 최악의 환경에서 끈질긴 생명력의 한국인으로 진화하였다. 김수정과 최병도는 비슷한 타입의 남녀 주인공들은 아니었다. 수정은 생존의 대가(survivalist)이며 이 대가의 후손들, '아줌마'들은 지금 대한민국 사회의 견고한 초석이 되었다. 최병도는 결코 굴복하지 않는 고집스럽고 고독한 투사이며 그의 후손들은 증오를 마다하지 않고 대한민국을 여기까지 이끌고 온 독재자들이었다.

이 시대를 다루었던 우리 현대 문학의 유일한 작품은 1970년대 초반에 1부가 씌어졌던 박경리(朴景利)의 『토지(土地)』였다. 이 작품은 최대의 대하소설일 뿐만 아니라 우리의 처절한 역사를 핍진하게 재구성한 최고의 대작이다. 1897년부터 시작되는 경상남도 하동 평사리의 영천 최씨 '최 참판 댁'과 그 주변 마을의 역사는 앞에서 논한 신소설이 묘사한 모습과 크게 다르지 않았다. 그곳은 농촌 지역이지만 기대 이상으로 신소설과 유사한 붕괴된 사회였다. 처음에는 화기애애한 명절의 분위기로 시작하지만 점점 온갖 갈등이 깊어지고, 결국 동네 건달 김평산이 팔자를 고치기 위해 음모를 꾸며 최 참판 댁의 당주 최치수를 살해하고 들통이 나서 공범들과 더불어 처형당한다. 최치수의 먼 친척 조준구는 최치수가 죽어 주인이 없어진 최 참판 댁의 재산을 송두리째 들어먹겠다고 음모를 꾸미고 그 와중에 그 집에서 유일하게 남은 어린 소녀 서희는 살아남아 복수하기 위해 야밤에 도주하여 북간도로 탈출한다. 결국 서희는 목적을 이루기 위해서 자기 집에서 종살이를 하던 '길상이'와 결혼하는 희대의 결단을 내린다. 이 역사는 경상남도 한 농촌의 이야기라고는 믿을 수 없을 만큼 흥미진진한 한편의 활극이었다. 작가 박경리가 당시 사회의 상황을 구조적으로 이해하고서 집필했는지는 확신할 수 없지만 그가 묘사한 현실이 만석꾼 집 사람들조차 마음 놓고 살 수 없는 그런 현실인 것만은 틀림없다. 그리고 바로 그 상황이야말로 대문호의 걸작, 한 사람 한 사람 모든 등장인물이 개성을 가지고 살아 숨 쉬는 작품이 쓰일 수 있는, 흡사 근대 소설을 '찍기' 위해 디자인된 '세트' 같은 현실이었다.

'홉스적 자연상태'라고 제시한 구한말의 마지막 십 년은 우리 역사에서 가장 수치스러운 최악의 시대였다. 그리고 그 시대를 살던 우리 조상들―필자로 따지면 할아버지 세대―의 고초는 이루 헤아릴 수 없었을 것이다. 가난과 배고픔뿐만 아니라 쓰라린 가슴의 상처를 수없이 입으며, 번민하고, 가책하고, 원망하고, 후회하던, 그러고도 자신이 누구인가 어떤 사람인가도 확신할 수 없었던 그런 삶이었을 것이다. 살기 위해서 누군가에게 해가 되는 줄 알면서도 하지 않을 수 없는 일도 한두 가지가 아니었을 것이다. 1909년 12월 초 이용구는 전에 은밀히 기초했던 「한일합방서(韓日合邦書)」를 일진회 회원들 앞에서 공개했다. 거기에는 다음과 같은 말이 있었다.

한번 생각해 보십시오. 국민 이천만 명의 눈앞에 위급한 상황은 과연 어떠합니까? **살려고 해도 살 수 없으며, 죽으려고 해도 죽을 수 없습니다.** 노예처럼 희생(犧牲–제물로 쓰이는 짐승)처럼 비참한 지경에 빠져버린 오늘에 처하여 장래를 생각한다면 어찌 앞길이 막막하며 아침햇살이 희미해지는 듯한 근심이 없겠습니까? 이는 하늘이 돌보지 않는 것이 아니라 사람이 스스로 초래한 것입니다.[47] (강조와 단어 설명은 저자)

　　지금도 이 글을 읽으면 콧날이 시큰해 옴을 느낀다. 이렇게 말하고는 대한제국을 빨리 끝내고―일제에 넘기지 않고―새 나라를 세웠더라면 우리가 이 역사를 대하는 마음은 한결 가벼웠을 것이다. 한일병합 한 달 후 조선 총독이 일진회의 해산을 명하자 일진회는 흔적도 없이 사라지고 만다. 『토지』에서 최치수를 죽였던 김평산의 아들 김두수는 악질 친일파가 되었다. 그의 아버지는 처형되고 어머니는 목매달아 자살했다. 그는 그 지긋지긋한 조선과 그 험악했던 조선, 그리고 조선 사람들에게 복수하고자 했다. 아마 그때 조선 땅이 사람이 살 만한 곳이었다면 김두수도 이용구도 송병준도 그렇게 비참한 존재로 추락하지는 않았을 것이고 더 많은 애국자가 나왔을 것이다. 이런 시대가 있었다는 것을 우리가 진정으로 이해할 수 있다면, 그 시대에 그토록 많던 친일파를 용서까지는 못해 주어도 이해는 할 수 있을 것이다. 그들은 어차피 우리 민족의 아종(亞種)인 것이다.

　　일진회는 우리 역사에서 그간 아무도 말해서는 안 되는 '금단(禁斷)'의 주제였다. 우리 역사의 가장 수치스런 부분이라고 할 수 있는 일진회에 대한 연구는 주한 미국대사관에서 근무하던 미국인 그레고리 헨더슨(Gregory Henderson)에 의해 1968년에야 『소용돌이의 한국정치(Korea: The Politics of the Vortex)』라는 제목으로 처음 발표되었다. 이 저작은 우리 학계에서 높이 평가되었지만 전혀 대학에서 진지하게 연구되지 못했다. 그 이유는 이 책의 주장을 당시 우리 학계가 소화할 수 없었기 때문이다. 이 책은 2000년에야 우리말로 번역되었다. 1970년대에는 일진회는 당시에 일본의 공작과 지원에 의해서 만들어졌던 괴뢰 단체로 제시되었고 이 주장이 정론으로 자리잡았다. 우리 역사가 아니라 일본의 역사라는 식이었다. 그러고는 2005년 문유미가 미국의 하버드대학교에 일진회 연구로 박사 논문을 제출할 때까지 일진회에 대해서는 아무도 입도 뻥긋하지 못했다. 그리고 2010년에야 김종준이 서울대학교 국사학과에 제출한 박사 학위 논문을 발전시켜 저서를 출판하였다.

헨더슨의 문제는 자신이 한국에서 근무하던 당시의 한국 정치의 특징을 소용돌이가 일시에 형성되어 몰아치는 것과 같다고 파악하고, 한국 정치를 그러한 역사적 틀에서 연구했다는 점이다. 그는 우리 역사에서 나타났던 무시무시한 정치의 소용돌이의 전형적인 한 예는 구한말 최대의 정치 운동이었던 일진회 운동이었으며, 이는 우리가 생각해 온 것보다 훨씬 대규모의 운동이었다고 말한다. 실제로 이 시대 역사를 들여다본 사람이라면 일진회라는 엄청난 존재를 도저히 지나칠 수 없을 것이다. 헨더슨에 따르면 그러한 대규모 운동, 소용돌이와 같은 한국의 정치는 중앙집권적 정치구조, 동질성이 강하지만 응집성이 없는 고도로 개인화된 '원자화된 사회', 그리고 매개 집단의 결여 때문이라는 것이다. 그리고 이러한 정치 패턴은 구한말뿐만 아니라 조선 초에서부터 일제 시대를 지나 해방 이후까지 지속되고 있다는 것이다.[48]

헨더슨이 일진회 운동을 근대화 과정에서 중요한 사건으로 보고 이를 원자화된 사회 조건과 직결시킨 것은 예리한 관찰과 판단이었다. 그러나 그가 착각한 부분은 일진회를 가능하게 했던 당시의 극도로 개인화된 사회는 조선 사회의 원래의 모습이 아니라 역사적으로 완전히 붕괴되고 분해된 단계, 말하자면 한때의 모습이었다는 것이다. 그러나 우리 사회의 이런 상처는 쉽게 아물지 않았다. 20년 후 일제 시대의 한가운데에서, 1928년 이광수는 『동아일보』에 기고한 「젊은 조선인의 소원」이라는 글을 통해 다음과 같이 말한다.

> 큰 일은 큰 힘으로만 한다. 큰 힘은 지력과 결단력으로야만 발(發)한다. 지력은 기구(器具)의 사용(使用)이 되고 결단력은 조직(組織)이 되어 나오는 것이다. 그런데 우리가 조선을 갱생케 하려는 일은 진실로 대사 중에 대사요, 난사(難事) 중에 난사인즉, 큰 힘이라도 여간 큰 힘이어서는 될 수 없고, 따라서 조직이라도 여간 큰 힘을 발하는 조직이어서는 될 수 없는 것이다. 만일 우리가 힘 있는 조직체(組織體)를 조성할 힘이 없다 하면 우리는 영원히 갱생의 도(道)는 없다고 봄이 마땅할 것이다. 현재의 한국인은 모래 알알이 흩어진 개인들이지 무슨 한 원리로 조직되고 통일된 민족은 아니다. 〈조선아!〉 하고 부를 때에 대답하고 나설 자가 지금은 없다.[49]

그리고 40년 후 헨더슨의 저서가 출판된 1968년까지는 적어도 필자의 기억으로는 '응집력 없는 사회'가 지속되었다. 필자의 기억에 1970년대까지 한국 사람들은 대화 중에 '한국(조선) 사람들은 단결 못 해!'라는 원망 어린 탄식이 수시로 내뱉어지곤 했다. 그러고는 다행스럽게도 언제부터인가, 아마 1980년대부터는 그 말은 더 이상 들리지 않았다. 필자의 판단에 구한말에 우리에게 닥친 홉스적 자연상태는 쉽게 해소되지 않고 적어도 70년 후인 1970년대까지 해소되지 않았다. 실로 깊고 고통스러운, 오래 가는 상처였다.

헨더슨의 지적은 한국인들에게는 중요한 지점이었다. 한국인들은 보통 자신들이 얼마나 개인주의적인지 잘 인식하지 못한다. 우리는 우리 스스로 생각하는 것보다 훨씬 개인주의적이다. 물론 한국인들은 고독하게 개인으로 지내는 것을 원치 않았을지도 모른다. 문제는 한국인들이 개인화된 과정이 전혀 의식하지 못하는 중에 이루어졌다는 것이다. 그 시대에 그들의 의지와 상관없이 개인화를 강요당한 셈이었고 오늘날 한국인은 적어도 표면적으로는 개인주의적 삶을 증오하며 공동체적 삶으로 돌아가기를 원한다. 그들은 이제 돌아갈 수 없지만, 고독한 개인주의적 삶을 받아들이지 않는다. 구한말에 살았던 초기의 민족주의자들, 좌파든 우파든 그들 대부분은 평생을 고독하게 살아온 전사들이었다. 그들은 계속해서 그들의 방식대로 '분파 투쟁'을 벌여나갔고 그 때문에 실패한 경우도 많았다. 이들은 모두 앞에서 말한 최병도의 후손들이었다. 그들은 라이벌과 경쟁하며 병존하는 현실을 받아들이지 못하고 굳이 싸움을 벌이고 '개인적인 전쟁'을 일으켜 동료들을 희생시켜 가는, 그런 사람들이었다.

신소설이 보여주고 있는 당시의 홉스적 자연상태는 우리 사회와 역사에 엄청난 상처를 남겼다. 이 땅을 저주하고 한반도를 떠나야 한다는 꿈은 이 시절에 시작되어 아직까지도 우리에게 상처로 남아 고통을 주고 있다. 그들은 사회 붕괴로 인한 고통을 이 '땅' 즉 공간의 문제로서 해결할 수 있다는 생각을 하지 못했다. 그들은 이 고통스런 땅 한반도를 떠나는 게 최선이라고 생각했다. 그리하여 문제를 해결하는 것은 더욱 불가능해져 갔다. "우리를 바꾸어야 한다. 우리의 버릇을, 그리고 이 땅도 자연도 바꾸어야 한다."고 외치는 사람들은 외로울 수밖에 없었다. 특히 이 땅을 떠나려는 사람들에게 유학(留學)은 최고의 명분이었다. 한반도에서는 더 이상—조선 시대와는 달리—배울 것이 없으며 이곳에서는 공부할 필요도 없다는 이야기는 지성의 국제적 종속을 가중시켜 왔다. 우리는 그간 오랫동안 한반도에 머물고 있는 우리 자신을 가엾게 여겨왔고, 옆에 같이 머물고 있는 이웃들을 경멸해왔다. 우리나라와 우리 민족을 존경하고 싶은 의사가 별로 없었다. 한반도는 지옥이며, 일본은 좋은 나라이며, 미국은 천당이라는 세계관은 상당히 지속적이고 구조적이었다. 지금도 사람들은 자기 자식들을 조기 유학 보내며, 마음 한구석에 한국의 교육 현실을 지옥인 채로 두기를 원한다. 그것이 바로 '정의(正義)', 이 땅의 사람들이 마땅히 겪어야 할 원죄라는 것이다. '평등'의 정의는 잔인한 자연상태의 고통을 서로에게 모두 계속 겪도록 강요하려는 복수의 명분이었다.

신소설들이 쓰이던 시대는 우리 민족의 역사에서 최저점이었다. 이 시절 우리의 모습은 너무나 부끄러워 꽁꽁 가려야만 했다. 여러 의미에서 이 시대는 현대 대한민국의 연원이었고 금단의 성지(聖地)였다. 이제 우리는 비로소 이곳을 바라봄으로써 우리가 지난 1백여 년 동안 얼마나 멀리 왔는가에 대해 더 큰 자부심을 느끼지 않을 수 없다. 우리는, 현대 한국인은 이 '지옥 같은' 시대의 자연상태의 불구덩이에서 태어났다. 현대 한국인은 이 자연상태의 불구덩이에서, 다 닳아버린 빈 가죽 주머니에서 시작하여, 생존을 위한 투쟁을 거쳐, 드디어 몇 년 후에는 끈질긴 생명력과 고집스런 생존의 대가로 나타났다. 현대 한국인의 첫 모습은 인물로서의 성격이 부정된 껍데기뿐인, 이름뿐인 인간의 형태에 불과했지만 몇 년 후에는 이런 이름뿐인 인물성의 부정이 다시 부정된 적극적 생명체로서, 자신을 강하게 의식하는 인물들이 나타나기 시작했다. 그들은 누군가 구상하고 설계하여 인위적으로 창조한 존재가 아니라 아무도 도와주지 않는 '정글'에서 진화되어온 '최적(fittest)'의 생명체였다. 그리고 집단으로서의 '우리' 또한 이 불구덩이에서 변증법적 탈피를 겪었다. 자연상태의 고난에서 벗어나기 위해 우리는 오래된 정체를 부정했다. 그러나 이성적으로 선택했던 인공의 정체를 다시 부정해야만 했다. 그렇게 우리는 우리의 오래된 '조선인'으로 돌아왔다. 하지만 결코 같은 '조선인'으로 돌아온 것은 아니었다. 긴 이중 부정의 여정을 거쳐 돌아온 모습은 '민족'으로, 또한 '한민족'으로, 비슷해 보이지만 새로운 모습이었다. 우리는 개인으로서, 집단으로서 이 자연상태의 불구덩이에서 단련되어 태어났다. 그러나 이 정체는 틀에 불과했다. 그 내용은 이제부터 채워나가야 했고 민족의 본질(本質)을 얻기 위한 기갈(飢渴)이 시작되었다.

제4장

초기 민족주의자의 두 초상

두 민족주의자의
내면

우리의 근대 민족주의는 20세기 초 급박한 위기 상황에서 지식인들의 의식과 언어 속에서 사상의 형태를 갖추게 되었다. 그러나 우리의 민족주의자들은 원하는 바에 따라 국가를 만들 여유도 없었고, 그들이 속했던 나라 대한제국이 이웃 나라에게 병탄당하는 것도 막지 못했다. 우리의 근대 민족주의는 우리나라 대한제국의 망국이 눈앞에 불가피한 현실로 다가왔을 때 당분간 나라 없이 버틸 방편이기도 했다. 많은 민족들의 경우에 민족주의는 국가주의와 거의 구별되지 않는다. 하지만 우리의 민족주의는 이러한 역사에서 태어나고 일제 시대를 거쳐 성장해왔기 때문에 나중에도 국가에 흡수되지 않고 국가주의와 합류를 거부하며 국가 밖에서 독자성을 유지해왔다.

이 장에서는 한일병합 이후부터 3·1운동 이전까지 1910년대에 쓰인 우리에게 너무나 잘 알려진 소설 두 편을 해석한다. 춘원(春

園) 이광수(李光洙)의 『무정(無情)』은 1917년 1월 1일부터 6월 14일까지 『매일신보』에 연재되어 전 조선을 열기로 몰아넣었던 우리 역사 최초의 근대 장편 소설이다. 우리 문학사에서 최고 걸작으로서 현재에도 가장 많이 팔리는 고전 중 하나이다. 이와 함께 논의할 작품으로 단재(丹齋) 신채호(申采浩)가 중국에 망명하여 북경에서 1916년에 썼다고 알려진 소설 『꿈하늘』을 꼽았다. 이 작품은 형식적으로는 미완성이며 단재 사후에 발견된 유고를 정리한 것이다. 이 두 작가는 우리 민족주의의 두 흐름, '개화민족주의'와 '저항민족주의'를 각각 대표하는 사상가들이다. 두 작품은 여러모로 공통점도 많지만 다른 점도 많다. 이 점에 유의하여 두 작품을 면밀하게 논의해야 할 것이다. 두 작품이 대표하는 우리의 초기 민족주의 사상은 구한말에 나타난 '민족'이라는 정체(正體)의 빈 그릇에 담겨 있는 또는 담겨야 할 첫 번째 내용(內容)에 대한 이야기일 수밖에 없다. 1910년대는 온갖 귀신과 도깨비 등에 관한 괴소문이 창궐하던 대단히 불안정한 시기였다. 그런 의미에서 여전히 구한말의 분위기가 지속되던 시기이기도 했다.[1]

두 민족주의자와 그들의 분신

이광수의 『무정』은 첫 모습에서부터 신선한 전혀 새로운 '근대 소설'이었다. 시작부터 구소설식의 장황한 시대와 장소에 대한 소개가 아니라 주인공 이형식이 여름의 더운 대낮에 골목길을 걸어 내려오는 장면을 보여준다. 문장도 '-더라'를 빈번히 사용하는 신소설과는 달리 '-다'로 끝나는 형태로 이루어져 있다. 이야기는 출발부터 '연애 소설'처럼 대중에게 다가갔고 관심을 사로잡았다. 이미 1913년 일본의 오자키 고요(尾崎紅葉)의 소설『곤지키야샤(金色夜叉)』의 번안이었던 조일재(趙一齋)의『장한몽(長恨夢)』이『매일신보』에 연재되어 크게 히트하자 이른바 '연애 소설'에 대한 관심이 높아져 있었고,• 그 가운데 등장한『무정』역시 그 시작하는 내용으로 미루어 그간의 어떤 연애 소설보다도 더욱 노골적이고 진한 연애 소설처럼 보였다.

『무정』의 주인공 '이형식'과『꿈하늘』의 주인공 '한놈'은 각각 작가 이광수와 신채호의 분신이라고 일반적으로 평가된다. 말하자면 '이형식'과 '한놈' 두 인물은 각기 두 진영의 민족주의자들에게 애정 어린 그리고 자신들과 진배없는 인물이자 인격적으로 하자 없이 말끔한 인물이다. 그리고 두 인물 공히 경험적으로 관찰된 한국인의 모습이라기보다는 이상주의적으로 '이런 인물이 있으면 좋지 않을까' 해서 창조된 인물이라고 할 수 있다. 하지만 두 인물의 창조자인 저자들은 인물들을 통제하기 위해서 자신보다는 경륜이나 인격이 약간 처지는, 한 수 아래의 젊은이로 설정하고 있다.

이 두 인물의 최대의 공통점은 모두 외롭고 고독한 개인이라는 것이다.『무정』의 주인공 이형식은 가족이 없지는 않지만 작품에는 전혀 등장하지 않으며 친구라고는 중요한 순간에 우연히 만나서 그를 도와주는 신문 기자인 신우선이 있을 따름이다. 그 외에는 하숙집 할머니가 있고, 그와 중요한 관계에 있는 두 여인, 김선형과 박영채가 있다. 그 외에는 친하게 지내는 직장 동료도 없고 길거리에

• '연애(戀愛)'라는 말은 영어의 love를 일본에서 번역하여 만든 말이었는데 조선에는 1912년 조중환의 번안 소설『쌍옥루』에서 처음 소개되었고 1914년부터는 일간 신문에서도 쓰이기 시작했다고 한다 (권보드래 2003: 12).

서 마주치는 지인도 없다. 『꿈하늘』의 한놈은 "사십 평생에 친구 하나 없이 자라"났다고 하며 어려서부터 고독한 존재이다.[2]

이들의 고독은 다중적인 것이다. 알려져 있다시피 이광수는 고아 출신이며 어려서부터 일본에서 유학하며 성장했다. 그는 자신의 호를 '고주(孤舟)', 나중에는 '외배'라 짓고서 스스로를 고독한 존재로 자칭하던 인물이었다. 그는 또한 "과대망상적 비전이나 자기도취적 언행"으로 많은 문제를 일으키던 인물이었다.[3] 나아가서 일본에서 섭렵한 서양 근대 문학 작품을 통해 그는 사랑을 이야기하는 낭만주의 작품의 주인공들 대부분이 고독한 인물들이었음을 잘 알고 있었을 것이다.

『무정』의 이형식에 비하면 『꿈하늘』의 한놈의 고독은 더욱 처절하다. 이름부터 그렇게 지어놓았을 뿐 아니라 그의 고독은 그냥 고독한 상태가 아니라 운명이 부여한 고독이었고 이는 사뭇 처절한 것이었다. 한놈이 훈련 과정을 마치고 전투에 출정할 때 꽃송이는 한놈에게 날개를 주고 친구 여섯 명을 붙여준다. "사십 평생에 친구 하나 없이 자라난 한놈이 이 말을 들으매 스스로 눈에 눈물이 핑 돈다." 그의 평생이 외로웠던 만큼 친구는 무엇보다 소중한 것이었고 친구를 붙여줌은 엄청난 은혜였다. 그러나 잔인한 싸움이 시작되자 친구들은 하나씩 핑계를 대며 또한 각자의 악덕(惡德)에 의해 그를 떠나고 만다. 그중 어떤 놈들은 서로 죽이기도 하고 어떤 놈은 한놈이 직접 "태워 죽이"기도 한다. 결국 한놈은 재차 홀로 남게 되고, 그렇게 "길 곁에 주저앉아 홀로",

"세상이 원래 이런 세상인가? 한놈이 친구를 못 얻음인가? 말

짱하게 맹세하고 오던 놈들이 고되다고 달아난 놈도 있고, 돈 있다고 달아난 놈도 있고, 할 수 없다고 달아난 놈도 있어, 일곱 놈에나 한놈만 남았구나."

『꿈하늘』, 201쪽

친구들이 하나하나 온갖 이유로 떨어져 나가고 혼자 남게 되는 이 부분은 단재가 전에 읽었던 존 버니언(John Bunyan)의 『천로역정』에서 받은 영감의 활용이었다고 생각된다. 버니언에게나 단재에게나 고독의 운명이란 이야기 전체에서 대단히 중요한 부분이었다. 단재는 과연 구한말의 '홉스적 자연상태'에서 평생을 외롭게 싸워온 인물이며 따라서 버니언의 소설에서 영감을 받았을 것이다.* 나아가서 단재는 『은세계』로 출현한 최병도의 후배라고 이해할 수 있으며, 한놈의 고독은 그의 인생관의 핵심이었다고 판단된다.

그런가 하면 두 인물의 조건은 대칭적이었다. 『꿈하늘』의 한놈은 아무런 뚜렷한 능력도 기술도, 남과 다른 어떤 조건도 가진 인물이 아니었다. 그는 그저 백성의 한 사람이었고, 농부일 수도, 날품팔이일수도, 노동자일 수도 있는 특별한 조건이 없는 인물이며, 그래서 이름도 '한놈'이었다. 소설에서는 꽃송이가 한놈이 전쟁에 나갈 때 친구 여섯과 함께 날개를 붙여주었지만, 실제 싸움에서 날개가 유용하게 쓰였다는 말은 없다. 따라서 날개는 그저 상징적인 외

• 앞에서도 지적했듯이 이 책은 캐나다 출신 미국 선교사 게일이 번역하여 1895년에 출간되었고 제중원에서 판매하여 베스트셀러가 되는 등 엄청난 영향을 미쳤다고 한다.

관 정도였다. 그러나 『무정』의 이형식은 처음부터 경성학교 영어 선생으로 더운 유월 오후의 땡볕에 여학생을 가르치러 초빙되어 김 장로의 집으로 가는 길이었다. 그는 동경 유학을 했으며, 그의 방 서가에는 '금딱지'가 붙은 외국어 서적들이 눈에 띈다. 소설은 바로 이형식의 이러한 특별한 능력에서 시작되며 '영어 선생'임은 그의 정체성(identity) 그 자체였다. 그에게 중요한 것은 '신학문'을 배웠다는 것이다. 특히 영어란 핵심 과목이며 당시 경성학교에서 공식 직함을 갖고 있다는 조건은 특별한 능력을 공식적으로 인정받고 있음을 의미한다. 이로써 이형식은 보통 조선인들과는 다른 특별한 정신적 능력과 지혜를 갖추고 있는 사람으로 간주되었다.

이성과 욕망

이형식이라는 인물의 문학사적 의의로 흔히 지적되는 것은, 우리 역사에서 처음으로 근대 소설문학의 가장 중요한 특징이자 전형적인 기법인 '내면(內面)'을 갖추고 있었다는 것이다. 그는 늘 남에게 들리지 않게 혼자 자신에게 말하는 이른바 '내면 대사'를 한다. 신소설에도 내면 대사가 나오기는 하지만 특별한 경우에만 아주 간혹 나오며, 『무정』의 경우처럼 체계적이지는 않다. 내면 대사는 고민거리를 털어놓기도 하고 흔들리는 마음을 나타내기도 하지만, 기본적으로는 앞으로의 행동을 준비하고 점검하는 것에서 시작된다. '어떻게 할까?' 하는 의문은 내면 대사가 시작되는 신호가 된다. 이형식은 김 장로의 집에 당도하기 전에 이렇게 내면 대사를 시작한다.

형식은 여러 가지 생각을 한다. 우선 처음 만나서 어떻게 인사를 할까. 남자 남자 간에 하는 모양으로 「처음 보입니다. 저는 이형식이올시다」 이렇게 할까.

그러나 잠시라도 나는 가르치는 자요, 너는 배우는 자라. 그러면 미상불 무슨 차별이 있지나 아니할까. 저편에서 먼저 내게 인사를 하거든 그제야 나도 인사를 하는 것이 마땅하지 아니할까. 그것은 그러려니와 교수하는 방법은 어떻게나 할는지.

어제 김 장로에게 그 부탁을 들은 뒤로 지금껏 생각하건마는 무슨 묘방이 아니 생긴다. 가운데 책상을 하나 놓고, 거기 마주 앉아서 가르칠까. 그러면 입김과 입김이 서로 마주치렸다. 혹 저편 히사시가미가 내 이마에 스칠 때도 있으렸다. 책상 아래서 무릎과 무릎이 가만히 마주 닿기도 하렸다.

이렇게 생각을 하고 형식은 얼굴이 붉어지며 혼자 빙긋 웃었다. 아니아니, 그러다가 만일 마음으로라도 죄를 범하게 되면 어찌하게. 옳다, 될 수 있는 대로 책상에서 멀리 떠나 앉았다가 만일 저편 무릎이 내게 닿거든 놀라며 내 무릎을 치우리라. 그러나 내 입에서 무슨 냄새가 나면 여자에게 대하여 실례라. 점심 후에는 아직 담배는 아니 먹었건마는, 하고 손으로 입을 가리고 입김을 후후 내어 불어 본다. 그 입김이 손바닥에 반사되어 코로 들어가면 냄새의 유무를 시험할 수 있음이다.

형식은 아뿔사! 내가 어찌하여 이러한 생각을 하는가, 내 마음이 이렇게 약하던가, 하면서 두 주먹을 불끈 쥐고 전신에 힘을 주어 이러한 약한 생각을 떼어 버리려 하나 가슴속에는 이상하게 불길이 확확 일어난다. 이때에, (……)

『무정』, 15쪽

이러한 내면 대사는 이형식이라는 인물의 중요한 특징이다. 이는 우선 남에게 말하지 않는 욕망, 기대, 걱정 등을 드러낸다. 이 대사 뒤에 바로 이형식은 길에서 친구를 만나며 얼굴을 붉히며 부끄러워한다. 이러한 내면 대사는 결국 마음속의 욕망과 생각 그리고 곧 이루어질 실제 행동 간의 차이를 드러내게 된다. 말하자면 이런 대사는 인물 내부의 욕망을 드러내며 동시에 인물 자신이 시도하는 그 욕망의 자제나 좌절 또한 드러낸다. 욕망은 대개 창피스럽고 부끄럽고 비밀스러운 것이며 남에게 말할 수 없는 것들이다.

이형식이라는 인물은 우리 역사에서 최초로 '내면'이라는 널찍한 공간을 갖춘 인물이다. 이로써 그는 욕망의 주체가 되며 동시에 자제(自制)의 주체가 된다. 개인의 은밀한 욕망은 유학(儒學)에서는 금기였고, 주인공을 이런 인물로 제시하는 것은 유학을 부정하는 것이었다. 이형식이라는 인물은 유교 전통과 상반되는 여러 특징을 지닌 인물임이 공식적으로 선언된다. 우선 길에서 만난 친구에게 자신은 술을 안 마시는 사람임을 공언한다. 이 선언은 이형식은 친구 사귀는 일에 관심이 없음을 공언하는 것이며, 이는 또 유교와 상반되는 생활 방식이다. 나아가서 작중 화자는 이형식을 "조금이라도 거짓말을 못하"는 사람이라고 설명한다. 이 또한 인간관계의 정치를 거부하는 인물로 공언한 것이다. 이형식은 '자기 혼자 깨끗함'을 추구하는 개인주의자임을 선언한다.

신학문을 교육받은 젊은 영어 선생이라는 조건은 더욱 중대한 자격으로 연결된다. 그는 '사랑'을 할 자격이 있는 것이다. 이 소설에서 수많은 사람들, 대부분의 조선 사람들은 사랑을 할 자격도

한국인의 탄생

능력도 없다. 다만 성행위만 할 뿐이다. 사랑이란 조선에 들여와야 하는 것이며 아직은 조선에 없다. 물론 이 소설에는 사랑이 무엇인지 여러 가지 논의가 등장하지만 정의되어 있지 않고 주인공 이형식은 아직 '순수한 사랑', 사랑의 정수를 경험하지 못했다.* 이형식은 다만 사랑의 초보자이며, 초보 단계를 맛볼 뿐이다.

이형식의 내면 대사는 이성(異性)에 대한 은밀한 욕망을 드러내는데 이는 처음부터 이 작품이 보수 계층으로부터 맹렬한 비난과 공격을 받았던 이유였다. 소설에서 그는 이성을 바라봄에 있어서 얼굴 등의 가시적인 부분뿐 아니라 온몸을 면밀히 수색하듯 탐사하며, 냄새도 맡고, 옷에 가려진 부분까지 상상해 가며 부적절한 성적 욕망을 암시한다. 소설의 첫 장면을 유월 대낮 오후 두 시에 시작하는 것도 여학생들의 모시적삼이 땀에 젖어 살이 비쳐 보이는 모습을 훔쳐보는 이형식의 욕망을 묘미 있게 드러내기 위해서였다.** 이런 장면은 전통 유학에 대한 공개 도전장이었다. 이는 너무나 '이광수스러운' 문학의 첫 장이었다. 과연 기대에 부응하여 전통 보수층으로부터 비난과 공격이 답지하였고 조선 전체가 요란스런 싸움터가 되었다. 이광수는 일약 스타가 되었다. 그는 여러 글에서 욕망을 찬양하였고 유교에서 욕망을 억제하고 죄악시하는 것을 맹렬히 비난하였다. 욕망이란 인간에게 당연할 뿐만 아니라 민족의 장래를 위해서 어려서부터 장려하고 키워야 한다는 것이었다.***

그런데 이형식이 선형과 그 어머니의 아름다운 모습을 처음 충격적으로 대하고 나서는,

형식은 선형을 자기의 누이라고 생각하였다. 이는 형식이가 남

의 처녀를 대할 때마다 생각하는 버릇이니, 형식은 처녀를 대할 때에 누이라고밖에 더 생각할 줄을 모르는 사람이다.

그러면서도 알 수 없는 것은, 가슴속에 이상한 불길이 일어남이니, 이는 청년 남녀가 가까이 접할 때에 마치 음전과 양전이 가까워지기가 무섭게 서로 감응하여 불꽃을 날리는 것과 같이 면치 못할 일이며, 하늘이 만물을 내실 때에 정한 일이라. 다만 사회의 질서를 유지하기 위하여 도덕과 수양의 힘으로 제어할 뿐이다.

『무정』, 18-19쪽

• 우리 전통문화에서의 사랑의 관념과 근대 서구의 사랑의 차이점과 그들의 비교에 대해서는 최정운(2000a; 2000b; 2010; 2011)을 참조할 것.

•• 하루는 더운 날 두 학생이 방에 와서 인사를 하자, 형식은 속으로 생각하기를 "형식은 두 처녀를 보매 얼마큼 뒤숭숭하던 생각이 없어지고 적이 정신이 쇄락한 듯하다. 형식은 고개 숙인 두 처녀의 까만 머리와 쪽진 서양 머리에 꽂은 널따란 옥색 리본을 보았다. 그리고 책상에 짚은 두 처녀의 손가락을 보았다.
부드러운 바람이 슬쩍 불어 지나갈 때에 두 처녀의 몸과 머리에서 나는 듯 마는 듯한 향내가 불려온다. 선형의 모시 적삼 등에는 땀이 배어 하얀 살에 착 달라붙어 몸을 움직일 때마다 그 붙은 자리가 넓었다 좁았다 한다. 순애는 치마로 발을 가리우느라고 두어 번 몸을 들먹들먹 하여 밑에 깔린 치마를 뺀다. 선형은 이마에 소스락소스락하게 구슬땀이 맺히어 이따금 치마 고름으로 가만히 씻고는 손으로 책상 밑에서 부채질을 한다." (이광수 1979 1: 55).

••• 이광수는 이미 1916년 『매일신보』에 기고한 「교육가(教育家) 제씨(諸氏)에게」라는 글에서 욕망의 중요성을 주장하며 교육에서 욕망을 키워내야 한다고 말한 바 있다 (이광수 1979 10: 59).

만나는 아름다운 젊은 여성을 누이로 생각한다는 말은 풀어 말하면 성행위의 상대가 아닌 친족의 일원으로 위치를 바꾸어 생각함으로써 성적 욕망을 가족적 친근함으로 대체한다는 말이다. 이는 이형식이 자신의 적절치 못한 성적 욕망을 처리하는 특유의 '노하우'가 있음을 지적하는 것이다. "도덕과 수양의 힘", 즉 욕망의 제어 능력을 발휘할 수 있도록 하는 그만의 요령을 의식하고 자랑하는 말이다.

속 사람

이형식이 이렇게 자신의 성적 욕망을 응시하여 잘 알고 있고 동시에 이 욕망을 억제하고 따돌리는 기술을 갖고 있다는 것은 이형식이 이 소설에서 문제가 되는 '사랑'을 할 수 있는 능력과 자격을 갖춘 인물임을 선언한 것이다. 그런데 위의 인용문에서 보면 성적 욕망을 억제하고 따돌린다고 해서 욕망이 일기 전의 평상심으로 돌아가는 것은 아니다. 아래 문단에서 "가슴속에 이상한 불길"이 인다고 했으며 이 불길은 여성에게 성적 욕망을 느꼈을 때의 그 불길이 아니라 성적 욕망을 억제한 이후에 피어오르는 다른 불길이며 그래서 "이상한 불길"이다. 그 불길에 대해서는 더 이상 설명하지 않는다. 이 "이상한 불길"은 이후의 전개에서 중요한 요인이다. 사랑이란 미묘한 마음의 움직임에서 시작되며 이형식은 바로 사랑의 능력과 자격이 있는 소수의 사람들 중의 하나이다. 이형식에게 '사랑'이라는 말이 처음 나온 것은 영채를 만난 후 복잡하고 긴 내면 대사의 끝 무렵이었다.[*]

이형식은 김선형과 박영채를 만난 후 자신에게 끊임없이 '사랑'을 하고 있는지 묻는다. 그러나 그는 마지막까지 약혼자인 선형을 '사랑'하는지, 순수한 사랑을 하는지, 다만 그녀의 겉모양이 아름다워서 마음이 갈 뿐인지 문초한다. 그는 자신이 그녀를 '사랑한다'고 섣불리 말하지 못함을 잘 알고 있다. 이형식은 두 아름다운 여인들을 만나면서부터 자신의 마음의 미묘한 변화를 살핀다. 형식은 두 여학생을 가르치러 앉아서 이런 생각을 한다.

> 형식은 저 스스로 깬 「사람」으로 자처하거니와, 그 역시 아직 인생의 불세례를 받지 못한 사람이다. 지금 이 방에 모여 앉은 세 사람 청년 남녀가 장차 어떠한 길을 지내어 「사람」이 될는고.
>
> 『무정』, 57쪽

형식은 아직 자신은 충분히 성숙하지 못했고 '사람'이 되지 못했음을 느끼고 있다. 그는 예민하고 겸허한 사람이며 성숙하여 '사람'이 되고자 하는 인물이다. 이 '사람'이 된다고 하는 것과 '사랑'을 느낀다는 것과 그리고 무엇보다 "이상한 불길"은 밀접한 관계에 있다.

하루는 이형식이 선형과 순애, 두 처녀를 대하고 욕망을 느끼고, 자제하고, 그리하여 자신 안에 특이한 "이상한 불길"이 피어남을

• 형식은 영채에 대해서 "나는 그를 구원하리라. 구원하여서 사랑하리라. 처음에 생각하던 대로, 만일 될 수만 있으면 나의 아내를 삼으리라."라고 속으로 말한다 (이광수 1979 1: 39).

느끼고, 그리고 집으로 돌아오는 길에 특이한 경험을 겪었음을 토로한다.

형식은 아까 김 장로의 집으로 들어갈 때에는 무엇이 좀 달라졌음을 깨달았다. 천지에는 여태껏 자기가 알지 못하던 무엇이 있는 듯하고, 그것이 구름장 속에서 번개 모양으로 번쩍 눈에 보였는 듯하다. 그리고 그 번개같이 번쩍 보인 것이 매우 자기에게 큰 관계가 있는 듯이 생각된다.

형식은 그 속에—그 번개같이 번쩍하던 속에 알 수 없는 아름다움과 기쁨이 숨은 듯하다고 생각하였다.

형식은 가슴 속에 희미한 새 희망과 새 기쁨이 일어남을 깨달았다. 그리고 그 기쁨이 아까 선형과 순애를 대하였을 때에 그네의 살 냄새와 옷고름과 말소리를 듣고 생기던 기쁨과 근사하다 하였다. 형식의 눈앞에는 지금껏 보지 못하던 인생의 일방면이 벌어졌다.

자기가 오늘까지 이것이 인생의 전체로구나, 하던 외에 인생에는 다른 한 부분이 있고, 그리고 한 부분이 도리어 지금까지 인생으로 알아오던 모든 것보다 훨씬 중요하고 의미 있는 것인 듯하다. 명예와, 재산과, 법률과, 도덕과, 학문과, 성공과—이렇게 지금껏 인생의 가장 중요한 내용으로 알아오던 것 외에 무슨 새로운 내용 하나가 더 생기는 듯하다. 그러나 아직 형식은 그것에 이름 지을 줄을 모르고 다만 이상하다, 하고 놀랄 뿐이었다.

그리고 사오 년 동안 날마다 다니던 교동으로 내려올 때에 형식은 놀랐다. 길과 집과 그 집에 벌여 놓은 것과 그 길로 다니던 사람들과 전신대와 우뚝 선 우편통이 다 여전하건마는, 형식은 그것들 속에서 전에 보지 못한 빛을 보고 내를 맡았다. 바꾸어 말하면, 모든 그것들이 새로운 빛과 새로운 뜻을 가진 것 같다. 길 가는 사람은 다만 길 가는 사람이 아니요, 그 속에 무슨 알지 못할 것이 품긴 듯하며, 두부 장수의 두부나 비지드렁 사려, 하고 외우는 소리에는 두부와 비지를 사라는 뜻 밖에 더 깊은 무슨 뜻이 있는 듯하였다.

형식은 자기의 눈에서 무슨 껍질 하나이 벗겨졌거니 하였다.

그러나 이는 눈에서 껍질 하나의 벗겨진 것이 아니요, 기실은 지금껏 감고 오던 눈 하나를 새로 뜬 것이다. 아까 십자가에 달린 예수의 화상을 볼 때에 다만 그를 십자가에 달린 예수로 보지 아니하고, 그 속에 새로운 뜻을 발견하게 된 것이 이 눈이 떠지는 처음이요, 선형과 순애라는 두 젊은 계집애를 볼 때에 다만 두 젊은 계집애로만 보지 아니하고, 그것이 우주와 인생의 알 수 없는 무슨 힘의 표현으로 본 것이 이 눈이 떠지는 둘째요, 지금 교동 거리에 보이는 모든 것에서 전에 보고 맡지 못하던 새 빛과 새 내를 발견함이 그 셋째다.

그러나 그는 이것이 무엇인지 분명히 이름 지을 줄을 모르고 다만 이상하다 하는 생각과 희미한 기쁨을 깨달을 뿐이다.

형식은 방에 돌아와 잠시 영채의 일을 잊고 새로 변화하는 마음을 돌아보았다.

가만히 눈을 감고 앉았노라면 전에 보던 시와 소설의 기억이 그때 처음 볼 때와 다른 맛을 가지고 마음속에 떠나온다. 모든 것에 강한 색채가 있고 강한 향기가 있고 깊은 뜻이 있다.

『무정』, 57-58쪽

형식은 자신이 선형과 순애에게서 받은 그 느낌을 겪은 후 세상이 완전히 다르게 보이는 것을 느꼈다. 이렇게 세상이 다시 보이는 느낌을 겪은 것은 바로 두 처녀와 마주앉아 욕망을 느끼고, 자제하고, 그리고 그의 가슴속에서 그 "이상한 불길"이 일었기 때문이었다. 이 경험은 평생 처음 느끼는, 새로운 눈이 떠지고 세상이 새로운 의미로 다시 보이는 경험이었다. 다시 곰곰이 생각해 보고는,

형식은 이제야 그 속에 있는 「사람」이 눈을 떴다. 그 「속눈」으로 만물의 「속뜻」을 보게 되었다. 형식의 「속 사람」은 이제야 해방되었다.

마치 술씨 속에 있는 술의 움이 오랜 동안 술씨 속에 숨어 있다가—또는 갇혀 있다가 봄철, 따뜻한 기운을 받아 굳센 힘으로 그가 갇혀 있던 술씨 껍데기를 깨뜨리고 가이 없이 넓은 세상에 쑥 솟아나, 장차 줄기가 되고, 가지가 나고, 잎과 꽃이 피게 됨과 같이, 형식이란 한 「사람」의 씨 되는 「속 사람」은 이제야 그 껍질을 깨뜨리고 넓은 세상에 우뚝 솟아 햇빛을 받고 이슬을 받아 한이 없이 생장하게 되었다.

형식의 「속 사람」은 여물은 지 오래였다. 마치 봄철, 곡식의 씨가 땅 속에서 불을 대로 불었다가 안개비만 조금 와도 하룻밤에 쑥 움이 나오는 모양으로, 형식의 「속 사람」도 남보다 풍부한 실사회의 경험과, 종교와, 문학이라는 수분으로 흠뻑 불었

다가 선형이라는 처녀와 영채라는 처녀의 봄바람 봄비에 갑자기 껍질을 깨뜨리고 뛰어난 것이다.

누가 「속 사람이란 무엇이뇨」와 「속 사람이 어떻게 깨는가」의 질문을 제출하면 그 대답은 이러하리라.

「생명이란 무엇이뇨」와 「생명이 나다 함은 무엇이뇨」의 질문에 대답할 수 없음과 같이 이도 대답할 수 없다고. 오직 이 「속 사람」이란 것을 알고 「속 사람이 깬다」는 것을 알 이는 오직 이 「속 사람」이란 것을 알고 「속 사람이 깬다」는 것을 알 이는 오직 이 「속 사람」이 깬 사람뿐이다.

『무정』, 58쪽

이성에 대한 사랑의 발단의 탐색은 형식에게 세상과 자신에 대한 인식을 한 단계 높여 주었다. '속눈'이 떠지고, '속 사람'이 튀어나오고, '속뜻'이 보이는 것은 단순히 어떤 인식 능력을 얻게 된 것이 아니라 자신 안에서 새로운 자기가 튀어 나와 자신의 존재의 수준이 달라지는 경험이었다. 이는 '사랑'의 경험으로만 가능한 것이지만 갑자기 이루어진 것도 아니었다. 오랫동안 자라고 여물은 '속 사람'이 두 처녀들과의 만남을 계기로 튀어나왔다는 것이다.

이형식은 '사랑의 힘'을 맛본 최초의 한국인이었다. 이 '사랑의 힘'은 '사랑'이라는 말에서 온 것이 결코 아니었다. 말을 찾아보기도 전에 느낌, "이상한 불길"에서 시작된 것이었다. 위에서 지적한 이형식이 겪은 이러한 변화는 언어로 표현할 수 없는 것이며 따라서 이에 대해 단순히 주관적이라거나 '허위의식'이라는 식으로 비방할 사람들도 있을 것이다. 이광수는 그의 첫 소설에서 이런 정교한 플롯을 꾸미며 이성 간의 통제된 감정, '사랑'을 통해서 인간이 섬세한 과정으로 변화하고 존재의 발전을 이룩할 수 있음을 보여주었다. 이 사랑의 힘은 '사랑'이라고 의식하기도 전에 피어오르는 그 "이상한 불길"에서 발휘되어 사람을 바꾸어 놓는다.

지평의 확대

나아가서 이형식은 늘 자신을 살피며 스스로 묻고 대답하는 대화를 자기 안에서 시도하면서 그 안에서 전혀 예상치 못했던 마음의 움직임을 발견하고 놀라기도 한다. 영채를 만나 그간 고생스럽게 지내던 이야기를 듣다가,

> 이렇게 생각하고 한번 영채를 보았다. 그의 눈에는 맑은 눈물이 고이고 얼굴에는 거룩하다고 할 만한 슬픈 빛이 보인다. 더우기 아무 상관없는 노파가 영채의 손을 잡고 주름잡힌 두 뺨에 거짓 없는 눈물을 흘림을 볼 때에 형식의 마음은 또 변하였다. 아니다, 아니다. 내가 죄로다. 영채는 나를 잊지 아니하고 이처럼 찾아와서 제 부모나 형제를 만난 모양으로 반갑게 제 신세를 말하거늘, 내가 이러한 괘씸한 생각을 함은 영채에 대하여 큰 죄를 범함이로다. 박선생같이 고결한 어른의 따님이, 그렇게 꽃송아리같이 어여쁘던 영채가 설마 그렇게 몸을 더럽혔을 리가 있으랴. 정녕 온갖 풍파를 다 겪으면서도 송죽의 절개를 지켜 왔으려니 하였다.
> 그러나, 그 후부터 지금까지 어떻게 지내어 왔는고.
>
> 『무정』, 29-30쪽

이형식은 자신 안에서 마음이 전에는 생각지도 못했던 방향으로 흘러갔음을 알아차리고는 깜짝 놀라서 마음을 추스르고 있다. 이형식은 이렇게 자신의 다른 부분을 발견하는 인물이다. 그리고 새로운 그의 모습이 추하고, 악하고, 못났다고 생각하면서 자신을 추스르고 그런 모습으로 자신이 변해가는 것을 막아내는 인물이며 그런 의미에서 자신을 통제하고 자신의 정체성을 지켜나가는 인물이다. 자신 안에서 몰랐던 이질적인 새로운 정체가 나타나는 것을 탐지하는 인물이며, 따라서 그는 자신의 정체를 지켜나가는 인물이다. 이러한 능력은 '내면'의 효과이며, 바로 이런 의미에서 이형식은 우리 역사에서 나타난 최초의 '근대인'이다.

그런데 영채는 김 남작의 아들과 배명식에게 청량리 절간으로 끌려가 강간을 당하고 다음 날 아침 자살하기 위해 평양으로 갔다. 이형식은 노파, 영채의 기생 엄마와 함께 영채를 찾으러 평양으로 갔으나 영채는 찾지 못하고 오히려 영채의 일은 새까맣게 잊고 그녀의 동생이던 계향이라는 어린 기생과 즐거운 시간을 보냈다. 그리고 형식은 서울로 내려오며 "계향을 떠나는 것이 서운할 뿐이요, 영채를 위하여서는 별로 생각도 아니하였다. 형식은 찻속에서 「꿈이 깬 듯하다」하면서 여러 번 웃었다." 계향이에게 욕망과 애정과 "이상한 불길"을 듬뿍 느끼고 형식은 기차를 타고 돌아오며 다시 그 미묘하고 신비스런 느낌을 받는다. 그러나 이형식은 계향과 어떤 성적인 관계도 없었고, 지속적인 관계를 원했던 것도 아니었다.[*] 기차간에서 형식은 자신의 느낌과 경험을 이렇게 말한다.

형식의 정신에는 슬픔과 괴로움과 욕망과 기쁨과 사랑과 미워함과 모든 정신 작용이 온통 한데 모이고 한데 녹고 한데 뭉치어, 무엇이 무엇인지 구별할 수가 없었다. 비겨 말하면 이 모든 정신 작용을 한 솥에 집어넣고 거기다가 맑은 물을 붓고 장작불을 때어 가며 그 솥에 있는 것을 홰홰 뒤저서서 온통 녹고 풀어지고 섞여서, 엿과 같이, 죽과 같이 된 것과 같았다. (⋯⋯)

형식은 특별히 무엇을 생각하려고도 아니하고 눈과 귀는 특별히 무엇을 보고 들으려고도 아니한다. 형식의 귀에는 차의 가는 소리도 들리거니와 지구의 돌아가는 소리도 들리고 무한히 먼 공중에서 별과 별이 마주치는 소리와 무한히 적은 에텔의 분자의 흐르는 소리도 듣는다.

메와 들에 풀과 나무가 밤 동안에 자라느라고 바삭바삭하는 소리와, 자기의 몸에 피 돌아가는 것과, 그 피를 받아 즐거워하는 세포들의 소곤거리는 소리도 들린다. 그의 정신은 지금 천지가 창조되던 혼돈한 상태에 있고 또 천지가 노쇠하여서 없어지는 혼돈한 상태에 있다.

그는 하느님이 장차 빛을 만들고 별을 만들고 하늘과 땅을 만들려고 고개를 기울이고, 이럴까 저럴까 생각하는 양을 본다.

• 후일담을 말하며 계향이의 소식을 전하기를, "어떤 부자집 방탕한 자식의 첩이 되어 갔다가 매독을 올리고, 게다가 남편한테 쫓겨나기까지 하여 아주 적막하게 신고함이니, 아마 형식이가 돌아와서 이 말을 들으면 매우 슬퍼할 것이다. 그 어여쁘던 얼굴이 말 못 되게 초췌하여 이제는 누구 돌아보는 이도 없게 되었다." (이광수 1979 1: 209).

그리고 하느님이 모든 결심을 다하고 나서 팔을 부르걷고 천지에 만물을 만들기 시작하는 양을 본다. 하느님이 빛을 만들고 어두움을 만들고 풀과 나무와 새와 짐승을 만들고 기뻐서 빙그레 웃는 양을 본다.

또 하느님이 흙을 파고 물을 길어다가 두 발로 잘 반죽하여 사람의 모양을 만들어 놓고 마지막에 그 사람의 코에다 김을 불어 넣으매 그 흙으로 만든 사람이 목숨이 생기고 피가 돌고 소리를 내어 노래하는 양이 보인다. 그리고 처음에는 움직이지 못하는 한 흙덩이더니 그것이 숨을 쉬고 소리를 하고, 또 그 몸에 피가 돌게 되는 것을 보니 그것이 곧 자기인 듯하다.

이에 형식은 빙긋이 웃는다. 옳다, 자기는 목숨 없는 흙덩이였었다. 자기는 숨도 쉬지 못하고 움직이지도 못하고 노래도 못하던 흙덩어리였었다. 자기의 주위에 있는 만물을 보지도 못하였었고 거기서 나는 소리를 듣지도 못하였었다.

설혹, 만물의 빛이 자기의 눈에 들어오는 소리가 자기의 귀에 들어온다 하더라도 그는 오직 「에텔」의 물결에 지나지 못하였었다. 자기는 그 빛과 그 소리에서 아무 기쁨이나 슬픔이나 아무 뜻도 찾아낼 줄을 몰랐었다. 지금까지 혹 자기가 웃기도 하고 울기도 하였다 하더라도, 그는 마치 고무로 만든 인형의 배를 꼭 누르면 웃기도 하고 울기도 하는 것과 같았었다. (……)

나는 내가 옳다 하던 것도 예로부터 그르다 하므로, 또는 남들이 옳지 않다 하므로 더 생각하지도 아니하여 보고 그것을 내어 버렸다. 이것이 잘못이다. 나는 나를 죽이고 나를 버린 것이로다. 자기는 이제야 자기의 생명을 깨달았다. 자기가 있는 줄을 깨달았다.

『무정』, 117-118쪽

계향은 형식이 사랑할 수 있는 사람이 아니며 아무런 관계도 맺을 수 없는 그저 동포에 불과한 아름다운 소녀였다. 이런 계향과의 즐거운 시간과 애정의 느낌은 이형식에게 또 새로운 경험을 주었다. 설명하기 어려운 모든 것이 뒤섞인 느낌 속에 이형식은 높이 올라 신이 우주와 인간을 창조하던 모습을 옆에서 지켜보았고 신이 주무르던 흙덩어리가 자신임을 알았다. 그는 신의 옆자리까지 올라간 것이며 무엇보다 자신에게서 신이 직접 만든 생명으로서의 특별한 의미를 느꼈다. 이형식은 자신과 아무런 특별한 관계도 없는 소녀에게 '사랑'을 느꼈을 때, 그 "이상한 불꽃"에 데였을 때, 영혼이 깨어나며, 의식이 맑아지며 우주와 자신의 탄생의 비밀을 알게 되었다.

이 부분은 물론 무리가 없지 않으며 여러 가지로 해석할 수 있을 것이다. 그러나 이형식은 뭇 여성들과의 접촉과 대화를 통해 사랑의 영감을 넓혀가며 스스로 변해가는 자기의 모습을 관찰하고 있음은 의문의 여지가 없다. 김선형과 박영채는 이형식에게는 특별한 관계가 성립되었고 앞으로도 특별한 관계가 기대되는 여성들이지만 계향이라는 여성은 전혀 그런 의미가 없는 여성이며 성적인 의미가 있는 관계를 맺은 것도 아니었다. 바로 그런 의미에서 이형식에게는 그녀와의 관계와 그 느낌은 '비육체적 바람'의 경험이었다. 이 경험을 통해서 이형식은 또 자란 것이다. 이번에는 신을 지켜볼 수 있는 바로 옆자리까지 자랐다. 이런 느낌을 한참 음미하고는 불현듯 형식은 영채 생각이 났다. 그러고는, "아아, 내가 잘못이 아닌

가. 내가 너무 무정함이 아닌가. 내가 조금 오래 영채의 거처를 찾아야 옳을 게 아닌가." 하며 황홀한 꿈에서 깨어나 죄의식을 느끼고 후회한다.

변화는 이형식에게만 일어난 것이 아니었다. 박영채에게도 변화는 일어나기 시작했고 이 변화는 죽으려고 평양에 가다가 병욱을 만나 새로운 삶을 살기로 했을 때 시작되었다. 이러한 변화의 시작은 영채가 언젠가부터 "남자가 그리워"지기 시작하면서였다. 동시에 그녀는 병욱의 오빠에게 이성으로서의 감정을 느꼈다. 그때부터 영채는 지금껏 자신의 삶을 "독립한 사람이 아니요, 어떤 도덕률의 한 모형에 지나지 못하였다. 누에가 고치를 짓고 그 속에 들어 엎딘 모양으로, 영채도 알 수 없는 정절이라는 집을 짓고 그 속을 자기 세상으로 알고" 있었던 자신의 모습을 발견하게 되었다. 이제 영채는 삶에 대해 새롭게 느낀다.* 영채에게도 변화의 출발은 이성에 대한 욕망과 그 "이상한 불길"로 시작되었다.

이 소설의 하이라이트는 유학을 떠나며 이형식, 김선형, 박영채, 김병욱이 같은 기차를 타고 부산으로 가며 벌어지는 일이다. 이형식은 선형에게 같은 기차에 박영채가 자기 친구 김병욱과 같이 타고 있다는 말을 듣고 깜짝 놀란다. 당시까지 형식은 영채는 죽은 사람으로 여기고 있었다. 이형식은 자기가 했던 행동이 기억에 떠올라 큰 충격을 받았다.** 형식이 그간의 이야기를 대충 선형에게 해주자 선형은 잘 알지는 못했지만 "의심은 풀렸으나 무엇이라고 말할 수 없는 새로운 괴로움이 가슴을 내려누름을 깨달았다. 자기 몸도 무슨 죄에 빠진 것 같고 자기의 앞에는 알 수 없는 어려운 일과 괴로운 일이 가로막힌 것 같다." 이 충격은 형식과 선형뿐만 아니라 다른 칸에 앉아 있던 병욱과 영채에게도 그대로 전달되었다. 더구나 이미 형식이 선형과 약혼했다는 소식은 충격을 더했다.

이형식은 그간 자기가 선형과 영채와 접하게 된 사정을 생각하고 두 여인을 비교해 보기도 하고 자신의 마음을 돌이켜본다.

형식은 선형에게 대하여서나 영채에게 대하여서나 아직 참된 사랑을 가져 보지 못하였다. 대개 형식의 사랑은 아직도 외모

• "영채의 가슴에는 이제야 비로소 사람의 피가 끓기 시작하고 사람의 정이 타기를 시작한다. 영채는 자기의 마음이 전혀 변하여진 것을 생각한다. 마치 애초부터 어둡고 좁은 움 속에서 지내다가 처음 햇빛 있고 바람 불고 꽃 피고 새 우는 세상에 나온 것 같다. 영채는 거문고를 타고 바이올린을 울린다. 그러나 그 소리가 모두 다 새로운 빛을 띤다. 그리고 영채의 눈에는 기쁨과 슬픔이 섞인 듯한 눈물이 핑그르 돈다." (이광수 1979 1: 162).

•• "(……) 속에는 여러 가지로 고통이 일어난다.
영채를 따라 평양까지 갔다가 죽고 산 것도 알아보지 아니하고, 뛰어와서 그 이튿날 새로 약혼을 하고, 그 뒤로는 영채는 잊어버리고 지나온 자기는 마치 큰 죄를 범한 것 같다. 형식은 과연 무정하였다. 형식은 마땅히 그때 우선에게서 꾼 돈 오 원을 가지고 평양으로 내려갔어야 할 것이다. 가서 시체를 찾아 힘있는 데까지는 후하게 장례를 지내었어야 할 것이다.
그리고 새로 혼인을 하더라도 인정상 다만 일 년이라도 지내었어야 할 것이다. 자기를 위하여 칠팔 년 고절을 지키다가 마침내 자기를 위하여 몸을 버리고 목숨을 버린 영채를 위하여 마땅히 아프게 울어서 조상하였어야 할 것이다.
그런데 어찌하였는가.
영채가 세상에 없으매 잊어버리려 하던 자기의 죄악은 영채가 살아 있단 말을 들으매 칼날같이 날카롭게 형식의 가슴을 쑤신다.
형식은 이를 악물고 흑흑 한다. 곁에 선형이가 앉은 것도 잊어버린 듯하다." (위의 책: 178).

의 사랑이었다. 형식은 선형을 자기의 생명과 같이 사랑하노라 하면서도 선형의 성격은 한 땀도 몰랐다.

선형이가 냉정한 이지적 인물인지 또는 열렬한 정적 인물인지, 그의 성벽이 어떠하며 기호가 어떠한지, 그의 장처가 무엇이며 단처가 무엇인지, 또는 그와 자기와 어떤 점에서 서로 일치하며 어떤 점에서 서로 모순하는지, 따라서 그의 성격과 재능이 장차 어떠한 방향으로 발전될지도 모르고 그저 맹목적으로 사랑한 것이다.

그의 사랑은 아직 진화를 지나지 못한 원시적 사랑이었다. 마치 어린애끼리 서로 정이 들어서 떨어지기 싫어하는 것과 같은 사랑이요, 또는 아직 문명하지 못한 민족들이 다만 고운 얼굴만 보고 곧 사랑이 생기는 것과 같은 사랑이었다.

다만 한 가지 다름이 있다 하면 문명하지 못한 민족의 사랑은 곧 육욕을 의미하되, 형식의 사랑에는 정신적 분자가 많았을 뿐이다.

그러니 형식은 다만 정신적 사랑이라는 이름만 알고 그 내용을 알지 못하였었다. 진정한 사랑은 피차에 정신적으로 서로 이해하는 데서 나오는 줄을 몰랐다.

『무정』, 181쪽

형식은 자신의 마음의 변화를 세밀하게 추적하지 않을 수 없었고, 그간 여러 차례 문제시되었던 '사랑'이라는 자기 마음의 움직임에 대한 성찰은 큰 변화를 만들어가고 있었다.

기차간에서 선형과 영채 두 여인에 대한 자신의 마음에 대해서 고민하고 갈등하던 형식은 불현듯 사랑이란 진지한 것이어야 하며 민족에 대한 사랑 또한 진지하고 절실한 것이어야 함을 깨닫고 미국 유학의 길이 결코 가볍게 생각할 수 없는 일임을 다시 확인한다.

> 옳다, 그러므로 우리들은 배우러 간다. 네나 내나 다 어린애이므로 멀리멀리 문명한 나라로 배우러 간다. 형식은 저 편 차에 있는 영채와 병욱을 생각한다.
> (불쌍한 처녀들!) 한다.
> 이렇게 생각하니 세 처녀가 다 같이 사랑스러워지고 정다와진다.
> 형식의 상상은 더욱 날개를 펴서 이희경 일파를 생각하고, 경성학교 학생 전체를 생각하고, 또 서울 장안길에서 보던 누군지 얼굴도 모르는 성명도 모르는 남녀 학생들과 무수한 어린아이들을 생각한다.
> 그네들이 모두 다 자기와 같이 장차 나갈 길을 부르짖어 구하는 듯하며, 그네들이 다 자기의 형이요, 누이들인 것같이 정답게 생각된다. 형식은 마음속으로 커다란 팔을 벌려 그 어린 동생들을 한 팔에 안아 본다.
> 형식의 생각에 자기와 선형과 또 병욱과 영채와 그 밖에 누군지 모르나 잘 배우려 하는 사람 몇십 명 몇백 명이 조선에 돌아오면 조선은 하루 이틀 동안에 갑자기 새 조선이 될 듯이 생각한다. 그리고 아까 슬픔을 잊어버리고 혼자 빙그레 웃으며 잠이 들었다.
>
> 『무정』, 193쪽

사랑의 민족주의

기차간의 삼각관계의 긴장에서 형식은 사랑하는 마음을 넓혀 가기 시작한다. 곧 병욱도 포함되고, 자신의 제자들과 경성학교 학생들과 그리고 길에서 마주치는 수많은 학생들에게까지 확대되었다. 그렇게 많은 사람들이 하나가 되어 배우고 가르치면 조선은 곧 새로운 조선이 될 것이라는 생각은 희망을 준다. 이러한 발상의 전환은 졸지에 이루어진 것이 아니라 형식이 계향과 만나고 그 느낌을 기차를 타고 오며 음미하며 떠올린 새로운 생각에서부터 비롯된 것이었고 그 과정을 이광수는 치밀하게 추적한다.

기차는 삼랑진역에 서서 네 시간 후에야 출발할 수 있다고 하여 그들은 모두 기차에서 내린다. 그들은 거기서 엄청난 홍수에 모든 것이 떠내려가는 모습을 본다. 수많은 사람들이 살겠다고 높은 곳으로 기어오르고 아비규환이다. 잠깐 멎는 듯했던 소낙비는 다시 맹렬한 기세로 퍼붓기 시작한다. 그런데 어느 부인이 산기(産氣)가 있어 그녀를 도와주기 위해 움직이던 중 비 때문에 기다리는 김에 돈을 마련해 불쌍한 사람들에게 국밥이라도 마련해 주자는 생각으로 음악회를 하게 되었다. 음악회는 성황리에 진행되었고 그들은 우레와 같은 박수갈채를 받았다. 그곳에 모인 수많은 사람들의 모습은 너무나 처참했다.

하룻밤 비에 모든 것을 잃어버리고 발발 떠는 그네들이 어찌 보면 가련하기도 하지마는 또 어찌 보면 너무 약하고 어리석어 보인다. 그네의 얼굴을 보건대 무슨 지혜가 있을 것 같지 아니하다. 모두 다 미련해 보이고 무감각해 보인다. 그네는 몇 푼어

한국인의 탄생

치 아니 되는 농사하는 지식을 가지고 그저 땅을 팔 뿐이다. 이러하여 몇 해 동안 하느님이 가만히 두면 썩은 볏섬이나 모아 두었다가는 한번 물이 나면 다 씻겨보내고 만다. 그래서 그네는 영원히 더 부(富)하여짐이 없이 점점 더 가난하여진다. 그래서 몸은 점점 더 약하여지고 머리는 점점 더 미련하여진다. 그대로 내어버려 두면 마침내 북해도의 〈아이누〉나 다름 없는 종자가 되고 말것 같다.

『무정』, 204-205쪽

이형식은 기차간에서부터 자신의 마음을 더욱 많은 사람들에게 넓혀왔다. 이제 홍수 현장에 모여 앉은 불쌍한 조선 사람들의 처참하고 한심한 모습을 보며, 이형식은 전과는 다른 '사랑'을 느끼지 않을 수 없었다. 특정한 상대, 특히 이성(異性)에 대한 사랑이 아니라 수많은 익명의 무리에 대한 사랑이었고, 이는 이전에 이미 형식의 가슴속에서 시작된 희미한 종교적인 사랑 아가페(agape)였다. 기차 안에서 홍수를 만나기 전 형식은 자신과 선형의 관계 그리고 영채와의 관계에 대해서 돌이켜 보며 사랑에 대한 마음은 이미 종교적이었음을 깨달은 바 있었다.* 이형식은 이제야 모든 민족을 사랑하는 진정한 민족주의자가 되었다.

이형식의 '내면'이라는 공간 장치는 이형식으로 하여금 특정한 여성에 대한 욕망과 사랑이 서서히 깊어지고 넓혀져 결국은 익명의 대중, 특히 민족에 대한 사랑으로 변화하도록 하기 위해서 고안된 것이었다. 이것이 근대 서구 문학 기법인 '내면'을 도입한 의미이자 용도였다. 욕망과 사랑은 인간의 생명력과 이성(理性)을 활성화시키며 특정한 관계에 있지 않은 이성(異性)에 대한 욕망과 사랑일 경우에도 못지않은 결과가 나타나며 이것이 바로 민족에 대한 사랑으로 전환되는 주요 메커니즘이다. 에로스(eros)와 아가페(agape)는 다른 종류의 사랑이며 에로스에서 아가페로의 전환은 논리적으로 설명할 수 없는 것이지만 춘원은 이것을 『무정』에서 이형식이라는 근대인의 내면에서 추동되는 정교한 과정을 보여줌으로써 해내었다. 단적으로 에로스의 풍요함이 넘쳐흘러 아가페로 전환된 것은 아니었다. 오히려 이형식의 영채에 대한 죄의식, 선형을 향한 사랑의 미성숙에 대한 의식과 불만은 오히려 그의 불쌍한 익명의 조선 사람들에 대한 사랑에 그 밀도를 한층 더하였다. 이형식은 아직 김선형도 박영채도, 아무도 제대로 사랑하지 못했으며 그 갑갑함을 참지 못했기에 새로운 대상, 불쌍한 조선 민족을 찾아 그들을 실컷 사랑하기로 하였다. 이형식의 민족주의는 이로써 새로운 단계로 접어든 것이

• "그는 그의 동포가 사랑을 장난으로 여기고 희롱으로 여기는 태도에 대하여 큰 불만을 품는다. 자기의 일시 정욕을 만족하기 위하여 이성을 사랑한다 함을 큰 죄악으로 여긴다.
그는 사랑이란 것을 인류의 모든 정신 작용 중에 가장 중하고 거룩한 것의 하나인 줄은 믿는다.
그러므로 자기가 선형을 사랑하는 것은 자기에게 대하여서는 극히 뜻이 깊고 거룩한 일이요, 자기의 동포에게 대하여서는 큰 정신적 혁명으로 생각한다. 그러므로 형식의 사랑에 대한 태도는 종교적으로 진실하고 경건한 것이었다. 사랑을 인생의 전체라고까지는 생각하지 않는다 하더라도 사랑에 대한 태도로 족히 인생에 대한 태도를 결정할 수 있다고 믿는다.
그러나 이제 생각하여 보건대 자기의 선형에게 대한 사랑은 너무 유치한 것이었다. 너무 근거가 박약하고 내용이 빈약한 것이었다." (위의 책: 192).

한국인의 탄생

다. 이론으로서의 민족주의로부터 가슴으로, 사람들에 대한 뜨거운 사랑으로서, 삶으로서의 민족주의로 접어든 것이다.

그러나 이 민족에 대한 사랑, 아가페가 진정한 것인지는 증명할 방법이 없다. 이형식이 계향을 만나고 하느님 옆에까지 올라갔다는 이야기나 마지막에 민족 전체를 사랑한다는 이야기나 그저 느낌인지, 말뿐인지, '허위의식'인지, 진정으로 민족을 사랑하게 되었는지는 전혀 검증할 방법이 없고 다만 전체적인 정황에서 판단할 수 있을 따름이다.

한놈과 그의 세상

춘원의 이형식에 비하면 단재의 『꿈하늘』의 주인공 '한놈'에게는 정교한 '내면'이라는 장치가 설치되어 있지 않다. 이야기는 천관(天官, 神)의 말로 시작된다. "인간에게는 싸움뿐이니라. 싸움에 이기면 살고 지면 죽나니 신(神)의 명령이 이러하다." 세상은 신의 명령에 의해서 규정되고 주인공의 행동 또한 신의 명령에 따라야 한다. 한놈은 누구에게 적대감도 증오도 없고 싸울 의사도 없었다. 곧 두 편의 군사들이 나타난다. 그중 한 편은 우리나라 사람들이고 또 한 편은 온갖 흉악한 괴물들이었고 곧 천지에 바람이 불고 폭풍이 휘몰아치며 두 편 간에 싸움이 시작된다. 이 싸움은 눈뜨고 볼 수 없는 잔인하고 피비린내가 진동하는 처참한 싸움이었다. 한놈이 보다 못해 너무 끔찍해서 눈을 감으니, 꽃송이가 "다시 빙글빙글 웃으며 「한놈아, 눈을 떠라! 네 이다지 약(弱)하냐? 이것이 우주의 본면목이니라. 네가 안 왔으면 하릴없지만 이미 온 바에는 싸움에 참가하여야 하나니, 그렇지 않으면 도리어 너의 책임만 방기하느니라. 한놈아 눈을 빨리 떠라.」" 하고 말한다.

꽃송이는 잔인한 싸움을 즐긴다. 그는 과연 피를 먹고 산다고 한다. 그러고는 곧 싸움은 끝나고 평화의 소리가 울린다. 말하자면 이곳 꿈나라는 신의 명령에 따라 모든 장면이 나타나도록 만든 공간, 특히 잔인함의 극장(劇場)이었다. 한놈도 예외 없이 신의 명령에 따라 '꼭두각시' 놀음을 해야만 하는 인형 중의 하나에 불과하다. 이 꿈속, '님 나라'에는 이기기 위한 싸움, 살아남기 위한 싸움을 하는 공간이다. 적을 죽이기 위한 싸움이라기보다는 신의 명령과 연출에 따라 싸움을 위한 싸움, 많은 피를 뿌리는 즐거움을 위해 싸우는 콜로세움(Colosseum)이다. 싸움에 뛰어든 각 편들도 서로 적대감이 있는 집단들도 아니다. 조선 사람들과 듣도 보도 못한 괴물들, 이편과 저편, 동편과 서편, 남편과 북편 하듯이 천관의 명령에 따라 그저 아무 편이나 갈라서 싸우기 위한 싸움을 처절하고 잔인하게 수행하는 것이다. 피비린내 나게 처절하고 잔인하게 싸우는 이유는 그렇게 하지 않으면 또 무궁화꽃과 천관에게 혼이 나고 처벌받기 때문이다.

싸움이 끝나고 평화가 시작되자 '대장'이 노래를 부른다. 그 노래는 무궁화꽃에 피를 뿌려 주지 않아서 야위었다고 탄식하고 있고 무궁화꽃은 핏물에 목이 마르다고 대답한다. 그러더니 을지문덕이 나타나서 민족사 강의를 한 차례 한다. 그러고는 영계(靈界)와 육계(肉界)의 관계에 대해서 강의를 계속한다.

그러하니라. 영계(靈界)는 육계(肉界)의 사영(射影)이니 육계에 싸움이 그치지 않는 날에는 영계의 싸움도 그치지 않느니라. 대저 종교가(宗敎家)의 시조인 석가나 예수가 천당(天堂)이니 지

한국인의 탄생

옥(地獄)이니 한 말은 별로이 우의(寓意)한 곳이 있거늘, 어리석은 사람들이 그 말을 집어 먹고 소화가 못되어 망국멸족(亡國滅族) 모든 병(病)을 앓는도다. 그대는 부디 내 말을 새겨들을지어다. 소가 개를 낳지 못하고 복숭아나무에 오얏 열매가 맺지 못하나니, 육계의 싸움이 어찌 영계의 평화를 낳으리요? 그러므로 육계의 아이는 영계에 가서도 아이요, 육계의 어른은 영계에 가서도 어른이요, 육계의 상전은 영계에 가서도 상전이요, 육계의 종은 영계에 가서도 종이니, 영계에서 높다·낮다·슬프다·즐겁다 하는 도깨비들이 모두 육계에서 받던 꼴과 한 가지라. 나로 말하더라도 일찍 살수(薩水) 싸움의 승리자(勝利者) 되므로 오늘 영계에서도 항상 승리자의 자리를 차지하고, 저 수주(隋主) 양광(楊廣)은 그때에 전패자(戰敗者)로 되므로 오늘도 이같이 패하여 군사를 이백만이나 죽이고 슬피 돌아감이어늘, 이제 망한 나라의 종자(種子)로서 혹 부처에게 빌며 상제(上帝)께 기도하며 죽은 뒤에 천당을 구하려 하니, 어찌 눈을 감고 해를 보려 함과 다르리오.

『꿈하늘』, 182–183쪽

이 강의는 제대로 이해하기가 쉽지 않다. '영계' 즉 지금 이 꿈나라는 현실이 아니며 현실의 그림자일 뿐이요, 현실의 자식이다. 영계는 흡사 '천당'과 '지옥' 같은 내세(來世)인 것 같지만 꼭 그렇지도 않다. 그렇지만 앞에서 볼 수 있듯이 단재는 '영계'는 육계의 어떤 영원한 모습을 비춘다고 했다. 하지만 어떻게 이러한 영계, 꿈나라가 가능한가는 전혀 말하고 있지 않으며 따라서 논리적으로도 일관성을 유지하지 못한다. 가령 한 번 전투에 지고 한 번 전투에 이긴 장군은 영계에서 어떤 존재가 되는가를 물어보면 대답할 수 없다. 영계란 신의 명령에 따라 장면이 연출되는 극장일 뿐이며, 이 장면들은 영원한 존재의 모습이라고 전제되어 있을 뿐이다. 이 영계에서 이런 장면을 보여주는 이유는 이 장면들을 신의 명령에 따른 육계의 영원한 진리라고 전제하고 보여주어 육계에서의 인간의 행동에 영향을 미치려 하기 때문이다. 이 영계는 철저하게 신의 명령에 따라 모든 것이 나타나고 이루어지는 곳이다. 이 꿈나라, 영계에 들어와 있는 한 한놈의 내면이란 의미가 없다. 문제는 육계에는 역사가 흘러가지만 영계는 영원한 진리를 신의 명령에 따라 비추어 보여준다. 육계에는 역사가 있지만 영계에는 역사가 없다. 그냥 없는 것이 아니라 천관과 무궁화꽃이 파괴하였다. 영계의 극장에서는 영원한 진리라는 픽션(fiction)을 상연할 뿐이다.

단재의 구상

그러고는 을지문덕에게 영계의 이야기를 들으니 심신에 이상한 반응이 일어났다.

> 오른손이 저릿저릿하더니 차차 커져 어디까지 뻗쳤는지 그 끝을 볼 수 없고, (……) 왼손도 여보란 듯이 오른손대로 되어 또 몇만(萬) 손이 되더니, 오른손에 달린 손들이 낱낱이 푸른 기를 들고 왼손에 딸린 손들은 낱낱이 검은 기를 들고 두 편을 갈라 싸움을 시작하는데, 푸른 기 밑에 모인 손들이 일제히 범이 되며 아가리를 딱딱 벌리며 달려드니, 검은 기 밑에 모인 손들은

노루가 되어 달아나더라.

　　자기 자신이 둘로 갈라져서 서로 싸움을 시작했다는 것이며 이는 정체성 위기(identity crisis)를 상징적으로 표현한 것이다. 현실적으로는 구한말 1909년경까지 지속되던 일진회와 의병을 포함한 민족주의 진영의 전쟁 상태를 표현하는 것으로 보인다. 그러자 '무궁화꽃'이 옆에 있다가 "싸우거든 내가 남하고 싸워야 싸움이지, 내가 나하고 싸우면 이는 자살이요 싸움이 아니니라."라고 꾸중한다. 여기에서도 그 짓이 "싸움"이라는 규정은 일방적으로 '무궁화꽃'이 내린 것이지 객관적으로 그 짓이 무엇이었는지 한놈은 전혀 알지 못했다. 그러자 "한놈이 바싹 달려들며 묻되「내란 말은 무엇을 가리키는 말입니까? 눈을 크게 뜨면 우주(宇宙)가 모두 내 몸이요, 적게 뜨면 오른팔이 왼팔더러 남이라 말하지 않습니까」 꽃송이가 날카롭게 깨우쳐 가로되",

　　「내란 범위는 시대를 따라 줄고 느나니, 가족주의 시대에는 가족이 「내」요 국가주의의 시대에는 국가가 「내」라. 만일 시대를 앞서 가다가는 발이 찢어지고 시대를 뒤져 오다가는 머리가 부러지나니, 네가 오늘 무슨 시대인지 아니냐? 그리스〔희랍〕는 지방열(地方熱)로 강국(强國)의 자격을 잃고 인도는 부락사상(部落思想)으로 망국(亡國)의 화(禍)를 얻으리라」
　　한놈이 이 말에 크게 느끼어 감사한 눈물을 뿌리고 인해 왼손으로 오른손을 만지니 다시 전날의 오른손이요, 오른손으로 왼

손을 만지니 또한 전날의 왼손이더라.

『꿈하늘』, 185-186쪽

인용한 문단은 이곳 꿈나라가 얼마나 작위적이고 자의적인 곳인가를 드러낸다. '나'의 범위는 시대에 따라 변하고, 시대의 규정은 '무궁화꽃'인지 '꽃송이'인지 하는 존재가 일방적으로 결정하여 부과할 뿐이다.

나아가서 한놈에게 정체성 위기가 생겼다는 말은 사실 한놈이라는 인물의 내면의 심리가 간단치 않았다는 말이다. 정체성 위기란 근대 이전 문학의 인물에는 나타나지 않는 문제이며 나타나는 경우에는 배신자나 매국노 같은 원래 타고난 악인(惡人)으로 표현된다. 이렇게 자신이 분열된 경우가 악인의 경우가 아니라면 한놈은 근대적 인물, 즉 근대적 소설문학에, 이광수 이후 소설에 등장하는 인물의 유형일 수밖에 없다. 그러나 이런 이야기가 여기에 등장하게 된 이유는 우리가 바로 이 배경이 되던 시대, 1909년을 전후해서 심각한 정체성 위기를 처절하게 겪었기 때문이었다. 결국 한놈은 한때 정체성 위기를 겪었던 근대적 인물로 등장했지만, 꽃송이의 심한 꾸중으로 졸지에 내면을 폐쇄당하고 구소설의 세계로 강제로 끌려 들어간 셈이다.

이곳 꿈나라, '님 나라'—형식적으로 이곳을 무엇이라 부르든 간에—는 모든 인물과 사건이 현실의 모습과는 달라서 모든 것이 더욱 단순화되어 핵심적 모습이 나타나지만 무엇인지 처음에는 알기 힘든 것이 많다. 그런데 이곳에서의 모든 것과 모든 사건의 정체는 '신관'과 '꽃송이'와 '무궁화꽃'과 '을지문덕'의 일방적 명령에 의해서 결정된다.[*] 한놈은 처음에는 "바싹 달려들며" 물었지만 꽃송이가 꾸중하자 바로 복종하고 저항하지 않았다. 한놈이 복종을 계속했기 때문에 잘 드러나지 않지만 이 꿈나라는 극도로 폭력적이고 권위주의적인 권력이 좌지우지하는 세상임에 틀림없다. 한놈은 개성도 없고, 인격도 없고, 주체성도 없고, 내면도 없다. 그 이유는 옆에서 그를 따라다니며 감시하는 '무궁화꽃'이 늘 그를 지켜보며 개입하기 때문이다. 그런 것들이 내비치면 당장 피를 먹고 사는 꽃송이가 혼을 낸다. 누구인지, '천관'인지 '신'인지, '무궁화꽃'인지 알 수 없지만, 이곳은 그들에 의해 일방적으로 모든 것이 결정되고 일방적으로 명령되는 곳이며, 근대적 잠재력이 강한 한놈을 폭력으로 전근대로 밀어 넣고 있는 것이다. 이곳에서 벌어지는 것은 적과의 전쟁만이 아니다. '우리 편'들 간의 모든 것도 다 일방적인 명령, 꾸중, 권위로 이루어진다.

이곳에서 인물들의 개성, 주체성, 자유 의지, 내면 등을 볼 수 있는 인물은 전쟁의 시작에서 한놈에게 합류한 여섯 친구들일 것이다. 우선 이들은 이름도 없다. 모두 이름이 같아서 "둣놈, 셋놈, 넷놈, 닷째놈, 엿째놈, 잇놈"이라 한다. 모두 평등한 백성이지만 그나마 '개똥이', '쇠똥이', '말똥이' 하는 식의 이름도 지어주지 않고 번호로 부른다는 것에서 이 꿈나라의 극도의 군국주의 논리를 엿볼 수 있다. 이는 전통적 공동체의 논리와는 엄청나게 다른 것이다. 이들 친구들

---

[*] 명령을 내리는 주체의 정체는 혼돈되어 있다. 그러나 그렇게 복잡할 것은 아니다. 하여튼 누구라도 한놈에게 명령하는 사람들은 비슷하게 연관되어 있다. 그들이 다른 개성을 갖고 있지도 않다.

도 나름대로 자신의 입장과 조건과 욕망을 표현할 기회가 있다. 하지만 전쟁을 수행해야 한다는 일괄적 의무 외에 다른 것은 모두 처형의 죄목이 될뿐이다. 몸이 힘들어 쉬겠다는 놈, 부귀영화를 누리겠다는 놈, '새암' 많은 놈 등 무엇인가 개인적인 것을 원했던 놈은 모두 처형되고 버려진다. 그리고 한놈은 싸우다가 '풍신수길(豊臣秀吉)'이 보여 칼로 치려는데 갑자기 그것이 '일대미인(一大美人)'으로 변해 힘이 빠진 사이 그 미인이 다시 개로 변해 한놈을 공격하고 그는 지옥으로 떨어진다. 그곳은 '지옥(地獄)'이든 감옥이든 하여튼 끔찍한 처벌 장소였고, 강감찬이 순옥사자(巡獄使者)가 되어 감시하고 있는 곳이었다. 가는 곳마다 이 꿈나라에는 감시자가 없는 곳이 없고, 권력자는 일장연설을 하지 않는 사람이 없다. 이곳에 모든 곳을 지키고 있는 권력자들은 동시에 선배이며 선생을 겸하고 있다.

단군은 오계(五戒)를 세웠고 이를 범한 자들을 위해 지옥을 나누어 만들었다는 것이다. 이곳의 지옥은 단테(Dante Aligieri)를 연상시킬 만큼 대단히 정교한 구조로 되어 있다. 국적(國敵)을 두기 위해서 일곱 개의 지옥이 있으며 망국노(亡國奴)들을 두기 위해서 약 열두 가지 이상의 지옥이 있다. 그 지옥들은 고도로 독창적이며 풍부한 상상력으로 지어진 이름들이 붙어 있다. 그리고 강감찬은 한놈에게 그가 지옥에 온 죄목을 가르쳐 준다. 그의 죄는 "둘을 한번에 사랑했다는" 죄라는 것이다. 강감찬은 말한다.

그러하니라, 한 물건이 한 시에 한 자리를 못 차지할지며, 한 사상이 한 시에 한 머릿속에 같이 있지 못하나니 이 줄로 미루어 보아라. 한 사람이 한 평생 두 사랑을 가지면 두 사랑이 하나도 이루기 어려운 고로, 이야기에도 있으되 「두 절개(節介)가 되지 말라」하니 그 부정(不精)함을 나무람이니라.

『꿈하늘』, 211쪽

이 말은 당연한 말 같지만, 사실 인간의 마음과 사상 등이 모두 물화(物化)되고 상품화된 세상, 즉 자본주의화한 세상, 오히려 전체주의(totalitarianism)의 논리이다. 이를테면 현대의 '양자역학(quantum mechanics)'을 이해하지 못했을 것이라 판단되지만, 이 말은 자본주의 사회의 상식 세계를 폭력적으로 일반화시킨 단언이며 전혀 철학적인 근거 없이 진리인 체하는 폭력이라 할 것이다. 다만 그 세계, 꿈나라에서는 그런 식의 자의적인 '형법(刑法)'을 만들어 처형하고 처벌하고 있다고 판단할 수 있을 것이다.

이 꿈나라는 보편성을 부정하는 자의성의 일방적이고 절대 권력이 지배하는 특수 공간이라고 이해할 수 있을 것이다. 이곳에 나타나는 한놈을 비롯한 어떤 인물도 내면을 가질 수 없다. 내면을 가진다 함은 스스로 생각하는 존재이며 스스로 생각하고 판단하는 존재란 이런 공간 즉 천관, 무궁화꽃 등이 절대적 권위를 갖고 모든 것을 판단하고 명령하는 곳에서는 있을 수 없다. 시대가 시대인 만큼 저자 단재는 사람들이 전과 달리 개화되어 각자 이해를 따지며 따라서 정체성 위기를 겪을 수도 있고 '매국노'가 될 수도 있다는 사실을 알았다. 그리하여 그는 미리 이런 존재를 방비하기 위해서 여러 장치를 해놓고 경비원도 세워두었던 것이다. 이곳 꿈나라는 근대 소설에 등장하는 현실이 아니다. 현실의 그림자라고 하지만 자의적으로 선별하여 만든 만고부동의 '진리'를 애니메이션(animation)으로

만들어 상연하는 극장인 것이다. 『꿈하늘』은 구소설의 형태를 띠지
만 구소설이 아니다. 오히려 반동적(反動的) 구소설이라 할 것이다.
여기에서 인물들은 근대인으로부터 중세 또는 전근대의 지하 감옥
으로 강제로 끌려가는, 사슬에 묶인 시간 여행자(time travellers), 포로
들일 뿐이다.

한국인의 탄생

두 민족주의자의
사회적 위치

O

새로운 존재와 그 세상

조선은 '무정(無情)한' 사회였다. "무정한 세상"이라는 말은 『무정』
이야기상의 약 삼분의 일 되는 지점, 영채의 기생 언니 월화가 자살
하는 이야기 말미에 나온다. 그렇기에 조선은 사랑할 능력과 자격이
있는 이형식을 필요로 하며, 이형식은 사랑을 통해서 조선을 구원
하려고 한다. 그러나 『무정』은 사랑이 주제가 아니며 주인공 이형식
또한 구세주 '예수님'이 아니다. 이형식은 사랑을 할 능력과 자격이
있지만 그에게 사랑이란 자신이 성장하고 '인간'이 되는 경험일 뿐
이었다. 이형식이 성장하고 인간이 되는 과정에서 사랑은 그 문턱을
넘는 정도로 충분했다. 그런데 형식은 그 문턱에서 괴로움을 겪게
되고 그 사랑은 아가페로 승화되었던 것이다. 이 소설이 근대 서구
식 사랑을 주제로 한 이야기였다면 형식은 선생님의 딸이지만 기생

이었던 영채와 사랑에 빠졌어야 했다. 19세기 중반 프랑스의 소설가 소(小) 뒤마(뒤마 피스)의 『춘희(La Dame aux camélias)』처럼 폐병으로 죽어가는 아름다운 고급 창녀와 사랑에 빠지는 것이 전형적인 연애 소설이다. 사랑해서는 안 될 사람과 사랑에 빠져서 죽음으로써 사랑의 순수함을 증명하는 것이 근대의 고전적인 사랑 이야기의 핵심이다. 그런데 『무정』은 그런 이야기는 아니다. 이형식은 사랑에 빠진 인물이 아니라 사랑의 가능성을 맛보는 가운데 성장하는 인물이다. 나아가 아직 진정한 사랑을 하고 있지 못함을 자각하며 그런 자각을 토대로 아직 성숙한 '인간'이 되지 못했음을 토로하는 인물이다. 『무정』은 근대 서구식 사랑 이야기가 가진 비극적 절정에 도달하지 못한 작품이다. 『무정』은 이야기를 시작하며 대중성을 확보하기 위해 '대중적 연애 소설'인 것처럼 포장했지만, 이 작품 전체의 주제는 사랑이 아니다. 이 소설의 심층 주제는 당시 민족주의자의 계급적 위치의 확인과 신분 상승이다.

이 세상 사람들은 서로 부귀를 기준으로 서로를 분별하며 천대하고 핍박하며 살고 있고, 이러한 현실이 바로 '무정한 세상'이며 월화가 자살하게 된 이유이기도 했다. 그러나 이러한 서로 간의 분별은 사람들이 한 치 앞을 못 보는 딱한 일이며 지금 형식의 눈앞에서도 벌어지고 있다. 형식은 영채를 보며 '만일 선형이 영채를 보면 어떨까?'를 상상한다.

만일 선형이로 하여금 이 영채의 신세를 보게 되면 단정코 자기와는 딴 세상 사람으로 알렷다. 즉, 자기는 결단코 영채와 같이 되지 못할 사람이요, 영채는 결단코 자기와 같이 되지 못할

       한국인의 탄생

사람으로 알렷다. 또는 자기는 특별히 하늘의 복과 은혜를 받는 사람이요. 영채는 특별히 하늘의 앙화와 형벌을 받는 사람으로 알렷다.

그러함으로 부자가 가난한 사람을 없이하고 천대하여 가난한 자는 능히 자기네와 마주 서지 못할 사람으로 여기고, 길가에 굶어 떠는 거지들을 볼 때에 소위 제 것으로 사는 자들이 개나 돼지와 같이 천대하고 기롱하여 침을 뱉고 발길로 차는 것이다. 그러나 부자 조상 아니 둔 거지가 어디 있으며, 거지 조상 아니 둔 부자가 어디 있으리오. 저 부귀한 자를 보매 자기네는 천지개벽 이래로 부귀하여 천지가 없어질 때까지 부귀할 듯하나, 그네의 조상이 일찍 거지로 다른 부자의 대문에서 그 집 개로 더불어 식은 밥을 다툰 적이 있었고, 또 얼마 못하여 그네의 자손도 장차 그리 될 날이 있을 것이다.

칠팔 년 전 박진사를 보고야 뉘라서 그의 딸이 칠팔 년 후에 이러한 신세가 될 줄을 짐작하였으랴. 다 같은 사람으로 부하면 얼마나 더 부하며 귀하다면 얼마나 더 귀하랴.

조그만 돌 위에 올라서서 다른 사람들을 내려다보며, 이놈들, 나는 너보다 높은 사람이로다 함과 같으니 제가 높으면 얼마나 높으랴. 또 지금 제가 올라선 돌은 어제 다른 사람이 올라섰던 돌이요, 내일 또 다른 사람이 올라설 돌이다. 거지에게 식은 밥 한 술을 줌은, 후일 네 자손으로 하여금 내 자손에게 그렇게 하여달라는 뜻이 아니며, 그와 반대로 지금 어떤 거지를 박대하고 기롱함은 후일 네 자손으로 하여금 내 자손에게 이렇게 하여달라 함이 아닐까. 모를래라, 얼마 후에 영채가 어떻게 부귀한 몸이 되고, 선형이가 어떻게 비천한 몸이 될는지도.

『무정』, 24쪽

형식은 사람들이 서로 부귀를 구별하고 천대하고 구박하는 철저한 계급 사회임을 한탄하지만 사람들이 서로를 구별하는 일 자체를 비판하거나 평등한 사회를 생각하는 것은 아니다. 앞으로 신세들이 변할 줄을 모르고 그런 유치한 분별을 계속하는 것을 측은해 할 뿐이다. 형식은 이런 구분을 없애야 한다는 것이 아니라 오히려 좀 더 합리적 기준에 따라서 공통의 가치 기준에 맞게 해야 한다고 생각한다. 위 인용문에는 다소의 증오와 복수심이 엿보인다.

이형식은 훌륭한 사람으로 설정되어 있다. 그가 훌륭한 사람인 것을 아래와 같이 이야기한다.

남들이 기생집에 가는 동안에, 술을 먹고 바둑을 두는 동안에, 그는 새로 사온 책을 읽기로 유일한 벗을 삼았다. 그래서 그는 동배 간에도 독서가라는 칭찬을 들었고, 학생들이 그를 존경하는 또 한 이유도 그의 책장에 자기네가 알지 못하는 영문, 독문의 금자 박힌 것이 있음에서였다.

그는 항상 말하기를, 우리 조선 사람의 살아날 유일의 길은, 우리 조선 사람으로 하여금 세계에 가장 문명한 모든 민족—즉 일본 민족만한 문명 정도에 달함에 있다 하고 이러함에는 우리나라에 크게 공부하는 사람이 많이 생겨야 한다 하였다.

『무정』, 51-52쪽

이형식의 인생의 목표는 우리 조선 사람들을 '민족'으로 만드는 것이며 이를 위해서는 성실하게 독서를 하고 문명을 만들어야 한다는 것이다. 여기에서 "조선 사람"에게는 아직 "민족"이라는 말을 사용하지 않고 있다. 그리고 형식은 월급의 대부분을 책값으로 써버려서 돈이 없다. 사회 전체의 입장에서 가장 중요한 일은 민족을 살리는 일이며, 따라서 재산의 유무는 형식에게는 중요한 기준일 수 없다.

그런데 이렇게 훌륭한 민족주의자 이형식은 자신이 속한 조선 사회와의 관계가 결코 편하지 않다. 수많은 대부분의 조선인들은 당연히 그를 이해하지 못한다. 어떤 사람들은 그를 적대시하기도 한다. 형식이 자신과 비슷한 부류, 함께 지낼 수 있는 부류의 사람으로 판단하는 사람은 많지 않다. 형식은 처음 자신을 소개하면서부터 자신을 남들과 비교하고 구별한다. 무엇보다 자신을 "순결한 청년"이라 평이하게 자부한다.

젊은 여자를 대하면 자연 수줍은 생각이 나서 얼굴이 확확 달며 고개가 저절로 숙여진다. 남자로 생겨나서 이러함이 못생겼다면 못생겼다고도 하려니와, 여자를 보면 아무러한 핑계를 얻어서라도 가까이 가려 하고, 말 한마디라도 하여보려 하는 잘난 사람들보다는 나으리라.

『무정』, 15쪽

말하자면 젊은 여성만 보면 뻔뻔스럽게 달려드는 사람들보다는 자기같이 수줍어하는 사람이 "나으리라" 하며 자신을 구분한다.

형식은 처음부터 '순결'하고 '깨끗'하고, '순수'하다고 하며 이성(異性)의 경험이 전혀 없다는 것이다. 따라서 젊은 여성을 보면 얼굴을 붉히거나 수줍어하여 말을 잘 걸지 못한다. 이는 그의 타고난 성격이기도 하지만 이형식이 자신을 남들, 특히 다른 조선 사람들로부터 구분 짓는 근본적인 전략이며 언어 표현이었다.[*]

　　따라서 '더럽다', '더럽혀졌다'는 표현은 형식이 자신을 정의하기 위해 추구해온 가치와는 정반대에 있는 것이었다. 영채를 처음 만나 이야기할 때부터 영채가 형식과의 관계를 꺼렸던 것은 학교 선생이 기생을 아내로 맞는다 했을 때 "사회의 평론"이 어떠할까 걱정했기 때문이었다. 형식이 영채를 멀리하고 싶어했던 것도 한편으로는 자기의 판단에 이미 더럽혀진 여자라고 느꼈기 때문이기도 하지만 학교 선생이 기생을 아내로 맞이한다면 사회에서 사람들이 손가락질할 것이 두려웠기 때문이기도 했다. '순결하다', '더럽다'는 말은 자신을 남들과 분별하려는 의도에서 사용해온 말이며 그 판단도 자신보다는 '사회'에서의 '평론', 평가와 손가락질이 못지않게 중요한 기준이었다.

　　이렇게 사람을 분별하는 것은 이형식뿐만은 아니다. 형식과 어려서 친구였던 영채 또한 형식을 만나 대화를 하면서 그의 눈치를 보아 파악하고는 자신이 기생, 몸을 팔고 살아가는 더러운 존재가

● 이 말을 한 직후에 일본에 있을 때 어느 여인이 간접적으로 "사랑을 구"하여 거절한 적이 있다는 이야기를 한다. 그리고는 실로 "청구를 거절한 것은 형식의 마음이 아니요, 형식의 입이었다."고 덧붙인다. 즉 그렇게 말하고 싶었음이 가장 큰 이유였다는 것이다 (위의 책: 84).

　　　　　　　　　　　　　　　　　　한국인의 탄생

되어 있음을 처절하게 후회한다. 형식과 같은 부류의 사람들은 '순결하다', '깨끗하다'는 것을 자신의 조건으로 삼고 '더러운' 사람들을 멀리하리라는 것은 영채 또한 기대하고 있는 바이다.* 자신의 처지를 이렇게 인식하고 후회할 때는 일말의 겸손함이나 자제가 있을 수 없다. 즉 형식이 인간을 분별할 것임을 알고 자신이 먼저 더 엄격하게 그의 기준을 상상하며 자신을 더러운 존재로 규정하고 좌절한다. 사람을 분별하고 천시하고, 계급을 차별하는 것은 누구 어떤 특정인이 심하게 그렇게 한다기보다는 사회 전체가 살벌하게 수행하고 있는 것이며 형식도 그 안에서 자신의 구별을 세우려고 한다.

세상에는 형식이 내세우는 가치와 반대되는 이미 더러운 상태가 되어버린 존재가 있는가 하면, 사람들을 더럽히고 세상을 더럽게 만드는 사람들이 있다. 그들이야말로 악인이며 따라서 적이다. 형식은 같은 학교에 있는 학감 배명식에 대해서 이렇게 말한다.

● 영채는 속으로 이렇게 말한다. "그래서 「너는 더러운 사람이로다. 나와 가까이할 사람이 아니로다」 하고 얼굴을 찌푸리지 아니할까.
이러한 생각을 하매, 영채는 더 말할 용기가 없어졌다. 지금까지 죽은 부모와 동생을 만나 본 듯한 반가운 정이 스러지고 새로운 설움과, 부끄러움이 생긴다. 아아, 역시 남이로구나. 형식도 역시 남이로구나. 마음 높고 제 속에 있는 비밀을 다 말하지 못하겠구나 하였다.
영채는 새로이 눈물이 흘러 고개를 숙였다. 내가 왜 기생이 되었던고. 왜 남의 종이 되지 않고 기생이 되었던고. 남의 종이 되거나, 아이 보는 계집이 되거나, 바느질품을 팔고 있었더라면 형식을 대하여 이렇게 부끄러운 마음이 생기고 이렇게 제 속에 있는 말을 못하지는 아니하려든. 아아 왜 내가 기생이 되었던고. 물론 영채는 기생이 되고 싶어 된 것은 아니었다. 아버지와 두 오라비를 건져내려고 기생 된 것이라." (위의 책: 33).

경성 학교의 학감 겸 지리 역사를 담임한 교사인 배명식이 술을 먹고 화류계에 다니매, 청년을 교육하는 학감이나, 교사 될 자격이 없을 뿐더러, 또 매양 학생 전체의 의사를 무시하고 학과의 분배와 기타 모든 것을 자기의 임의대로 하며 학생의 출석이 항상 공평되지 못하고 자기의 의사로 한다 함이다.

학감 배명식은 동경 고등사범 지리 역사과의 전과를 졸업하고 이삼 년 전에 환국하여 경성 학교 학감이라는 중요한 지위를 얻었다. 경성 학교의 십여 명 교사가 다 중등 직원의 법률상 자격이 없는 중에 자기는 당당히 동경 고등 사범학교를 졸업하였노라 하여 학교 일에 대한 만반 사무는 오직 자기의 임의대로 하였다.

그의 주장하는 바를 듣건댄 동경 고등사범학교는 세계에 제일 좋은 학교요, 그 학교를 졸업한 자기는 조선에 제일가는 교육가라, 교육에 관한 모든 것에 모르는 것이 없고 자기가 하려 하는 모든 일은 다 교육학의 원리와 조선 시세에 맞는 것이라 하였다.

『무정』, 44쪽

좋은 학교를 다니고 학식이 많다는 것으로 인간의 가치가 결정되지는 않는다. 다만 조건일 따름이다. 기존의 사회적 가치 체계는 불합리하다. 무엇보다 그가 악인인 것은 술을 먹고 화류계에 다니며 학교 교육을 지배하고 있다는 것이다. 말하자면 성욕에 따라 사는 인간이며 수많은 사람들을 밟고 더럽히고, 그로 인해 피해

자가 생긴다. 학교의 일을 자기 멋대로 처리한다는 것도 같은 맥락으로 이해할 수 있다. 형식은 배 학감이 악인임을 보충적으로 설명한다.

첫째, 배학감이 교주 김남작의 발을 핥고 똥을 먹으며 독일식 정탐견 노릇을 한다 함이니, 배학감은 아랫사람에게 대하여 혹독하게 하던 것과 달라, 자기보다 한층 높은 사람을 대하여서는 마치 오래 먹인 개가 그 주인을 보고 꼬리를 두르며 발꿈치를 핥는 모양으로 국궁돈수(鞠躬頓首)가 무소부지(無所不至)며, 조금 아랫사람에게 대하여서는 일부러 몸을 뒤로 젖히고 혀가 안으로 기어들다가도 한층 웃사람 앞에 나아가면 전신에 근육이 탁 풀어져 고개와 허리가 저절로 굽어지며 혀의 힘줄이 늘어나 말에 「하시옵」「하옵시겠삽」 같은 경어란 경어를 있는 대로 주워다가 바친다.

이리하여 용하게도 교주 김남작의 신용을 얻어 배명식이라면 김남작의 유일한 청년 친구라. 이리하여 배학감은 동료와 학생 간에는 지극히 비평이 나쁘되, 김남작을 머리로 하여 소위 계급에는 지극히 신용이 깊다. 이러므로 아무리 동료와 학생들이 배학감을 배척하여도 배학감의 지위는 반석같이 공고한 것이라.

둘째, 동료 중에 자기의 시키는 말을 듣지 아니하거나 또는 자기를 시비하는 자가 있거나 혹 이유는 없으되, 자기의 눈에 밉게 보이는 자가 있으면 곧 교주에게 품하여 이삼 일 내로 축출 명령이 내린다.

『무정』, 46-47쪽

배 학감은 아랫사람은 학대하고 윗사람에게는 아첨하는 인물이다. 권력을 남용하는 이 사람은 악인이다. 이런 악인들은 "육욕밖에 모르는 짐승 같은 사람들"이다. 물론 이 규정은 이형식 개인만의 판단은 아니다. 이형식과 이들 악인들은 노골적인 전쟁 상태에 있다.

이형식은 이러한 악인들과 갈등을 벌여 왔으며 그 악인들 외에 다른 사람들에 대해서도 나름대로 기준을 가지고 구분해왔다. 형식은 '무식한' 사람들을 처음부터 구별한다. 영채를 처음 만났을 때 그는 영채와 행복한 가정을 꾸미는 상상을 한다. 그러더니 문득 "영채가 무식하면 어쩌나" 하고 심각하게 걱정을 한다. 형식은 자신은 무식한 사람, 무식한 여자와는 행복한 가정을 꾸리지 못한다고 이미 규정하고 있는 것이다. 나아가서 이형식뿐만 아니라 당시에 '개화'의 입장을 가진 사람들은—개화된 기생들을 포함하여—자신들과 개화하지 못한 사람들 일반을 철저히 구분한다. 개화하지 못한 사람들은 다 악인들이나 마찬가지다. 영채는 평양에서 언니 '월화'와 지내던 시절 부벽루에 올라 산보하다가 학생들의 노랫소리를 듣는다. "천하 사람 꿈꿀 제 나만 일어나 하늘을 우러러 슬픈 노래 부르네."라는 노랫말을 음미한다. 이 노랫말을 읊조리며 영채와 월화는 자신들의 고독한 신세를 한탄하며 위로한다. 기생집을 찾는 개화하지 못한 사람들은 모두 '양복을 걸친 허수아비들'이라 한다. '깨인 사람' 즉 현실의 참담함을 느끼는 사람들은 주변의 주색에 빠져 허우적대는 넋 빠진 사람들과 자신들을 구분하며 존재의 의미를 정당화시키며 살아간다. 그런 인물 중 하나였던 월화는 결국 대동강에 투신하여 자살한다.

전략과 투쟁

또한 지적할 것은 형식이 지혜와 지식에 관해서는 남다른 과격성이
있다는 것이다. 형식은 하숙집 노파와 오랫동안 가깝게 지내온 사이
였다. 그가 영채 문제로 가슴 아파하자 노파가 그를 위로한다. 노파
의 위로에 대해 하는 말이,

> 노파가 형식을 위로하는 말은 대개는 형식이가 노파를 위로하
> 던 말과 같았다. 노파는 이 세상에 친구도 없고, 글도 볼 줄 모
> 르는 사람이다. 지식을 얻을 데는 형식밖에 없었다. 그러므로
> 노파가 지금 가지고 있는 지식은 대개 형식의 위로하는 말에서
> 얻은 것이다. 형식의 말은 노파에게 대하여는 철학이요, 종교
> 였다. 그러나 노파는 이것을 형식에게서 얻은 줄로 생각지 아
> 니하고 이것은 제 속에서 나오는 지식이거니 한다.
> 이는 결코 남의 은혜를 잊어서 그러는 것이 아니라 형식에게서
> 얻은 줄을 모르는 까닭이다. 그러므로 노파가 형식을 위로하려
> 할 때에는 첫마디만 들으면 형식은 노파의 하려는 말을 대강은
> 짐작하고 혼자 빙긋이 웃곤 하였다. 그러나 열 번에 한 번이나
> 혹은 스무 번에 한 번씩 노파의 특유한 사상도 있었다.
>
> 『무정』, 81-82쪽

이형식은 노인의 지혜를 인정하지 않는다. 그들이 지혜 있는
척 하는 말은 모두 신지식인에게 들은 말이고 그들이 신지식인에게

들었다는 것을 잊어버렸기 때문이라는 것이다. 이런 식의 관념은 사실 흔치 않다. 형식은 단적으로 민중의 지혜를 경멸한다. 형식은 신학문을 배운 자신만이 세상에서 제일 잘난 사람이었고 누구도 자기의 라이벌이 될 수 있다고 꿈에도 생각하지 않는다.

이형식은 이러한 인간을 구분하는 새로운 기준을 세우고 싶어 한다. 특히 그는 위에서 지적한 악인들에 대항해 투쟁을 하고 있다. 이 투쟁에서 그의 동맹자는 친구 신우선이다. 그와는 처음부터 늘 우연히 길거리에서, 골목에서 마주친다. 형식은 영채를 찾으러 급히 청량리로 가던 도중에 우연히 신우선을 만나고 매우 반가워한다. 그리고 그에 대해서 길게 설명한다.

우선은 백에 하나도 쉽지 아니한 호남자였다. 풍채가 좋겠다, 구변이 있겠다, 나이는 불과 이십오륙 세로되, 문여시(文與詩)를 깨끗이 하겠다, 원래 서울의 똑똑한 집 자손으로 부귀한 집 자제들과 친분이 있겠다, 게다가 당시 서슬이 푸른 대신문의 기자였다. 이러므로 그는 계집을 후리는 데는 갖은 능력과 자격을 구비하였다.

그는 여러 기생을 상종하였고, 또 연극장이가 차리는 방(樂屋)에 출입하여 쌈패며, 광대도 희롱하였었다. 이렇게 말하면 신우선이란 사람은 계집의 궁둥이나 따라다니는 망가자와 같이 들리겠지만, 그에게는 시인의 아량이 있고 신사의 풍채가 있고 의리가 있었다.

그의 친구는 그의 방탕함을 책망하면서도 오히려 그의 재주와 쾌활한 기상을 사랑하였다. 「신우선은 지나 소설에 뛰어나오는 풍류 남자라」함은 형식이 그를 평한 말이니, 과연 그에게는 소주, 항주 근방의 당나라 시절 호협한 청년의 풍이 있었다.

『무정』, 72-73쪽

이형식을 포함한 신지식인들은 신우선 같은 전통적 양반층 자손 중에 잘난 소수의 능력 있고 인격 있고, 사회적 네트워크가 있는 젊은이들과 동맹을 맺고 투쟁에 임하는 전략을 구사하였다. 그러나 형식은 우선을 좋아하지만 존경하지는 않는다.* 형식에게 있어 우선은 그와 같은 급의 동료는 아니다. 가끔 그가 필요할 때 도움을 청할 좋은 친구 정도이다.

이런 관계는 이형식이 김 장로를 대하는 태도에도 나타난다. 김 장로는 기독교 교회의 지도자요, 개화 인사이니 형식으로서는 조선 사회에서 가장 이념적으로 가까운 처지였다. 게다가 작품 후반에 그의 딸 선형과 약혼하기로 결정하니 동맹임에 틀림없다. 하지만 바로 이런 이유 때문에 저녁 식사 초대를 받아 김 장로의 집을 방문했을 때 형식은 그 집을 둘러보며 온갖 장식에 대해 혹독한 평을 한다. 서양 문화와 문명을 이해하지 못하며, 기호가 천박하고, 기독교

● 신우선에 대해서 다음과 같이 평한다. "우선도 아무쪼록 세상에 유익한 일을 하려고는 한다. 다만 그는 형식과 같이 열렬하게 세상을 위하여 일생을 바치려는 열성이 없음이니, 형식의 말을 빌리건댄 우선은 「개인 중심의 중국식 교육을 받은 자」요 형식 자기는 「사회 중심의 희랍식 교육을 받은 자」다. 바꾸어 말하면, 우선은 한문의 교육을 받은 자요, 형식은 영문이나 독문의 교육을 받은 자다." (위의 책: 87).

도 제대로 이해하지 못하고 있다고 지적한다. 현실적으로 형식은 김 장로와 동맹을 맺을 수밖에 없지만 미국 유학 등을 위해서는 자신이 김 장로보다 열등한 위치에 있을 수밖에 없었다. 따라서 이러한 비난은 이를 나름대로 만회해 보기 위한 것으로 정신적인 우위를 한번 항변하는 내면 대사였다. 말하자면 처갓집 돈으로 미국 유학을 하려 한다는 열등감 때문에 자기 마음속에서는 이런 비겁한 불평을 늘어 놓는 것이다. 요컨대 형식은 자신의 동맹군에 대하여 이중적인 자세를 보인다.

이형식의 사회적 관계의 측면에서도 영채가 배명식 일당에게 납치되어 청량리 절에서 폭력을 당한 사건은 중대한 변화가 이루어 지는 계기였다. 그날 밤 일은 형식이 영채에 대해 좌절하는 계기였 다. 형식은 그날 밤 집에 돌아와서 꿈을 꾼다.

형식은 선형을 선녀 같은 처녀라 한다. 선형에게는 일찍 티끌 만한 더러운 행실과 티끌만한 더러운 생각도 없었다. 선형은 오직 맑고, 오직 깨끗하니, 마치 눈과 같고, 백옥과 같고, 수정 과 같다 하였다. 이렇게 생각하고 형식은 빙긋이 웃었다. 그리 고 또 눈을 감았다.

형식의 앞에는 선형과 영채가 가지런히 떠 나온다. 처음에는 둘이 다 백설 같은 옷을 입고 각각 한 손에 꽃가지를 들고 다른 한 손은 형식의 손을 잡으려는 듯이 손길을 펴서 형식의 앞에 내밀었다. 그리고 두 처녀는 각각 방글방글 웃으며, 「형식씨! 제 손을 잡아 주셔요, 네」 하고 아양을 부리는 듯이 고개를 살 짝 기울인다. 형식은 이 손을 잡을까 하여 자기의 두 손을 공중에 내어들고 주저한다.

이윽고 영채의 모양이 변하여지며 그 백설 같은 옷이 스러지고 피묻고 찢어진, 이름도 모를 비단 치마를 입고, 그 치마 찢어진 데로 피묻은 다리가 보인다. 영채의 얼굴에는 눈물이 흐르고 입술에서는 피가 흐른다. 영채의 손에 들었던 꽃가지는 금시에 간 데 없고, 손에는 더러운 흙을 쥐었다.

형식은 고개를 흔들고 눈을 떴다. 그러나 여전히 백설같이 차리고 방글방글 웃는 선형은 형식의 앞에서 손을 내밀고, 「형식 씨! 제 손을 잡으세요, 네」하고, 고개를 잠간 기울인다. 형식이가 정신이 황홀하여 선형의 손을 잡으려 할 때에 곁에 섰던 영채의 얼굴이 귀신같이 무섭게 변하며 빠드득하고 입술을 깨물어 형식을 향하고 피를 뿌린다. 형식은 흠칫 놀라 몸을 흔들었다.

『무정』, 85쪽

선형은 '깨끗하다'라는 규정은 형식이 자기 마음속에서 오랫동안 지켜왔던 바이며 꿈속에서 다시금 마음속의 명분으로 내세워진다. 그리고 이러한 이미지를 통해 마음을 결정한다. 영채는 더럽혀졌을 뿐 아니라 영혼도 무서운 원귀로 변하여 증오의 복수를 뿌린다. 영채의 모습은 악몽이었다.

작가 춘원은 이형식을 자기보다는 성숙하지 못한 약간 아래에 있는 사람으로 설정해 두었다. 특히 그간 형식은 세간의 사람들과 비슷하게 기존의 '깨끗하다', '더럽다'는 관념적인 편견으로 판단해 오다가 이 시점에 이르러 영채가 강간당했다는 구체적인 사실을 기준으로 영채가 '더럽혀졌다'고 판단하고 좌절하며 마음속으로 접어버렸던 것이다. 그리하여 다음 날 노파와 평양에 영채를 찾으러 갔지만 대충 훑어보고는, 젊은 기생 계향과 즐거운 시간을 보내고 황홀한 기분으로 기차를 타고 돌아온다. 그는 나중에 부산 가는 기차간에서 만나게 될 때까지 영채를 찾지 않는다. 하지만 작가는 영채가 이 재난을 계기로 다시 태어나서 신지식인의 대열에 합류할 수 있게 만든다. 영채는 자살하기 위해 대동강에 가려고 탄 기차에서 병욱을 만난다. 그리고 그 '마법의 기차' 안에서 설득을 당하여 그를 따라 황주에서 내려 새로운 인생을 시작한다. 춘원에 비하면 이형식은 용렬한 인간으로 설정되었다.•

이형식은 배명식과 그 악당들로부터 영채를 보호하지 못한 패배와 좌절을 겪고 평양에 가서 노파가 소개해 준 기생들과 대화하며 조선 사람들 일반과 자신의 인생관이 다름을 파악한다. 말하자면 좌절을 겪기 전에는 생각해 보지 못했던 새로운 관심 즉 조선 사람, 조선 문화 전체에 대한 관심이 생기기 시작한다.

> 형식은, 사람은 다 같은 사람이라 하더라도 개인 또는 사회의 노력으로 개인이나 사회가 개선될 수 있고 향상될 수 있다 하고, 그네는 모든 일의 책임이 전혀 사람에게 있지 아니하니 다만 되는 대로 살아갈 따름이요, 사람의 의지로 개선함도 없고

• 곧 나오는 이야기가 신우선도 다음 날 아침 이형식을 찾아왔을 때 형식은 영채와 결혼할 것으로 생각했다는 것이다 (위의 책: 87). 결국 신우선의 기대보다 이형식은 치사하고 한심한 인간이었다.

개악함도 없다 한다.

형식은 이렇게 생각하다가 혼자말로 「옳지! 이것이 조선 사람의 인생관이로구나」하였다. 그러나 노파는 〈어머니〉 모양으로 잠깐 눈물을 흘리다가 얼른 눈물을 그치지 아니한다. 노파는 〈세상〉을 보는 외에 사람을 보았다. 영채의 따끈따끈한 입술의 피가 자기의 손등에 떨어질 때에 노파는 〈사람〉을 보았다.

노파의 이번 일의 책임을 전혀 인연과 팔자에 돌리지 못한다. 노파는 영채를 죽인 책임이 자기와 김현수에게 있는 줄을 알고 영채가 정절을 굳게 지킨 것이 영채의 속에 있는 〈참사람〉의 힘인 줄을 알았다. 노파는 이제는 모든 일의 책임이 사람에게 있는 줄을 깨달았다.

『무정』, 110쪽

이형식은 조선 사람 일반과 자신을 다른 '인생관'으로 분리시켰지만 이 다름은 고정된 것은 아님을 깨닫는다.[*] 그 노파의 경우도 영채의 경우를 겪으며 형식의 인생관과 비슷한 방향으로 움직였음을 알았다.

이형식은 이러한 관심과 인식 아래 지금 "이천만이나 되는 사

---

[*] 이광수는 조선 사람들은 일반적으로 '숙명론적 인생관'을 가지고 있으며, 이는 특이한 문화로서 개화의 주요한 대상이라 보았다. 이는 1918년 8월에 『학지광(學之光)』에 기고한 「숙명론적 인생관에서 자력론적 인생관에」에서 명쾌하게 지적하고 있다 (이광수 1979 10: 47-48). 그리고는 1921년 8월에 다시 『개벽』에 같은 주제로 「팔자설(八字說)을 기초로 한 조선인의 인생관」이라는 논문을 게재하였다 (위의 책: 110-115).

람 중에 내 말을 알아듣고 내 뜻을 이해하는 자가 몇 사람이 없구나 하는 선각자의 적막과 비애를 깨닫는다." 또 경성에 수많은 교사들이 있지만 자기의 수준에 와 있는 사람은 몇 없다는 것을 깨닫고 그들로 하여금 〈경성교육회〉라는 것을 설립하도록 하기 위해 분투하기도 했다. 평양에서 돌아오자 형식은 그가 지난 사오 년간 심혈을 기울여 가르쳐왔던 학생들로부터 결국은 배신을 당하고 말았다. 형식은 경성학교를 그만둘 수밖에 없었고, 그러자 자신은 뿌리를 잃었음을 깨닫는다. 쫓겨난 것이나 다름없는 한심한 신세가 되었고, 적막함을 느낀다.* 그러나 형식은 이로써 경성학교라는 좁은 틀에서 벗어나게 되었다. 앞에서 논의한 바 그의 자기 존재에 대한 인식이 신(神)의 우주 창조를 옆에서 지켜보는 수준에 이르는 순간이 오자 물리적으로 그의 인식과 활동도 경성학교라는 좁은 틀에서 벗어나게 되는 것이다.

개화민족주의자의 새로운 출발점

이형식은 학교를 사직하고는 외롭게 세월을 보내게 되었지만 바로 그때 김 장로에게서 선형과의 약혼 제의를 받는다. 괴로운 척하지만 기쁜 마음으로 제의를 받아들여 약혼하기로 결정한다.

처음에 목사를 대할 때에는 형식의 얼굴에는 과연 괴로운 빛이 있었다. 그러나 한 마디 두 마디 흘러나오는 목사의 말은 어느

● 이때 형식은 집에 돌아와서 노파에게 자신은 차라리 중이 되겠다고 했다 (이광수 1979 1: 130).

덧에 그 괴로운 빛을 다 없이하고 어느덧에 기쁜 빛을 폈다. 마치 봄철 따뜻한 볕에 눈이 일시에 녹아 없어지고, 산과 들이 갑자기 봄빛을 띠는 것과 같다. 그래서 형식은 고개를 들지 못한다. 남에게 기쁜 빛을 보이기가 부끄러움이다.

형식은 힘써 얼굴에 괴로운 빛을 나타내려 한다. 그 뿐더러 일부터 마음이 괴로와지려 한다. 형식은 이러한 때에는 머리속이 착란하여 어찌할 줄을 모른다.

『무정』, 135쪽

그리고 나중에 김 장로의 집에서 약혼을 선언할 때 이형식은 "전신이 아프도록 기쁨을 깨달았다." 형식의 미국 유학도 같이 결정되었다. 그때부터 이미 형식은 민족의 스타가 된 기분이었다. '간뎅이가 부어서' 김 장로 집 벽에 걸린 그림들을 보며 그의 저급한 취향과 낮은 식견을 자기 마음속으로 모욕한 것도 바로 그때였다.* 물론 이런 생각은 김 장로 집에 처음 갔을 때부터 갖고 있던 생각이었다.**

경성학교를 그만두고 나서 형식은 선형과 순애에게 영어를 가르치고 대화하고, 그 외에는 만나는 친구도 거의 없었지만 그는 적막하지 않았다. 그때 주변에는 이형식이 기생집을 출입한다는 둥 이상한 소문이 나고 김 장로의 귀에 들어가기도 했다.

형식의 모든 희망은 선형과 미국에 있다. 기생집에 갔다고 남들이 시비를 하고, 돈에 팔려서 장가를 든다고 남들이 비방을 하더라도 형식에게는 모두 우스웠다. 천하 사람이 다 자기를

미워하고 조롱하더라도 선형 한 사람이 자기를 사랑하고 칭찬
하면 그만이다. 또 자기가 미국에 갔다가 돌아오는 날이면 만

- "그는 과연 무식하다. 그가 들으면 성도 내려니와 그는 무식하다. 그는 눈
으로 슬쩍 보아 가지고 서양 문명을 깨달은 줄로 안다. 하기는 그에게는
그 밖에 더 좋은 방법이 없다. 그러나 눈으로 슬쩍 보아 가지고 서양 문명
을 알 수가 있을까.
십 년 이십 년 책을 보고, 선생께 듣고, 제가 생각하여도 특별히 재주가 있
고, 부지런하고, 눈이 밝은 사람이라야 처음 보는 남의 문명을 깨달을 둥
말 둥 하거든, 김 장로가 아무리 천질이 명민하다 한들 책 한 권 아니 보고
무슨 재주에 복잡한 신문명의 참뜻을 깨달으리요." (위의 책: 139).

- - 이형식이 첫날 김 장로 집에 갔을 때 대문에 다다르며 자신의 모습을 이렇
게 묘사한다. "과연 형식은 아무 힘도 없다. 황금 시대에 황금의 힘도 없고,
지식 시대에 남이 우러러볼 만한 지식의 힘도 없고, 예수 믿는 지는 오래
나 워낙 교회에 뜻이 없으매 교회 내의 신용조차 그리 크지 못하다. 아무
지식도 없고, 아무 덕행도 없는 아이들이 목사나 장로의 집에 자주 다니며
알른알른하는 덕에 집사도 되고 사찰도 되어 교회 내에서 젠 체하는 꼴을
볼 때마다 형식은 구역이 나게 생각하였다.
실로 형식에게는 시체 하이칼라 처자의 애정을 끌 만한 아무 힘도 없다. 이
런 생각을 하고 형식은 자연히 낙심스럽기도 하고 비감스럽기도 하였다.
이럴 즈음에 김광현(金光鉉)이라 문패 붙은 집 대문에 다다랐다.
비록 두 벌 옷도 가지지 말라는 예수의 사도연마는 그도 개명하면 땅도 사
고, 은행 저금도 하고, 주권과 큰 집도 사고, 수십인 하인도 부리는 것이다.
김 장로는 서울 예수교회 중에도 재산가로 두세째에 꼽히는 사람이다. 집
도 꽤 크고 줄행랑조차 십여 간이 늘어 있다. 형식은 지위와 재산의 압박
을 받는 듯해 일변 무섭기도 하고 불쾌하기도 하면서, 소리를 가다듬어,
「이리 오너라.」
하였다. 그러나 그 목소리는 아무리 하여도 꽉 자리가 잡히지 못하고 시골
사람이 처음 서울 와서 부르는 소리와 같이 어리고 떨리는 맛이 있다." (위
의 책: 16-17).
이형식은 첫날 집을 찾아왔을 때부터 배알이 꼬이는 바가 있었다.

인이 다 자기를 우러러보고 공경할 것이다.

장래의 희망이 없는 사람은 자기의 현재를 가장 가치 있는 듯이 보려 하되, 장래에 큰 희망을 가진 형식에게는 현재는 아주 가치 없는 것이다.

자기가 경성학교에서 교사 노릇 하던 것과, 그 학생들을 사랑하던 것과, 자기의 생활과 사업에 의미가 있는 듯이 생각하던 것이 우스워 보이고 지나간 자기는 가치 없는 못생긴 사람같이 보인다. 지나간 생활은 임시의 생활이요, 이제부터가 참말 자기의 생활인 것 같다.

그래서 형식의 생각에, 자기의 전도에는 오직 행복뿐이요, 아무 불행도 있을 것 같지 아니하다. 자기의 몸은 괴롭고 혼란한 티끌 세상을 떠나서 수천 길 높은 곳에 올라선 것 같았다. 길에서 만나는 여러 사람들도 이제는 자기와는 종류가 다른 불쌍한 사람같이 보였다.

『무정』, 162쪽

자신을 학교에서 쫓아낸 적들이 지금은 쾌재를 부르겠지만 형식이 미국 유학을 마치고 돌아오면 그들과는 비교도 되지 않을 존재로 우뚝 서 있을 것이다. 이제 이형식의 활동 무대와 관심은 경성학교, 제자들, 주변 사람들의 평판 등의 협소한 공간을 벗어나 있었다.* 형식은 미국 유학을 위해서 영채를 잊고 선형과 혼약하는 명분이 서지 않는 선택을 했으며 남들이 왜 자기에게 중상과 손가락질을 하는지 결코 모르지 않았다.

이형식의 분별 의식의 절정은 미국 유학을 선형과 함께 떠나며 기차로 부산에 내려가는 길에 벌어진다. 선형과 영채, 그리고 병욱과 형식은 같은 기차의 다른 칸에 타고 있었고 그간의 상황은 서로에게 알려지지 않아 오해의 긴장이 흐르고 마지막 파국을 향해 다가가고 있는 듯했다. 이형식은 자신의 장래와 민족을 위해 해야 할 일을 생각해 본다.

그러므로 자기가 오늘날까지 여러 학생에게 문명을 가르치고 인생을 가르친 게 극히 외람된 일인 줄도 깨달았다. 자기는 아직도 어린아이다. 마침 어른 없는 사회에 처하였으므로 스스로 어른인 체하던 것인 줄을 깨달으매 스스로 부끄러운 생각도 난다. 형식은 생각에 이어 생각을 한다.

나는 조선의 나갈 길을 분명히 알았거니 하였다. 조선 사람들이 품을 이상과, 따라서 교육자의 가질 이상을 확실히 잡았거니 하였다.

그러나 이것도 필경은 어린애의 생각에 지나지 못하는 것이다. 나는 아직 조선의 과거를 모르고 현재를 모른다. 조선의 과거

● 이형식은 지위(地位)에 대한 철저한 의식, 특히 사제 관계에 집착했고 이 소설에서 가장 중요한 축은 사제 관계라고 김윤식은 주장하지만 이는 과장으로 특히 작품의 해석 오류에서 연유한 것이었다 (김윤식 1999 1: 576-584). 영채 사건으로 좌절하고, 아무런 관계도 없던 계향이와 즐거운 시간을 갖고, 기차 안에서 새로운 세상을 느끼고, 경성학교를 떠나고는 이형식은 '민족의 별(national star)'이 되는 꿈에 젖어 있었다. 이광수는 평생을 '민족의 별'이자 스타로 살기를 그만둘 수 없던 위인이었다. 다시 한 번 이형식은 이광수의 손바닥 안에서 노는 그의 작은, 그보다 작은 분신이었음을 확인할 수 있다.

한국인의 탄생

를 알려면 우선 역사 보는 안식을 길러 가지고 조선의 역사를 자세히 연구해 볼 필요가 있다. 조선의 현재를 알려면 우선 현재의 문명을 이해하고 세계의 대세를 살펴서 사회와 문명을 이해할 만한 안식을 기른 뒤에 조선의 모든 현재 상태를 주밀히 연구하여야 할 것이다.

조선의 나갈 방향을 알려면 그 과거와 현재를 충분히 이해한 뒤에야 할 것이다. 옳다, 내가 지금껏 생각하여 오던 바, 주장하여 오던 바는 모두 다 어린 수작이다.

더구나 나는 인생을 모른다. 내게 모든 인생의 지식이 있는가. 나는 아직 나를 모른다. 근본적으로 내가 무엇인지는 설혹 알지 못한다 하더라도, 적더라도 현재에 내가 세상에 처하여 갈 인생관은 있어야 할 것이다. 옳은 것을 옳다 하고, 좋은 것을 좋다고 할 만한 무슨 표준은 있어야 할 것이다. 그런데 그것이 있는가. 나는 과연 자각한 사람인가.

『무정』, 192-193쪽

그러고는 그 안에서 자신의 모습과 그 위치를 돌아보았다.

그러나 이제 보니 선형이나 자기나 다 같은 어린애다. 조상 적부터 전하여 오는 사상의 계통은 다 잃어버리고 혼돈한 외국 사상 속에서 아직 자기네에게 적당하다고 생각하는 바를 택할 줄 몰라서 어쩔 줄을 모르고 방황하는 오라비와 누이—생활의 표준도 서지 못하고 민족의 이상도 서지 못한 세상에 인도하는 자도 없이 내어던짐이 된 오라비와 누이—이것이 자기와 선형의 모양인 듯하였다. (……)

옳다, 그러므로 우리들은 배우러 간다. 네나 내나 다 어린애이 므로 멀리멀리 문명한 나라로 배우러 간다. 형식은 저 편 차에 있는 영채와 병욱을 생각한다.

(불쌍한 처녀들!) 한다.

이렇게 생각하니 세 처녀가 다 같이 사랑스러워지고 정다와진다.

『무정』, 193쪽

이형식은 자신과 같이 기차를 탄 여인들의 모습에 가슴이 아파 옴을 느꼈다. 그리고 이형식의 조선 전체, 조선 사람들, 문화에 대한 관심은 지속적으로 농도를 더해가고 있었다.

그리고 그들이 탄 기차가 홍수로 더 가지 못하고 삼랑진에 정차했을 때 보이는 수많은 불쌍한 조선인들의 모습은 충격적이었다. 산모가 출산하는 것을 도와주고, 역사(驛舍)에서 간이 음악회를 열어 그들의 영혼을 위로하자 그들은 우레와 같은 박수갈채와 따뜻한 환호를 보낸다. 그리고 이형식은 그곳에 모여 앉아 있는 조선 사람들을 바라본다.

하룻밤 비에 모든 것을 잃어버리고 발발 떠는 그네들이 어찌 보면 가련하기도 하지마는 또 어찌보면 너무 약하고 어리석어 보인다. 그네의 얼굴을 보건대 무슨 지혜가 있을 것 같지 아니 하다. 모두 다 미련해 보이고 무감각해 보인다. 그네는 몇 푼어 치 아니 되는 농사하는 지식을 가지고 그저 땅을 팔 뿐이다. 이 리하여 몇 해 동안 하느님이 가만히 두면 썩은 볏섬이나 모아

두었다가는 한번 물이 나면 다 씻겨보내고야 만다. 그래서 그네는 영원히 더 부(富)하여짐이 없이 점점 더 가난하여진다. 그래서 몸은 점점 더 약하여지고 머리는 점점 더 미련하여진다. 그대로 내어버려 두면 마침내 북해도의 〈아이누〉나 다름 없는 종자가 되고 말것 같다. 저들에게 힘을 주어야 하겠다. 지식을 주어야 하겠다. 그리하여서 생활의 근거를 완전하게 하여 주어야 하겠다.

「과학, 과학!」하고, 형식은 여관에 돌아와 앉아서 혼자 부르짖었다. 세 처녀는 형식을 본다.

「조선 사람에게 무엇보다 먼저 과학을 주어야 하겠어요. 지식을 주어야 하겠어요.」

하고 주먹을 불끈 쥐며 자리에서 일어나 방안으로 거닌다.

「여러분은 오늘 그 광경을 보고 어떻게 생각하십니까.」

이 말에 세 사람은 어떻게 대답할 줄을 몰랐다. 한참 있다가 병욱이가,

「불쌍하게 생각했지요.」

『무정』, 204-205쪽

저 불쌍한 조선인들은 자신의 역사적 과업의 대상이었고, 이로써 자신과 저 불쌍한 조선인들은 주체와 객체로서, 극과 극으로 구분되었다. 이 불쌍한 조선인들 모두를 사랑하자 형식은 온몸에 힘이 솟았고 자신의 일생의 과업이 느껴졌다. 말하자면 형식이 그간 형성해온 아가페를 익명의 불쌍한 조선인에게 느끼자 그는 순식간에 아가페의 주체, 신(神)의 자리에 올라 있음을 발견한다.

이형식이 세 여인들에게 무슨 생각을 했느냐고 다그쳐 물은 것은 그로서는 그 자리에 함께 오르자고 한 말이었다. 그리고는 형식과 세 여인들은 조선인들을 "힘을 주어야지요! 문명을 주어야지요", 나아가서 "가르쳐야지요! 인도해야지요!", "교육으로, 실행으로."라고 외치며 같이 민족의 선생의 자리에 올랐음을 느낀다. 그리고 형식은 "그것을 누가 하나요?" 라고 주체의 정체를 다그쳐물었다.

「우리가 하지요!」
하는 대답이 기약하지 아니하고 세 처녀의 입에서 떨어진다.
네 사람의 눈앞에는 불길이 번쩍이는 듯하였다. 마치 큰 지진이 있어서 온 땅이 떨리는 듯하였다.

『무정』, 205쪽

이형식은 이들을 지휘하여 민족의 지도자, 민족의 선생의 자리, 신(神)의 자리에 올랐다. 여기에 오르게 한 힘은 홍수와 소낙비에 벌벌 떠는 불쌍한 조선 사람들에 대한 아가페의 사랑이었다. 그러나 못지않게 중요했던 것은 그들이 베푼 음악회였고 곡이 끝날 때마다 답지했던 그들의 박수갈채와 환호였다. 이들의 환호, 그리고 그들이 군중들에게 느꼈던 뜨거운 애정은 자신들이야말로 민족의 지도자임을 온몸으로 느끼게 해주었다.[*] 이러한 경험에서 이형식의 일행들

---

[*] 막스 베버는 카리스마적 권위(charismatic authority)의 재생산 과정에서 환호(acclamation)의 결정적 중요성을 강조한다 (Weber 1956 2: 1125-1127).

한국인의 탄생

에게 "눈앞에는 불길이 번쩍"한 것은 바로 이들이 신의 자리, 지도자이자 선생의 자리에 오른 짜릿함이었다. 그리고 "형식이가 지금 병욱과 문답할 때에는 그 얼굴에 일종 거룩하고 엄숙한 기운이 보여 지금껏 자기가 그에게 대하여 하여 오던 생각이 죄송한 듯"했다. 이제 그는 모습조차 달라 보였다.

이형식이 진지하게 추구했던 것은 자신의 발전을 통해 조선 사회에서 자기 존재의 지위를 확보하는 것이었다. 그는 자기 내부에 '내면'이라는 음향 공간을 설치하고, 욕망과 자제의 주체가 되어 사랑의 문턱에서 "이상한 불길"을 겪고 자신의 존재의 상승을 느껴가며 지식인으로서의 지위를 확보해갔다. 작품은 언뜻 사랑을 이야기하는 듯했지만 형식은 사랑에 빠지지 않았고 그 문턱에서 "이상한 불길"을 이용하여 자신을 성장시켜 나갔을 뿐이다.

선형과 영채를 만나고 문제는 복잡해졌지만 이 목표가 흔들린 적은 없었다. 영채가 재난을 당하고 자살을 선택하러 가버렸을 때 깊은 죄의식을 느꼈지만 그는 한편에서 조선 동포들, 조선 문화 등에 더욱 큰 명분을 세워갔고 그 의식은 경성학교 영어 선생이라는 좁은 테두리를 넘어섰다. 형식은 공식적으로 선형과 미국 유학을 선택했을 때 부끄러운 일임을 누구보다 잘 느끼고 있었다. 형식은 불쌍한 조선 백성들의 환호와 자기 마음속에 불타는 그들에 대한 사랑에서 지도자이자 선생의 지위를 확인함으로써 열등감을 극복하고 짜릿함을 느꼈다. 형식은 민족의 선생이 되고 그와 처녀들과 신지식인들은 조선의 새로운 지배 계급으로 등극하게 될 것이다. 이것이 이 소설 밑바닥의 숨김없는 의미였다. 이형식은 구세주 '예수님'이 된 것이 아니라 민족의 지도자, 선생님, 즉 지배자가 되는 것이다.*

민족을 구할 지도자가 되기 위해 낯 뜨거운 선택을 해야만 한다는 것은 우리 역사에서 개화민족주의자가 짊어져야 했던 운명이었을 것이다. 아직은 민족을 구원할 유일한 기제인 서구 문명의 의미를 제대로 이해하는 조선인은 별로 없었고 여전히 의리(義理)의 행동을 조선 사회는 요구하고 있었다. 그러나 민족을 그 수난에서 구원하기 위해서는 그들이 이해하지 못한다 해도, 그들의 의사에 반하여서라도, 그들을 위해 서구 문명을 배워서 그들을 가르치고 이끌어야만 한다. 그간 조선 사회의 양반들, 부귀를 자랑하던 계급은 이미 몰락했다. 그들의 자리에 양심 있고 민족에 대한 따뜻한 사랑을 간직한 신지식인들이 빈 지배 계급의 자리를 차지해야 한다. 이러한 현실적 목적 아래 그들은 자신의 발전과 사랑의 확대, 그리고 홍수 상황에서의 현실적 대처와 불쌍한 조선 사람들에 대한 따뜻한 마음으로 길을 찾았다.

그런데 이형식과 그 처녀들이 미국에서 유학한 후 자신이 그렇게 비웃었던 김 장로보다 나을 것이라는 보장은 전혀 없었다. 불쌍한 조선 백성의 모습을 보며 학업과 봉사의 결의를 굳혔지만 그들이 느끼듯 신의 자리에서 백성을 사랑한다는 마음이 그야말로 신의

• 막스 베버에게 종교(religion)와 지배(domination, Herrschaft)는 다른 영역이지만 종교적 선지자(prophet)와 카리스마적 지배(charismatic domination)는 카리스마(charisma)라는 공통의 요인으로 연결되어 있다. 환호(acclamation)는 지배 영역에서의 카리스마의 재생산에서 결정적인 요인이 되며 종교적 선지자의 경우에는 해당되지 않는다.

한국인의 탄생

경지의 경륜과 지혜를 보장하는 것은 아니었다. 결국 마지막의 이형식과 여인들의 뜨거운 눈물과 우렁찬 만세 소리는 허위의식이 아니라는 보장은 없는 셈이다. 이광수와 이형식의 신지식을 위한 유학을 통해 민족을 구원할 지도자가 되리라는 확신은 너무나 순진한 생각이었다.

미완의 끝, 저항민족주의의 시작

이에 반하여 신채호는 소설 『꿈하늘』의 '서(序)'에서 주인공 '한놈'을 소개한다.

> 첫째는 한놈은 원래 꿈 많은 놈으로, 근일에는 더욱 꿈이 많아 긴 밤에 긴 잠이 들면 꿈도 그와 같이 깊어 잠과 꿈이 서로 종시(終始)하며, 또 그뿐만 아니라 곧 멀건 대낮에 앉아 두 눈을 멀뚱멀뚱히 뜨고도 꿈 같은 지경이 많아 님 나라에 들어가, 단군(檀君)께 절도 하며, 번개로 칼을 치어, 평생 미워하는 놈의 목도 끊어 보며, 비행기도 아니 타고 한 몸이 훨훨 날아 만리천공(萬里天空)에 돌아다니며, 노랑이·거먹이·흰동이·붉은동이를 한집에 모아 놓고 노래도 하여 보니, 한놈은 벌써부터 꿈나라의 백성이니, 독자 여러분이시여 (……)
>
> 『꿈하늘』, 174쪽

주인공의 정체를 일차적으로 "꿈 많은 놈"으로 설정하고 있음은 말똥말똥한 정신이나 이성적인 의식을 갖지 않은 사람, 나아가서 이성적인 의식을 좋아하지 않고 거부하는 사람이라는 의미이다. 눈앞에 보이는 현실에 말똥말똥한 정신으로 집착하지 않고 환상(幻想)을 만들고 쫓기를 좋아하는 사람이라는 말이다. 그리고 이 글 자체가 꿈속에서 지은 글이라 하는 것은 단재가 영국의 존 버니언의 『천로역정』에서 따온 아이디어로서 버니언은 꿈에서 본 것을 썼다고 하는 데 반하여 단재는 쓰는 것까지도 꿈 안에서 썼다 하여 작품을 꿈속으로 더욱 깊이 들여보내고 있다.

『꿈하늘』의 한놈은 결코 꿈에서 깨지 않는다. 꿈을 이야기의 배경으로 제시하고 그 꿈은 현실의 핵심을 제시한다고 했을 때, 주인공 한놈과 그 이야기는 구체적 '현실'과의 연관을 특수하게 형성하는 것이다. 즉 앞에서 이야기의 배경은 1909년으로 되어 있지만, 이야기는 집필 시점인 1916년일 수도 있고 조선 초일 수도 있고 고려 시대일 수도 있고, 말하자면 어느 시대라도 타당한 '만고의 진리'를 설파하고 있는 것이다. 오히려 장소에 대해서는 "기억이 없"다고 현실을 떠나고 있다. 꿈에서 벌어진 일이라는 이야기의 무대 설정은 '현실로부터의 도피'의 의식을 공식화하고 있다. 꿈나라와 현실과의 관계는 애매모호하다. 그러나 꿈나라는 이상 세계는 더욱 아니다. 그곳은 더욱 끔찍한 전쟁이 벌어지는 곳이다.

그러자 다시 한놈이라는 인간에 대해서 설명한다.

한놈은 대개 처음 이 누리에 내려올 때에 정(情)과 한(恨)의 뭉텅이를 가지고 온 놈이라, 나면 갈 곳이 없으며, 들면 잘 곳이 없고, 울면 믿을 만한 이가 없으며, 굴면 사랑할 만한 이가 없어 한놈으로 와, 한놈으로 가는 한놈이라. 사람이 고되면 근본(根本)을 생각한다더니 한놈도 그러함인지 하도 의지할 곳이 없으며 생각나는 것은 조상의 일뿐이더라.

　　한놈은 고독한 인간이며 아무것도 가진 것도, 기댈 가족도, 집도, 친구도 없고 슬픈 존재이다. 삶이 하도 고되어서 조상만 생각하는 인간이라는 것이다. 사실 이 말이 무슨 뜻인지 파악하기는 쉽지 않다. 한놈은 고독할 뿐만 아니라 극도로 무력한 존재이며, 기댈 곳이라곤 아무것도 없는 사람이며, 따라서 달리 갈 데가 없어서 이 꿈나라에 왔다는 것이다. 즉 당시의 모든 조선인들처럼 무력하다. 한놈은 여기에서 보면 모든 것을 빼앗긴 전형적인 식민지 백성으로서 '탈계급화(déclassé)'되어 있는, 말하자면 현실이라는 세상 밖으로 쫓겨나와 있는 사람이다.

　　꿈나라 안은 지옥과 천당으로 나뉘어져 있다. 지옥은 국적과 망국노들을 두는 수십 개로 나뉘어져 있는 곳이며 천당은 으리으리하게 아름답고 온갖 보화로 지어지고 장식된 건물로 이루어져 있다. 그런가 하면 지옥과 천당에 배당되기 전의 전쟁과 시련의 공간은 한놈과 그의 친구들 같은 민중 전사들과 다른 한편에는 천관, 꽃송이, 무궁화꽃, 을지문덕 등 민중 전사들을 관찰하고 감시하고 훈련시키며, 야단치고, 벌주는 권력체의 일부들이 있다. 이들은 어떻게 연관되어 있는지 전혀 알 수 없지만 일방적으로 명령을 내리고, 가르쳐주며 규정한다. 결국 꿈나라는 여러 면으로 양분화된(bifurcated) 공간이다. 시련 공간과 규정 공간, 천당과 지옥, 권력자들과 복종자들로 철저하게 양분된 공간이며 바로 그런 의미에서 추상적으로 상상한 공간이다.

그리고 이 소설의 마지막 장면은 그들이—누구인지 잘 모르지만—"비로 하늘의 먼지를 쓸고 있는" 모습이다. 그 이유는 물론 언제부터인가 파란 하늘이 줄어들고 먼지가 끼었는데 역사적으로 어떤 시점부터 외래 문물과 종교가 들어와 우리의 전통문화가 훼손되고 나아가서 외국의 문교(文敎)가 유입되어 우리 국수(國粹)가 파괴되어 왔다고 설명한다. 문제는 다시 여기에서 그 꿈나라의 성격의 일관성이 부정된다는 것이다. 즉 영원한 모습을 보여주는 곳이라 했는데 다시 역사의 흐름에 변화되고 있는 모습을 보이지 않을 수 없게 된 것이다.

결국 이 꿈나라의 모습은 현실의 영원한 사영(射影)이라 했지만 역사적 변화에 따를 수밖에 없다는 점이 여러 차례 노출되었고 결국 1916년에 1909년의 상황을 핑계 대어 당시에 생각된 영원한 세상의 모습이라는 것을 자의적으로 설정하여 제시한 극장(劇場)이라고밖에 규정할 방법이 없는 것이다. 이 소설은 흡사 형식적으로는 꿈에 본 것을 꿈에 썼다고 하여 구소설 또는 신화의 형태를 취하고 있지만 여러 면에서 그 내용에 있어서는 현실에 뿌리박은 근대 소설적이라고 할 수밖에 없다. 그러나 여기에서는 소설의 주인공 및 등장인물들의 근대성을 강제로 전근대적 인물로 끌어내리고 있다. 그리고 단재가 상정하는 영원의 세계, 꿈나라는 극도의 폭력적 세계이다. 참혹한 전쟁이 벌어지고 있을 뿐만 아니라 전쟁에 참여하는 우리 편의 관계도 모두 폭력적 권력 관계로 이루어져 있다. 일방적인 규정, 계속 이어지는 꾸중, 비난, 처벌 등 살벌한 세상이다. 이곳에서의 낙(樂)이란 천당의 화려함, 물질적 탐닉, 그리고 또 그 다음 '도령군 놀음 곳'이란 곳에 가면 어떤 즐거움이 있을까는 상상해 봤자 비숫하고 더 호화롭고, 더 편안하고, 더 큰 쾌락이 있을 것이라고 상상할 수 있을 뿐이다.

두 민족주의자의
역사적 의미

○

『무정』은 과연 사랑에 대해서 많은 이야기를 하고 있다. 그러나 사랑보다는 이형식이라는 젊은 지식인이 젊은 여성들을 만나면서 느끼는 욕망과 자제, 그리고 사랑의 감정을 통해서 변화해 가는 모습을 보여주는 이야기였다. 나아가서 이형식의 두 여인에 대한 감정은 복잡하게 얽혀 들어갔고, 그는 결국 이 두 여인에 대한 감정과 민족의 지도자, 조선의 새로운 지배 계급으로 부상하려는 욕구 사이에서 영채를 방기하고 선형과 함께 미국 유학의 길을 선택하게 되었다. 단적으로 이 소설에 나타난 바에 따르면, 당시에 이형식이 민족의 지도자가 될 수 있는 실제적 조건은 미국 유학을 가는 것이었고 이는 누구나 아는 일이었다.* 그런데 이는 김 장로의 재정적 지원을 통해서만 가능했고, 이는 또 선형과의 약혼 또는 결혼과 직결된 문제였다. 말하자면 이형식이 민족의 지도자가 되려면 특정한 인물로

부터의 지원이 결정적인 조건이었다.

　나아가서 민족의 지도자가 되는 조건은 지식, 민족을 가르칠 지식이 문제겠지만 이 소설에 나온 바에 따르면 그냥 많이 아는 게 아니라 미국 유학에서 학위를 받아 왔다는 사실이 인정된 지식이 결정적이다. 이형식이 현재 가지고 있는 일본에 유학 가서 배워온 영어 실력을 포함한 지식만으로는 충분치 않다. 우리 근대사를 통해 우리 민족이 쇠퇴한 원인은 무지(無知)라는 점에 합의하게 되었고 따라서 지식을 얻어야 하고 민족을 가르칠 선생이 필요하며 그들이 지도자가 되어야 한다는 점에 합의하고 있는 상황이었다. 당시 이형식의 생각에는 민족을 가르칠 선생님, 그리고 민족의 지도자가 되기 위해서는 미국에 유학 가서 학위를 따 와야 한다는 점은 당연한 일이었다.

　당시 민족을 위해 필요한 지식이란 그냥 '앎'으로서의 지식이 아니라 해외에서, 미국에서 배워 와야 하는 특정한 형식을 갖춘 지식이었다. 미국에서 배워온 지식을 민족에게 전달하는 사람은 민족의 지도자의 자격이 있는 사람이었다. 우리가 이미 알고 있는 것은

● 이형식과 세 처녀가 유학 가는 길에 같은 기차를 타고 대화를 시작하자, "세 처녀 사이에는 이러한 말이 있었다. 서로 잘 공부를 하여 가지고 장차 힘을 합하여 조선 여자계를 계발할 것과, 공부를 잘하려면 미국을 가거나 일본에 유학을 하여야 한다는 것과, 또 영어와 독일어를 잘 배워야 할 것과, 그다음에는 병욱과 영채는 음악을 배울 터인데 선형은 아직 확실한 작정은 없으나 사범 학교에 입학하려 한다는 뜻을 말하고 서로 각각 크게 성공하기를 빌었다." (이광수 1979 1: 178). 말하자면 이 소설은 이러한 일의 필요성을 가르쳐주려고 쓴 것은 아니다.

별 의미가 없는 것이며 우리가 스스로 알아 낼 수 있는 지식도 별 의미가 없는 것이었다. 당시 조선 지식인에게 '지식', 즉 해외에서 배워오는 지식은 물신(物神)이었고, 조선의 지식인들은 '지식'으로부터 소외(疏外)되어 있었다. 해외에서 배워오는 지식의 내용에 대해서는 의문을 갖지 않았고 그런 이상 결과에 책임을 져야 한다는 생각도 없었다.

당시 조선의 전통적 사회 질서는 완전히 붕괴되고, 기존의 지배 계급은 초토화된 상태에서 이광수를 위시한 개화민족주의자들은 어떻게 조선 사회에 굳건하게 자리를 잡을 것인가가 핵심의 문제의식이었다.[*] 공석이 된 지배 계급의 자리를 개화민족주의자들이 차지하는 일은 바로 현안이었고 어떤 명분과 어떤 전략으로 지위를 인정받을 것인가가 문제였다. 물론 신지식인들이 지배 계급의 위치를 요구함에 있어서 전과 같은 명분을 내세울 수는 없었다. 그들이 내세울 명분은 그들은 우리 민족을 구하기 위해 필요한 지식을 해외에서 들여와 가르쳐 줄 사람들이라는 주장이었다. 서양에서 배워올 지식의 타당성과 위대함은 바로 그 지식을 만들고 활용하는 서구 제국들의 부강함이 증명하고 있다.

이 초기 민족주의자에 대한 소설은 일제 시대를 통해 나타난 우리 지식인의 모습의 출발을 섬뜩하게 보여준다. 당시 우리의 지식인들은 스스로 지식을 만들고 학문을 건설해 나갈 생각은 전혀 하지

---

[*] 이광수는 1921년 『개벽』에 기고한 「중추계급과 사회」에서 사회를 이끌고 갈 '중추계급(中樞階級)'의 형성을 민족을 이루기 위해 결정적인 현안임을 주장하였다 (이광수 1979 10: 107).

못하고 있었고 일본으로부터 배워오는 지식, 궁극적으로는 서양에서부터 수입해 오는 지식에 압도당해 있었다. 그들이 젊은 학생들을 가르치는 지식이란 외국에서 어떤 식으로 배워 온 지식을 전달해 주는 것이었고 이 과정에서 우리의 지식인, 선생들은 지식의 수입업자 혹은 중개상에 불과한 모습으로 나타나게 되었다. 이른바 '선생(先生)'으로 충분한 것이며 '학자(學者)'는 존재할 수 없었다. 이 소설에 나타난 바에 따르면 학교의 선생들은 재단(財團)이 언제든지 쫓아낼 수 있었다. 즉 선생들은 늘 대체 가능한 '인력'이었고 고유한 인격으로 취급되지 않았다. 학생들도 선생들을 그렇게 생각하고 있었고 선생들은 자신의 자리를 불안해하고 있었다. 이렇듯 중개상의 위치에서 학생들을 가르친다는 것은 사제 간의 권력 관계의 관리가 핵심의 문제가 될 수밖에 없었고 따라서 이형식이 미국에 가서 '시카고 대학'에서 교육학을 전공하겠다는 생각은 과연 현실적인 대안이었다. 사제 관계 말고도 사회적으로 지배 계급의 위치를 유지한다는 측면에서도 마찬가지였을 것이다. 이형식의 판단에 권력 관계를 운영하는 기술에 대한 연구가 중요한 지식이었다. 식민지 조선 사회에서의 지식과 지식인의 모습은 이렇게 형성되었고 지식인의 위치는 아무리 미국 유학을 갔다 온다고 해도 대단히 취약한 것이었다.

당시 식민지 조선에서 민족의 선생, 민족의 지도자가 되는 것은 결코 사소한 일이 아니었다. 나라를 다스리는 일은 일본인이 독점하고 있고 조선인은 고작해야 '비정치적' 영역에서만 활동할 수 있다 하더라도 민족의 지도자가 된다는 것은 결코 사소한 몫이 걸려 있는 상황이라 할 수 없었다. 단적으로 노예 상태에 처해 있는 민족을 이끌고 구원을 찾는다는 것은 유대인의 엑소더스(Exodus)를 이루어낸 모세(Moses)의 자리에 서게 됨을 뜻하며, 이는 일국의 지도자보다 더욱 위대한 역사적이고 영적인 존재로 인식될 수밖에 없었다. 이미 조선에서 '이승만 박사'는 미국 '프린스턴 대학'의 박사로 우리 민족의 모세가 될 강력한 후보자였다. 그리고 이러한 지도자, 노예 상태에 있는 민족을 이끌어 갈 지도자는 종교적인 존재여야 했고 이승만 박사는 독실한 기독교도였다. 다시 말하면 노예가 된 조선 민족의 지도자는 결코 사소한 자리가 아니었고 이는 김 장로의 결정과 김선형의 승인에 의해서 실현된 미국 유학에 의해서 결정될 것이다. 미국 유학 외에도 이형식이 조선 민족 모두를 사랑하는 아가페, 신(神)의 사랑을 스스로 느꼈음은 바로 이러한 영적(靈的) 조건을 만족시키려는 생각이었다.

이형식이 꿈을 이룰 수 있는 길은 특정한 사람의 결정에 의해서 특정한 길을 통해서만 이루어질 수 있는 것이다. 김선형과 그리고 김 장로와의 관계 이외에는 부차적인 요인이었고 따라서 이 목적을 추구하는 이형식이라는 인물은 위에서 여러 차례 지적했듯이 우유부단하고, 용렬하고, 옹졸하고, 속물적인 인물로 나타나게 되었다. 자신의 소신과 양심에 따라 행동하지 못하고 남의 결정에 운명이 좌우되는 상황에 있는 이형식은 남의 눈치를 늘 보아야 하며 동네 소문도 신경써야 하고, '표정 관리'도 해야 하는 상황이었고 따라서 괴로운 이형식은 자신의 동맹군인 김 장로와 신우선을 경멸하여 보상을 얻으려 하였다.

그렇지만 민족의 지도자의 위치를 요구함에 있어서 김 장로의 도움으로 미국 유학의 길에 오른다는 것만으로는 낯 뜨거운 일에 불과했다. 그에 대한 명분, 그가 민족 전체를 누구보다도 사랑하는 사람이라는 점을 설득시켜야 했다. 이형식은 소설의 처음, 선형과 순애라는 소녀들과의 관계 속에 사랑의 자격을 증명하는 데에서 출발하여, 정교한 시나리오를 통해, 마지막에 작위적인 천재지변을 개입시켜 위기에 빠진 무지몽매한 조선 백성들을 출현시킴으로써 그들을 진정으로 사랑하는 사람들로 이형식과 같이 유학길을 떠나는 여인들을 내세웠다. 그리고 이들의 등극은 그 불쌍하고 처참한 조선인들이 보내준 열광적인 환호, 그리고 그들에 대한 이들의 뜨거운 사랑, 종교적 아가페의 발현으로 정당화되었다. 그러나 조선 백성들의 환호는 아름다운 음악 연주에 대한 환호이지 이형식이라는 지식인에 대한 환호는 아니었다. 음악에 대한 환호를 이형식의 지식과 가르침에 대한 환호로 혼돈시킨 것은 춘원의 속임수였다. 조선 민족을 누구보다 사랑하는 아가페의 주인이라는 자기 확신, 불쌍한 조선 백성들의 환호, 그리고 유학을 떠나는 장도(壯途)의 비감한 결의는 이형식과 그 여인들에게 "눈앞에서 불길이 번쩍"이게 했다. 앞에서도 지적했듯이 민족에 대한 사랑, 아가페는 이형식이 자기 안에서 느낀 그때의 감정에 불과할지도 모를 일이었다. 이형식에게 필요한 지식은 형식을 판단하여 증명할 수 있는 것이었지만 민족에 대한 진정한 사랑, 아가페는 밖에서 증명할 수 없는 것이었다. 다만 사랑을 받을, 당할, 조선 백성들만이 환호의 제스처를 통해 승인할 수 있을 것이었지만 그 환호는 음악에 대한 환호였지 이형식의 민족 사랑에 대한 감격의 환호는 아니었다. 소설은 흡사 처음부터 사랑 이야기인 것 같이 쓰였지만 실제 이형식 자신이 추구했던 것은 미국 유학의 기회였으며 이는 김 장로의 지원을 통해서만 가능했고 소설의 실제 스토리는 이형식이 미국 유학의 꿈을 이루어낸 이야기였다. 사랑은 이 소설의 겉포장이었다. 특히 마지막 결정적 순간에 조선 민족에 대한 아가페적 사랑은 레토릭(rhetoric)과 제스처(gesture)에 불과했다.

거의 동시대에 쓰인 단재의 『꿈하늘』은 전체적으로 대단히 대조적인 작품이다. 근대 소설이라기보다는 구소설의 형태로 쓰였지만 이는 고도로 의도적인 것이었다. 당시의 개화된 세상의 조선인들의 이성적 판단을 부정하고 전통적인 의로운 조선인 투사를 만들어내기 위해 꿈의 세계로 가서 신의 명령에 따라 전쟁에 임하는 전사를 창조한 것이다. 어떤 의미에서 이 작품은 시대착오적인 작품이었다. 구한말에 등장한 저항민족주의가 개화에 근거한 근대적 사상이었다면 이 시대 조선인들을 민족이라기보다는 우선 전사로 만들어야 한다고 생각했던 일제 시대에는 '개화'에서 '위정척사'의 사상으로 회귀하던 것처럼 보인다. 그리고 한놈의 경우도 전통적인 정체로 돌아가는 것 같았지만 사실은 나아가서 눈앞의 현실을 부정하고 꿈의 세계로, 고대의 역사로 거슬러 올라갔고 그곳은 개인의 자율성이 철저하게 부정되고 모든 것이 신과 무궁화꽃과 선배들의 권력으로 좌지우지되는 곳, 상상의 전체주의 세상이었다. 그 꿈의 공간은 철저하게 자의적이고 작위적으로 정의된 곳이며 현실과의 어떤 일관된 관계도 성립되지 않는 곳이었다.

결국 한놈이라는 민족주의 전사는 어떤 역사적 현실에 위치해 있지도 않으며 현실 사회 속의 어떤 자리에도 뿌리내리고 있지도 못하다. 그런가 하면 한놈은 스스로 전사가 되어서 싸워야 할 동기도 없다. 증오심도, 적대감도 없다. 다만 천관(신)과 무궁화꽃과 선배들이 싸우라고 요구하고 강요하여, 의무를 다하기 위해 싸울 뿐이다. 그의 투쟁 정신은 바로 천관과 무궁화꽃의 명령과 권위일 뿐이며 '님 나라'라는 공간, 그 극장의 논리에 따라 싸울 뿐이다. 그는 자신의 의지도 자의식도 박탈당한 처지였다. 한놈은 꼭두각시에 불과했다. 한놈이라는 인물은 단재가 '백지(白紙)'로서 제작한 민족주의자가 갓 태어난 모습이었다. 결국 나중에 님 나라에 와 있는 한놈에게 가장 귀하고 소중한 것은 진정성(authenticity)이었다. 마지막에 '도령군 놀음 곳'에 들어갈 수 있는 자격은 눈물, 꼭두각시의 눈물이었다. 많은 학자들이 지적하듯이 민족주의의 세계는 고도로 비민주적이고 반자유주의적 세계일 수 있다. 그리고 단재의 소설은 이 점을 잘 드러내고 있다. 그러나 단재의 계획은 이 '백지' 상태의 한놈을 스스로 알아서 싸우는 생명을 가진 전사로 만드는 것이었고 '님 나라'라는 장소를 어떻게 쓸 것인가 하는 것이었다. '님 나라'는 결국 민족주의 전사의 훈련소였다. 한놈이 영원히 꼭두각시로 남으리란 법은 없었다. 다만 그 진화의 과정은 소개되어 있지 않다. 과연 한놈이 뜨거운 눈물을 흘릴지는 쓰이지 않았다.

1910년대에 나타난 초기 민족주의자의 두 초상의 공통점은 그들은 그들의 정체의 형식을 채울 내용(內容)을 갖고 있지 못하다는 것이다. 그들은 각자 민족을 위해서 가치 있는 존재가 될 요건을 갖고 있지 못할 뿐 아니라 조건의 부재(不在)의 아쉬움을 아프게 느끼고 있었다. 이형식은 미국 유학을 통해서만 얻어 올 수 있는 지식―'지식'이라는 이름의 부적(符籍) 또는 물신(物神)―이 없고, 이것을 가지러 미국 유학을 갈 기회를 갈구하고 있다. 또한 한놈은 신의 명령에 복종하고 신의 꼭두각시가 됨으로써만 얻을 수 있을 구원(救援)의 없음, 외로움을 괴로워하고 있다. 무엇이 없음(不在)을 괴로워하고 있다는 것을 달리 표현하면 그것을 욕망하고 있다는 것이다. 우리의 초기 민족주의자들은 욕망의 화신이었다.

이형식이 갖고 있는 자산은 무엇보다 작가가 근대인으로 설치해 준 '내면'이었다. 이 내면이라는 공간은 빈 그릇만이 아니라 욕망과 이성이 그 안에서 움직이도록 고안된 장치였다. 그는 이성(異性)에 대한 욕망과 이성(理性)을 갖고 있었다. 뿐만 아니라 계급 상승의 강한 욕망 그리고 주변의 일부 사람들에 대한 증오를 품고 있었고 이를 에너지로 움직이는 인물이었다. 또한 이형식은 자신의 마음속을 관찰하고 자제력을 동시에 발휘함으로써 큰 실수를 하지 않고 자신의 정체를 통제해 나가는 능력을 갖추었다. 그리고 그 능력은 실제로 그를 상대적으로 가치 있는 존재의 모습으로 나타나도록 만들기에 충분했다. 이형식은 지금 자신이 가지고 있는 약간의 지적, 정신적 자산을 의식하고 있었다. 그러나 그러한 자원을 갖고 있음을 의식하는 만큼이나 자원이 부족함을 뼈저리게 느끼고 충분한 자원을 갖고 싶은 욕망을 더욱 강하게 느꼈다. 이형식은 욕망 덩어리인 만큼 스스로 에너지를 내 가며 강한 생명력으로 움직이는 근대인이었다. 이형식은 신의 도움도 원했다. 그러나 그가 원한 것은 신의 자리에 오르는 것, 즉 아가페의 주인의 자리, 그 위치를 원했을 뿐이다.

그러나 한놈은 아무것도, 아무리 작은 것도 가진 것이 없었고 신의 구원을 통해서 얻고 싶은 세속적 물질적 욕망도 없었다. 그는 자신의 존재를 욕망했을 뿐이다. 그는 아무런 욕망이 없었던만큼 사리사욕도 사심(邪心)도 없었다. 이 점이 바로 단재가 한놈으로부터 기대하는 순수한 전사의 중요한 요건이었을 것이다. 그는 가능성의 존재였다.

우리의 초기 민족주의자들은 밖으로부터 얻어와야 하는 것
들—지식과 신(神)에 의한 구원—을 갖지 못해 뼈저리게, 고통스럽
게 목말라 하고 있었다. 그들은 지식과 구원으로부터 소외되어 있었
다. 그들은 욕망하는 존재였지만 그 욕망하는 것, 아직 없는 그것이
무엇일지는 알지 못했다.

제5장

만세 후에 찾은 인물들

1919년 3월 1일 기미독립만세운동(3·1운동)은 우리 근대사에서 엄청
난 의미를 갖는 사건이었다. 그야말로 우리 민족 전체가 일어나 태
극기를 흔들며 '대한 독립 만세!'를 불렀다. 그토록 잔인한 일제의
폭력적 탄압에도 불구하고 그렇게 많은 사람들이 길거리로 뛰쳐나
와 '대한 독립 만세!'를 불렀다는 점에서 사건의 물리적인 규모도 놀
라운 바이지만, 무엇보다 의미심장한 것은 그것을 목도한 이들이 받
은 내적인 경험과 충격이었다. 이 사건은 결코 잊을 수 없는 깊이
와 울림으로 사람들을 흔들어 놓았다. 처음 이 사건을 주도한 33인
은 물론이고 조직에 가담했던 사람들조차 이 만세 사건, '3·1운동'이
이렇게 큰 규모로 전개되리라고 예상하지 못했다고 한다. 일본 경찰
과 헌병들도 사건이 전혀 예상하지 못한 규모로 커지자 경악을 금치
못했다. 그들이 잔인한 폭력을 휘둘렀지만 조선인들의 만세는 아랑

곳하지 않고 확대되었다. 만세 운동은 더욱 많은 사람들이 가담하며 가을까지 계속되었다.

　　1910년 한일병합이 이루어지고 일본의 모독적 무단통치(武斷統治)를 겪으며, 우리 민족 한 사람 한 사람에게 그간 살아왔던 이야기가 주마등처럼 지나갔을 것이다. 우리 민족이 나라를 잃는 과정은 처참했다. 일본의 대군을 이미 갑오년에 불러들였고 그 이후 '경장(更張)'을 그들의 후원을 받아 진행하면서 우리의 전통적 제도와 문물을 파괴했다. 조선인들은 일본의 침략 야욕을 제대로 파악하지 못했고, 파악한 후에도 저항 한 번 제대로 해보지 못했다. 그간에 조선인들은 일부 동포가 일제의 앞잡이가 되어 병탄을 재촉하는 망동을 서슴지 않는 것을 보았다. 구한말 동학 잔당을 중심으로 1백만 가까운 조선인들이 일진회(一進會)에 가담하여 조선과 일본의 합방을 촉구하였다. 그러나 합방 후 조선총독부는 일진회를 해산시켜 버렸고, 그들은 허탈감에 사로잡혔을 것이다. 그들 대부분은 천도교(天道敎)에 합류하였다. 그러다 마침내 이들은 3·1운동에 참가하며 비로소 피눈물로 참회(懺悔)할 기회를 얻었을 것이다. 조선 사람임에도 불구하고 한때 너무나 힘든 삶 때문에 조선을 원망하여 다른 임금을 모시려 했던 반역(叛逆)이 또 다시 일제에 의해 배신당한 상황에서, 자신들의 뿌리와 조상에 대한 참회의 기회가 주어지자 북받쳐오는 감회를 감당하기 힘들었을 것이다. 참가자 숫자와 운동의 기간 같은 그 규모에 관한 서술로는 3·1운동의 의미를 다 표현할 수 없다. 그 심층에서 우리 민족의 대다수는 자신의 모습을 돌아보며 우리 '민족'임을 '만세'로 고백하고, 피눈물로 회개하고, '한 민족'됨을 뼛속 깊이 느꼈다. 그들은 민족이라는 거대한 본류에 합류하였고 다시 태어났다. 그날이 1919년 3월 1일이었다. 3·1운동을 통해 '우리 민족은 하나다.'라는 대명제는 요지부동으로 확립되었다.

1920년대는 3·1운동이 가라앉고, 그렇게 시작되었다. 일제는 3·1운동에 경악하여 조선총독부의 통치 전략을 전면 수정하였다. 이른바 '문화정치(文化政治)'로 전환하여 사이토 마코토(齋藤實)가 조선 총독으로 부임하였다. 그는 조선에 3개의 일간 신문『동아일보』,『조선일보』,『시대일보』를 허가하여 문화적 활동 공간을 열어주고 새로운 방식의 통치를 시도하였다. 이는 식민지 조선에 큰 변화를 초래하였다. 언론에서도 제한적이나마 일정한 자유가 허용되었고, '민족', '민족주의' 등의 말도 간혹 허용되었다. 물론 1920년대의 변화가 모두 일제가 허용해줘서 가능했던 것은 아니었다.

1920년대는 우리 국문학이 꽃피던 시기였다고 말할 수 있다. 일간 신문이 발행되고 잡지, 문학 동인지들이 발간되면서, 이 공간에 문학 작품들 특히 단편 소설이 다양하게 나타나기 시작하였다. 물론 양적으로 미미했지만 당시 신식 교육을 받은 지식인의 규모에 비하면 문학으로 세상사에 참여하여 세상에 기여하고, 세상을 바꾸고, 명성을 얻고자 했던 젊은이들은 어느 때보다도 많았다. 이러한 흐름에 1917년에 조선을 떠들썩하게 했던 이광수의『무정』의 영향이 지대했음은 말할 필요도 없다. 1922년『동아일보』에 연재한 나도향(羅稻香)의『환희(幻戱)』같은 장편 소설도 일부 있었고 신소설들도 계속 쓰이고 있었지만, 전체적으로 1920년대는 단편 소설과 순수문학의 시대였다. 이 시대의 단편 소설들은 우리 문학사에서 단편 문학의 형식이 거의 완성되는 단계에 이르렀음을 보여준다. 나아가서 금동(琴童) 김동인(金東仁)의 단편 소설은 예술적 경지에서도 성취를 이루어 현재에도 추종하기 어려운 수준에 도달했다. 단편 소설들의 소재와 주제는 실로 다양하게 전개되었고 KAPF(조선 프롤레타리아 예술가 동맹)와 같은 좌파 문학가 집단도 결성되어 활발하게 활동을 시작하였다.

　　이 장에서는 1920년대 소설들을 김동인의 작품을 중심으로 해석할 것이다. 한편 1920년대에는 문학 작품, 논설 등의 새로운 글만 나타난 것이 아니라 경성(京城)을 중심으로 하여 '자유연애(戀愛)', '모던 껄', '모던 뽀이' 등 새로운 문화들이 걷잡을 수 없이 출현하고 유행했주.[1] 나아가서 1920년대 초부터는 사회주의 사상이 대두하며 우리 민족주의의 양대 흐름인 개화민족주의와 저항민족주의가 전지구적 우파와 좌파의 이데올로기 대결과 연결되며 갈등의 틈을 벌려나갔다.•

　　단적으로 1917년 이광수의 『무정』은 센세이션이었다. '민족'이라는 주제를 장편 소설에 최초로 엄청난 규모로 펼쳐놓았다. 그러나 『무정』에서 실제 다루고 있는 것은 '민족'이 아니었다. 주인공 이형식은 조선 청년들을 개화하기 위해 영어를 가르치는 선생, 이를테면 '개화민족주의자'였다. 앞에서 언급했듯이 그에게 조선 사람들은 아직 '민족'이라 부를 만하지 못하다고 여겨졌다. '일본 민족'이라는 말은 자연스럽게 쓰였지만 '조선 민족'이라는 말은 아직 어폐(語弊)가 있다는 식이었다. 그는 조선 사람들이 '민족'이 되기 위해서는 일

• 이 책에서는 계속 우리의 민족주의에 대하여 '개화민족주의', '저항민족주의'라는 용어를 쓰고 있는데 그 용어에 대해서는 필자의 우리 근대 민족주의에 대한 다음 저서에게 자세히 설명하기로 하며 독자들의 양해를 구한다.

본 민족 정도의 '문명'이 있어야 한다고 보았다. 이미 구한말에 민족, 민족주의가 하나의 이론으로 등장했지만 한일병합 전에 우리가 이해하는 바의 '민족주의자'라고 할 수 있는 사람은 소수의 지식인에 불과했다.

이광수는『무정』에서 피와 살로 이루어진 실제 살아 있는 인물로서 민족주의자 이형식을 제시하였다. 그는 두 여인과 삼각관계에서 괴로워하며 대부분의 사람들과 공유할 수 있는 세속적인 계급 상승을 갈망하고 이를 위해 당시 모든 지식인의 꿈인 미국 유학을 떠나려는 인물이었다. 이형식은 소설의 처음부터 젊은 여학생들의 몸을 훔쳐보는 등 누구나 마음속에 갖는 욕망을 공유하는 인물이었고, 이 욕망은 미국 유학 그리고 민족의 선생이 되고 지도자가 되고자 하는 욕망으로 전개된다. 이형식은 비교적 설득력 있는 인물이었다고 평가할 수 있을 것이다. 그러나 그는 이상주의적 인물이었고, 그런 의미에서 가까이서 볼 수 있는 그런 인물은 아니었다. 더구나 그는 민족주의의 주체로서 운동가였다. 이 작품은 민족주의에서 가장 중요한 문제인 '민족'이라는 실체가 있다는 확신은 주지 못했다. 이광수가 창조한 실체는 '민족'이 아니라 '민족주의자'였다.

3·1운동의 의미는 무엇보다도 '민족'이라는 실체가 어마어마한 규모로 우리 눈앞에 한때 강림했다는 사실에 있었다. 반면 뒤이은 1920년대는 이제 그 모습은 더 이상 보이지 않는다는 상실감의 시대였다. '3·1운동은 실패했다.'는 평가는 이러한 허탈감의 표현이었을 것이다. 다른 한편으로 민족주의는 이제 진짜 '운동'을 현실적으로 시작해야 하는 단계가 되었다. 1920년대 국문학, 근대 단편 소설문학의 과제는 우선 우리 민족이 다다라야 할 기준을 제시하는

것, 그리고 민족의 현재 그리고 앞으로의 만들어가야 할 바람직한
상을 그려내는 것이었다.

김동인과 민족적 과제

김동인의 문체와 인물

이광수 다음 세대의 한국 문학가들은 민족을 바라보고 탐구해야 하는 민족적 과제를 안고 태어난 세대였다. 그들이 민족을 바라보는 시각은 이광수가 물려준 시선을 크게 벗어났다고 보기는 어렵다. 당시 대표적인 소설문학가인 김동인은 1919년 19세의 나이에 자신이 천재임을 자부하며 『창조(創造)』라는 동인지를 발간하고 그곳에 단편들을 발표하며 문학 활동을 시작하였다. 그는 1920년대를 통해 가장 많은 단편 소설, 특히 우리 문학사에서 지금도 잊을 수 없는 탁월한 향취의 작품들을 창작하였다.

　　우리 근대 문학사에서 김동인의 업적은 이루 헤아릴 수 없다. 김동인은 무엇보다 현대 한국어 문어체를 완성시킨 사람이었다. 당시에 한글 문법도 현대의 모습으로 확정되기 전이었고 사전도 편찬

되지 않은 상태였지만, 김동인의 작품은 그 문체에 있어 현대문과 상당히 유사한 형태로 거의 완벽한 모습을 갖추었다. 이광수도 시도 했던 것이지만, 김동인은 이전 신소설까지의 '-더라' 또는 '-라'를 종결어미로 사용하던 방식에서 벗어나 '-다'로 끝나는 방식을 철저하게 확립했다. 그 의미는 모든 언어가 남의 말—하늘에서건 소문에서건 친구에게서건 들은 말—을 옮기는 것이 아니라 화자(話者)가 스스로 본 모습에 따라 스스로의 판단에 따라 지어서 하는 말임을 뜻한다. 이는 문법적 차원 외에 의미상에서도 주어가 주체(主體)임을 확립하는 것이었다.

나아가서 우리말에서 최초로 포괄적 3인칭 '그'의 사용을 일반화한 것도 김동인의 업적이었다. 김동인은 남녀 구별 없이 '그'를 사용하였다. 이는 서양어의 모습에 따라 우리말을 바꾸었다는 의미도 있지만 사실은 화자의 사고 구조를 근대화시켰다는 중대한 의미를 갖는다. 나아가서 그는 작품의 형식에 있어서도 '고백체'를 확립시켰다. '내면'의 확립은 이광수에 의해 거의 이루어졌다고 보이지만 그 내면의 표현 형식으로서 고백체, 서간체, 일기체 등은 김동인에 의해서 확립된 것이다. 이러한 형식들은 인물들의 '내면' 대사—그들의 생각과 마음—를 사실주의로 포장하고 그 신빙성을 한껏 높이기 위한 방법이었다. 이는 서구 근대 문학에서 일본을 거쳐 국내에 도입된 것이라고 판단할 수 있다.

김동인이 처음 출간한 단편 소설은 1919년 초 『창조』에 발표한 『약한 자의 슬픔』이었다. 이 소설에서 김동인은 우리 민족주의의 기본적인 문제의식이라 할 수 있는 '강한 자' / '약한 자'의 문제를 최초로 독창적으로 제시하였다. 물론 이미 구한말 개화주의의 '실력양성론'에서 힘 그리고 강함과 약함은 그 담론의 중심적 가치 기준이었지만, 개인의 수준에서 강함과 약함을 논하는 단계에 있지는 않았다. 개인에 대한 이러한 구분은 일제 통치가 시작된 후에는 이광수 등의 민족주의 논설에서 늘 저변에 깔려 있는 문제의식이라고 볼 수 있지만 공식적으로 제시되지는 못했다. 『무정』에서도 인간이나 개인을 '강한 자'와 '약한 자'로 나누어 판단하는 사고의 틀은 전혀 제시되지 않았다. 우리 사회의 사람들을 '강한 자'와 '약한 자'로 나누어 분석적으로 이야기한 것은 김동인이 처음이었고 그의 독창적인 주제였다고 말할 수 있다. 이는 민족적 과제로서의 주제였다. 이광수는 1920년대 후반부터에서야 그의 논설에서 강함과 약함의 주제를 개인 차원에서 논하기 시작하였다.*

● 이광수도 글에 '힘'이라는 말을 간혹 썼지만 '힘쓰다'는 일상어의 용법으로 썼고 '힘'이라는 말을 개인의 차원에서 본격적으로 사용했던 경우는 없었다. 특히 그는 1917년 『무정』을 쓸 당시까지는 '천재'라는 말을 즐겨 썼다. 이런 경우에는 인간의 의지를 문제 삼는 '힘'과는 상당히 다른 틀에 있었다고 이해할 수 있다. 그는 '천재'나 '위인'은 "하늘에서 떨어지는 것"임을 강조했다. 그리고 사회의 책임은 하늘에서 떨어지는 이런 사람들을 제대로 배양하는 일이라는 것이다 (이광수, 「천재(天才)야! 천재야!」, 1917년 4월 『학지광』 제12호, 이광수 1979 10: 38-41). 이광수가 개인의 힘에 대해 이야기하기 시작한 것은 1928년 9월 『동아일보』에 기고한 「젊은 조선인의 소원」이 처음이었다 (위의 책: 191-203).

도산 안창호의 경우 민족 개조와 관련하여 '실력'을 키워야 한다는 주장은 1924년 「따스한 공기」 연설에서부터 주로 주제로 삼았다 (안창호 1999: 738-740).

약한 자

『약한 자의 슬픔』의 주인공 강 엘리자베트는 19살의 여학생이다. 그녀는 "재조와 용자(容姿)로 동창생들에게 존경과 일종의 시기를 받고 있었다." 그녀는 K남작 집의 가정교사로 발탁되어 그 집 아이들에게 학과를 복습시키는 일을 하고 있다. 그녀는 부모가 없는 고독한 처지이며 설상가상으로 처음부터 고독을 잘 견디지 못하는 인물이었다.• 무엇보다 그녀는 늘 남의 눈을 의식한다. 외로워서 친구를 만나러 갈 때도 "여학생 간에 유행하는 보법(步法)으로 팔과 궁둥이를 전후좌우로 저으면서 엘리자베트는 길을 나섰다." 말하자면 그녀는 걸음걸이에서도 길거리의 타인의 시선을 의식하여 당시에 유행하는 방식으로 흔들며 걸어다니는 인물이다. 나아가서 그녀는 자신에 대한 친구들의 반응에도 늘 민감하다. 친구들 간의 관계를 의심하기도 하고 시기하기도 한다. 그녀는 소설의 처음부터 끝까지 계속 남들이 자기 몸을 바라보는 시선에 대해 의식한다. 병원에서 자신을 진단하는 의사의 청진기가 몸에 닿자 묘한 쾌감을 느끼기도 한다.

그녀는 통학하는 길에서 어떤 남학생을 매일 보게 된다. 그녀는 매일 그를 보며 가깝게 느끼게 되어 열흘이 지나고 이십 일이 지

• 그녀의 부모가 어떻게 되었는가에 대해서는 전혀 언급되어 있지 않지만 여의고 없다는 말이 중간에 나올 뿐이다.
그녀의 고독에 대해서는 소설의 첫 대목에 "가정교사 강 엘리자베트는 가르침을 끝낸 다음에 자기 방으로 돌아왔다. 돌아오기는 하였지만 이제껏 쾌활한 아해들과 마주 유쾌히 지낸 그는 찜찜하고 갑갑한 자기 방에 돌아와서는 무한한 적막을 깨달았다."고 소개하여 그녀를 외로움을 많이 타고 또 잘 견디지 못하는 인물로 소개하고 있다 (김동인 1988 1: 11).

나자 "연애라 하는 것을 자각하고, 일 삭 만에 그 청년의 이름을 탐지하였다." 그의 이름은 '이환'이었다. 그녀는 그를 "짝사랑(片戀)"하고 있음을 자각한 후부터,

> 벗들과 함께 있을 때는 아뭏지도 않지만, 혼자 있을 때는 염세의 생각과 희열의 생각이 함께 마음속에서 발하여 공연히 심장을 뛰놀리며 일어섰다, 앉았다, 밖에 나갔다, 들어왔다, 일도 없는데 이환이와 만나게 되는 길에 가 보았다, 이와 같이 날을 보내게 되었다. 그러다가 아무게도 통사정할 사람이 없는 엘리자베트는 혜숙에게 이 말을 다 고백하였다―.
>
> 『약한 자의 슬픔』, 13쪽

그녀는 안절부절못하며 지내다가 친구 혜숙에게 털어놓는다. 그러자 혜숙은 그녀의 말을 다른 친구에게 이야기하는데, 이에 그녀는 혜숙을 증오하기 시작한다.

그녀는 통학 길에서 보는 '이환'을 생각하면 마음도 몸도 흥분하고 달뜬 상태가 되곤 한다. 이환에 대한 짝사랑을 느꼈을 때부터 시작된 증상이었다. 하루는 남작의 집에 돌아와 밤이 되자 "전 나체가 되어 드러누웠다." 그날 밤 11시쯤 K남작은 그녀의 방으로 들어와 잠자는 그녀를 덮쳤다. 그녀는 저항하려고 했지만 당하고 말았다. 그리고 이후 그와의 관계는 정례화된다. 그녀는 야밤에 당했음에도 불구하고 남작과 이환 사이에서 복잡한 생각을 하기 시작한다. 남작은 일주일에 두 번 그녀의 방을 찾아들고 그녀는 그러한 와중에도 이환을 생각하곤 한다. 어느 날 그녀는 자신이 잉태(孕胎)했

음을 알게 되고 동시에 그녀의 미래가 결국 산산조각 났음을 깨닫는다. 그리고 참지 못하고 울음을 터뜨린다. 이런 상태에서 그녀 자신의 속은 "텡텡 비었다"는 것을 발견했다. 그녀는 남작과 같이 병원에서 의사를 만나 진찰한 후 남작의 집에서 나와 오촌모의 집에 의탁하게 되었다. 그리고 그녀는 남작에 대하여 소송을 하여 재판을 하기로 한다. 못 다했던 저항의 몸짓을 재판소라는 무대에서 펼쳐 보이고 싶었는지 모른다. 그러나 결국 재판에 패하여 소송은 기각되고 아기를 낙태한다. 강 엘리자베트는 그간의 자기의 인생을 되돌아보게 된다. 이러한 사건들은 모두 우연히 일어난 것이 아니라 처음부터 인과의 끈이 연결된 것이었다.

자신의 삶을 돌이켜 보자, 머리에 떠오른 생각이 "표본 생활 이십 년!"이었고, 곧 자신의 설움은 "약한 자의 슬픔!"이었다. 나아가서 그녀는 자신에 대한 이 생각으로 "소설 비슷이 하나 지어 보고 싶은 생각이 났다." 그녀가 발견한 자신의 약함이란 재산이 없고, 권세가 없음이 아니었다.

> 약한 자기는 누리에게 지고 사회에게 지고 '삶'에게 져서, 열패자(劣敗者)의 지위에 이르지 않았느냐?! 약한 자기는 이환에게 사랑을 고백치 못하고 S와 혜숙에게서 참말을 듣지 못하고 남작에게 저항치를 못하고 재판석에서 좀더 굳세게 변론치를 못하여 지금 이 지경을 이르지 않았느냐?!
>
> 『약한 자의 슬픔』, 57쪽

그녀는 자신이 해야 할 일, 하기로 마음먹었던 일을 결국 못해낸 것이 바로 자신의 약함의 본질이었음을 발견한다. 자신의 약함은 "밖이 약한 것이다. 좀더 깊이− 안으로!"라고 결론지으며 자신의 모든 생각과 행동은 자신 안에서 나온 것은 하나도 없고 모든 것이 밖에서 왔거나 남의 행동에 대한 반동으로 튀어나온 것이었음을 알아차린다. 늘 남의 눈을 의식하고 남의 눈에 모범이 되는 "표본"의 모습으로 자신을 만들며 즉 '모범생'으로 남의, 선생님의, 권력자의 칭찬을 받으려고 살아왔음을 알아차린다. 남의 눈길이 자신의 몸에 닿으면 흥분해온 자신의 허영(虛榮)에 찬 삶이 자신을 결국 '약한 자'로 만들어버렸음을 알아차린다. 그러고는 약한 자의 신세를 면하여 살아나가기 위해서는 '사랑'의 삶을 살아야 한다는 결론에 이른다.

그러나 강 엘리자베트가 스스로를 일러 이미 강한 자가 되었다고 자신감을 갖는 데 대해 작가는 의혹의 눈초리를 보낸다. 그녀는 자신이 약한 자였음을 알아차린 이상, 그리고 왜 자신이 약한 자가 될 수밖에 없었는가를 이해한 이상, 자신은 이제 "강한 자!"라고 자신감에 찬 어조로 말한다. 나아가서 그녀는 자신이 약한 자임을 발견한 내용으로 "소설 비슷한 것"을 쓰고 싶다고 말한다. 여기서 자신의 이야기를 읽을거리로 만들고 싶어 하는 것은 다시 또 남의 눈에 보이고 싶어 하는 오랜 그녀의 습관이 재발한 것이라 보지 않을 수 없다. 이는 누가 보아도 그녀의 현재의 위치에서 결코 바람직하다고 할 수는 없을 것이다. 그리고 그녀는 "이십세기 사람이 다− 그렇다!"는 묘한 말을 덧붙인다. 자신뿐만이 아니라 모든 사람이 다 그렇다는 명제인데, 이 말은 그녀를 방어하는 핑계가 되어준다. 그녀는 이미 자신은 약하다는 사실을 인식함으로써 강한 사람이 되었다고 자부한다. 그러나 자신의 결론대로 밖으로 나가 사랑을 시작하지 않고, 도리어 더 안으로 들어가 소설을 쓰겠다고 한다. 그녀의 결론이 이 시대 모든 사람이 다 그렇다는 말에 그치는 이상, 그녀가 이미 강한 자가 되었다는 것은 동의하기 어렵다. 그녀가 남의 눈을 의식하는 것에는 여러 양태가 있었다. 길거리 사람들의 시선에 대한 의식 외에도, 주변 사람들의 평가를 기준으로 사는 것, 이길 가망이 없어도 굳이 재판을 해야겠다는 생각, 그리고 나아가서 자신이 살아온 '약한 자'의 삶에 대해서 '소설 비슷한 것'을 써보겠다는 것도 마찬가지이다. '사랑'을 해야 한다는 것은 알았지만 실행할 생각은 아직 없는 상태였다.

『약한 자의 슬픔』은 김동인이 정교한 플롯과 구상을 통해 성숙한 문장으로 이룩한 우리 근대 문학의 기념비였다. 그러나 강 엘리자베트가 마지막에 자신의 처지를 자각해 가는 과정이 성급한 비약으로 이루어지고 있는 것은 작품의 흠 또는 문학적으로 성숙하지 못한 부분이라 할 수 있을 것이다. 강 엘리자베트가 그렇게 빠른 시간에 자신의 약함에 관한 모든 것을 일거에 깨우쳤다는 것은 상당히 작위적으로 들린다. 물론 작가는 이 마지막 부분에서, 과연 그녀가 자신을 제대로 이해하고 강한 사람으로 살아갈 준비가 되어 있는가에 대해서는 회의를 던진다. 김동인은 이후에도 이 중요한 주제를 계속 탐구해 나갔다.

마음이 열은 자

김동인은 이어 1919년 말 『창조』에 『마음이 열은 자여』를 실었다. 제목의 '마음이 열은 자'란 마음먹은 대로 끝까지 해내지 못하는 '마음이 약한 사람'이라는 뜻과 가까운 말로 보인다.[*] 이 소설은 주인공

K의 4월 초부터 9월 20일까지의 약 5개월에 걸친 일기와 유서 등으로 이루어진 우리나라 최초의 본격적인 '고백체' 소설이다. 주인공 K는 학교 선생이지만, 길거리에서 통학하는 여학생들을 보면 마음이 흔들리고 아내에 대한 마음도 상황에 따라 일정하지 않은 그런 사람으로 자신을 소개한다. 아내의 훌륭한 점은 인정하고 존중하지만 본질적으로 아내에 대해 매정하고 무책임한 인물이다.

소설의 주된 이야기는 K가 Y라는 여선생과 깊은 육체관계에 빠지는 이야기이다. Y는 "아름다운 점은 약에 쓰려고 해도 없었"던 인물이며 결코 미인이라 할 수 없었다. 그 여인은 먼저 K에게 "사랑을 요구하는 눈치를 보였다." 그녀가 먼저 추파를 던지고 접근해왔기 때문에 주인공 K는 쉽고 편하게 그녀와의 관계에 빠져들 수 있었다. 그들은 급속도로 육체적인 관계로 접어들어 몇 달을 그렇게 보내게 되었다. 그러나 그녀는 어려서 정혼한 상대가 있었고 K에게 아버지의 명령에 따라 그에게 시집을 가야 한다는 사실을 통보한다. 이로 인해 K는 좌절을 겪는다. 작품은 K의 일기를 인용함으로써 그가 Y를 처음 만났던 때부터 헤어져 좌절에 빠지기까지 그의 내면 고

● 작품에서 '마음이 옅음'을 말하며 셰익스피어의 『햄릿(Hamlet)』의 Act I, Scene ii에 나오는 유명한 독백 "Frailty, thy name is woman!"(146) (Shakespeare 1968: 19)을 인용하여 설명한다. "아─마음이 옅은 자여─제 이름을 여자라 하노라! / 셰익스피어의 여자평, 구약 성경의 여자평, 모든 철학자의 여자평, 세상 경력 많은 늙은이들의 여자평, 모두 이 말이 아니냐─. / 마음이 옅은 자여 ─ 네 이름을 계집이라 하노라." (위의 책: 108). 셰익스피어의 원문은 일반적으로 "약한 자여, 그대 이름은 여자니라."로 번역한다.

백에 설득력을 불어넣는다.

　이들 사이의 관계의 핵심은 빠르게 진행된 육체적 관계였다. 더구나 그녀는 어려서 병을 앓아 자궁을 들어낸 상태였고 마음 놓고 육체관계에 탐닉할 수 있었다. 그들의 관계에 대해 주인공은 다음과 같이 말한다.

> 아— 쓰기도 싫고 말하기도 싫지만, 내가 그에게 구한 바는 정욕의 만족에 지나지 못하였다! Y에게 대한 나의 사랑은 역시 그 실로는 육(肉)의 사랑에 지나지 못하였다! 정신상 즐거움! 육에서 활동하다가 남아서, 넘쳐 흘러 정신계로 들어온 것밖에는, 나와 Y 새는 정신상 즐거움이란 한 푼어치도 없었다.
> Y와 만나기 전엣 그 모—든 로만틱한 그리움, 그것은 모두 어디 갔는가? 우주낙관을 주창하는 그 아리따운 기생의 로—만틱한 노래, 여학생들을 볼 때엣 그 로—만틱한 그리움 젊은 부부를 볼 때엣 그 로—만틱한 시기, 누리를 둘러볼 때엣 그 로—만틱한 슬픔, 내 앞길을 내다볼 때엣 그 로—만틱한 근심. Y로 인하여 잃어버린 이 모든 로—만틱한 동경, 그립기도 그립지만….
> 그렇지만, 나는, 그래도 전의 그 찬 생활로 돌아갈 수가 없고, 그래도 Y와 이별할 수가 없다. 이제 만약 Y로서 나를 떠난다 하면, 나는 그 뒷일을 상상할 수도 없다. 그때의 나의 생활은 참 제로일 것이다.

『마음이 옅은 자여』, 84-85쪽

　이렇게 쓴 것은 6월 24일이었다. 말하자면 K는 Y에게 집착했지만 Y와의 관계를 전혀 소중히 여기지 않았다고 이해할 수 있다. 그 관계는 순전히 육체적인 유치하고 더러운 관계이며 거룩한 '정신적 사랑'과는 전혀 거리가 멀기 때문이라는 것이다. 그녀는 아름답지도 않았고, 그녀에게 접근해서 말을 걸기 위해 애를 태운 일도 없었고, 너무나 쉽게 육체관계로 진전되었기 때문일 것이다. 나아가서 그녀와의 관계의 진행과 그 성격은 지식인이자 학교 선생인 주인공이 그간 읽었던 수많은 낭만주의적 서양 연애 소설에서의 '사랑'과는 너무나 달랐다. 제대로 된 '사랑'의 수준에는 너무나 못 미치는 저급한 관계, 저질의 육체관계라 느꼈기 때문이었다. 그러나 이러한 자각에도 불구하고 K는 Y를 만나고 두 달 후에 쓴 일기에서 자신은 Y와 행복하고 만족스런 삶을 살고 있으며 그녀를 사랑하며, 그녀 없이는 살 수 없다는 것을 스스로 선언한다. 다만 여전히 그녀와의 사랑은 순수한 사랑은 아니라는 것이다. 7월 8일 K는 일기에 다음과 같이 쓰고 있다.

> 내게 마음의 아픔이 무엇이 있을까? 나를 사랑하는 여자를 내가 사랑하는데 그것이 육의 사랑이든 참사랑이든 관계가 무엇이며 마음의 아플 것이 무엇이랴?
>
> 그렇다— 나의 의무는 다만 Y를 사랑할 것이지, 그것이 무슨 사랑이든 분석기에 올려 놓아서 이렇다 저렇다 필요는 없다. '사랑'에는 '이론'을 허락치 않는다. 사랑이란 이를 해석하려 할 때는 벌써 그 신성한 점을 잃고 이적(理的) 속적(俗的), 여기저기 딩굴딩굴 구—는 허튼 사랑이 되고 만다. 사랑 —남녀의— 은 끝까지 맹목적이라야 한다. 언제 C도 말을 내게 하였다.

맹목적이라야 할 사랑에, 육적이니 영적이니 구별할 필요는 없
다. 하물며— '영적이라야 할 것인데 육적이 되어서 마음 아프
다'고?!

또, 육의 사랑이면 어떻단 말이냐! C가 이런 말을 한 적이 있
다. — 남녀의 사랑이란 그 근원은 육의 환락에서 비롯하였다.
원시적 사람을 보라, 짐승들을 보라, 다정한 시인을 보라, 정에
날카로운 여자를 보라, 그들이 이 이성에서 다른 이성으로 또
다른 (……)

『마음이 옅은 자여』, 89쪽

K는 자신이 비정상적인 생각을 하고 있다는 것을 잘 알고 있
다. K는 아내가 있는 처지이며, 아내는 집에서 충실히 흠잡을 데 없
이 살림을 꾸려나가고 있었다. Y는 아름다운 여인도 아니고 그녀와
의 관계는 육체적 관계가 앞서 있기에, 비록 K가 Y와 깊은 관계에
있고 Y 없이는 살 수 없을 정도로 깊이 사랑하고 있지만 그가 가진
기준에 의하면 저급 사랑이라는 생각이었다.

그리고 K 자신은 Y에 대하여 아무런 권리도 없으며 그녀에
대한 자신의 행동은 '횡탈(橫奪)'에 지나지 못한다고 느끼고 그녀에
게 죄의식을 느끼기 시작한다. 그리고 그녀에 대해서 "마음이 옅은
년이여!"* 하며 동정하고 원망한다. 그러자 Y는 자신은 부모의 명에

● 이 말을 하고는 바로 뒤이어, "그렇다! 전자에는 나의 안해를 '마음이 옅은
자'라 불렀지만 실로는 네가 더하다. 나의 아내는 참 정녀(貞女)이다. 너 같
은 음녀와는 다르다. 마음이 옅은 계집이여…" (위의 책: 97).

한국인의 탄생

따라 시집을 가야 한다는 사정을 전하였다. 그때의 일에 대해,

"거기 가고만 싶으면, 가구료, 가라우. 그 집서도 그리 Y씨를
그리는데."

그는 원망스러운 듯이 나를 보면서 - 눈물 한 방울 안 떨어뜨리
며, K씨두, 온, 무정하지, 절 가라니요! '가구 싶으면'? '가구 싶
으면'? 남자란…. 아버지가 그러기에 그러지, 온 제가 가구 싶
겠어요? 하고 머리를 돌린다.

서로 맛 없어서 한참 말없이 앉아 있다가, 해져 갈 때 그는 갔다.
그가 간 다음에 첫번 머리에 떠오른 생각은

'Y는 음녀요 마음이 옅은 계집'이라는 것이다. 곧 일기를 썼다.
참 기쁠 때도 잠이 안 오거니와, 참 성날 때는, 잠 안 올 뿐 아니
라, 눈도 감기 싫었다.

'아버지가 가라니, 가지 않으면 안 된다는 논법으로 20세기에
어찌 통행해! 어찌 통행해. 아버지도 자기 친아버지, 왜 못 가
겠단 말을 못해! 이 나-K보담 촌 무지렁이가 날-까! 이전에
춘향이와 이도령의 이별을 어떻게 비평했어! 자기가 춘향이었
더면 이도령과 이별을 안하고 따라가겠다고 했지! 양산백(梁山
伯)과 추랑대(秋娘坮)에게도 그런 비평을 했지, 왜 실행을 못해!
자기면 하겠다던 일을 왜! 왜 못해! 왜!' 밤새도록 그를 저주한
말은 이것이다.

그렇지만, 번-하니 동터 올 때는, 나는, 나 자신을 저주하지 않
을 수 없었다-.

'Y를 그리 저주하는 너는 얼마나 잘하였느냐, 네가 Y를 사랑하

느냐! Y를 사랑하는 자가 왜 Y에게, 거절하란 말을 못했어! Y의 아버지도 건달, 그런 의리를 그런 구약(舊約)을 지킬 사람은 아닌 것이 아니냐! 정 Y가 가기 싫다면 그만둘 일, ―뿐만 아니라 너는 Y에게, 가구 싶으면 가라고까지 했지! 못난 놈! 바보!'

『마음이 옅은 자여』, 99-100쪽

말하자면 K로서는 자신을 포함해서 이 사람 저 사람에게 마구 쓰는 "마음이 옅은 자"라는 말은 자기의 의지를 끝까지 행동으로 관철시키지 못하는 사람을 말한다.

이 이야기는 남녀 간의 '사랑'에 다양한 면이 있음을 보여준다. K는 Y와 깊은 육체관계를 맺고 있지만, '낭만주의'의 부재를 이유로 '진심으로 사랑한다.'라거나 '이 사랑은 소중하다.'라고 생각하지 않는다. K는 늘 자신이 전에 읽었던 서양 소설의 이야기를 회상하는 인물이다. 어쨌든 K는 Y 없이는 자신이 살 수 없다는 것을 확신하고 Y와의 이별을 극도로 두려워한다. K의 내면 변화는 육체적 사랑이 정신적 사랑으로 발전하지 않는다 하여도 깊은 사랑으로 발전할 수 있다는 것을 보여준다. 사랑의 가치에 대한 이론적인 평가와는 달리 실제 사랑은 점점 깊이를 더해가고 행복을 체감하면서 다르게 느껴지는 것이다.

K는 Y가 시집가는 것에 울적하여 있을 때 그의 친구 C가 K에게 금강산에 기분 전환을 위해 다녀오자고 하여 며칠 동안 집을 비운다. K는 여행 중에 이상한 꿈을 꿔서 기분이 뒤숭숭하다. 그리고 돌아와 보니 그가 없던 사이에 아내와 아들이 갑자기 병으로 모두 죽었다는 것을 알게 된다. 결국 K는 Y와의 정당하지 못한 사랑, 이

상적이지 못했던 사랑, 한때 깊이 빠졌지만 마음이 옅어서 책임지고 결단을 내리지 못했던 사랑 때문에 갚을 수 없는 엄청난 죄를 짓고 말았다. 결국 마지막에 마음이 옅은 사람은 바로 자기 자신이었음을 발견한다. Y가 떠난다 할 때는 잡지 않았고, 아내는 자신이 금강산에 친구와 놀러 간 틈에 죽었다. 아내와 Y 두 사람에게 모두 무책임했던 자신은 비참한 존재였다. 처음에 이야기가 소개되어 있듯이 K는 결국 씻을 수 없는 죄를 짓고 아내와 Y, 모두를 잃고 자살하려고 마음먹는다. 그러나 '마음이 옅은' 그는 자살도 포기하고 말았다.

이 소설에는 K가 마음이 옅은 사람이 된 이유는 뚜렷이 제시되어 있지 않다. 다만 그는 학교 선생이며, 지식인이며, 늘 자신이 전에 많이 읽었던 서양 소설 생각을 하는 사람임을 드러낸다. 결국 이 Y와의 관계는 K의 낭만주의 때문에 현실적으로 평가하고 의식하지 못하게 됨으로써 왜곡될 수밖에 없었던 이야기였다. 말하자면 사랑하는 현실에 집중하지 못하고 외래 사상을 받아들여 그 기준에서 내린 왜곡된 평가에서 떠나지 못함으로 인해서 K는 결국 '마음이 옅은 자'가 되고 씻을 수 없는 죄를 짓고 만 것이다.

강함에 관한 단서

김동인은 계속하여 강한 사람 / 약한 사람에 대해서 탐구해 나갔고 특히 인간의 몸과 심리의 설명할 수 없는 신비스런 부분과 연관된 강함 / 약함에 대해서 작품을 썼다. 김동인은 1921년 1월 『창조』에 『목숨』을 실었다. 여기에서 그는 이번에는 인간의 강함, '강한 인간'이란 어떤 것인가를 탐사한다.

이야기의 주인공 M은 뛰어난 시인(詩人)이며 집요하게 자신을 표현해온 사람이다. 그는 언제부턴가 알 수 없는 병에 걸렸다. 배가 불러오고 속은 메스껍고 기묘하고 불쾌한 느낌이 온몸을 괴롭히기 시작했다. 인력거를 타고 병원에 가는데 온몸의 메스꺼움과 불쾌한 느낌이 계속되어 더욱 견디기 어려워진다. 그렇게 온몸이 괴로움을 당하며 병원으로 가는 중에도 그의 의식과 시선은 몸 바깥으로 나가 다른 사람들을 본다든가 하는 일 없이 언제나 자신을 벗어나지 않는다. 그는 병원 원장에게 거의 사형 선고(死刑宣告)를 받는다. 그리고 그는 죽음을 앞두고 갈색의 악마(惡魔)와 대면한다. 악마는 M에게 죽어서 자기 세상에 오면 "권세"를 주겠다고 유혹한다. 하지만 M은 악마의 밑으로 결코 가지 않겠다고 하며 유혹을 물리친다. 그러면서 사람은 "떡으로만 살지 않는다" 하며 사람은 "자기의 발랄한 힘으로" 산다, 즉 생명력으로 산다고 악마에게 항변하며 자신의 삶의 근본에 있는 힘을 의식하는 말을 한다. 그리고 악마에게 "너의 악마 사회의 제일 강한 자의 하는 일은 무엇이냐?"고 묻는다. 그러자 악마는 "우리 사회에서 제일 강한 자가 하는 일은, '마음에 하구 싶은 것은 꼭 하구야 만다'는 것이다"라고 가르쳐 준다. M은 악마의 이 말을 통해 강함의 비밀을 알고 드디어 앞두고 있는 죽음과 싸워나간다. 그리고 악마는 지옥에 있는 것이 아니라 "사람의 정(精)이구 사람의 본능"이라는 악마의 고백을 듣고 자신 안에 들어온 죽음과 싸워 물리친다. 이후 M은 수술을 받고 의학적으로는 이해할 수 없는 신비스러운 과정을 통해 회복 단계에 들어가 결국 건강을 회복한다. 악마 세상의 가장 강한 힘 즉 인간을 약하게 허물어뜨리는 것도 결국 인간의 본능에 잠재되어 있는 것이라는 확신, 그러므로 인간의 강한 힘 역시 악마라는 초월적 존재에게서나 관찰이 가능한 속성이

한국인의 탄생

아니라 인간의 깊은 곳에 있는 것이라는 확신, 그러한 깨달음이 K로 하여금 사형 선고를 극복하고 생명을 되살릴 수 있게 했던 것이다.

김동인은 1921년 초까지 비교적 긴 세 편의 단편 소설을 통해 그가 자신의 민족에 대한 의무로 느끼고 있던 '강한 사람'과 '약한 사람'의 구별과 그 본질적 차이의 문제를 파헤쳤다. 인간의 약함, 의지의 박약함의 첫 번째 원인은 타인의 시선을 의식하고 자신의 삶을 거기에 맞추는 오랜 습관에서 나오는 것이었다. 대표적으로 강 엘리자베트의 약함은 결국 자신도 알아차렸듯이 "표본 생활" 즉 타인, 권력자의 시선에서 칭찬받기 위해 자신의 모습을 만들어 살아온 '모범생'의 오랜 삶에서 유래한 것이었다. 나아가서 K의 '옅은 마음'은 늘 읽어왔던 소설책에서 본 사랑의 기준에 자신과 Y와의 관계와 삶을 평가해온 결과였다. 다시 말하면 자신의 삶을 그 삶을 사는 자신의 경험에서 평가하지 못하고 외부의 이질적인 기준에 따라 평가하는 모순된 삶의 결과였다. 결국 이런 삶은 모든 희망과 가치를 잃어버리고 패자(敗者)와 죄인(罪人)으로 귀착되고 '약한 자'로 전락해버리고 말았다. 그리고 김동인은 1921년 초에 발표한『목숨』에서는 강한 인간의 모습을 보여주고 과연 강한 인간이 되는 비밀을 알아내고 말았다. 그는 이 인간의 강약의 비밀을 알아내기 위해 우리 역사에서 유일하게 악마를 만나 토론을 벌였다. 악마가 제시하는 유혹을 물리치고 그를 실토시켜 악마 세상의 강함의 비밀을 알아내기에 이르렀다. 김동인의 이 작품은 우리 역사에서 최초로 그리고 아직도 유일하게 악마와의 대화와 토론을 시도한 문학 작품이다.

김동인은 이 세 작품을 쓰기 위해 심혈을 기울여 나름의 성과를 거둔 뒤 조금 다른 종류의 문학들을 창조해 내게 되었다. 일단 자신의 일생의 중요한 과제를 해결했으니 이제는 민족적 부담을 잠시 내려놓고 자신만의 순수문학을 시도하였다고 보인다. 그러나 주제는 대체로 아직도 인간의 약함과 강함의 차원을 아주 벗어나지는 않았다. 강해 보이고 강한 척하고 살았지만 속은 약해 빠져 자신과 가족을 망쳐버린 사람들, 왜곡된 남녀 관계 때문에 타락해 버린 사람들 등을 주로 다루었다. 그러나 김동인의 약한 인물의 주인공들은 모두 하나같이 스스로가 약함에서 벗어나는 길, 자신 안으로 깊이 들어가는 길은 오로지 '사랑'임을 발견했다고 선언한다. 과연 1920년대는 사랑의 시대 '연애의 시대'였다.

순수문학의 시도와
강한 인간의 재발견

김동인은 1921년 위에서 논의한 세 단편을 힘들여 완성하고, 긴장에서 벗어나 자신의 문학 활동의 방향을 다소 넓힌 것이 아닌가 생각된다. 1920년대를 통해 김동인은 우리 문학사에서 기념비적인, 순수문학의 금자탑이라 할 아름다운 단편 소설들을 집필한다. 소설들의 소재는 주로 남녀 간의 문제와 그로 인해 타락하는 사람들이었다. 타락하는 사람들의 경우도 물론 약한 사람들의 이야기라고 이해할 수도 있을 것이며 또는 사랑이 현실 속에서 왜곡되는 경우라고 이해할 수도 있을 것이다.

〈배따라기〉를 부르는 사람

1921년 5월에 『창조』에 수록한 『배따라기』는 우리의 깊은 정서를 담은 작품이었다. 이 이야기에서 이름을 알 수 없는 주인공은 〈영유

배따라기〉를 기막히게 잘 부르는 아마추어 소리꾼이라 할 만한 어부였다. 그는 행복한 가정과 어부로서 성공적인 삶을 이룩한 사람이었으나 문제는 그의 사랑하는 애교 많고 아름다운 아내에게 느낀 시기심, '샘'이었다. 하루는 장에 가서 선물을 사들고 집에 오니 아내와 그의 동생이 옷매무새를 흐트리고는 그를 맞으며 쥐를 잡고 있다 한다. 평소에도 아내를 구타하곤 했으나 이날은 더욱 참지 못하는 상태가 되어버린다. 화가 난 그는 아내와 동생에게 엄청난 폭행을 가했고, 그들은 모두 집을 나가버린다. 다음 날 그는 아내를 발견했으나 물에 빠져 통통 불어서 죽은 뒤였다. 그의 아내는 매를 맞고 집을 나와 바닷물에 몸을 던져 자살한 것이었다. 결국 그는 아내와 동생을 모두 끔찍이 사랑했지만 자신의 시기심과 폭력성 때문에 모든 것을 잃고 10년 넘어 외로이 동생을 찾아 헤매며 〈배따라기〉를 부르는 사람이었다. 이 작품은 우리의 민요 〈배따라기〉를 기막히게 잘 부르는 사람이었다는 말 한 마디로 조선인 독자들의 감흥에 말로 표현할 수 없는 심오한 효과를 낸 우리 문학사의 특별한 예술 소설이었다.

성과 애정의 문제

남녀 간의 애정 문제만을 낭만주의 시각에서 다루었던 젊은 작가는 단연 나도향(羅稻香)이었다. 1922년부터 활발하게 작품을 발표하기 시작했던 그의 소설은 낭만주의의 극단이었다.[*] 그가 1922년에 『백

• 김윤식과 정호웅에 따르면 나도향의 특이성은 '낭만주의적 포즈'라고 한다 (김윤식·정호웅 1993: 110). 즉 그는 낭만주의로 온갖 '폼'을 잡는 작가였다는 것이다.

조』 창간호에 발표한 『젊은이의 시절』은 이렇게 시작한다.

작은 여신의 젖가슴 같은 부드러운 풀포기 위에 다리를 뻗고 사람의 혼을 최음제의 마약으로 마비시키는 듯한 봄날의 보이지 않는 기운에 취하여 멀거니 앉아 있는 조철하는 그의 핏기 있고 타는 듯한 청년다운 얼굴은 보이지 않고 어디인지 찾아낼 수 없는 우수의 빛이 보인다.

그는 때때로 가슴이 꺼지는 듯한 한숨을 쉬었다. 그는 몸을 일으켜 천천한 걸음으로 시내가 흐르는 구부러진 나무 밑으로 갔다. 흐르는 맑은 물이 재미있게 속살대며 흘러간다. 푸른 하늘에 높다랗게 떠나가는 흰 구름이 맑은 시내 속에 비치어 어룽어룽한다.

『젊은이의 시절』, 28쪽

곧 이어 또 다시 이렇게 말한다.

그는 속마음으로 부르짖었다.

하나님이여! 하나님은 나에게 가슴을 뭉클하게 하고 말할 수 없이 갑갑하게 하며 아침날에 광채 나는 처녀의 살빛 같은 햇볕을 대할 때나 종알거리며 경쾌하고 활발하게 흐르는 시내를 만날 때나 너울너울 춤추는 나비를 볼 때나 웃는 꽃이나 깜박이는 별이나 하늘을 흐르는 은하를 볼 때, 아아, 나의 사지를 흐르는 끓는 핏속에 오뇌의 요정을 던지셨나이까? 감상의 마액 (魔液)을 흘리셨나이까?

아아, 악마여, 너는 나의 심장의 붉고 또 타는 것을 보았는가? 나의 심장은 밤중에 요정과 꿀 같은 사랑의 뜨거운 입을 맞추고 피는 아침의 붉은 월계(月桂)보다 붉고 나의 온몸을 돌아가는 피는 마왕의 계단에 올리려고 잡는 어린 양의 애처로운 피보다도 정(精)하다. 또 정하다. 아아, 너는 그것을 뺏어 가려느냐? 너는 그것을 너의 끊이지 않는 불꽃 속에 던지려느냐?

『젊은이의 시절』, 28-29쪽

나도향의 소설에는 자연의 모든 나무, 언덕, 햇빛, 잔디, 시냇물, 모든 산천초목이 성적 의미와 성적 자극으로 가득 차 있고, 이 자연의 성적 자극은 주인공의 몸에 흡사 마약을 주입시키는 것 같다고 표현된다. 낭만주의에서 모든 인물은 극단적 단계에 이르고 현실을 떠나 환각 상태에 빠져 있다. 또 많은 경우 인물들은 금단 현상(禁斷現象)에 의해 극도의 초조와 불안에 시달리며 충동적 행동을 벌인다. 이 시대의 낭만주의 소설에서 알코올 중독자는 심심치 않게 등장하며 이들의 '술주정'은 소설에서 너무나 익숙한 주변의 골칫거리였다.

나도향은 1922년 그의 첫 장편 소설 『환희』에서 주인공 혜숙의 40대 중반의 어머니의 모습을 다음과 같이 그린다.

그의 어머니는 아직까지 젊었을 때의 습관이 남아 있는지 뽀얗게 분 세수를 한 얼굴을 잠깐 찌푸리고 한편 입술을 반쯤 열며 말을 할 때마다 번쩍하고 번쩍거리는 금니가 나타나 보인다. 그의 얇은 쇠퇴하기는 쇠퇴하였으나 아직까지 연붉은 빛이 남아 있는 입술을 애교있게 벌릴 때마다 어린 혜숙의 가슴에도 알지 못하게 무슨 성욕에 대한 감정이 그의 혈관 속으로 흘렀다.

『환희』, 103쪽

그녀는 앞에 있는 그의 딸에게도 성욕을 발하고 있다. 두 모녀가 밥을 먹는 모습은 다음과 같이 묘사한다.

혜숙의 어머니는 물에다 밥을 말며 무엇을 생각하였는지 한참 혜숙의 눈썹 까맣고 눈의 광채가 반짝반짝하며 밥을 씹을 때마다 불그레한 두 뺨이 우물같이 쏙쏙 들어가는 것을 바라보고 하얀 목이 우유의 시내같이 꽃다운 향내를 내며 흐르는 듯한 것이나, 그의 등과 고개와 어깨와 젖가슴이 점점 부끄럽고도 눈물 나는 즐거움을 타는 가슴에 맛볼 수 있는 유년기를 벗어나 새로이 벌어지는 아침 월계꽃같이 단 이슬에 취하여 정신없이 해롱대일 처녀기에 이르는 자기 딸을 바라보며 속마음으로 신기하기도 하고, 귀여웁기도 하고, 또 걱정하는 생각도 났다. 그리고 얌전한 사위를 얻어 재미있게 사는 것을 보겠다는 욕망과 한 옆으로 자기가 젊었을 때에 맛보던 타는 듯하고 정신이 공중으로 뛰는 듯한 정욕의 타는 술에 취한 듯한 과거의 기억이 온몸으로 바짝 흐르기까지 하였다.

『환희』, 104-105쪽

모녀가 마주 앉아 밥을 먹을 때조차 맞은편에 성적 유혹으로 충만한 눈길을 던지고, 보이는 모든 모습을 성적 의미로 바라보는 모습을 기술한다. 종합해서 말하면 나도향의 소설에서는 자연과 모든 사물은 성적 의미와 자극과 욕망으로 충만해 있을 뿐만 아니라 가족 내의 모든 사람도 서로에 대하여 성적 자극과 욕망으로 가득 차 있다. 나아가서 길거리나, 건물이나, 교회나 직장이나 모든 공간은 성적 의미로 가득 찬 눈길들이 교차하는 공간이었으며 이런 공간에서 사는 사람들은 모두 성욕이라는 마약에 취한 듯한 사람들이며 그들은 취해 있거나 금단 현상에 시달리고 있다. 나도향의 1920년대 소설은 모두 세상과 서로를 잘못 판단한 인물들이 왜곡된 성관계에 빠지고 비극적 종말을 맞는, 다양하지만 동시에 천편일률적인 이야기들이었다고 말할 수 있을 것이다.

1920년대 중반 김동인의 대표작은 역시 1925년에 출간한 『감자』였다. 그 이야기는 평범한 시골의 나름대로 반듯했던 소녀 복녀가 가난 속에서 자신도 모르게 서서히 타락해 가는 이야기였다. 복녀의 집안은 그녀를 80원에 가난한 홀아비에게 시집을 보내는데 남편은 게으르기로 유명한 사람이었고 점점 가난의 나락으로 빠져든다. 복녀는 기자묘 근처의 솔밭에 송충이를 잡는 인부 일을 하러 다니다가 점차 그 처지와 인생관이 변한다. 어느 날 복녀는 채마밭에서 감자와 배추를 도적질하다가 '지나인 왕 서방'에서 붙들려 그 집에 끌려갔다 나오며 돈 3원을 받는다. 그 후 그녀는 빈민굴의 부자가 되었다. 그러던 중 왕 서방은 돈 1백 원을 주고 처녀를 마누라로 사온다고 하였다. 동네 사람들이 "복녀, 강짜 하겠구만" 하고 놀렸지만 그때만 해도 복녀는 대수롭지 않은 일로 넘겼다. 그러나 결혼식 날이 되자 복녀는 자신을 주체할 수 없는 상태로 치닫는다. 복녀는 하얗게 분을 바르고, "이상한 웃음"을 흘리며 나타나 왕 서방을 붙잡고 늘어지며 자기 집으로 가자고 끌더니 나중에는 왕 서방의 배신에 분노하며 준비해온 낫자루를 집어 든다. 결국 낫자루를 왕 서방에게 빼앗기고 복녀는 살해당한다. 그리고 시체는 아무 일도 없었다는 듯이 어딘가에 매장되었다.

김동인의 『감자』는 우리 근대 문학의 주옥편이었다. 이 작품의 문제의식도 결국 복녀라는 농촌 처녀가 가난에 허덕이다 물질적 보상을 주는 육체관계에 빠져들어 타락하여 제정신을 잃고 비참한 파멸에 이르는 이야기였다. 복녀는 돈을 위해 왕 서방과 성관계를 맺었고 이러한 성관계는 금전 관계로 시작되었음에도 복녀는 도저히 제정신이라 할 수 없는 질투심과 적대감을 드러내며 광란의 상태로 빠져들어 말도 안 되는 행패와 살육을 벌인다. 참으로 이해할 수 없는 희한한 이야기가 아닐 수 없었다. 1920년대 중반에 이르자 남녀 관계 특히 성관계는 인간을 이해할 수 없는 괴수(怪獸)로 만드는 신비로운 것이었고 이런 이야기가 1920년대 단편 소설들의 대중성과 예술성의 기반이었다.[*] 나아가서 이런 상황에서 교훈적 의미도 도출해냈다. 김동인이 1920년대를 통해 썼던 단편 소설의 주제 대부분은 인물이 어떤 조건에서 평소라면 도저히 하지 못했을 행동을 하게 되는, 즉 자신의 정체성을 잃어버리는 이야기였고 그런 의미에서 초창기부터 썼던 '약한 인간' 이야기의 연장선상에 있었다. 성(性)은

● 성(性, Sex, Sexualité)이라는 것은 서구에서는 18세기 말부터 근대에 이르러 인간을 변화시키는 신비스러운 무서운 요인으로 제시되어왔다 (Foucault 1976). 식민지 조선에서 1920년대의 이러한 관념은 서구 근대의 'sex' 개념이 일본을 통해서 전파된 경우로 이해해야 할 것이다.

단순히 부도덕한 행위와 관계를 드러내기 위한 것은 아니었다. 그것은 신비로운 행위로 인간을 어떤 괴물로 만들지 모르는 마법과 같은 것이었고 이제 인간은 알 수 없는 신비로운 존재로 부각되었다. 이러한 인물들에게는 내면이 허용될 수 없었다. 그들이 무슨 말을 하여도 우리의 이성(理性)으로는 도저히 이해할 수 없는 존재, 괴수(怪獸)였다.

야성의 예술

김동인은 1930년 전후부터 상당히 다른 종류의 강한 인간들을 발견하고 구상하게 되었다. 김동인은 그의 많은 소설에서 예술가들을 주요 인물로 다루었다. 그가 예술가를 주로 다룬 것은 『목숨』의 M의 경우와 같이 남의 눈에 신경 쓰는 허영에 찬 인물이 아니라 자신을 표현하는 일에 인생을 거는 약하지 않은 존재로서였고 작가는 그런 인물에게 '강한 인간'의 비밀을 알아오는 특별한 임무를 맡겼다. 김동인의 1929년 작 『광염소나타』의 경우에도 백성수는 화자에게 도움을 받고 정신적으로 의존하는 인물이었지만 결코 약한 인간이라 할 수는 없었다. 그의 아버지는 광기에 넘치는 음악가로, 그 또한 아버지를 닮아 타고난 광적인 음악가였다. 하지만 그의 아버지는 그가 태어나기 전에 비극적으로 죽었고, 그는 유복자가 되어 제대로 음악 교육을 받을 수 없었다. 그는 자신 안에서 터져 나오려는 음악을 위해 불을 지르고 그 불에 취해서 열정적 음악을 창조해야만 하는 인물이었다. 결국 살인과 방화, 기타 사체 모독, 시간(屍姦)을 저질렀고, 사형은 면했지만 정신병원에 갇히고 말았다.

　　백성수라는 음악가는 분명히 미치광이였다. 그러나 화자는 백성수의 가치에 대해 다음과 같이 길게 설명한다.

> 그러나 우리 예술가의 견지로서는 또 이렇게 볼 수도 있습니다. 베에토벤 이후로는 음악이라 하는 것이 차차 힘이 빠져 가서 꽃이나 계집이나 찬미할 줄 알고 연애나 칭송할 줄 알아서 선이 굵은 것은 볼 수가 없이 되었습니다. 게다가 엄정한 작곡법이 있어서 그것은 마치 수학의 방정식과 같이 작곡에 대한 온갖 자유스런 경지를 제한해 놓았으니깐 이후에 생겨나는 음악은 새로운 길을 개척하기 전에는 한 기술이 될 것이지 예술이 될 수는 없습니다. 예술가에게는 이것이 쓸쓸해요. 힘 있는 예술, 선이 굵은 예술, 야성으로 충일된 예술— 우리는 이것을 기다린 지 오랬습니다. 그런데 백성수가 나타났습니다. 사실 말이지 백성수의 그 뒤의 예술은 그 하나 하나가 모두 우리의 문화를 영구히 빛낼 보물입니다. 우리의 문화의 기념탑입니다. 방화? 살인? 변변치 않은 집개 변변치 않은 사람개는 그의 예술의 하나가 산출되는 데 희생하려면 결코 아깝지 않습니다. 천 년에 한 번, 만 년에 한 번 못 날지 모르는 큰 천재를, 몇 개의 변변치 않은 범죄를 구실로 이 세상에서 없이하여 버린다 하는 것은 큰 죄악이 아닐까요. 적어도 우리 예술가에게는 그렇게 생각됩니다.
>
> 『광염소나타』, 50-51쪽

백성수라는 음악가는 우리 모두에게 베토벤 이후 그토록 목마르게 기다리던 "힘 있는 예술", "선이 굵은 예술," "야성으로 충일

된 예술"을 창조해 준 예술가였다. 앞의 구절은 당시 김동인이 느꼈던 그런 음악의 사회 정치적 의미와 중요성을 지적하고 있다. 백성수의 피아노곡 연주를 이전에 작은 교회당에서 밤에 처음 들었을 때를 기억하며 화자는 다음과 같이 말한다.

> 그것은 순전한 야성적 음향이었읍니다. 음악이라 하기에는 너무 힘있고 무기교(無技巧)이었읍니다. 그러나 음악이 아니라기에는 거기는 너무 괴롭고도 무겁고 힘있는 '감정'이 들어 있었읍니다. 그것은 마치 야반의 종소리와도 같이 사람의 마음을 무겁고 음침하게 하는 음향인 동시에 맹수의 부르짖음과 같이 사람으로 하여금 소름돋치게 하는 무서운 감정의 발현이었읍니다. 아아 그 야성적 힘과 남성적 부르짖음, 그 아래 감추여 있는 침통한 주림과 아픔— 순박하고도 아무 기교가 없는 그 표현!
>
> 『광염소나타』, 37-38쪽

즉 백성수는 우리에게 영혼의 힘을 충만하게 해준 숭고한 예술가였고, 그렇기에 화자는 백성수가 정신병원에 갇혀 있을 수밖에 없음을 그토록 아쉬워하고 있는 것이다. 김동인은 우리를 강하게 할 수 있는 또 하나의 중요한 길을 찾았다. 백성수라는 예술가를 강한 사람의 예로 제시하지는 않았다. 그러나 그는 우리와 우리의 문화를 강하게 해줄 수 있는 희대의 음악을 창조해 나갈 천재 음악가였다. 그리고 그 음악은 말로 설명할 수도 없고 배워질 수도 없는 미침(madness), 정신병과 연관된 것이었다. 그의 음악은 우리를 강하게 만들어줄 것이었고 그 음악의 소중한 가치는 몇몇 하찮은 '생명'과 비교할 수 있는 것이 아니었다.

지식인 바깥의 인물

김동인이 1930년에 쓴 『배회(徘徊)』의 B는 또 하나의 강한 인간의 모델이다. 화자인 A는 당시로서는 상대적으로 높은 교육을 받은 사람이지만 고무공장 직공이 되었다. A는 아마도 직공들 중에 가장 높은 수준의 교육을 받은 사람이었고 노동의 신성함을 성실하게 실천하던 사람이었다. B는 A의 동료 직공이자 친구였다. 그는 월급날 먼저 A에게 찾아와 술을 마시러 가자고 청했던 인물이었다. 술 마시러 가기를 꺼려하는 A에게 B는 작품 안에서 여러 차례에 걸쳐 "이 사람 그렇게 비싸게 굴면 못써." 하고 핀잔을 주곤 한다. 말하자면 A가 혼자 성실하게 살아가는 개인주의적인 인물이라면 B는 동료들과 훨씬 잘 어울려 공동체적으로 살아가는 인물이다. 단적으로 B는 개화 기준 또는 근대 서양 문명의 기준에 맞는 인물이라기보다는 전통적 남성상에 더 부합하는 인물로 제시되고 있다. A에게 주는 핀잔도 바로 이 사회생활에 대한 태도를 지적하는 말이었다. B가 같이 어울리자고 만드는 술자리는 A로서는 좀 역겹고 도덕적으로도 적합지 않은 자리였고 여러 차례 빠져나오려 하지만 B는 A를 가지 못하게 강권하여 머무르게 하였다. 술도 강제로 먹이다시피 했다. 그 후에도 여러 차례 B와 어울리다 보니 종종 "무한한 자책과 불쾌 때문에 가슴이 찢어지는 듯"한 일이 있었다. B와 어울려 다니다 보니 과음한 다음 날 아침 A는 이런 느낌이었다.

불쾌하였다. 침이 죽과 같이 걸게 되었다. 마음은 부단(不斷)히 향상을 바라면서도, 행위에 있어서 양심과 배치되는 일을 저지르는 제 약함을 스스로 꾸짖어 마지않았다. 그는 불쾌한 감정 때문에 연하여 사지를 떨면서 골목에서 거리로 거리에서 골목으로 빙빙 돌고 있었다.

"아아. 거친 삶이다. 바보! 바보! 왜 나는 좀더 사람답게 못 되는가. 사람으로서의 사랑과 감정과 양심— 이것을 왜 기르지를 못하느냐. 기르기는커녕, 있던 것조차 보전치를 못하느냐. 위로, 위로. 좀더 사람다이!"

『배회』, 140-141쪽

높은 교육을 받은 A는 자신은 B와는 같이 어울릴 수 없는 사람이라고 느꼈던 적이 있었다. 그런데 어느 날 A는 집에 쌀이 떨어져 B에게 급히 돈을 꾸러 간다. B는 예상 외로 흔쾌히 넉넉히 주겠다고 했고 A는 B를 다시 본다.

A는 B의 얼굴을 바라보았다. 천하 만사를 되는 대로 해 나가는 듯한 B— 그가 집에는 생활 비용을 여유 있게 남겨 두며, 친구의 청구에 두말 없이 꾸어 주는 그의 태도. 눈물이 나오려 하였다.

『배회』, 144쪽

B라는 인물은 보기와는 달리 되는 대로 사는 그런 사람이 아니었음을 느꼈다.

한국인의 탄생

그러나 하루는 B가 A가 만나던 여인 도순의 집에서 나오는 것을 보고 화가 나던 김에 다음 날 공장에서도 다툼이 있었다. A는 홧김에 B를 주먹으로 때렸다. 그랬더니,

> 눈에 충혈이 되면서 일어섰다. 이 통에 다른 직공들도 왁 하니 일어서서 둘러쌌다. 큰 구경이 난 것이다.
>
> 그 가운데서, 일단 넘어졌던 B는 옷의 먼지를 털면서 일어났다. A는 B가 달려들 줄 알고 그 준비를 할 때에 B는 옷을 다 털고 나서, 앞에 놓인 꽤 굵은 쇠몽치를 잡았다. 그리고 무릎을, 쇠몽치의 중간에 대고, 양 손으로 쇠몽치의 양끝을 잡아 힘써 당겼다. 쇠몽치는 그 두려운 힘에 항복하듯이 구부러졌다.
>
> "A. 이봐. 내가 힘으로 너한테 지는 바는 아니다. 그렇지만 너한테 차마 손을 못 대겠다. 네 브러시를 쓰지 않으면 그뿐이 아니냐. 어따. 받아라. 네 브러시로라." (……)
>
> 그 오후, A는 일할 동안 몇 번을 몰래 B를 보고 하였다. A는 지금 브러시가 아니라, 그보다 더한 것이라도 B가 달라기만 하면 곧 주고 싶었다. 아까의 제 행동을 뉘우쳤다. 부끄러운 일이라 하였다. 사람의 짓이 아니라 하였다.
>
> 『배회』, 148-149쪽

A는 B가 엄청난 힘을 가졌음에도 불구하고 친구에게 폭력을 쓰지 않겠다고 하는 남자다운 행동에 감동했고 A는 B에게 사과하고 화해하여 더욱 친한 친구 사이가 되었다. 그래서 그는 다시 불규칙한 타락한 생활로 빠지게 되었다. 하지만 여전히 A는 술에는 쉽게

적응하지 못했다.

그때 공장에서는 문제가 되었던 배합사가 그들을 찾아와 자신의 사정을 이야기했고, 여러 직공들과 같이 문제를 해결해야 하는 상황에 처했다. 당시 B의 태도에 대해 "온갖 일에 대하여, 자기의 푯대와 주장을 가지고 있는 B는, 이런 일을 당할지라도, 주저하지 않고, 일을 진행시켰다." B가 일에 대처하여 일하는 모습을 다음과 같이 묘사한다.

> A는 이러한 B의 말을 들을 때에, 막연하게나마, 커다란 인류애를 느꼈다. 오른쪽 눈과 왼쪽 눈이, 제각기 활동을 하는 사팔뜨기 B의 표정에는 이런 때는 신성하고 엄숙한 기분이 넘쳤다.
>
> 『배회』, 154쪽

또 A는 B에 대해서 다음과 같이 말한다.

> A는 B를 부러워하였다. 아무런 일에 처하여도, 자기의 본심뿐은 잃지 않는 B는, 어떤 의미로 보아서는, A에게는, 영웅으로까지 비치었다. 아무런 일이든 B는 그 일이나 마음을 지배하였지, 거기 지배당하지는 않았다. 꼭 같은 일을, A와 B가 할지라도, A에게 있어서는, '그 일에 끄을려서 행하는 것'에 반하여 B는, '그 사건을 지배'하였다. A에게는, B의 그 점이 몹시 부러웠다.
>
> 『배회』, 155쪽

A는 B와 함께 노동자들의 집단행동을 지도하면서 A 자신은 공장 노동에 맞지 않음을 깨닫는다. 그는 자신이 "B와 같이 굳센 성격의 주인"이 되지 못한다는 것을 깨닫는다.

그러나 김동인은 B가 어떤 인물인지 어떻게 해서 그렇게 강할 수 있는지는 알려주지 않는다. 그의 작품의 다른 주인공들과는 달리 B는 일체의 내면 대사를 내놓지 않는다. 그는 밖에서 보이는 행동과 아주 짧은 반 줄짜리 대사가 있을 뿐이다. 그의 유일한 목소리는 끝에 A가 공장을 떠난 후 B가 A에게 보낸 편지에 들릴 뿐이다.

> 무지(無智)의 위에 '외래 사상'을 도금한 것 — 이것이 현하의 조선의 상태외다. 타락과 시기의 위에 신사상이라는 것을 도금한 것 — 이것이 도회 노동자의 모양이외다. 외래 사상을 잘 씹지도 않고 삼켜서 소화불량증에 걸린 딱한 사람이외다.
>
> 『배회』, 159쪽

과연 B는 A에게 먼저 술 마시러 가자고 청하던 사람이었고 그와 같이 어울리며 A는 불규칙하고 의식 없이 멍청한 생활에 빠져들고 있었다. A가 금욕적, 개인주의적 삶을 추구했다면 B는 전통적인 공동체적 문화에 뿌리박은 사람이었다. 따라서 늘 A에게 "비싸게 굴면 못써."라고 질책하였고 마지막 편지에서도 당시의 문제는 소화 안 된 "외래 사상"임을 지적한 것이었다. 무엇보다 B는 강한 '척'하는 사람이 아니었다. 남들과 똑같은 사람으로 밤늦게까지 어울려 술 마시는 그런 사람이었다. 하지만 그가 강한 사람이라면 그 힘은 어디서 오는지는 정확히 알 수 없었다.

김동인이 1932년 초에 출간했던 『발가락이 닮았네』는 당시에 세상을 어떻게든 가정과 일터에서 정상적으로 살아나가야 한다는 현실주의적 마음가짐의 지혜를 보여준 것이었고 화자는 그의 "마음과 노력에 눈물겨워졌"다. 이런 현실주의는 당연한 것 같지만 당시 유교적 전통에서 체면에 목숨을 걸고 살던 많은 조선인들의 문화를 생각해 보면 중요한 측면을 지적한 것이었다.

삵과 삼룡이

김동인이 1932년에 썼던 『붉은 산』의 '삵'도 강한 인간의 유형으로 제시한 인물이었다. '삵'의 이름은 정익호라 하지만 만주의 조그만 촌에서 그에 대해 아무도 알지 못했다. 그는 단적으로 상종할 수 없는 존재였다. 그에 대해 다음과 같이 평한다.

> 생김생김으로 보아서 얼굴이 쥐와 같고 날카로운 이빨이 있으며 눈에는 교활함과 독한 기운이 늘 나타나 있으며 바룩한 코에는 코털이 밖으로까지 보이도록 길게 났고 몸집은 작으나 민첩하게 되었고 나이는 스물다섯에서 사십까지 임의로 볼 수가 있으며 그 몸이라 얼굴생김이 어디로 보든 남에게 미움을 사고 근접치 못할 놈이라는 느낌을 갖게 한다.
> 그의 장기는 투전이 일쑤며 싸움 잘하고 트집 잘 잡고 칼부림 잘하고 색시들에게 덤비어들기 잘하는 것이라 한다.
>
> 『붉은 산』, 82쪽

그는 아무 하고도 사귀지 않고 대화하지 않고 자기 식으로 고독하고 타락한 삶을 살았다. 어느 날 송 첨지가 중국인 지주에게 억울하게 맞아 죽었다. 마을 사람들은 분노했지만 아무도 겁이 나서 나서지 못했다. 그 와중에 다음 날 아침 삶이 동구 밖에서 피투성이가 되어 죽어 가고 있었다. 허리가 기역자로 뒤로 부러져 있었다. 송 첨지의 죽음에 대하여 삶이 유일하게 중국인 지주에게 항의하기 위해 갔다가 맞아 죽어가고 있었다.

삶이야말로 유일하게 용기를 내어 중국인 지주에게 가서 분노를 표시하고 항의했던 것이다. 그 마을에서 아무도 사람 취급하지 않고, 그 역시 사람 같은 행동을 한 적이 없던 인간쓰레기 삶이 유일하게 분노를 표현할 용기를 가진 사람이었다. 그는 남이 못하던 생각과 의식을 행동에 옮기는 단순한 일을 해낸 사람이며, 그는 그러기에 강한 사람으로 김동인이 소설에서 소개한 인물이었다. 그러나 삶 또한 『배회』의 B와 마찬가지로 어떻게 하여 강한 인간이 되었는지, 남이 못하는 일을 할 수 있었는지는 전혀 알 수 없다. 그 또한 일체의 내면 대사가 없기 때문이다. 인간이 의지를 행동에 옮기는 데는 설명이 필요 없을지 모른다. 설명은 그 '간단한 일'을 하지 못했을 경우에나 필요할 것이었다. 그는 결국 신비스럽고 강한 인물이었다.

김동인의 '삶'은 이미 1925년에 나도향이 제시했던 『벙어리 삼룡이』와 유사한 종류의 존재였다. 삼룡이는 처음부터 벙어리로 아무런 대사가 없도록 되어 있었다. 내면 대사도 없어야 할 이유는 사실 없지만 검증할 수 없다는 이유로 진실로 속마음을 알 수 없는 존재가 되었다. 오 생원 집 벙어리 삼룡이를 작가는 다음과 같은 말로 처음 소개한다.

그 집에는 삼룡이라는 벙어리 하인 하나가 있으니 키가 몹시 크지 못하여 땅딸보이고 고개가 달라붙어 몸뚱이에 대강이를 갖다가 붙인 것 같다. 거기다가 얼굴이 몹시 얽고 입이 크다. 머리는 전에 새꼬랑지 같은 것을 주인의 명령으로 깎기는 깎았으나 불밤송이 모양으로 언제든지 푸하고 일어섰다. 그래 걸어다니는 것을 보면 마치 옴두꺼비가 서서 다니는 것 같이 숨차 보이고 더디어 보인다. 동네 사람들이 부르기를 삼룡이라 부르는 법이 없고 언제든지 「벙어리」 「벙어리」하고 하든지 그렇지 않으면 「앵모」 「앵모」한다. 그렇지만 삼룡이는 그 소리를 알지 못한다.

『벙어리 삼룡이』, 221쪽

그는 겉모양부터가, 아니 멀리서 보이는 실루엣부터가 기괴했다. 같이 대화할 수 있는 존재로 보이지 않았다. 뿐만 아니라 그는 "가슴에는 비분한 마음이 꽉 들어" 차 있는 존재였다. 그는 자신이 병신인 것을 원망하였고 "이 세상을 저주하였다." 또한 그 안에는 성적 욕망이 해소되지 못한 채 쌓이고 쌓여 무서운 폭탄이 되어 있었다. 그는 23세의 총각이었다.

그가 깜박깜박하는 기름 등잔 아래에서 밤이 깊도록 짚신을 삼을 때이면 남모르는 한숨을 아니 쉬는 것도 아니지마는 그는 그것을 곧 억제할 수 있을 만큼 정욕에 대하여 벌써부터 단념을 하고 있었다.

마치 언제 폭발이 될지 알지 못하는 휴화산(休火山) 모양으로 그의 가슴속에는 충분한 정열을 깊이 감추어 놓았으나 그것이 아직 폭발될 시기가 이르지 못한 것이었다. 비록 폭발이 되려고 무섭게 격동함을 벙어리 자신도 느끼지 않는 바는 아니지마는 그는 그것을 폭발시킬 조건을 얻기 어려웠으며, 또는 자기가 이때까지 능동적으로 그것을 나타낼 수가 없을 만큼 외계의 압축을 받았으며, 그것으로 인한 이지(理智)가 너무 그에게 자제력(自制力)을 강대하게 하여 주는 동시에 또한 너무 그것을 단념만 하게 하여 주었다.

『벙어리 삼룡이』, 224쪽

그는 외모로 보나 내면으로 보나 괴물이었다. 대화할 수 없는 상대이며 그의 내면은 이해 불가능한 캄캄한 '블랙홀'이었다.

그는 집 주인의 아들이 장가를 가자 아름다운 아씨의 모습에 끝없는 동경을 느낀다. 그리고 그의 행동은 사람들 특히 주인 아들의 오해를 샀고 마당에 거꾸로 매달려 엄청난 매를 죽도록 맞는다. 삼룡이는 좌절하고 분노하여 결국 그 집에 불을 지른다. 그러고는 주인을 구하고, 그 아들은 구해주지 않고 불구덩이에 남겨놓고 아씨를 구하러 뛰어든다.

그는 다시 건넌방으로 들어갔다. 그때야 그는 색시가 타죽으려고 이불을 쓰고 누워 있는 것을 보았다. 그는 색시를 안았다. 그러고는 길을 찾았다. 그러나 나갈 곳이 없었다. 그는 하는 수 없이 지붕으로 올라갔다. 그는 비로소 자기의 몸이 자유롭지 못한 것을 알았다. 그러나 그는 자기가 여태까지 맛보지 못한 즐거운 쾌감을 자기의 가슴에 느끼는 것을 알았다. 색시를 자기 가슴에 안았을 때 그는 이제 처음으로 살아난 듯하였다. 그는 자기의 목숨이 다한 줄 알았을 때, 그 색시를 자기 가슴에 힘껏 껴안았다가 다시 그를 데리고 불 한가운데를 헤치고 바깥으로 나온 뒤에 색시를 내려 놓을 때에는 그는 벌써 목숨이 끊어진 뒤였다. 집은 모조리 타고 벙어리는 색시를 무릎에 뉘고 있었다.

그의 울분은 그 불과 함께 사라졌을는지! 평화롭고 행복스러운 웃음이 그의 입 가장자리에 엷게 나타났을 뿐이다.

『벙어리 삼룡이』, 231-232쪽

삼룡이는 1920년대 중반 조선에서 사랑의 문제가 낭만주의에 의해 제시되고 이어 현실적으로 남녀 간의 성(性)이 초미의 관심사가 되자 나타난 괴물이었다. 김동인의 『감자』의 복녀는 멀쩡하던 소녀가 비뚤어진 성관계로 인해 우리가 보는 앞에서 이해할 수 없는 미치광이로 변한 작고 힘없는 젊은 여성이었고, 우리는 그의 손에서 낫자루를 쉽게 빼앗을 수 있었다. 그러나 비슷한 메커니즘에서 나타난 삼룡이는 감당할 수 없는 힘을 가진 괴수였다. 삼룡이는 우리가 '강한 인간'이라 부르기에는 우리의 인식 밖에 멀리 있는 존재로서 대화할 수 없고 이해할 수 없는 괴수였다. 그러나 삼룡이는 나도향, 김동인 등의 개화민족주의자들의 동맹자였다. 전통문화에 집착하며 조선 사회를 차지하고서 여전히 폭력을 휘두르는 주류 수구파들과 싸우는 최하층의 새로운 동맹군이었다. 삼룡이는 전혀 배우지는 못했지만 평생을 자제(自制)하고 살아온 '사랑'을 아는 존재였다. '삶'

또한 우리가 사랑하는 것을 같이 사랑하는 존재였다. 그들은 우리가 그렇게 추측할 수 있는 존재였다.

망가진 작품

김동인의 1935년 작 『광화사(狂畵師)』의 경우에는 그 주인공 '솔거'라는 인물의 '강약'이 이야기의 주제라고 볼 수는 없다. 김동인의 작품에서 예술가는 약한 인물로 등장한 일이 없으며 대부분 보통 이상의 강한 인물이며 김동인이 후기에 예술가 이야기를 많이 했던 것도 강한 인간을 찾는 그의 집념 때문이었다고 판단된다. 작품은 솔거를 다음과 같이 소개한다. 그 화공은 남달리 추한 얼굴이었고 "백주에는 나다니기가 스스로 부끄러울" 지경이었다. 그토록 극도로 모습이 추한 그의 인생은 비참했다. 결혼에 몇 차례 실패하는 등 불행한 일이 되풀이되자 인간 대하는 것을 혐오하는 사람이 되었다. 따라서 그는 깊은 산골에 묻혀서 그림 그리는 일에 몰두하였다.

> 세상을 피하고 세상에서 숨어 살기 때문에 차차 비뚤어진 이 화공의 괴벽한 마음에는 세상을 그리는 정열이 또한 그만치 컸다. 그리고 그것이 크면 크니만치 마음속에는 늘 울분과 불만이 차 있었다.
> 지금도 세상에서는 한창 계집 사내들이 서로 부둥켜안고 좋다고 야단할 것을 생각하고는 음울한 얼굴로 화필을 부리는 화공. 이러한 가운데서 나날이 괴벽하여 가는 이 화공은 한 개 미녀상을 그려 보고자 노심하였다.
>
> 『광화사』, 244쪽

그는 그가 겪은 박탈감에 대한 보상으로 미녀상을 그려보고자 했다. 그리고 그런 생각은 서서히 "안해로서의 미녀상을 그려 보고 싶"다는 것으로 발전했다. 그는 생각하였다.

> 세상놈들은 자기에게 한 짝을 주지 않고 세상 계집들은 자기에게 오려는 자가 없어 홀몸으로 일생을 보내다가 언제 죽는지도 모르게 이 산골에서 죽어 버릴 생각을 하면 한심하기보다 도로혀 이렇듯 박정한 사람의 세상이 미웠다.
> 세상이 주지 않는 안해를 자기는 자기의 붓끝으로 만들어서 세상을 비웃어 주리라.
> 이 세상에 존재한 가장 아름다운 계집보다도 더 아름다운 계집을 자기의 붓끝으로 그리어 못나고도 아름다운 체하는 세상 계집들을 웃어 주리라.
> 덜난 계집을 안해로 맞아 가지고 천하의 절색이라 믿고 있는 사내놈들도 깔보아 주리라.
> 사오 명의 처첩을 거느리고 좋다구나고 춤추는 헌놈들도 굽어보아 주리라.
> 미녀! 미녀!
>
> 『광화사』, 245쪽

자신이 너무나 서러움 받고 핍박받고 살았기 때문에 그에 대한 보상으로 가장 아름다운 미녀를 그림으로라도 차지하여 자랑하겠다는 욕심은 당연한 것 같이 들리지만, 따져보면 이는 정당한 정

한국인의 탄생

의(正義)의 요구라 할 수 없는 변태적인 욕심이었다. 그 욕망은 작위적인 것이었고 개인적 복수를 위한 사심(邪心)에 찬 것이었다.

미녀도의 모델을 찾아 헤매던 중 어느 날 하루는 냇가에 앉아 있는 소녀를 발견하였다. 그녀는 과연 아름다웠다. 하지만 그녀는 장님이었다. 화공은 그녀를 집으로 데려가 그림을 그린다. 거의 다 그리고 눈동자만 남았을 때 날이 어두워 더 그릴 수가 없어 다음 날 계속하기로 했다. 그런데 그날 밤 화공은 그녀의 체취를 견딜 수 없어 그녀의 몸을 탐하고 말았다. 다음 날 아침 그 소녀의 눈은 어제의 그 아름답고 맑은 눈이 아니었다. 소녀의 눈은 사내의 사랑을 구하는 '여인의 눈'이 되어 있었다. 어제의 그 아름다운 눈동자를 잃어버린 소녀에게 화공은 온갖 모욕과 폭력을 가한다. 그 소녀는 넘어지며 숨이 끊어졌고 먹물이 튀어 미녀도에 눈동자가 찍혔다. 먹물이 찍힌 미녀도의 눈은 화공이 조금 전 소녀에게서 보았던, "소경처녀가 화공에게 먹을 잡혔을 때에 그의 얼굴에 나타났던 원망의 눈—그림의 동자는 완연히 그것이었다." 화공은 결국 좌절하여 미쳐서 그 화상을 끌어안고 이리저리 방황하다가 비참한 여생을 마친다.

김동인의 1935년 작품 『광화사』는 또 하나의 강한 조선인을 소개하는 작품은 아니었다. 오히려 이 소설은 당시 좌파들에 대한 비판이었고 그런 의미에서 정치적 의미의 작품이었다. 즉 가장 비참하고 고생스럽게, 박탈감에 시달리며 살아온 사람이라고 해서 더욱 큰 보상을 요구한다는 것은 억지이자 변태적인 논리임을 소설로 보여주는 사실주의의 메시지였다. 박탈감에 이은 분노 그리고 그 분노의 표현과 폭발은 경험적이고 인간적인 이야기지만, 남보다 더욱 많은 보상을 요구하는 변태적 욕망은 솔거의 여생을 비참하게 만들고 말았다. 이는 정의의 요구가 아니었다. 전이되고 비뚤어진 복수의 요구였고, 변태적인 것이었다. 결국 솔거라는 화공은 이 시대에 나타난 또 하나의 괴수였다.

한국 근대 소설문학의 출발

○

1919년 이후 전 세계적으로 유행하던 말이자 사상은 '개조(改造)'였다. 세계 대전의 참화를 겪고 난 후 서구의 지식인들은 그런 비극을 다시 겪지 않기 위해서는 근본적으로 모든 것, 특히 인간의 천성을 바꾸어야 한다고 생각했다. 도산(島山) 안창호(安昌浩)의 경우에도 그가 민족의 '개조'를 이야기하기 시작한 것은 유럽에서 개조라는 말이 유행하면서 부터였다.[2] 그리고 그가 개조와 관련하여 '힘'을 이야기하기 시작한 것은 1919년 12월 27일에 있었던 「물방황(勿彷徨)」이라는 연설에서부터였고, '힘을 기르소서' 하는 당부를 주제로 편지를 쓰고 연설을 본격적으로 시작한 것은 주로 춘원이 귀국하고 난 1921년 7월 이후이다.

　　1922년 이광수의 유명한 논설 「민족개조론」은 그런 맥락에서 쓰인 것이며 당시 개조라는 말의 쓰임새를 다음과 같이 간추려 말한다.

> 제국주의의 세계를 민주주의의 세계로 개조하여라, (……) 생
> 존경쟁의 세계를 상호부조의 세계로 개조하여라, 남존여비의
> 세계를 남녀평권(男女平權)의 세계로 개조하여라, (……) 이런
> 것이 현대의 사상계의 소리의 전체가 아닙니까.[3]

말하자면 세계를 평화롭게, 부드럽게 만들자는 것이 대체적인 분위기였고 이런 분위기는 조선에서도 받아들여지고 있었다. 이광수는 나아가서 '개조'를 조선에 적용하여 '민족개조론'을 설파하며 조선 민족의 비극의 원인과 개조해야 할 초점은 "도덕적(道德的)인 것"임을 강조하였다. "허위, 비사회적 이기심, 나타(懶惰), 무신(無信), 겁나(怯懦), 사회성의 결핍—이것이 조선 민족으로 하여금 금일의 쇠퇴에 빠지게 한 원인이 아닙니까." 앞에서 논의한 구한말의 상황을 생각하면 이광수의 이러한 진단은 결코 틀렸다고 말할 수 없다.

이광수도 '힘'이라는 문제를 생각하지 않았던 것은 아니었다. 그러나 민족의 문제를 거의 전 민족적 문제 또는 조직이나 단체의 문제로 이해하고 있었고, 따라서 '힘'에 대해서는 "일을 이루는 것은 오직 '힘'뿐이니, 힘이란 무엇이뇨, 사람과 돈이외다."라고 하였다. 이때 '사람'이란 참여하는 사람의 숫자를 말한다. 이광수가 후일에도 민족의 힘이란 결국 개인들의 힘의 집합이라는 생각을 하지 못했다고 말할 수는 없을 것이다. 하지만 이 당시까지는 근대 관료주의적인 조직이라면 그 힘은 개인의 힘의 합으로 귀착된다는 발상까지는 못했던 것으로 보인다. 이광수가 각 개인의 힘에 대해서 이야

한국인의 탄생

기한 것은 1928년 9월 『동아일보』에 기고한 「젊은 조선인의 소원」
이 처음이었다.[4] 안창호의 경우에도 '실력을 키워야' 한다는 주장은
1924년 「따스한 공기」 연설에서야 본격적으로 시작되었다고 한다.[5]

　김동인은 1919년 초에 발표된 단편 소설 『약한 자의 슬픔』에
서 우리 근대 문학에서 가장 중심적인 주제를 열었다. 당시에 김동
인이 '강한 자 / 약한 자'를 문제 삼은 것은 당시 유행하던 '개조' 또
는 '민족개조론'의 연장선상이 아니었다. 김동인의 강한 자 / 약한
자의 문제 즉 힘의 문제는 다분히 독창적인 니체(Friedrich Nietzsche)
적 발상이었다고 보인다. 『약한 자의 슬픔』에서 강 엘리자베트는 마
지막에 이런 독백을 한다.

> 약한 자의 슬픔! (그는 생각난 듯이 중얼거렸다) 전의 나의 설움은
> 내가 약한 자인고로 생긴 것밖에는 더 없었다. 나뿐이 아니라,
> 이 누리의 설움― 아니 설움뿐 아니라, 모든 불만족, 불평들이
> 모두 어디서 나왔는가? 약한 데서! 세상이 나쁜 것도 아니다!
> 인류가 나쁜 것도 아니다! 우리가 다만 약한 연고인 밖에 또 무
> 엇이 있으리요. 지금 세상을 죄악 세상이라 하는 것은 이 세상
> 이― 아니! 우리 사람이 약한 연고이다! 거기는 죄악도 없고 속
> 임도 없다. 다만 약한 것!
> 약함이 이 세상에 있을 동안 인류에게는 싸움이 안 그치고 죄
> 악이 안 없어진다. 모―든 죄악을 없이하려면은 먼저 약함을
> 없이하여야 하고, 지상 낙원을 세우려면은 먼저 약함을 없이하
> 여야 한다.
> '만일 약한 자는, 마지막에는 어찌 되노?… 이 나! 여기 표본이

있다. 표본 생활 이십 년(그는 생각난 듯이 웃으면서 중얼거렸다) 나는 참 약했다. 일 하나라도 내가 하고 싶어서 한 것이 어디 있는가! 세상 사람이 이렇다 하니 나도 이렇다, 이 일을 하면 남들은 나를 어찌 볼까 이런 격정으로 두룩거리면서 지냈으니 어찌 이 지경에 이르지 않았으리요! 하고 싶은 일은 자유로 해라. 힘써서 끝까지! 거기서 우리는 사랑을 발견하고 진리를 발견하리라!

'그렇지만 강한 자가 되려면…!'

그는 생각하여 보았다.

'내가 너희에게 새 계명을 주노니 사랑하라' (그는 기쁨으로 눈에 빛을 내었다) 그렇다! 강함을 배는 태(胎)는 사랑! 강함을 낳—는 자는 사랑! 사랑은 강함을 낳고, 강함은 모—든 아름다움을 낳—는다. 여기, 강하여지고 싶은 자는— 아름다움을 보고 싶은 자는— 삶의 진리를 알고 싶은 자는— 인생을 맛보고 싶은 자는 다— 참 사랑을 알아얀다.

만약 참 강한 자가 되려면은? 사랑 안에서 살아야 한다. 우주에 널려 있는 사랑, 자연에 퍼져 있는 사랑, 천진난만한 어린아해의 사랑!

'그렇다! 내 앞길의 기초는 이 사랑!'

『약한 자의 슬픔』, 61-62쪽

김동인은 인간을 나누는 포괄적인 기준으로 인간의 '약함'과 '강함'을 독창적으로 제시한 것이다. 도덕과 윤리의 문제를 포함해서 인간의 모든 문제는 약함에서 비롯되며 약함에서 벗어나 강해지

한국인의 탄생

게 되면 자연스레 문제가 해결될 것이라는 이러한 발상은 단연 니체적 시각이었다.

　　나아가서 김동인이 '약한 인간', '타락한 인간', '망가진 인간'을 이해하고 이러한 비극의 핵심 원인으로서 '허영(虛榮)' 즉 남의 눈, 시선에 집착하는 문제를 제기한 것은 물론 서양 문학에서 도입된 것일 수 있다. 그러나 우리 문학사에서 이러한 문제 제기는 김동인만의 독창적인 것이었다. 허영의 문제는 '모더니즘' 시대에 이르면 도시 문명의 핵심으로 떠오른다. 이 문제는 18세기 프랑스의 사상가 루소의 글로부터, 특히 그의 '아무르 프로프르(amour-propre)' 개념에서 영감을 얻은 것으로 이해할 수 있을 것이다.[6] 말하자면 김동인이 제기한 개인의 강함, 약함의 문제의식은 당시에 유행하던 '개조'의 문제의식에서 도출된 것이 아니라 독창적인 근대의 문제에서 출발한 것이었다. 또한 이 주제는 자신이 완성시킨 내면을 드러내는 고백체로 다루기에 최적의 문제였다. 더구나 3·1운동이 일어나던 시점에서 아직 여성 교육은 초보 단계에 있었고, 이 시점에서 '모범생'의 문제를 지적했다는 것은 김동인의 선구적 문제의식을 보여주는 것이다. 당시에 이미 스타였던 이광수 같은 민족적 지식인은 일본 와세다 대학 출신에 조선 총독의 지원을 받는 조선의 모범생 스타였고 김동인의 이러한 문제 제기는 당시 조선 지식인들에게는 뼈저린 비판이 아닐 수 없었다.

　　흔히 많은 우리 국문학자들은 김동인 등을 '자연주의' 문학가로 분류하는 경우가 많다. 자연주의란 루소적 의미라기보다는 대표적으로 19세기 말 군중들 특히 술집에 모이는 가난한 사람들의 이야기로 『목로주점(L'Assommoir)』 등의 작품을 썼던 프랑스의 소설가

에밀 졸라(Émile Zola)로 대표되는 사조를 말하는 것으로[7] 한국의 현대 국문학자들은 1920년대 한국 문학의 단편들을 그 작품들과 유사한 풍으로 이해하고 있다. 그러나 필자로서는 김동인 등의 1920년대 단편 소설 작가들을 자연주의로 이해할 수는 없다. 우선 에밀 졸라 등의 자연주의 작가들은 여러 명의 사람들, 한 떼의 사람들을 한 작품에 묘사하려 했지만 김동인 등의 한국 문학가들은 한 사람씩 한 단편 소설에 묘사하는 방식을 취하였다. 김동인뿐만 아니라 나도향, 최서해 등도 보통 단편 소설의 제목을 거기에서 묘사하는 인물, 주인공의 이름으로 정한 경우가 많았고, 그렇지 않은 경우에도 한 주인공의 독특한 이야기에 한 단편 소설을 채워나가곤 했다. 어떤 비평가들은 김동인은 일간 신문의 '사회란'에 난 희한한 에피소드의 주인공들의 이야기를 쓴 작가였다는 식으로 비아냥대기도 한다. 무엇보다 김동인 등이 단편 소설에서 묘사한 인물들은 결코 '군중'이라고 말할 수는 없다. 거의 대부분의 인물들은 신교육을 받은 지식인 부르주아로 분류해야 할 사람들이었다.

그는 자신을 되돌아보는 글에서 자신은 『약한 자의 슬픔』에서 마지막에 강 엘리자베트를 자살하도록 하려고 했지만 결국 어떤 이유인지 그렇게 하지 못하고 살려주고 말았고 다음 작품인 『마음이 옅은 자여』에서도 주인공 K를 자살시키려 했으나 그렇게 하지 못하고 말았고, 자신은 이런 일로 인해서 좌절하게 되었다고 말한다. 그리고 이를 계기로 자신의 '광포한 인생'이 시작되었다고 고백한다.[8] 즉 김동인은 서양 문학의 정수인 비극(tragedy)을 쓰고 싶었지만 쓰지 못했음을 자책했다는 것이다. 그러고는 이광수에 대한 글에서 춘원의 『재생』은 주인공을 마지막에 자살시키기 위해서, '비감한 비극'으로 끝나도록 만들기 위해 작위적으로 인물들을 끌고 다녔다고 비난한다.[9] 이광수 자신은 어떻게 생각했는지 모르지만 이 말은 적어도 김동인이 생각하기에 당시 1920년대에 한국의 작가로서 주인공이 마지막에 비감한 죽음을 맞이하는 서양 고전식 멋진 비극을 쓰고 싶었다는 것이다. 즉 독자들에게 무언가 깊은 비감한 감동을 주는 묵직한 소설을 쓰고 싶었다는 것이며 이러한 분위기는 1920년대 조선 작가들의 일반적인 분위기였을 것이라고 짐작할 수 있다. 실제로 나도향의 장편 『환희』는 주요 인물들의 자살로 끝나며 다른 작품들도 비감한 죽음으로 끝나는 경우가 많았다. 최서해의 소설들의 경우도 대부분 죽음이나 살육으로 끝나는 비감한 이야기였음은 말할 필요도 없을 것이다. 따라서 김동인을 중심으로 한 1920년대 우리 문학계의 전반적인 분위기를 자연주의적이라거나 탐미주의적이라고 평가하는 것은 적절하지 않다. 민족적 과제에 민감한 분위기로 이해하는 것이 타당할 것이다. 김동인은 이광수와는 달리 '민족주의자'로 '민족의 선생'으로 자처하는 인물은 아니었고 그런 명분으로 치닫는 글은 피하면서, 오히려 스스로 '소설가'로 자처하는 인물이었다. 그러나 김동인을 그 많던 만석꾼 재산을 방탕으로 다 들어먹은 '부잣집 망나니 아들' 정도로 이해하는 것은 심각한 문제일 것이다. 김동인은 무엇보다 3·1운동을 전후한 시기에 식민지 조선의 지식인으로서 우리 민족에게 결정적이고 역사적인 과제가 무엇인가를 생각하고 진지하게 추구하던 작가였다.

또한 많은 문학사가들은 김동인을 '탐미주의적' 문학가였다고 평하기도 하지만 필자는 동의할 수 없다. 그의 소설은 완벽을 기하기 위하여 면밀하게 제작된 예술 작품이었고 그는 늘 소설을 쓸 때는 이러한 완벽을 기하는 자세로 임했을 것이라고 확신한다. 그러나 예술적 완벽성만을 목적으로 소설을 썼던 것은 주로 1920년대 중반에 한해서였다고 판단된다. 김동인은 전기에 1921년까지 '강한 자 / 약한 자'에 대한 긴 소설들을 쓰고 난 다음 1920년대 후반에 이르기까지 주로 '자연주의적이다', '탐미주의적이다'라고 볼 수 있는 작품들을 많이 쓴 것은 사실이다. 하지만 이 작품들도 대부분은 그 전기에 썼던 '약한 자'들에 대한 이야기의 연장선상에 있었다. 주로 남녀의 비뚤어진 성관계 등으로 인해 타락하고 자신을 잃어버린 사람들의 이야기였으며 그런 의미에서 '희한한 이야기들'이라 할 수 있을 것이다.

1920년대 김동인을 위시한 한국의 작가들은 전과는 다른 독특한 죽음의 관념을 갖고 있었다. 20세기 초 구한말의 신소설 작품들에서 죽음은 인물들이 개화적 존엄성을 주장하는 행위였고 자살 기도는 개화 여성의 통과 의례 같은 행위였다. 1910년대 초기 민족주의자들에게 죽음이란 그들의 머릿속에 존재하지 않는 것이었다. 새로운 죽음을 준비하기 위한 단계였는지 몰라도, 그들은 내세도 없는, 그렇다고 현실도 아닌 세상 '님 나라'에서, 영원히 전투를 반복하고 처벌받는 고통 속에 안식에의 기약도 없이 삶을 지속했다. 1920년대에 이르면 죽음은 전혀 다른 의미였고, 이는 1930년대까지 이어졌다. 1920년대까지 김동인은 아직 이런 비감한 죽음에 다다르지 못했다. 다다를 용기를 내지 못했다. 그가 자신의 주인공들을 죽이지 못했던 것은 바로 그가 죽음에 대해서 전보다 더욱 무겁고 비감하게, 어둡게 느꼈기 때문일지 모른다.

1920년대 중반부터 분명히 김동인은 방탕하게 살았고 온갖 희한한 이야기들을 썼다. 그러나 그의 문제의식은 일관된 것이었고 1929년부터는 그의 원래의 문제의식, 즉 강한 조선인을 구하는 작업을 여러 방면에서 다시 추구했고 중요한 작품들을 남겼다. 김동인이야말로 우리 문학사에서 '사실주의(realism)'라고 불러야 할 가장 적절한 문학가일 것이다. 그리고 그가 제시한 민족적 문제, 강한 조선인을 찾고 만들어가는 일은 1930년대까지 일제 통치 내내 우리 문학계의 전반적인 문제의식이었고, 앞으로 논할 1930년대 한국 문학의 성과로 이어진다. 그것은 바로 '강한 조선인의 발명'이었다.

1920년대 후반에 김동인이 발견한 강한 인간들은 김동인이 이전까지 즐겨 그리던 그런 종류의 인물들이 아니었다. 즉 그가 발견한 강한 인간들은, 신식 교육을 받고 개인주의적으로 비교적 고독하게 살아가는 합리적 인간형, 그리고 그가 고백체의 소설 기법으로 잘 묘사할 수 있는 그런 사람들이 아니었다. 오히려 강한 인간들은 서구에서 들여온 신문화가 아니라 전통문화에 묻혀 공동체 속에 사는 인물이었다. 그들은 자신의 행동을 언어로 마음속에서라도 합리적으로 설명하여 독백을 전개하는 그런 종류의 인물이 아니었다. 반대로 그들은 주로 마음속이 투명하게 들여다보이지 않는, 따라서 그들을 움직이는 논리를 이해할 수 없는 '블랙홀' 같고 또 '괴수(怪獸)' 같은 그런 존재들이었다. 그리고 이들은 신학문에서 배우는 서양식 신문화가 사람을, 조선 사람들을 약하게 한다고 공개적으로 비난했다. 조선 사람들은 신문화를 이해하지도 못하는 가운데 파묻혀 있으며, 신문화에 대한 집착은 우리 문화의 밖에 있는 것에 대한 허영의 집착으로 우리를 허약하게 만든다는 것이다. 이미 김동인은 초기에 『마음이 옅은 자여』에서 서양 낭만주의 소설에 심취한 주인공이 바

같의 기준으로 자신의 삶을 판단하면서 점차 황폐해져 가는 과정을 보여주고 있다. 신문화는 사람을 합리화하여—작가가 그를 '고백체'로 잘 드러내듯이 또 독자들이 잘 들여다볼 수 있듯이—단견(短見)으로 결정해나가는 인물로 만들고, 결국 그는 처음에 마음먹은 목표를 집요하게 추적하지 못하는 약한 인간이 된다는 것이다. 김동인은 어려서부터 일본에 유학했던 지식인 문학자였고 그가 민족을 생각한다면 으레 개화민족주의 방식으로 서구 문명을 도입하고 신식 교육을 확산해야 한다는 입장에서 출발했을 것이다. 그러나 김동인은 1920년대를 거치며 강한 인간은 신식 교육을 받고, 합리적으로 살고, 고백체로 잘 묘사되고, 합리적으로 설명할 수 있는 그런 종류의 '개화인'들이 아니라는 것을 발견하였다. 나아가 '신식 이론', '신문화'를 소화시키지도 못하면서 폭식을 거듭하는 조선인들을 한심한 인간으로 동정하고 있다. 단적으로 근대 문학의 기법인 고백체는 약한 인간을 이해하고, 인간들을 약하게 만드는 데 가장 적합한 기술이었다.

　　김동인은 자신이 그간 몸담아왔던 개화주의적 입장에 대해 과감하게 회의를 던지고 다음 단계로 스스로 도약한 작가였다. 그러나 김동인은 순수문학 작가로서의 자신을 마감하는 1930년대 초반에 이르면 적어도 두 가지 정도의 근본적인 문제를 제시하게 되었다. 우선 그는 초기 작품에서 강 엘리자베트를 통해 스스로 강해지기 위해서는 '사랑'의 삶을 살아야 한다는 것을 강하게 제시하였다. 김동인은 기독교도로서 사랑을 좌우명으로 살고자 하던 사람이기도 하다. 하지만 적어도 그의 시대에 사랑으로—어떤 사랑이라도—강한 인간이 되는 이야기는 제대로 써내지 못했다. 사랑을 어디다 쏠지 별로 아이디어가 없는 상태였다. 나아가서 더욱 심각한 문제는 그가 우리 문학사에서 이룩한 업적의 결과인 내면(內面)을 장착한 인물들은 하나같이 약한 자들일 뿐이었다는 것이다. 약한 자들이 왜 약한 자가 되었는가를 이해하는 데 안성맞춤의 장치가 바로 내면이었다. 1920년대 말부터 김동인은 강한 인간을 만들기 시작했다. 그러나 그가 원하던 강한 자는 대부분 내면이 없는 존재, 안의 내부가 들여다보이지 않는 '블랙홀 같은', '괴수 같은' 존재였다. 가끔 이런 강한 인물들이 나타난다는 것은 분명했다. 하지만 그들은 길들일 수 없는 존재였고 따라서 우리의 일부가 될 수 없는 존재, 우리가 흉내 낼 수 없는 존재였다. 이제 문제는 내면이 있는, 내면이 장착된 지식 인으로서 강한 인간을 만날 수는 없는가 하는 것이었다. 이 두 가지 심각한 문제는 당시에 우리 지식인들에게 던져진 과제였다.

제6장

대
도
시

지
식
인
의

출
현

1930년대 조선은 겉으로는 비교적 조용하고 안정되어 가는 시기였고, 김진송에 따르면 바로 "현대가 형성된 곳"이었다.[1] 그러나 이 시기 일제는 1931년 만주사변을 일으켜 이른바 '15년 전쟁'이 시작되며 '총력전'의 시대로 치달아가고 있었다. 당시 일본과 조선의 상황은 결코 동일하지 않았다. 이 장에서는 1930년대에 나타난 새로운 흐름이라 할 수 있는 이른바 '모더니즘(modernism)'의 대표작으로 박태원(朴泰遠)의 『소설가 구보씨의 일일』(1934)과 이상(李箱)의 『날개』(1936), 비교적 짧은 중편 소설 두 작품을 해석할 것이다. 이러한 작품들이 나타난 배경에는 대도시 서울이 있었다. 이 시기 서울은 우리나라의 대표적인 대도시로서 규모가 점차 확대되었고 문화적으로도 이전 시기와는 사뭇 다른 도시 문화가 자리 잡았다. 서울의 인구는 1935년에 40만 명이었다고 하며, 1940년대 초에는 100만 명에 육박했다고 한다.[2] 말하자면 1930년대는 서울의 인구가 급속히 증가하던 시대였고, 이런 데이터를 통해서 우리는 이 시대야말로 서울이 대도시의 매력을 본격적으로 발휘하기 시작하던 시기였음을 알수 있다. 이러한 인구 증가는 출생에 따른 것이라기보다는 농촌 지역으로부터 인구 유입의 결과로 보아야 하기 때문이다.

1917년에 씌어진 이광수의 『무정』에는 다음과 같은 서울 남대문 앞의 서울역 부근에 대한 평이 나온다.

> 도회의 소리? 그러나 그것이 문명의 소리다. 그 소리가 요란할수록에 그 나라가 잘된다. 수레바퀴 소리, 증기와 전기기관 소리, 쇠마차 소리…… 이러한 모든 소리가 합하여서 비로소 찬란한 문명을 낳는다.
>
> 실로 현대의 문명은 소리의 문명이다. 서울도 아직 소리가 부족하다. 종로나 남대문통에 서서 서로 말소리가 아니 들릴이만큼 문명의 소리가 요란하여야 할 것이다. 그러나 불쌍하다. 서울 장안에 사는 사십여만 흰옷 입은 사람들은 이 소리의 뜻을 모른다. 또 이 소리와는 상관이 없다. 그네는 이 소리를 들을 줄을 알고 듣고 기뻐할 줄을 알고, 마침내 제 손으로 이 소리를 내도록 되어야 한다.
>
> 『무정』, 176쪽

이광수의 이 말은 자신이 유학했던 일본의 동경(東京)과 비교해서 아직은 서울의 모습은 문명 세상에는 미치지 못함을 지적한 것이다. 서울은 아직 너무 조용하며 '대도시'에 미치지 못했다. 그리고

한국인의 탄생

이 소설에 보면 서울에서는 이형식이 길거리에서 친구 신우선과 우연히 마주치며 경찰은 탐문하여 역 앞에서 사람을 찾고, 박영채는 사람들에게 물어물어 이형식을 찾아온다. 즉 이 시기만 해도 서울에 사는 사람들 혹은 길거리의 행인들이 서로를 알고 있고 또 서로가 그럴 것이라고 기대하고 있으며, 실제로 사람들 사이가 그렇게 작동하고 있음을 볼 수 있다. 1910년대에 서울은 근대적인 대도시, 엄청난 수의 모르는 사람들이 모여 사는 그런 곳으로 인식되지는 않았음을 알 수 있다. 그러나 1910년대 말이 되면 김동인의 『약한 자의 슬픔』에 나오듯이 길거리는 남녀 학생들 간에 성적(性的) 의미가 담긴 시선이 교차하는 그런 공간으로 인식되기 시작하고, 1920년대에 들어서면―나도향의 소설들에 나타나듯―모든 공간은 익명의 대중이 성적 의미를 갖고 서로를 관찰하는 곳이었고, 사람들은 그러한 공간에서 자신의 모습을 익명의 타인들의 시선에 따라 만들어가게 되었다. 물론 여기에는 여학생, 여성들이 전통적인 한복에서 탈피해 다른 옷차림을 하고 그러면서 신체를 노출하기 시작했다는 조건이 선행되었다. 이때부터는 서울 거리의 행인들이 새로운 구경거리로 등장했다.

3·1운동이 끝나고 '문화정치'가 시도되는 1920년대가 되면 서울은 대대적으로 변하기 시작했다. 물론 일본의 영향을 받은 수많은 지식인들이 동경을 모델로 하여 변화를 주도하고 있었다. 1920년대에는 주로 의상, 옷차림의 변화를 중심으로 "류행"이라는 말이 일반화되었다. 이러한 변화에는 새로운 대상체의 등장 못지않게 새로운 매체의 등장이 전제되어 있었다. 1921년에는 윤백남의 《월하의 맹세》가 최초의 무성 영화로 등장하여 영화의 신기원을 이루었고,

1926년에는 나운규의 무성 영화《아리랑》이 조선 전체의 화제가 되었다. 1920년대 후반에는 영화관들이 서울에 본격적으로 들어서기 시작했다. 유성기는 1899년에 소개된 바 있었지만 1926년 윤심덕의 〈사의 찬미〉가 '히트'하면서 급속도로 보급되었다.[3] 더구나 1927년 2월 16일에는 경성방송국이 최초의 라디오 방송을 시작하였다. 1920년대 말이 되면 드디어 서울의 밤거리에 '네온사인'이 비치게 되었고 "쇼우윈도"가 그 앞에 서면 정신이 몽롱해지는 마법(魔法)의 힘을 발휘하기 시작했다. 서울의 밤거리는 새로운 마법의 공간으로 변모해갔다. 이곳은 무슨 일이든 벌어질 수 있는 곳이었고 이러한 분위기는 호기심 넘치는 수많은 젊은이들을 그곳으로 불러 모으기 시작했다.

이 시대에는 새로운 종류의 인물들이 서울에 등장했는데 우선은 이른바 "모던 껄", "모던 뽀이"들을 꼽을 수 있다. 이들은 이른바 유행을 주도하는 사람들이었지만 동시에 심한 노출 패션으로 많은 사람들에게는 "눈꼴 틀리는" 존재이기도 했다. 이들은 한편으로는 "육체의 해방" 또는 "발견"을 표방했지만 다른 한편으로 유행은 그 명분 아래 사람들이 스스로 자신을 '가짜'로 만드는 것이기도 했다. 말하자면 유행이란 보는 사람들 즉 관객들로 하여금 이들로부터 익명적, 성적 자극을 받아 생명력을 새삼 강하게 느끼게 해주었지만, 유행을 따르는 사람들은 스스로를 가짜로 또는 특별한 시선의 대상체이자 '구경거리'로 자신을 만들어 가는 사람들이었다. 이

• 1925년에 안석영은 『시대일보』에 "류행은 사회를 화석(化石)으로부터 구원하는 것"이라고 썼다 (신명직 2003: 131에서 간접 인용).

제 서울은 이광수가 『무정』에서 보여주던 그런 곳이 아니라 끊임없이 흉내 내고, 복사판을 만들고, 환상을 만들어가고, 가공의 감정을 조작해 내는 곳이 되었다. 대도시의 매력이란 바로 이런 것이었다. 이런 서울 밤의 느낌은 이제 우리말의 '기분'이 아니라 '기모찌'라는 일본 말이 제격이었다. 새로운 인물들이 나타나고, 새로운 매체가 등장하고, 또 새로운 유행이 생기는 것뿐만 아니라 서울이라는 공간 자체가 변하고 있었다. 서울은 비단 그 모습뿐만 아니라 일종의 마법이 살아 움직이는 공간으로 변모하고 있었다.

1930년대는 대중문화의 시대였다. 대중문화는 레코드의 등장을 빼놓고는 말할 수 없다. 도시의 모든 곳에서 울려나오는 음악은 다 한결같이 복사판 즉 가짜였다. 특히 "까페", 술집 등의 유흥업소에서 나오는 감상적인 음악은 다 복사판이었고, 이들이 자아내는 감정들도 모두 복사판이었다. 앉아 있는 여급들의 얼굴, 표정, 옷차림 등도 모두 어떤 모방이었다. 진정성이나 신선함은 찾아보기 힘들었다. 특히 "까페"는 '연애'를 파는, 물론 '가짜 연애'를 파는 상점이었다. 1930년대가 되면 이런 흐름은 더욱 가속화되어 1937년에 이르면 "모던 껄", "모던 뽀이"는 『별건곤(別乾坤)』에서 논평의 대상으로 등장하고 새로운 도시라는 생태계의 종(種)으로 자리 잡게 되었다. 그들이 삽화에 그려진 모습은 멍청한 눈매에 '속이 빈' 종족들로 표현되었다. 말하자면 그들은 영리하고 이성적인 판단 능력을 지닌 인물들이 아니라 골 빈, '머리에 든 것이 없는' 그런 사람들로 인식되었다.

한편으로 1930년대에 들어서서 지식인의 수가 늘었고 이들의 상황에 대하여 김진송은 다음과 같이 말한다.

1930년대가 되어 신식교육이 확산되면서 지식인의 수효는 훨씬 많아졌다. 그러나 그만큼 고등실업자의 숫자가 늘어나면서 '룸펜'이라는 말이 하나의 유행어처럼 번졌고 스스로를 멋스럽게 룸펜이라고 부르는 치도 늘었다.[4]

이 시대에 오면 민족의 존재 양태의 관념이 근본적으로 달라지게 되었다. 20세기 초반에 한국인이 신소설에 최초로 나타났을 때, 우리가 그런 처참한 상태로 내버려지게 된 배경에는 바로 공동체의 분해, 공동체의 상실이 있었다. 이때부터 우리 민족은 '공동체 상실'에 시달리며 '세상에 홀로 내던져진' 개인으로 생존에 매달려 왔다. 그러나 1930년대에 이르면 조선의 지식인들을 품고 있는 공간은 전혀 새로운 공간이었다. 그곳은 대도시 문명의 익명의 '대중사회'였다. 대부분 공통적으로 생계를 위해 모여들어 이해의 기반 위에서 서로에 대해 신경 쓰지 않고 사는 이익 사회(Gesellschaft)였다. 어느 틈엔가 조선 지식인들은 전과는 전혀 다른 생태(生態)를 갖고 있는 자신을 발견하였다. 1930년대는 "댄스", "스포츠" 열풍이 몰아닥쳤고 육체에 대한 관심이 증가하였다. 따라서 지식인들은 패리어(pariah), 즉 일종의 폐쇄적 소수 종족으로 전락해가는 상황이기도 했다.

한국인의 탄생

기이한 생태의
대도시 지식인

소설가 구보씨의 일일

1934년 박태원은 『소설가 구보씨의 일일』을 발표하였다. 1930년대 일본 유학을 마치고 돌아와 서울에 사는 26세의 소설가의 일상을 흥미 있게 표현하고 있다. '구보(仇甫)'라는 묘한 이름의 사연은 소개되어 있지 않다.

그는 아침 늦게 일어나 외모를 가다듬고 '구두'와 '단장'을 챙겨서 집을 나선다. 어머니는 그녀의 방에 앉아 구보에게 "어디, 가니?" 하고 큰소리로 묻지만 구보는 아무런 대답도 하지 않는다. 어머니는 다시 "일쯔거니, 들어오너라." 하고 더욱 큰 소리로 당부하지만 구보는 들은 척도 하지 않고 집을 나선다. 어머니는 매일 아침 오전에 나가서 보통은 밤늦게야 술에 취해서 돌아오는 아들에게 어서 장가를 가서 가정을 꾸리라고 당부한다. 구보는 어머니를 걱정하지 않는 것도 아니고 불효자도 아니지만, 그런 말이 듣기 싫고 또 어머니와 대화하며 집에 있는 것도 곤혹스러워서 느지막하게 일어나서는 바로 집을 나선다. 물론 여러 가지 이유에서 당분간은 집에서 소설 쓰는 일은 하지 않고 있다.

그는 천변 길로, 광교로, 서울 시내로 걸어 나간다. 그는 "일 있는 듯싶게 꾸미는 걸음걸이"로 걷는다. 말하자면 그는 일이 없으면서도 일 있는 사람처럼, 예를 들어 '월급쟁이'인 '척'하며 필요 이상으로 바쁜 걸음걸이로 걸어간다.* 잠깐 멈추어서 오늘은 어디로 가볼까 생각하지만 갈 곳은 없다. 그는 이런 생각을 하자 갑자기 두통이 온다. 자신은 '신경쇠약'이라는 생각이 들고 의사에게 전에 처

---

* "'돈 한푼 없이 어떻게 기집을 멕여 살립니까?' / 허지만…… 어떻게 도리야 있느니라. 어디 월급쟁이가 되드라두, 두 식구 입에 풀칠이야 못 헐라구……. / 어머니는 어디 월급 자리라도 구할 생각은 없이 밤낮으로 책이나 읽고 글이나 쓰고, 혹은 공연스레 밤중까지 쏘다니고 하는 아들이 보기에 딱하고 또 답답하였다." (박태원 1934: 268).
그러고는 계속, "그러나 그런 일은 늘 있을 수 없다. 어머니는 역시 글을 쓰는 것보다는 월급쟁이가 몇 갑절 낫다고 생각하고, 그리고 그렇게 재주 있는 내 아들은 무엇을 하든 잘 하리라고 혼자 작정해버린다. 아들은 지금 세상에서 월급 자리 얻기가 얼마나 힘든 것인가를 말한다. 허지만, 보통 학교만 졸업하고, 고등 학교만 나오고도, 회사에서 관청에서 일들만 잘 하고 있는 것을 알고 있는 어머니는 고등 학교를 졸업하고도, 또 동경엘 건너가 공부하고 온 내 아들이, 구하여도 일자리가 없다는 것이 도무지 믿어지지가 않았다." (위의 책: 270).
위의 대화에서 보면 '월급쟁이'는 구보와 같은 지식인과 비슷한 높이의 서로 통할 수 있는 계급으로 인식되고 있음을 알 수 있다. 당시에 월급쟁이 자리 얻기가 쉽지 않았지만 구보는 위 글로 보아서는 월급쟁이로 취직하기 위해 진지하게 노력하지는 않는다.

방받은 약을 생각한다. 약을 생각하자 그 순간 자전거가 옆으로 지나가며 "모멸 가득한 눈"으로 자신을 쳐다보았다는 것을 깨닫고 기분이 상한다. 그는 '피해망상증(被害妄想症)'을 보인다. 그는 누가 그를 업신여길까 봐, 그런 눈으로 자기를 쳐다볼까 봐 신경이 곤두서 있다. 그는 머릿속이 복잡하다. 문득 그는 자신의 왼쪽 귀에 문제가 있다고 느낀다. 그래서 일전에 병원에 가 보았지만 귀지가 많이 끼었다고 모멸만 받았을 뿐이다. 그는 '중이염'으로 환자 대접을 받고 싶다. 자신의 오른쪽 귀도 이상이 있는 것 같다. 전에 의학책에서 보았던 대로 여러 가지 병이 있는 것 같다. 자신의 시력도 의심이 간다. 그는 '신경증(神經症)'이 심각하다.

그는 종로 네거리로, 사람이 많은 번잡한 거리로 접근한다. 그것은 그저 발이 그곳으로 갔기 때문이었다. 아무것도 살 것이 없고 일도 없으면서 화신상회 앞으로 가서 큰길을 바쁜 걸음으로 건너서는 가게 안으로 "들어가기조차" 하였다. 그곳에서 둘러보니 어린아이 손을 잡고 온 젊은 부부의 모습이 눈에 띈다. 단란한 모습이 부럽다.※ 그는 그곳을 나와서는 이번에는 동대문행 전차를 타고 장충단, 청량리 혹은 성북동 쪽으로 간다. 그는 교외로 갈까 하지만 가

• 그들을 바라 본 모습을 다음과 같이 기술한다. "흘낏 구보를 본 그들 내외의 눈에는 자기네들의 행복을 자랑하고 싶어하는 마음이 엿보였는지도 모른다. 구보는 그들을 업신여겨볼까 하다가, 문득 생각을 고쳐 그들을 행복하여주려 하였다. 사실, 4, 5년 이상을 같이 살아왔으면서도, 오히려 새로운 기쁨을 가져 이렇게 거리로 나온 젊은 부부는 구보에게 좀 다른 의미로서의 부러움을 느끼게 하였는지도 모른다. 그들은 분명히 가정을 가졌고, 그리고 그들은 그곳에서 당연히 그들의 행복을 찾을 게다." (위의 책: 273).

지 않는다. 전에는 한때 교외에 많이 갔었다. 그곳에는 자연과 한적함이 있다. 하지만 "요사이 구보는 고독을 두려워한다." 한때는 고독을 즐겼지만 이제는 고독이 싫어서 교외로는 나가지 않는다. 그런 생각을 하던 차 전에 "선보았던 여성"이 전차에 오른다. 그는 그녀와의 기억을 되살리며 복잡한 생각을 한다. 그는 자신의 마음을 샅샅이 탐색하며 고민하다 결국은 '아는 척'하지 않기로 결심한다. 그러면서 자신이 그런 생각을 하는 것이 "감정의 모독"이며 "죄악"이 아닐까 생각한다. 물론 그는 그녀 외에도 같은 전차 간에 앉아 있던 사람들을 하나하나 훑어보았다.

그러고는 오후 2시경 다방에 들른다. 그곳에는 자신과 비슷한 처지에 있는 젊은이들이 많이 있다. 차, 담배, 음악 그리고 친구와 담소를 즐기고 있지만 그들은 모두 우울하고 고달픈 사람들이며 고독을 달래고 있다. 구보는 이곳에 쓸쓸히 앉아 있노라니 유럽이든 동경이든 어디라도 여행을 떠나고 싶은 생각이 난다. '슈트케이스'를 들고 여행을 떠나는 환상을 만들어 본다. 잠시라도 이곳을 떠나보고 싶다. 뚜렷이 할 일이 없지만 이곳은 지내기 쉬운 곳은 결코 아니다. 그는 친구가 그립고, 무엇보다 약간의 돈이 아쉽다. 근처에서 가게를 경영하고 있는 친구를 찾아 그의 가게로 가 보지만 그는 나가고 없다. 다시 길거리로 나오니 많은 사람들이 "바쁘게 또 일 있게 오고" 가는 모습이 보인다. 구보도 자기의 '일거리를 생각'하고 구상했다. 그러자 다시 두통과 피로가 엄습한다. "얼마 동안을 그곳"에 서 있다가는 다시 걷는다. "탄력 있는 걸음걸이"로 힘 있게 걷는 사람들에게 위압감을 느끼며 자신은 스스로 "약(弱)"함을 느낀다. 최근에 너무 게으르게, 맥없이 살아왔다는 생각이 든다. 우연히 길모퉁이에서 옛날 학교 친구의 모습을 본다. 그의 이름도 기억이 난다. 하지만 그는 초라한 행색이다. 인사를 할까 모른 체 할까 잠시 생각하다가 어렵사리 인사를 하는데 친구는 오히려 모른 체하고는 지나친다. 구보나 그 친구나 자신의 초라한 모습을 부끄러워한다.

구보는 남대문 쪽으로 향한다. 자기보다 못한 '지게꾼들의 맥 없는 모양'이 눈에 들어온다. 그는 고독을 느끼고 위안을 얻기 위해서 그곳을 둘러보니 과연 '약동하는 모습들'이 눈에 들어온다. 그는 이번에는 소설을 쓰기 위한 답사라고 생각하고 서울역 대합실로 가서는 그곳에서 수많은 고독한 사람들을 본다.* 그들 대부분은 병자로 보인다. 그들의 행색을 점검하여 그들의 직업, 생활 수준 등을 짐작해 본다. 한편으로 그들을 계급으로 분류해 보는 것이다. 그러다가 이번에는 옛날 학교에서 '열등생'이었던 친구를 만난다. 공부를 지지리도 못하던 전당포 집 둘째 아들인 친구가 자신을 보고 다가와서 반갑다고 아는 체를 한다. 상대방이 공부를 못했다면 지식인으로서는 가장 편안한 마음으로 경멸할 수 있다. 옷은 잘 차려 입었다. 그를 따라 다방에 간다. 친구는 "가루삐스"를 주문하며 구보에게 같은 것을 마실 것을 권한다. 그는 거부하고 다른 음료, 차를 주문하고는, "가루삐스"를 좋아하는 인간들에 대한 경멸을 재삼 마음속으로 다진

• "그러나 오히려 고독은 그곳에 있었다. 구보가 한옆에 끼어 앉을 수도 없 게시리 사람들은 그곳에 빽빽하게 모여 있어도, 그들의 누구에게서도 인 간 본래의 온정을 찾을 수는 없었다. 그네들은 거의 옆에 사람들에게 한마 디 말을 건네는 일도 없이, 오직 자기네들 사무에 바빴고, 그리고 간혹 말을 건네도, 그것은 자기네가 타고 갈 열차의 시각이나 그러한 것에 지나지 않았다." (위의 책: 284).

다. 그는 그 친구와 같이 있기가 싫었고 온갖 이유를 달아 그를 속으로 경멸한다. 구보는 돈깨나 벌었다고 자랑하고 싶어 하는 그런 종류의 인간들을 증오한다. 그는 서울역을 빠져나와 조선은행 앞까지 딴 생각을 계속하며 걷는다. 시내에서 할 일이 없고 피곤했지만 집에 가기는 싫다. 구두닦이가 다가와서는 자신의 구두를 가리키며 "약칠해 신으시죠." 한다. 그는 누가 자신의 어떤 부분이든 뚫어지게 바라보면 질색한다. 어떤 부분이라도 어떤 이유에서라도 자신의 취약함이 드러나는 것이 두렵다. 그는 "거리에서 그에게 온갖 불유쾌한 느낌을 주는 온갖 종류의 사물을 저주하고 싶"다. 자신의 초라한 모습을 누군가 알아내는 것이 두렵다. 그는 벗이 필요함을 느꼈다. 벗과 함께 있으면 "얼마쯤 명랑할 수 있"다. 즉 "명랑을 가장할 수 있었다." 벗은 그에게 고독함과 초라함을 가릴 수 있는 가면이 되어 준다.

　길거리 양복점에 들어가 친구에게 전화를 걸어 나오라고 한다. 친구를 기다리고 있는데 그 다방에 개 한 마리가 보인다. 그 개를 부르는데 개가 오지 않고 자신에게 혐오를 표시한다. 개마저도 자신을 차별하는 모습에 기분을 잡친다. 드디어 친구가 나왔다. 그는 시인이지만 신문사 기자로 월급을 받아 재력이 있다. 그와는 문화적 동질성을 느낀다. 그는 여급들이 듣는 곳에서 친구와 『율리시스(*Ulysses*)』를 논한다. 하지만 구보는 대화 내용에는 관심이 없고 밖에서 들리는 다른 소리들과 사람들의 눈초리에만 신경이 쓰인다. 그러자 친구는 집에 간다고 하고 구보는 당황한다. 친구를 더 즐겁게 해주지 못한 것을 후회한다. 구보는 문득 자신의 생활을 문득 되돌아본다.[*]

'생활'을 가진 사람은 마땅히 제 집에서 저녁을 먹어야 할 게다. 벗은 구보와 비겨볼 때, 분명히 생활을 가지고 있었다. 하루의 대부분을 속무에 헤매지 않으면 안 되었던 그는 이제 저녁 후의 조용한 제 시간을 가져, 독서와 창작에서 기쁨을 찾을 게다. 구보는, 구보는 그러나 요사이 그 기쁨을 못 갖는다.

『소설가 구보씨의 일일』, 293-294쪽

구보가 요즈음의 자신의 생활을 반성하는 가운데,

어느 틈엔가, 구보는 종로 네거리에 서서, 그곳에 황혼과, 또 황혼을 타서 거리로 나온 노는 계집의 무리들을 본다. 노는 계집들은 오늘도 무지(無知)를 싸고 거리에 나왔다. 이제 곧 밤은 올 게요 그리고 밤은 분명히 그들의 것이었다. 구보는 포도 위에 눈을 떨어뜨려, 그곳에 무수한 화려한 또는 화려하지 못한 다리를 보며, 그들의 걸음걸이를 가장 위태롭다 생각한다. 그들은, 모두가 숙녀화에 익숙하지 못한 것은 아니다. 그러나 그러함에도 불구하고 그들은 모두들 가장 서투르고 부자연한 걸음걸이를 가진다. 그것은, 역시, '위태로운 것'이라고밖에 말할 수 없는 것임에 틀림없었다.

● 소설의 시작에는 그런 언급이 없지만 언제부터인가 구보는 노트를 집에서 갖고 나왔다고 한다. 즉 소설에서 사용할 수 있는 아이디어가 떠오르면 적어놓기 위함이다. 구보가 자신의 일을 걱정하기 시작하면서부터 노트를 갖고 있다는 말이 등장하기 시작한다.

그들은, 그러나, 물론 그런 것을 그들 자신 깨닫지 못한다. 그
들의 세상살이의 걸음걸이가 얼마나 불안정한 것인가를 깨닫
지 못한다. 그들은 누구 하나 인생에 확실한 목표를 가지고 있
지 않았으나, 무지는 거의 완전히 그 불안에서 그들의 눈을 가
리어준다.

『소설가 구보씨의 일일』, 294쪽

황혼이 내리자 큰길가에는 그 새로운 족속, '노는 계집'들이
나타난다. 구보는 어느 틈에 그녀들의 다리를 본다. 높은 구두를 신
고 서둘러 서툰 걸음을 걷고 있는 모습을 걱정스레 바라본다. 황혼
이 무르익고 어둠이 깔리자 '노는 계집'들이 모여들고 구보는 흥분
하며 활기를 얻는다. 그들은 도시의 밤에 모여든 "불나방"들이다. 구
보는 이 '노는 계집'들에게 동류의식을 느낀다. 서울의 밤에 유혹되
어 자기들도 모르게 '불나방'처럼 모여들어 위태로운 걸음을 걷고
있는 것이 안쓰럽기만 하다. 구보 또한 자기 생활을 잠깐 괴롭게 되
돌아보고 있던 순간에 자기도 모르게 이곳에 이끌려 와 있음을 깨
닫는다. 그러나 구보는 자신의 처지와 구분해서 이 여인들의 처지
를 동정한다. 자신은 이곳 환락의 서울 밤거리에서 잠시 기웃거리고
있을 뿐이지만 그녀들은 자신들이 이곳의 주인임을 자처하고 있다.
'불나방' 주제에! 구보의 눈에 위태롭게 분주히 걷고 있는 그녀들의
앞길이 빤히 보인다. 구보는 자신은 이곳의 객(客)으로서 잠시만 즐
기고 떠나야 한다고 느낀다. 소설가 구보와 '노는 계집'들은 가까운
이웃에 있지만 다른 종자(種子)이다.

그는 다시 다방에 친구를 만나러 간다. 이제 그에게는 밤늦게

한국인의 탄생

까지 헤맬 곳이 있다. 밤을 그렇게 보내려면 우선 다방에서 친구가 올 때까지 기다려야 한다. 불현듯 그는 여성과 같이 있는 사람이 부럽다. '애인(愛人)'이 있으면 자신이 무언가 가치 있는 존재임을 보여줄 수 있다. 전에 동경에서 만났던 여성 생각이 난다. 찻집에서 누군가 잃어버린 노트를 발견하고 주인에게 돌려주기 위해 찾아갔다가 만난 여인이었다. 그때 그녀를 꽉 붙잡지 못했음을 후회한다. 약혼자가 있다는 말에 너무 쉽게 물러섰던 자신이 후회스럽다. 이 여인에 대한 추억은 너무나 강렬해서 지금 눈앞에 보이는 모습들 사이로 그 기억들이 뒤섞인다. 기다리던 반가운 벗과 다방에서 만나 저녁을 먹으러 온 그 자리에서 그 여인에 대한 기억과 영상은 다음과 같이 생생하게 현실에 끼어든다.

어서 옵쇼. 설렁탕 두 그릇만 주우. 구보가 노트를 내어놓고, 자

• "그러나 포도를 울리는 것은 물론 그들의 가장 불안정한 구두 뒤축뿐이 아니었다. 생활을, 생활을 가진 온갖 사람들의 발끝은 이 거리 위에서 모두 자기네들 집으로 향하여 놓여 있었다. 집으로 집으로, 그들은 그들의 만찬과 가족의 얼굴과 또 하루 고역 뒤의 안위를 찾아 그렇게도 기꺼이 걸어가고 있다. 문득, 저도 모를 사이에 구보의 입술을 새오나오는 탁목(啄木)의 단가—
누구나 모두 집 가지고 있다는 애달픔이여
무덤에 들어가듯
돌아와서 자옵네
그러나 구보는 그러한 것을 초저녁의 거리에서 느낄 필요는 없다. 아직 그는 집에 돌아가지 않아도 좋았다. 그리고 좁은 서울이었으나, 밤늦게까지 헤맬 거리와 들를 처소가 구보에게 있었다." (위의 책: 294).

기의 실례에 가까운 심방에 대한 변해(辨解)를 하였을 때, 여자는 순간에 얼굴이 붉어졌었다. 모르는 남자에게 정중한 인사를 받은 까닭만이 아닐 게다. 어제 어디 갔었니. 길옥신자. 구보는 문득 그런 것들을 생각해내고, 여자 모르게 빙그레 웃었다. 맞은편에 앉아, 벗은 숟가락 든 손을 멈추고, 빠안히 구보를 바라보았다. 그 눈은 무슨 생각을 하고 있느냐 물었는지도 모른다. 구보는 생각의 비밀을 감추기 위하여 의미 없이 웃어보였다. 좀 올라오세요. 여자는 그렇게 말하였었다. 말로는 태연하게, 그러면서도 그의 볼은 역시 처녀다웁게 붉어졌다. 구보는 그의 말을 좇으려다 말고 불쑥, 같이 산책이라도 안 하시렵니까, 볼일 없으시면, 그날은 일요일이었고, 여자는 마악 어디 나가려던 차인지 나들이옷을 입고 있었다. 통속 소설은 템포가 빨라야 한다. 그 전날, 논리학 노트를 집어들었을 때부터 이미 구보는 한개 통속소설의 작자이었고 동시에 주인공이었던 것임에 틀림없었다. 그는 여자가 기독교 신자인 경우에는 제 자신 목사의 졸음 오는 설교를 들어도 좋다고까지 생각하고 있었다. 여자는 또 한번 얼굴을 붉히고, 그러나 구보가, 만약 볼일이 계시다면, 하고 말하였을 때, 당황하게, 아니에요, 그럼 잠깐 기다려주세요, 그리고 여자는 핸드백을 들고 나왔다. 분명히 자기를 믿고 있는 듯싶은 여자 태도에 구보는 자신을 갖고, 참, 이번 주일에 무장야관(武藏野館) 구경하였습니까. 그리고 그와 함께 그러한 자기가 하릴없는 불량 소년같이 생각되고, 또 만약 여자가 그렇게도 쉽사리 그의 유인에 빠진다면, 그것은 아무리 통속 소설이라도 독자는 응당 작자를 신용하지 않을 게라고 속을 싱겁게 웃었다. 그러나 설혹 그렇게도 쉽사리 여자가 그를 좇더라도 구보는 그것을 경박하다고 생각하고 싶지 않았다. 그것에는 경박이란 문자는 맞지 않을 게다.

『소설가 구보씨의 일일』, 297-298쪽

구보의 의식은 밤이 되자 더욱 활발하게 움직였다. 그러자 두 개의 영상이 눈앞에 번갈아 나타났고 그의 의식은 심지어 그 영상들에 나타난 자신의 현재와 과거의 모습들을 감상하고 비평까지 하고 있었다. 결국 친구는 다시 만나기로 하고 잠시 헤어지고 어느 틈에 그녀에 대한 기억이 구보의 모든 의식을 장악해 버렸다.

어느 틈엔가 항토마루 네거리에까지 이르러, 구보는 그곳에 충동적으로 우뚝 서며, 괴로운 숨을 토하였다. 아아, 그가 보고 싶다. 그의 소식이 알고 싶다. 낮에 거리에 나와 일곱 시간, 그것은 오직 한개의 진정이었을지 모른다. 아아, 그가 보고 싶다. 그의 소식이 알구 싶다.

『소설가 구보씨의 일일』, 299-300쪽

그녀의 회상과 자신에 대한 회한이 오늘 아침부터의 긴 여행의 최종 결산인가 싶었다. 그러나 삶을 되돌아보는 이성(理性)의 회복으로 오늘 하루가 끝나지 못했다. 곧이어 이렇게 말한다.

구보는 발 앞의 조약돌을 힘껏 찼다. 격렬한 감정을, 진정한 욕구를, 힘 써 억제할 수 있었다는 데서 그는 값 없는 자랑을 가지려 하였었는지도 모른다. 이것이, 이 한개 비극이 우리들 사랑의 당연한 귀결이라고 그렇게 생각하려 들었던 자가. 순간에 또 벗의 선량한 두 눈을 생각해내고 그의 원만한 천성과 또 금력이 여자를 행복하게 하여주리라 믿으려 들었던 자가. 그 왜곡된 감정이 구보의 진정한 마음의 부르짖음을 틀어막고야 말았다. 그것은 옳지 않았다. 구보는 대체 무슨 권리를 가져 여자의 그리고 자기 자신의 감정을 농락하였나. 진정으로 여자를 사랑하였으면서도 자기는 결코 여자를 행복하게 하여주지는 못할 게라고. 그 부전감(不全感)이 모든 사람을, 더욱이 가엾은 애인을 참말 불행하게 만들어버린 것이 아니었던가. 그 길 위에 깔린 무수한 조약돌을, 힘껏 차, 헤뜨리고, 구보는, 아아, 내가 그릇하였다. 그릇하였다.

『소설가 구보씨의 일일』, 300-301쪽

이성(理性)과 절제(節制)는 결국 죄악이었다. 자신의 어떤 모습을 자랑하기 위하여 그와 그녀의 진정한 마음을 잔인하게 짓밟은 것이 바로 그 알량한 이성과 절제였다.

도시의 밤이 되자 거리는 쓸쓸해졌고 전에 눈에 띄지 않던 여러 종류의 존재들이 어디서부터인가 나타난다. "그렇게도 갑자기 부란(腐爛)된 성욕을, 구보는 이 거리 위에서 느낀다." 다방에 친구를 찾아갔다가 의외의 친구가 아는 척한다. 하지만 구보와 어울리기에는 부족한 뭘 모르는 그 친구는 자기를 '구포씨'라고 부른다. 그가 다방에 앉아 비싼 맥주를 시키면서 돈 자랑을 하는 것에 구보는 또 기분이 언짢아졌다. 그러자 기다리던 친구가 돌아왔고 그 친구를 뿌

한국인의 탄생

리치다시피 헤어지고 기다리던 친구를 만나 술집으로 간다. 친구가 잘 아는 여급이 있는 또 다른 카페로 찾아가서 여급들과 대화를 한다. 그는 여급들에게 알아듣지도 못하는 대화를 한다. 교양 있는 대화란 또한 자신의 초라한 모습을 가리는 그럴 듯한 모습의 가면이다. 그는 그러한 대화의 내용에 관심이 없다. 여급들의 거짓말은 별로 신경 쓸 일이 아니다. 구보는 여급들, '노는 계집'들에 대해 깊은 동정을 느끼고 있다.

> 구보와 벗과 그들의 대화의 대부분을, 물론, 계집들은 알아듣지 못하였다. 그러면서도 그들은 능히 모든 것을 이해할 수 있었던 듯이 가장하였다. 그러나 그것은 결코 죄가 아니었고, 또 사람은 그들의 무지를 비웃어서는 안 된다. 구보는 펜을 잡았다. 무지는 노는 계집들에게 있어서, 혹은, 없어서는 안 될 물건이나 아닐까. 그들이 총명할 때, 그들에게는 괴로움과 아픔과 쓰라림과…… 그 온갖 것이 더하고, 불행은 갑자기 나타나 그들의 마음을 사로잡고 말 게다. 순간, 순간에 그들이 맛볼 수 있는 기쁨을, 다행함을, 비록 그것이 얼마 값 없는 물건이더라도, 그들은 무지라야 비로소 가질 수 있다…… 마치 그것이 무슨 진리나 되는 듯이, 구보는 노트에 초하고, 그리고 계집이 권하는 술을 사양 안 했다.
>
> 『소설가 구보씨의 일일』, 310-311쪽

구보는 그녀들의 '무지'가 부럽다. 차라리 '불나방'처럼 순식간에 타죽는 운명이 차라리 편할지 모른다. 그녀들은 그 상황에 몰입해 있다. 구보는 노트에 적고는 다시 이곳으로 와서 술을 실컷 마시고 싶다. 구보는 일의 세계와 이 밤거리 카페의 세계에 한 발씩 걸치고 서 있다. 무지의 용기가 부러운 것은 구보 자신이 괴롭기 때문이다.

　　이제 새벽 두 시에 종로 네거리에 나섰다. 밖에는 비가 조용히 내리고 있다. 사람들은 밤을 사랑한다. 구질구질한 꼴 보기 싫은 모습들을 보지 않고 눈요기만 골라 할 수 있고 어떤 비현실적 기분을 선택하여 뛰어들어 젖어들 수 있는 곳이 바로 대도시의 밤이다. 술은 이성을 마비시켜 그런 감정 상태를 만드는 데 긴요한 수단이다. 밤거리의 모든 사람들은 명랑한 척하지만 피로한 모습들이다. 구보는 집에서 기다릴 어머니를 생각하며 친구와 작별한다. "이제 나는 생활을 가지리라." 다짐하며 친구의 작별 인사는 잘 알아듣지 못한다.

　　구보는, 벗이, 그럼 또 내일 만납시다. 그렇게 말하였어도, 거의 그것을 알아듣지 못하였다. 이제 나는 생활을 가지리라. 생활을 가지리라. 내게는 한개의 생활을, 어머니에게는 편안한 잠을. 평안히 가 주무시오, 벗이 또 한번 말했다. 구보는 비로소 그를 돌아보고, 말없이 고개를 끄떡하였다. 내일 밤에 또 만납시다. 그러나 구보는 잠시 주저하고, 내일부터, 내 집에 있겠소, 창작하겠소 ─.
　　"좋은 소설을 쓰시오."
　　벗은 진정으로 말하고, 그리고 두 사람은 헤어졌다. 참말 좋은 소설을 쓰리라.

『소설가 구보씨의 일일』, 313쪽

　　　　　　　　　　　　　　　　　　　　　　한국인의 탄생

집 근처에 오니 순사가 훑어보지만 불쾌함을 느끼는 일도 없이, 오직 그 마지막 다짐에서 "조그만 한 개의 행복을 갖는다." 이렇게 피곤한 하루의 여행을 새로운 다짐으로 마무리하며 집에 돌아오지만 그가 과연 내일부터 일을 할 것인가는 사실 아무도 알 수 없다. 이미 그 벗에게 "내일 밤에 또 만납시다." 하며 언약을 주고받았다.

대도시 문명과 지식인

서울이라는 대도시의 지식인 구보는 뚜렷이 할 일도 없이 시내로 나선다. 그냥 산보로 나서는 것이 아니라 외출복과 구두와 단장을 단단히 챙겨 나서서는 일 있는 바쁜 사람처럼 걸어간다. 즉 자신의 '룸펜' 같은 모습을 가리고 '월급쟁이'처럼, 생활이 안정된 중산층처럼 보이려고 '위장(僞裝)'을 한다. 수많은 거리의 사람들의 시선을 의식하고 그들의 시선에서 자신의 모습을 속인 채로 부지런히 걸어간다. 어디로 갈지 고민하다가 간혹 자신의 소설 쓰는 일을 생각하기도 한다. 그러나 그때마다 두통이 온다. 또 어딘가 또 몸에 문제가 있는 것 같이 느낀다. 그는 책을 보고 자기 병을 만들어내는 그런 타입이다. 그리고 자신이 무력하다고 느끼며 힘 있게 오고 가는 사람들에게서 위압감을 느끼고 그들을 부러워한다. 가끔 그는 자신이 최근에 게으르게 살아왔으며 독서도 게을리했다고 생각하며 죄책감을 느낀다.●

●"그가 읽지 않은 것은 오직 [최]서해의 작품뿐이 아니다. 독서를 게을리하기 이미 3년. 언젠가 구보는 지식의 고갈을 느끼며 악연(愕然)하였다." (위의 책: 283).

그 또한 다른 많은 행인들을 바라본다. 그들의 옷 입은 모습, 걸음걸이, 안색, 자세 등에서 기호(sign)를 탐색하여 계급(class)으로 구별한다. 구보는 그들을 모르며, 그들도 구보를 모른다. 서로 모르는 상태에서 상대를 짐작할 수 있는 방법은 모습으로부터 기호를 관찰하여 계급으로 구분하는 것이다. 이것은 그들의 시선을 통해 일어나는 일이며 동시에 그들이 힘들여 싸우며 즐기는 '게임(game)'이다. 구보를 포함해 그들은 서로 모르는 사람들이라는 전제하에 길에 나왔고, 걷고, 서로 훑어보고 있는 것이다. 서로에 대한 눈길로 '강한' 사람, '센' 사람, '약한' 사람, 천한 사람, 그럴 듯한 사람 등으로 나누며 즐기는 것이다. 하지만 구보는 누구라도 길에서 자기에게 보내는 경멸의 눈길을 증오하고 두려워한다. 그는 자신도 타인들에 의해 분류당할 것을 기대하고 있으며 그래서 집을 나설 때부터 위장(僞裝)을 잊지 않았다. 그는 길거리의 사람들을 경멸하느냐 경멸당하느냐의 게임에 목숨을 걸고 싸우며 즐기고 있다. 간혹 아는 사람도 본다. 이는 기대하지 못했던 우연한 일이며 그때는 더욱 복잡한 생각을 하게 된다. 전에 알던 서로의 모습과 지금의 서로의 모습은 같을 리가 없다. 그는 그 사람의 행색을 훑어보고는 '아는 척할까', '그냥 지나칠까' 수십 번을 망설인다. 초라한 자신의 진짜 모습을 드러내어 확인시키고 싶지 않다.

구보에게 친구란 남 보기에 명랑한 척할 수 있는 수단이다. 친구를 만나 이야기할 때도 내용에는 관심이 없고 주변 사람들의 시선과 관심에 신경이 간다. 애인도 자신이 가치 있는 사람처럼 보이기 위해서 필요한 것이다. 친구나 애인이나 모두 수단이며 그들을 진정으로 사랑하리라고 기대하지 않는다. 하다못해 교양 있는 친구나 여성들과의 대화도 자신의 고독함을 감추는 가면으로 이해하고 있다. 구보는 고독하다. 같이 있어서 안식을 찾을 마음의 친구도 없고, 애인도 없고, 행복하게 열중할 취미도 없다. 그러나 그는 아직 고독을 즐기지도 못한다.

앞서 지적했지만, 구보는 길을 가다가 자신의 어떤 문제, 특히 소설을 쓰는 문제를 생각하게 되면 곧 두통을 느낀다. 귀에도 이상이 있는 것 같고, 눈에도 문제가 있는 것 같다. 그는 의학책을 보며 자신에게 병을 만들어내기도 한다. 한마디로 그는 '신경증'이 꽤 심각하다. 인간은 많은 사람들의 시선을 받으면 그 영향을 받지 않을 수 없다. 많은 시선을 받으면 온몸에 힘이 빠지거나 흥분되거나 두 극단 중의 하나의 반응이 나타나는 것이지 결코 무감각할 수는 없는 것이 인간이다. 이렇게 대도시의 길거리에서 수많은 사람들의 눈초리에 오랫동안 시달리게 되면 신경은 과로하게 되고 신경증은 대부분의 도시민의 고질적인 문제가 된다. 물론 구보도 신경증이 심각하다. 구보는 또한 피해망상증도 가지고 있다. 누군가에 의해 경멸당하게 되면 자신의 존재가 바닥으로 추락하는 부상을 입는다. 이러한 부상에 대한 공포는 결국 시선을 가진 모든 행인에 대한 공포 즉 피해망상증으로 이어지고, 이 지점에서 구보는 심각한 증세를 보인다. 이들 지식인은 춘원의 『무정』에서 조선 민족의 지도자로 자처하고 결의하였던 만큼 그들의 추락은 큰 부상을 초래한다.

한편으로 구보는 역설적으로 대도시의 길거리에서의 시선(視線) 게임에 중독되어 있다. 그는 이곳을 떠나지 못한다. 대도시의 길을 걷는 것은 분명 쉬운 일이 아니다. 남의 눈을 신경 써야 하고, 생각할 것도 많고, 자신은 힘도 없다. 그럼에도 구보는 매일 아침 나가야 한다. 일차적으로는 집에 있는 것이 괴롭다. 어머니는 늘 잔소리로 구보를 괴롭게 하며 책을 읽고 글을 쓰는 자신의 일도 보통 힘든 일이 아니다. 구보가 매일 시내로 나가는 것은 또한 외로움을 달래기 위해서일 것이다. 무서운 익명의 행인들이나마 그들과 같은 공간에 존재할 때가 한결 낫다. 한때는 고독과 한적함을 찾아 교외로 다녔던 적도 있었다. 그러나 이제는 그런 고독도 견딜 수 없다. 구보는 서울 시가를 걷는 것이 힘들고 괴로울지라도 결코 떠날 생각은 하지 않는다. 마지막에 내일부터는 참말 좋은 소설을 쓰리라고 다짐하지만 과연 그가 시내로 나오지 않고 집에 머물며 글을 쓸까 했을 때 회의적인 결론을 얻게 된다. 그는 자신을 제대로 통제하지 못하며, 바로 이런 의미에서 그는 정체성 위기에 처해 있다. 더불어 이런 고민은 항상 두통과 다른 통증을 동반한다.

서울의 밤거리는 환상적이며, 환락적이며, 낮보다 중독성이 훨씬 강하다. 구질구질하고 초라한 보기 싫은 모습은 밤이 되면 안 보인다. 가로등과 네온사인과 쇼윈도는 선택된 대상들에 시선을 집중시키며 환각 상태로 빠트린다. 그리고 그 빛에 비추인 여성들의 노출 패션은 보는 사람의 성욕을 자극하고 온몸에 생명력을 배가시킨다. 그리고 새로 들어선 카페들은 사랑과 연애를 파는 시장이다. 서울의 밤거리는 익명적으로 자극시킨 성욕과 생명력과 흥분으로 가득 차 있고, 이는 공공재로서 그 공간의 누구에게나 자유롭게 제공된다. 그리고 술은 그런 선택된 기분, 감정 상태를 더욱 심화시킨다. 술은 이성을 마비시키고 자제심을 이완시켜 더욱 깊이 빠져들게 한다. 서울, 특히 서울의 밤은 마법의 공간이다. 서울의 밤에는 어쩌면 무슨 일이 벌어질지 예측할 수 없으며 구보를 포함한 많은 사람들은 기적을 기대한다. 옛날에 만났던 그 여인의 기억이 쉴 새 없이 끼어든다.

처음부터 구보는 자신이 소설가를 선택한 가치관이 어머니를 포함한 세상 사람들 대부분의 물질주의적 가치관과는 다르다는 것을 전제로 서울에서 이렇게 또 하루를 보낸다. 구보의 시선에는 길거리의 모든 사람에 대한 경멸과 증오가 도사리고 있다. 그러나 그는 물질주의적 세상에서 새로 자리 잡은 대표적인 계급, 예를 들어 '월급쟁이'의 한 사람으로 위장하여 서울 길을 여행한다. 그는 월급쟁이의 가면으로 자신의 초라한 진짜 모습을 가린다. 구보는 가면 뒤에서 눈만 내놓고 한 사람 한 사람을 경멸하며 길을 걷는다. 그런가 하면 그는 늘 길에서 누가 자기를 업신여길까 봐 신경이 곤두 서있다. 구보는 결국 세상의 대부분의 사람들과는 이질적인 소수자(小數者)의 존재로 세상을 조심스레 걷는다. 그는 물에 뜬 기름 같은 존재로 세상 사람들과 같은 존재인 양 위장하고, 그런 척하고 가지만, 자신은 나머지 사람들과 다른 '구별'지어야 할 존재임을 잘 알고 있다.

구보는 '지식인'이라는 계급에 속하며 이 계급은 다른 계급과는 사뭇 다른 존재 양태를 갖는다. 세상을 다스리고 규정해야 할 계급이라 본인들은 생각하지만 자신들의 존재가 그렇지 못하다는 것을 너무나 잘 알고 있다. 월급쟁이와 구보 같은 룸펜 지식인은 비슷한 높이의 계급이지만 라이벌 관계에 있다. 구보는 예술가이며 월급쟁이들은 물질주의자이며 쾌락주의자들이다. 구보의 친구들 중에는 월급쟁이가 된 사람들이 꽤 있지만 구보는 진지하게 월급쟁이로 취직하려고 노력하지 않는다. 구보는 비록 월급쟁이로 위장하여 서울의 대로를 하루 종일 걷지만 월급쟁이가 될 생각은 별로 없다.

구보를 포함한 지식인들이야말로 물질주의적인 대도시에서 소외(疎外)의 화신이다. 대부분의 사람들이 소외를 느끼겠지만 소외를 하소연하는 것은 바로 이 지식인, 대도시 문명에 한 발만 딛고 있는 지식인들의 의무이다. 그들은 한 발은 대도시 안에 딛고 나머지 한 발은 그 밖에 딛고 있다. 그리고 자신이 사는 대도시 문명—그리고 자신을 소외시키는 대도시 문명—이라는 서식처를 비판적으로 복잡한 감정을 가지고 바라본다. 그들은 자신들이 묘한, 이중적 존재라는 사실을 누구보다 잘 알고 있다. 그들은 '월급쟁이'와 '노는 계집'들 사이에서 이들과 구별하며 동시에 동감하며 위치를 찾는다. 구보를 포함한 대도시 지식인은 특이한 생태(生態)에서 태어난 새로운 종자였다. 대도시에서 태어난 존재들이지만, 그 자신의 서식처를 결코 떠나지 못하면서도 동시에 매일매일 경멸하는 종자였다.

● 경성역에서 사람들을 관찰하던 중에, "개찰구 앞에 두 명이 서 있었다. 낡은 파나마에 모시두루마기 노랑 구두를 신고, 그리고 손에 조그만 보따리 하나도 들지 않은 그들을, 구보는, 확신을 가져 무직자라고 단정한다. 그리고 이 시대의 무직자들은, 거의 다 금광 브로커에 틀림없었다. 구보는 새삼스러이 대합실 안팎을 둘러본다. 그러한 인물들은, 이곳에도 저곳에도 눈에 띄었다.

黃金狂時代

저도 모를 사이에 구보의 입술을 무거운 한숨이 새어나왔다. 황금을 찾아, 황금을 찾아, 그것도 역시 숨김없는 인생의, 분명히, 일면이다. 그것은 적어도, 한 손에 단장과 또 한 손에 공책을 들고, 목적 없이 거리로 나온 자기보다는 좀더 진실한 인생이었을지도 모른다." (위의 책: 43).

한국인의 탄생

부활을 꿈꾸는
대도시 지식인

박제가 된 천재

그리고 2년 후 1936년 9월 이상(李箱)은 『날개』를 『조광(朝光)』에 발표하였다. 이 작품은 우리 문학사에서 그간 많이 언급되었지만 제대로 해석되지 못했던 문제작이라 할 수 있다. 이상은 신비스런 천재 작가이며 그는 다음 해 1937년 4월 동경제대 부속병원에서 젊은 나이에 폐결핵으로 숨졌다.

작품은 처음에 박스 안에 쓴 글*로 시작한다. 그 글에서 자신은 "박제가 되어버린 천재(天才)"라고 규정한다. 자신은 천재의 모습은 그대로 있으나 생명은 없는, 그런 존재라는 말이다. 그러고는 유명한 말이 뒤를 잇는다.

육신이 흐느적흐느적하도록 피로했을 때만 정신이 은화처럼 맑소 니코틴이 내 횟배 앓는 뱃속으로 숨이면 머리속에 의례히 백지가 준비되는 법이오 그옿에다 나는 윗트와 파라독스를 바둑포석처럼 느러놓소. 가공할 상식의 병이오.

『날개』, 252쪽

이 말은 문자 그대로 이상 자신의 글 쓰는 이야기로 받아들여야 할 것 같다. 즉 몸과 정신이 건강하지 못하고 불일치한 가운데 수많은 아이디어가 튀어나온다는, 자신이 그런 유형의 천재 작가라는 교만에 찬 고백이다. 그는 건강하고 몸이 편안하면 글을 쓰지 못한다는 것이다. 그러고는 여인과의 생활에 대하여 결코 모든 것을 바치거나 걸지 않고 반(半)만 걸치는 삶을 말한다.

그런 생활 속에 한 발만 드려놓고 흡사 두 개의 태양처럼 마조 처다보면서 낄낄거리는 것이오. 나는 아마 어지간히 인생의 제행(諸行)이 싱거워서 견댈 수가 없게쯤 되고 그만둔 모양이오 꿋 빠이.

『날개』, 252쪽

- 1936년 9월 『조광』에 수록된 최초 발표본은 박스 안의 글로 시작하며, 해당하는 부분은 다음과 같다. "『박제가되어버린천재』를 아시오? (……) 내 논리가 뜻밖에도여성에대한모독이되오? 꿋 빠이." 또한 두 개의 삽화가 그려져 있으며 그중 하나는 아로날(최면제의 상표) 갑을 분해해 평면으로 펼쳐놓은 그림이다 (이상 1936: 252). 본문에서 아로날 갑이란 말은 나오지 않고 아달린(최면제) 갑이 언급된다.

그러면서 다시 그는 자신이 '정신분일자(情神奔逸者)'임을 말한다. 즉 생각이 한곳에 안주하지 못하고 정상적인 생활을 하지 못하는 사람임을 고백한다. 그리고 다시 그는 "자신을 위조(僞造)"한다고 말하면서 자신에 대해 진정성을 거부하고 창의적으로 가짜로 만든다고 한다. 이 말은 이 이야기의 정체를 드러내고 있는 듯하다. 그러고는 자신에게 여인이란 "여왕봉(女王蜂)과 미망인(未亡人)"이라는 말을 한다. 말하자면 여인이란 '새끼만 까는' 존재이며 종족의 창조자든지 내가 죽으면 남겨지는 공존하지 못하는 존재라는 것이다. 어쩌면 이 박스에 든 수수께끼 같은 말은 이 소설 전체의 정체와 이 소설을 쓴 작가 자신의 진정한 모습을 솔직하게 고백하는, 작품의 열쇠와 같은 잠언(aphorism)으로 들린다.

소설의 '나'는 유곽 같은 곳, 해가 들지 않고 바쁜 도시 생활과는 동떨어진 생명력을 잃은 사람들만이 사는 그런 곳에 산다. 그곳에는 사귈 만한 사람이 없어 조용하고 고독하게 지낸다. 그의 방에는 아내의 명함(名銜)이 붙어 있다. 단적으로 그의 아내는 세상에서 가장 천하고 더러운 몸 파는 여인으로 자존심과 정당성을 주장하지도 않고 바가지 긁지도 않는 여인이다. 따라서 그는 진정으로 편하고 자유롭게 산다. 그는 동네에서 "아무와도 놀지 않"고 혼자 고독하게 산다. 아내는 세상에서 가장 아름다운 "한 떨기의 꽃"이며 아무런 '가치 없는' 나에게는 '과분한 존재'이다. 따라서 나는 불평할 것이 아무것도 없다. 아름다운 몸 파는 아내와 주인공 둘만이 살고 있는 이상 고독하고 아무런 불평 없이 행복하게 살고 있다. 그는 자기 방 안에서 지고의 행복을 누리고 "그냥 그날그날을 그저 까닭 없이 펀둥펀둥 게을느고만 있으면 만사는 그만이였든 것이다." 아내는 아무런 바가지도 긁지 않고 있으며 몸을 팔아서 자신을 먹여 살린다. 그는 지고의 행복 내지 "절대적인 상태" 속에 산다.

아내가 외출하면 아래층의 아내 방으로 내려가 햇빛 드는 창문을 열고 "안해의 화장대를 비처 가지각색 병들이 아롱이지면서 찬란하게 빛나고 이렇게 빛나는 것을 보는 것은 다시없는 내 오락이다." 나는 장난감을 좋아하는 어린아이의 즐거움을 누린다. 장난감들의 찬란한 모습을 보는 것이 나의 오락이다. 그러고는 "〈돈뫼기〉를 끄내 갖고 안해만이 사용하는 지리가미를 끄실너 가면서 불작난을 하고 논다." 또 화장품 병들을 열어 코로 냄새를 맡아보면 온몸이 짜릿하다. 벽에는 화려한 색깔들의 아내의 옷들이 빙 둘러 걸려 있고 이들을 감상하는 것도 큰 낙이다. 나는 어린애처럼 장난을 즐기며 산다.

이층의 내 방에는 햇빛이 없다. 그리고 나는 옷이 없다. 편한 검은 옷 한 벌로 잠도 자고 하루 종일 편하게 산다. 외출할 일이 없으니 외출복이 따로 없다. "나는 허리와 두 가랭이 세 군데 다-꼬무밴드가 끼워 있는 부드러운 사루마다를 입ㅅ고 그리고 아모 서리 없이 잘 놀았다." 아내는 나를 밖에 나가지 못하게 한다. 또 이부자리가 늘 깔려 있어 편하게 뒹군다. 이부자리에서 글도 많이 썼다. 하지만 잠이 깨고 나면 쓴 글은 온데간데없다. 그는 그 사실에 괘념하기보다는 다만 빈대가 싫다고 생각한다. 이런 삶은 아내가 강요해 온 바였다.

나는 그러나 그런 이불 속의 사색생활에서도 적극적인 것을 궁리하는 법이 없다. 내게는 그럴 필요가 대체 없었다. 만일 내가 그런 좀 적극적인 것을 궁리해내었을 경우에 나는 반듯이 내 안해와 의논하야야 할 것이고 그러면 반듯이 나는 안해에게 꾸즈람을 들을 것이고—나는 꾸즈람이 무서웠다는이보다도 성가셨다. 내가 제법 한 사람의 사회인의 자격으로 일을 해보는 것도, 안해에게 사살 듣는 것도

나는 가장 게을는 동물처럼 게을는 것이 좋았다. 될 수만 있으면 이 무의미한 인간의 탈을 버서버리고도 싶었다.

나에게는 인간사회가 스스로웠다. 생활이 스스로웠다. 모도가 서먹서먹할 뿐이었다.

『날개』, 258-259쪽

그러고는 지구는 돌고, 날아가고, "이렇게 부즈런한 지구 우에서는 현기증도 날 것 같고 해서 한시바삐 나려버리고 싶었다." 나의 아내는 늘 바쁘지만 나는 그녀가 무엇을 하는지 알지 못하며 굳이 알고 싶은 생각이 없다. 다만 내객들은 아내에게 왠지 모르지만 돈을 놓고 간다. 아내는 내가 이렇게 게으르게 그냥 계속 사는 것을 바라는 것 같다. 나도 행복했지만 아내가 원하는 생활이기도 했다.

그러나 세월이 지나자 완벽한 행복 속에 살고 있던 나에게 문제가 생기기 시작한다. 점점 나는 창백해 가고, 기운은 줄어들고, 영양이 부족해진다. 무엇보다 누워 있으면 뼈가 불쑥불쑥 내밀어 끊임없이 몸을 뒤척여야 한다. 내 방에는 벙어리저금통이 있는데 아내는 종종 돈을 넣어준다. 나는 그게 뭐하는 것인지, 왜 아내가 넣어주는지도 몰랐고, 하루는 저금통을 화장실에 버리기도 했다. 돈이란 무엇인지 신기한 물건임에 틀림없다. 그 쓰임새에 관심이 가기 시작한

다. 그러던 차 하루는 돈이 주는 "쾌감", 돈의 쓰임새를 알기 위해 정말 오랜만에 외출을 한다. 돌아다니는데 다리가 아파서 견딜 수가 없다. 돌아와 다리가 아파서 외출한 것을 후회한다. 아내는 내가 외출하는 것을 싫어한다. "거리는 너무 복잡하였고 사람은 너무도 들끓었다." 어서 집에 가서 쉬고 싶고, 눕고 싶어서 마지못해 돌아왔다. 늦은 줄 알았는데 자정 전이었다. "참 안된 일이다. 미안한 일이다." 그에게 이제 외출은 또 하나의 장난이었고 낙이 되었다. 집에 돌아와서는 돈 5원을 아내에게 돌려주었더니 아내가 좋아하며 아내 방에서 재워준다. 아내 방에서 잔 것은 이때가 처음이었다. 나는 비로소 돈의 쓰임새를 알았다. 돈이란 것을 남에게 주면 그들은 좋아하며 나에게 감사한다. 그러면 나도 즐겁다. 외출했다가 밖에서 아내가 다른 남자와 이야기하는 것을 발견했지만 무슨 뜻인지 이해하지 못했다. 아내에게 다시 돈 2원을 도로 주고 행복했다. 그날도 아내 방에서 잔다. 그러나 어느 날 나는 더 이상 누구에게 줄 돈이 없음을 발견한다. 슬펐다.

하루는 아내가 돈을 주어 서울역 대합실의 '티룸'에서 커피를 마셨다. 그날따라 비가 왔고 비를 맞아 감기가 들었다. 집에 돌아와서는 한 달 동안 누워서 앓는다. 오랜만에 일어나서 거울을 보았더니 나의 모습은 형편없다. 이발을 하리라고 생각했다. 그러고는 오랜만에 아내 방으로 내려가서 예전처럼 여러 가지를 가지고 논다. 화장품 병을 열고 냄새를 맡는다. " 한동안 잊어버렸든 향기 가운데서는 몸이 배 배 꼬일 것 같은 체취(臭)가 전해 나왔다. 나는 안해의 일흠을 속으로만 한번 불러보았다. 〈연심(蓮心)이!〉하고." 내가 아내의 이름을 떠올리고 불러본 것은, 바로 화장품의 냄새를 다시 맡아

보았던 이때가 처음이었다.

이 소설에서 나는 처음으로 한 달간의 공백 이후에 거울에서 자신의 모습을 보고 이발을 해야겠다고 마음먹었고, 바로 직후에 오랜만에 아내 방으로 내려가 화장품 냄새를 맡으며 전에 늘 하던 장난을 벌이며 아내의 체취를 맡았을 때, 아내의 이름을 떠올렸다. 말하자면 이때부터 나는 자신을 되돌아보고 의식하게 된다. 소설의 시작에서 나라는 존재는 몸 파는 여인이 사육하던 아무런 자의식도 거의 없는, 그런 채로 늘 행복하게 지내던 애완용 백치였다. 그러한 상태로 한 달간의 잠에서 깨자 비로소 나를 발견하고, 아내의 체취를 다시 맡고 나서 자의식을 얻고 생각하는 존재로 비로소 태어났다는 것이다.

그러고 나서 그는 자기 방에서 소설 앞에 박스에 그려져 있는 최면약 아달린 갑을 발견한다. 이 약갑을 보고는 이상해서 '생각'하기 시작한다. 자신을 발견한 후 인식과 사유를 시작하게 된 것은 바로 아달린 갑의 발견에 의한 것이었고 이 물건은 나를 비로소 나이게 만든 중요한 계기가 되어주었다. 그 때문에 소설에서 삽화로 그려 넣어 중요한 대상물로 제시했던 것이다. 이 아달린 갑에 대해 생각해 보니—평생 처음 하는 '생각'이라 잘 되지 않았지만—아내는 한 달 동안 아스피린이라고 속이고 이 최면약을 먹이고 있었다. 그 동안에 늘 약을 받아먹고 나면 졸음이 와서 견딜 수가 없었던 기억이 났다. 그렇다, 아내는 나를 어떤 이유에선지 계속 잠만 자게 만들려했던 것이다.

나는 밖으로 나가 공원 벤치에 앉아 아달린 갑에 대해 생각하기 시작한다. 생각이라는 것이 잘 되지 않고 진전이 되지 않자 화가 나서 남아 있던 최면약을 전부 다 씹어 먹어버렸다. 그러고는 공원 벤치에서 누워 잤고 깨어보니 일주일이 지난 후였다. 깨어나자 생각에 진전이 생겨 아내의 의도에 대해 의심하기 시작한다. 일단 일어나서는 집으로 돌아왔다.

그랬드니 이건 참 너무 큰일 났다. 나는 내 눈으로는 절대로 보아서 안 될 것을 그만 딱 보아버리고 만 것이다. 나는 얼떨결에 그만 냉큼 미닫이를 닫고 그리고 현기증이 나는 것을 진정식히느라고 잠간 고개를 숙이고 눈을 감고 기둥을 집고 섰자니까 일초 여유도 없이 홱 미닫이가 다시 열니드니 매무새를 풀어해친 안해가 불숙 내밀면서 내 멱살을 잡는 것이다. 나는 그만 어지러워서 게가 그냥 나둥그러졌다. 그랬드니 안해는 너머진 내 우에 덥치면서 내 살을 함부로 물어뜯는 것이다. 앞아죽겠다. 나는 사실 반항할 의사도 힘도 없어서 그냥 넙적 업더 있으면서 어떠게 되나 보고 있자니까 뒤니어 남자가 나오는 것 같드니 안해를 한아름에 덥석 안아갖이고 방 안으로 드가는 것이다 안해는 아모 말 없이 다소곳이 그렇게 안겨 드러가는 것이 내 눈에 여간 미운 것이 아니다. 밉다.
안해는 너 밤 새어가면서 도적질하러 단이느냐, 게집질하러 단이느냐고 발악이다. 이것은 참 너무 억울하다 나는 어안이 벙벙하야 도모지 입이 떨어지지를 안았다.
너는 그야말로 나를 살해하려든 것이 아니냐고 소리를 한번 꽥 질러 보고도 싶었으나 그런 킹가망가한 소리를 섯불니 입 밖에 내였다가는 무슨 화를 볼른지 알 수 있나 차라리 억울하지

만 잠잣고 있는 것이 위선 상책인 듯싶이 생각이 들길래 나는
이것은 또 무슨 생각으로 그랬는지 모르지만 툭툭 털고 이러나
서 내 바지포켙 속에 남은 돈 몇 원 몇십 전을 가만히 끄내서는
몰래 미닫이를 열고 살몃이 문ㅅ지방 밑에다 놓고 나서는 나는
그냥 줄다름박질을 처서 나와버렸다.

『날개』, 276-277쪽

아내는 그야말로 '적반하장'이었다. 그 행복했던 공간은 기어
이 터져버렸다. 나는 더 이상 그 집에 머무를 수 없어 어디론가 쏘다
닌다. 그러다가 나는 어느덧 대낮에 '미쓰꼬시'(현재의 신세계백화점 본
점) 옥상에 있는 것을 발견하였다. 나는 한구석에 앉아 지난 26년간
의 생애에 대해서 곰곰이 다시 생각해 본다. 물론 여전히 생각은 잘
되지 않는다. "나는 거이 나 자신의 존재를 인식하기조차도 어려웠
다." 그때 12시 사이렌이 울린다. 사람들의 모습이 달리 보인다.

이때 뚜―하고 정오 싸이렌이 울었다. 사람들은 모도 네 활개를
펴고 닭처럼 푸드덕거리는 것 같고 온갖 유리와 강철과 대리석
과 지페와 잉크가 부글부글 끓고 수선을 떨고 하는 것 같은 찰
나, 그야말로 현란을 극한 정오다.

『날개』, 279쪽

그러고는 이렇게 결말이 지어진다.

나는 불연듯이 겨드랑이 가렵다. 아하 그것은 내 인공의 날개

가 돋았든 자족이다. 오늘은 없는 이 날개, 머릿속에서는 희망
과 야심의 말소된 페-지가 띡슈내리 넘어가듯 번뜩였다.

나는 것든 걸음을 멈추고 그리고 어디 한번 이렇게 외처보고
싶었다.

날개야 다시 돋아라.

날자. 날자. 날자. 한번만 더 날자ㅅ구나.

한번만 더 날아보자ㅅ구나.

『날개』, 279쪽

부활의 신화

이 소설은 제대로 명쾌하게 해석된 일이 거의 없었고 대개는 초현실
적, 환상 소설인 것처럼 이야기된 경우가 많았다. 하지만 이 소설은
뚜렷하고 명쾌한 구도를 갖고 구상된 것이었다. 이 소설은 그야말로
'픽션(fiction)'이지 현실의 묘사, 진짜 있었던 이야기가 아니다. 전체
적으로 자신의 상상을 담은 일종의 '액자 소설'인데, 그 액자의 틀이
좀처럼 보이지 않아서 많은 독자들이 이야기의 정체를 파악하지 못
했다.

　　앞에 그려진 박스와 그 안에 쓰인 말들은 그 소설은 실제로는
괄호 안에 들어가야 함을 암시한다. 사실 소설 안에, 중간에 너무나
많은 언급이 간접적으로 지적하고 있다. 우선은 박스 안의 모두에서
자신은 '박제가 된 천재'라고 언급하고는 이야기가 시작되면 아무런
생각도 없는 백치로 이야기가 한참 흘러간다. 그 백치는 '박제가 된
천재'인 나이며, 박제가 된 천재란 가상적인 이야기일 수밖에 없는

것이다. 또한 박스의 글은 작가의 자기 자신에 대한 이야기며 자신의 독특한 측면과 의견을 모두에서 '유머'와 '위트'로 독자들의 흥미를 위해서 미리 말한 것이다. 그러고는 늘 자신은 세상에서의 삶이 "스스로웠다" 즉 적응을 못했다고 고백한다. 지구에서 내려버리고 싶다고도 말한다. 말하자면 작가는 자신이 그간의 삶을 부정하고 그곳 창녀촌으로 와서 살게 되었다는 말인데, 그 전의 삶이 있었으며 현재의 현실과는 불연속이 있음을 뚜렷이 지적하고 있다. 그리고 이 작품에서 말하는 완벽하게 '행복한 생활'이라는 것은 너무나 비현실적임은 누구나 느끼는 것이다.

    단적으로 이 소설은 이상이라는 천재 작가가 좌절을 겪고 생활이 계속 흐트러지고 자신의 정체성을 잃어버리는 상황에서 자신이 다시 적극적인 삶으로 돌아갈 수 있는 가상의 동화나 신화 같은 시나리오를 꾸며서 제시한 것이다. 흡사 18세기 영국의 소설가 대니얼 디포(Daniel DeFoe)가 『로빈슨 크루소(*Robinson Crusoe*)』를 통해 시도한 것과 같다. 디포는 로빈슨 크루소를 창조하여 꼴 보기 싫은 주변의 인간들과 그들의 세상을 떠나 아예 무인도에 가서 살면 어떨까 하는 실험을 수행했다.[5] 다만 이상은 대도시를 떠나지 않고도 그 안에 무인도와 같은 조용한 창녀촌을 찾아냈다. 그리고 그 안에서 현실에서는 불가능한 실험을 구상하고 실행했던 것이다. 천재를 박제로 만들어 그 안에서 어린아이처럼 백치처럼 지내게 하였는데, 이는 현실에서는 이루어질 수는 없는 실험이었다. 그 천재를 박제로 만든 것도, 어린애 같은 백치로 모든 기억과 사유 기능을 지워야만 가능한 실험이었기 때문이었다.

    백치 상태로 완전히 행복한 상태로 아무런 근심 걱정 없는 실험실 상태에 그를 내려놓고 관찰하면, 그는 사소한 일부터 시작하여 도저히 그곳에서만 지낼 수는 없는 상태에 도달할 것이다. 그러다가 어떤 계기가 생겨 비로소 자신을 발견하고 자아의 주체성을 찾으려 움직이기 시작할 것이다. 그러면 그동안 자신을 오랫동안 가두고 사육해왔던 아내와 그와의 관계에 대해 생각하게 될 것이고 갈등이 불거지기 시작할 것이다. 더 이상 그곳에서 지낼 수 없게 된 시간에 그는 서울 시내를 배회하게 될 것이며, 많은 사람들을 한눈에 넣을 수 있는 곳에 이르게 되고 그들이 바삐 움직이는 모습을 보게 될 것이다. 그리고 마침내 그 인물도 다시 세상을 향한 야망과 생명력을 회복하여 새로운 인생을 시작할 수 있을 것이다. 이것이 이상이 짠 시나리오였던 것이다.

이 소설에서 '나'―박제가 된 천재―는 작가의 또 다른 가상의 자아(alter ego)이다. 이 실험은 서울이라는 대도시를 벗어나지 않고 그 안에서 무인도 같은 장소를 발견해서 실시한 것이다. 바로 창녀촌이라는 대도시 안의 고립된 공간에서의 삶을 구상한 것이었다. 자신과 교제할 만한 사람들은 전혀 드나들지 않는 공간, 그리고 그곳에 사는 사람들은 자신의 존엄을 주장하지 않는 존재이며 따라서 이웃을 침범하는 법이 없는 존재들이다. 특히 그의 동반자인 아내는 매춘부이며 따라서 자존심을 주장해서 남편에게 바가지를 긁는 법 없이 집안을 경제적으로 먹여 살리고, 남편과 같이 사는 것만으로도 황송해 할 그런 존재일 것이다. 어차피 모두에 박스 안에서 말했듯이 작가가 아내를 생각하기는 "한 발만 드려놓고 흡사 두 개의 태양처럼 마조 처다보면서 낄낄거리는" 그런 관계로만 지낼 것이기 때문이다. 실제 소설 안에서 '나'나 아내는 존엄하다고 할 수 없는, 웃을

360   한국인의 탄생

수밖에 없는 존재이다. '나'는 초등학교 학생 수준의 지능도 채 안 되는 어린아이에 불과하며 아내는 그저 몸 파는 여인 그 이상도 이하도 아니다. 이상은 이러한 공간 속의 이러한 존재 양태였던 '나'가 점차 공간과 존재 모두에 균열을 내며 마침내 '나'의 자각이 이루어지고 다시금 야망과 열정이 회복되는 모습을 그린 것이다.

자아와 의식과 사유와 욕망을 회복하게 되는 과정은 매우 꼼꼼하게 구상되었다. 완벽하게 행복한 상태에서 생긴 첫 번째 문제는 몸의 변화였다. 완벽하게 행복한 상태에서 운동이 부족하고 따라서 영양이 부족해진 것에 괴로워한다. 그리고 두 번째 단계에서의 단초는 돈이다. 처음부터 아내는 돈을 벌어 나를 먹여 살리게 되어 있었고 그 방 안과 바깥세상과의 끈인 돈은 감출 수가 없었다. 처음에는 화장실에 버렸지만 돈에 대한 호기심으로 외출이 시작되고 이 외출에서부터 아내와의 갈등이 시작된다. 그리고 다음 단계에서 긴 외출에서 감기가 걸려 한 달간의 긴 잠에서 깨어나 거울에서 전혀 다른 모습을 발견하고 아내의 방으로 오랜만에 다시 가서 아내의 체취의 기억을 되살리고는 아내의 이름, '연심이'를 생각해 내고 부른다. 그러고는 자기 방에서 최면제 아달린 갑을 발견하고 왜 자신이 그렇게 오랫동안 잠만 자게 되었는지 깨닫고 아내와 자신의 관계가 전에 무심히 받아들여 왔던 것과는 전혀 다르다는 것을 발견한다. 그러고는 본격적으로 '내가 누군가'를 생각하기 시작한다. 그리고 집에 돌아와 보니 아내는 다른 남자와 섹스를 하고 있다. 자신의 참모습을 들킨 것에 화가 난 아내는 자신을 공격한다.

더 이상 그 집에 머무를 수 없게 된 나는 뛰쳐나와 시내를 헤맨 끝에 미쓰꼬시 옥상에 다다른 것이다. 여기에서 정오 사이렌, 신호가 울려 퍼지자 사람들과 모든 만물이 살아 움직이기 시작한다. "현란을 극한 정오"에 다다르고 모든 생명력이 날뛰기 시작하자 겨드랑이에서 날아갈 수 있는 수단인 날개가 다시 돋아나오는 것을 느낀다. 내가 회복하게 될 야망은 원래 인간이기에 자연적으로 타고난 그런 것이 아니다. 작가는 "인공의 날개"가 돋았던 자국이라고 하여 이전에 나는 한때 작위적 야망을 갖고서 작가로서의 정열을 불태운 때가 있었음을 암시한다. 하지만 지난 얼마간의 세월 동안 이 날개를 잃고 낙담한 세월을 살아왔고, 이제 다시 이런 치유 과정을 통해 날개가 다시 자라날 희망을 얻는다는 이야기를 하고 있는 것이다. 이상은 다시 날고 싶다는 소망을 가졌다. 날개도 아직은 다 돋아난 것이 아니었다. 그리고 "날개야 다시 돋아라.", "날자. 날자. 날자." 하고 외친 것도 아니었다. "외쳐 보고 싶었"을 뿐이었다. 하지만 이 과정을 겪자 바야흐로 겨드랑이가 가려워지고 이미 몸 안에서 날개가 자라고 있다는 것이 느껴진다.

1936년 이상은 이 작품으로 우리 문학사에서 진정으로 픽션의 의미를 완전히 내면화했음을 증명했다. 이 작품은 가상 생체 실험을 통해서 지식인의 야망을 회복시키는 실험을 수행했다는 데 큰 의미가 있다. 물론 현실 속에서 천재를 박제로 만들 수 없듯이 실제로 이 실험을 실행할 수는 없겠지만 그래도 하나의 신화(神話)—곰이 동굴 속에서 1백 일 동안 쑥과 마늘만 먹고 인간 여인으로 걸어 나오는 것 같은 신화—를 만든 것이다.

이러한 작품, 이러한 실험을 내용으로 하는 픽션이 가능하기 위해서는 바로 서울이라는 대도시의 등장이 전제되어야 했다. 대도시의 등장은 우리 역사에서 처음으로 겪는 경험이었다. 이곳은 문명이 만든 폐쇄되고 작위적인 공간이며 마술의 공간이었다. 무슨 일이든지 벌어질 수 있는 곳이었다. 낭만도, 사랑도, 범죄도, 살인도, 매춘도, 기적도, 부활도 벌어질 수 있는 곳이었다. 천재를 박제로 만들 수도 있을지 모른다, 그런 상상(想像)이 가능한 곳이 바로 이 시대 서울이라는 대도시였다.

대도시 지식인이라는
종자

◯

1934년 박태원의 『소설가 구보씨의 일일』의 삽화를 그려주었을 만큼 이상은 박태원의 작품을 극찬했다. 두 작가의 이 작품들은 상당히 유사한 문제의식에서 서울이라는 대도시에 사는 지식인의 정신 세계와 생태를 공통적으로 보여준다.

1917년 이광수의 『무정』은 해외에 유학한 지식인들이 새 시대의 민족의 지도자, '중추 계급'의 지위를 차지하는 이상화된 구도를 형상화하였다. 그들은 모든 민족을 차별 없이 끝없이 사랑하고, 민족의 모든 이의 갈채를 받아가며, 감격의 눈물을 흘리고 민족을 위해 봉사할 결의를 다졌다. 그러나 약 15년이 지난 1930년대에 바라본 조선에서의 지식인의 모습은 결코 영광스런 모습이 아니었다. 자신들 스스로의 몸의 모습이나 상징을 갖추지 못하고 가족들의 불신을 받아 밖으로 시내로 내몰리는 신세를 면하지 못하고 있었다.

그들은 시내로 나갈 때는 밤까지 돌아오지 않을 거라 예상하면서 월급쟁이로 위장을 하고 목적지 없는 여행을 한다. 교만한 시선으로 주변을 경멸하지만 누군가가 자신에게 모멸의 시선을 던질까 두려워한다. 요즈음 일에 게을렀다는 죄책감에서 소설 쓸 일을 생각해보지만 즉시 심한 두통이 밀려오고 온몸에 이상이 생기지 않은 곳이 없다. 그런가 하면 소설가 구보가 대표하는 지식인 계급은 서울이라는 대도시 문명에 중독되어 있었다. 그들은 이곳을 떠날 수 없다. 하다못해 교외로 나갔을 때의 고독조차 더 이상 견딜 수 없다. 행인들의 시선이 두려운 것보다 그런 시선들이 없는 텅 빈 고독의 공간이 더 두려웠다.

1930년대의 서울이라는 공간은 1917년에 이광수가 기대했던 그런 시끄러운 문명의 공간과는 거리가 멀었다. 1930년대의 서울은 인공의 작위적 공간으로 낮에는 일하는 공간으로 그러나 밤에는 환상적인 환락의 공간으로 만들어졌다. 익명의 성적 자극으로 가득 찬 마법의 공간이었고 서울의 낮과 밤은 너무나 이질적이고 대조적인 공간이었다. 구보를 위시한 지식인들은 매일 아침 위장을 하고 모습을 가리고 나와서는 밤마다 자신의 내면의 정체성을 잃어버리곤 했다. 정체성을 잃게 만든 것은 밤의 환락만이 아니라 밤과 낮이 상징하는 욕망과 이성의 갈등이었다. 이 갈등은 서울이라는 공간에서뿐만 아니라 모든 지식인들의 마음속에 도사리게 되었다. 바로 이런 심리 구조야말로 서구 근대인의 모습이었다. 조선의 지식인 춘원이 제시한 지식인상은 어려운 운명을 살아야 하는 존재였다. 지식인으로서 그들은 물질적 조건에서 자유로운 존재를 지향했지만 그들이 만들어 가려던 세상, 조선은 결국 물질주의가 팽배한 자본주의 사회가 되었고, 이곳에서 구보의 어머니를 위시한 대부분 사람들은 수입 없는 지식인들, 실직자라기보다는 무직자인 지식인들을 핍박했다. 사람들은 경제 활동의 의무를 이야기했고, 남자로서의 의무에 대해 이야기했다. 구보는 어머니의 말을 피해 도망치듯 시내로 나왔고 거기서는 정상적인 사람, 예를 들면 월급쟁이인 양 위장하여 다녀야 했다. 그들의 위장은 돈 많고 점잖은 부르주아인 양 꾸미는 것이 아니라 오히려 비슷한 높이의 정상적인 사람인 양 꾸미려는 소박한 생각이었다.

하지만 그들은 대도시 서울의 문명에 한 발만 딛고 있는 존재였다. 서울을 사랑하고 중독되어 결코 떠나지 못하면서도 그곳의 물질주의를 비판하고 저주하기를 멈추지 않았다. 그들은 또한 도시에서 소외되는 대표적인 사람들이었다. 거대한 문명에 위압당하고, 고독하고, 가난하고, 그들은 그들 나름대로 품은 조선이라는 사회에 대한 지성적 봉사의 결의에 비해 너무나 어울리지 않게 천대받고 소외당한 종자였다. 그럼에도 불구하고 구보씨는 아마 밤마다 집에 갈 때면 지식인으로서의 결코 남지 않는 장사, 글 쓰는 일을 더욱 열심히 하겠다는 결의를 하루도 빼놓지 않고 하고 있는, 그런 종류의 지식인이었다.

문제는 이러한 새롭고 기묘한 지식인 종자가 어디에서 왔을까 하는 것이다. 춘원은 『무정』에서 조선의 새로운 지도자 계급으로 등극할 지식인의 모습으로 민족을 사랑하고 미국 유학을 떠나는 영광을 안은 희열에 찬 지식인들을 제시하였다. 그러나 앞에서도 지적했듯이 그들은 지식의 생산자도 아니었고 엄밀히는 수입 중개상으로서 그들이 민족의 선생이 되려는 희망은 위태로울 수밖에 없는 것

한국인의 탄생

이었다. 그나마도 이제 이 지식인들은, 예를 들어 구보씨는 선생도 아니었다. 일본 유학을 마쳤지만 지식의 중개상이라는 위치는 스스로 포기하고 소설가의 길을 선택한 사람이었다. 한때는 창작을 위해서 집에서 책과 노트와 씨름하며 고난에 찬 생활을 하며 새로운 인생의 의미를 찾던 사람이었다. 그는 선생의 지위를 포기한 이상 일정한 수입도 없었다. 월급쟁이가 되는 길도 마다하고 창작에 열중한 지식인이었다. 수입이 없는 이상 어머니를 편하게 대할 수 없었고, 생활 조건은 열악하기 그지없었다. 결국 그는 언제부터인가 집에서 힘들게 책을 읽고 창작에 몰두하는 일을 잠시 쉬게 되었고, 무료하던 차에 노트를 들고 시내에 나와 산보도 하고 사람 구경을 하다가 그런 도시의 삶에 중독되어 버린 셈이었다. 그는 옷차림이며, 걸음걸이며 자신의 모습을 감추는 위장의 행색을 하게 되었다. 그렇다고 돈 많은 부르주아인 '척'하는 것도 아니었다. 길거리에 흔히 보이는 '월급쟁이'의 모습으로 길거리 군중들로 파묻히기 위해 위장하고 다닐 뿐이었다. 그러나 그는 자신이 소설가임을 한시도 잊지 않고 있으며 그 때문에 그는 신경증에, 신경쇠약에 걸릴 수밖에 없었다. 그는 좌절하고 소설가, 예술가임을 포기한 존재가 아니며 늘 그 생각에 서울 시내 산보를 즐기지 못한다. 자신의 정체성을 잊지 못하기에 주변의 행인들을 경멸의 눈초리로 바라보며 그들과 진정한 동질감을 느끼지 못하는 것이다. 밤거리에서도 환락가의 마법에서 자유롭지 못하지만 자신은 그곳에 진정으로 속하지 못하는 존재임을 알고 있다.

　　구보씨는 고독한 존재였다. 머릿속은 거리의 풍경을 보고 행인들을 응시하고 있지만 마음속은 늘 고민에 차 있고 복잡한 생각에서 벗어나지 못한다. 자신은 그 군중에 파묻히려 행동하지만 그들과는 다른 존재임을 의식하고 있다. 경제적으로는 그들보다 궁핍한, 민족의 지도자에서 추락한 초라한 '무직자'임을 알고 있지만, 자신은 그들 월급쟁이들과는 질적으로 다른 민족의 운명을 떠맡고 있는 소설가, 예술가인 것이다. 그는 늘 이 대도시 문명에 안주할 것인가 다시 창작 활동에 정열을 퍼부을 것인가를 고민하면 두통이 엄습한다. 자신도 모습을 숨기고 있듯이 누가 그와 친구가 될 것인가도 알 수 없다. 그는 위기의 순간을 맞이하고 있음을 느낀다. 내일부터는 일을 하고 참말 좋은 작품을 쓰기 위해서는, 집에 앉아서 어머니의 잔소리를 참아가며 다시 일을 시작하기 위해서는 큰 용기가 필요하다는 것을 알지만 자신은 없다. 또 다시 이 서울 거리를 방황하게 될 것만 같다. 구보씨는 괴롭다. 그런 위기에 닥친 지식인들은 서울 시내에, 다방에 너무나 많이 보인다.

　　이상의 『날개』를 픽션, 하나의 실험이라고 한다면, 그가 그런 창녀촌의 외딴 골방에 와서 실험을 하게 된 이유는 수많은 사람들로 붐비는 서울 같은 대도시 한가운데에서 그곳같이 사람의 왕래가 없는 곳을 기막히게 찾았기 때문이었다. 이상이 기껏 찾은 조용한 곳이란, 산골도 아니고, 농촌도 아니고, 섬도 아닌 대도시 한가운데의 창녀촌이었다는 것에 주목해야 한다. 도시에 지내는 것이 괴롭다는 것은 이상도 너무나 처절하게 느끼고 있지만 결코 서울을 떠난다는 것은 꿈에도 생각지 않았다. 하지만 서울을 떠나지 않고 바로 가까운 곳에서 무인도 같은, '나'와 비슷한 계급의 사람들이 오지 않는 조용한 지역을 창녀촌에서 찾았다는 것은 천재적인 발상이었다. 그리고 몸 파는 여인과의 동거란 우리 문학사에서 최초로 이상이 발명한 상황이었다. 바가지 긁지 않고 밥 먹여 살려주는 여인과의 관계, 남녀 두 사람의 진정한 결합이 아니라 "한 발만 드려놓고" 고독한 개인을 유지하는 섬세한 관계는 이상의 위대한 창작품이었다. 이런 상황이 진정으로 가능하다면 천재를 박제하는 것에 방불할 것이며, 그렇다면 천재를 의식도 없는 과거의 흔적만 남아 있는 어린애 같은 백치로 사육하는 생체 실험이 가능해질 것이다.

박태원의 작품과 이상의 작품은 명백한 연장선상에 있다. 소설가 구보는 매일 시내로 나와서는 밤만 되면 자신의 정체성을 잃고 흐느적대다가는 내일부터는 열심히 소설을 쓰겠다고 다짐하며 새벽 두 시가 지나서야 집으로 간다. 독자들이 느끼기에도 구보가 다음 날부터 마음을 고쳐 잡고 소설을 열심히 쓸 가능성은 많지 않은 것이 사실이다. 말하자면 그 정도 결심으로 생활을 바꿀 수는 없지 않나 하는 것이 공통적인 걱정이다. 이상의 『날개』는 좀 더 과격한 방법으로 지친 지식인을 깨워 다시 대문호의 야망을 갖게 만드는 방법을 택한 신화적 서술이었다. 모든 기억을 지우고 완전히 백치로 만들어 조용한 창녀촌에 유폐된 고독한 존재로 만들 수 있다면 그 속에서 나름대로 변증법적 과정을 거쳐 지식인으로서의 의식과 사유와 욕망을 갖추어 다시 태어나게 될 것이었다. 다시 말하면 이상의 『날개』는 죽었던 우리 지식인의 작위적 죽음을 통한 '부활(resurrection)'의 이야기 또는 우리 지식인이라는 '종자(種子)'의 품종개량의 신화적 실험 기록이었다. 이상의 『날개』는 인간 천재를 박제로 만들었다가 다시 그 박제가 다시 인간 천재로 깨어나는, 그야말로 "죽었다 깨어나는" 괴담이며 초현실적 신화였다.

이 1930년대의 모더니스트 소설들은 식민지 조선에서 지식인이 다시 태어나던 신화였다. 근대 신지식인의 환경은 단연 모든 문화가 집결하는 대도시일 수밖에 없었다. 근대 이전에 성리학자의 최적의 서식처가 한가한 농촌이었다면 신지식인은 서구식 물질주의적 자본주의 사회를 만드는 것이 그들의 숙명이자 임무였고 그런 대도시를 주요 서식처로 삼을 수밖에 없었다. 여기서 문제는 대도시란 그들 지식인들이 참여하여 창조한 인조의 공간으로, 신지식인들은 그곳에서 오랜 진통 끝에 재탄생하는 데 성공하지만, 전통적인 문화를 물려받은 지식인들은 그곳에서 살아남지 못했다는 것이다.

1930년대의 서울이라는 곳은 결코 식민지의 삶에 안주한 평온한 공간이 아니었다. 언제부터인가 우리의 지식인들은 춘원이 생각했던 민족의 선생의 지위를 포기하고 새로운 세상을 창조할 소설가로, 지식의 생산자로 다시 태어났다. 모든 경제적 보상을 포기하는 이 선택은 자본주의 사회에서는 괴로운 것이었다. 예술가의 삶이란 힘들고 괴로운 것이었다. 이상의 『날개』는 한때 좌절했던 지식인이 다시 생명력과 열정을 회복하는 신화적 생체 실험이었다. 1930년대는 정치적으로는 평온한 듯 보이는 시기였지만 조선의 지식인들은 새로운 삶을 찾아 자신들의 새로운 싸움을 시작하던 시기였다. 이제는 지식의 중개상이 아니라 창조자로서의 싸움이었고 이 길은 고난의 길이었다.

제7장

새로운 전사의 창조

춘원 이광수는 그가 만 41세 되던 해, 1933년 9월 27일부터 12월 30일까지 『조선일보』에 『유정(有情)』을 연재하였다. 이 작품은 이광수 자신의 말로 가장 잘 쓴 소설이며, 가장 큰 보람을 느꼈던 작품이라고 한다.[1] 나아가서 『유정』은 1940년에 우리 소설로서는 처음으로 일본어로 번역되어 출판된 작품이었다. 말하자면 이 작품은 우리 근대 문학사에서 일제 시대까지 쓰인 작품 중에 단연 최고 수준의 작품임에 분명하다. 그럼에도 불구하고 이 작품은 한 번도 국문학자들에 의해 제대로 평가되거나 해석된 적이 없었다. 우리 국문학자들은 그간 문학 작품의 해석보다는 주로 '작가론'에 치중해왔다. 심지어 김윤식은 『유정』에 대하여 "그러나 그러한 승화적 초극으로도 그가 견디지 못하는 한계점이 드디어 노출되었던 적이 있다. 『유정』이 그것이다. 내적 승화가 아니라 방랑의 광증이 작품 밖으로 분출되고야

만 것, 그것이 『유정』이다."라고 하였다.[2] 물론 작품에서 주인공이 북만주로, 몽고로, 시베리아로 여행을 했고 그 여행에서 그가 바라본 경치들에 대해 춘원이 각별한 정성을 기울여 묘사했던 것은 분명한 사실이다. 그러나 작품을 "방랑의 광증"의 분출이라고 평가한 것에 대해서 필자는 할 말이 없다. 앞으로 길게 논의하겠지만 춘원이 그 부분을 정성스레 묘사한 것은 그 여행의 의미가 작품의 핵심적인 주제와 연결되어 있기 때문이었고, 이는 풍경들의 미묘한 묘사를 통해서만 표현될 수 있는 것이었다. 결과적으로 대부분의 독자들이 춘원의 섬세한 예술적 의도를 전혀 이해하지 못했음이 아쉬울 따름이다. 물론 동시대의 일부 동료 문학가들은 춘원의 작품으로부터 깊은 영향을 받았고 그들은 후대의 국문학자들이 전혀 이해하지 못한 중대한 흐름을 만들어냈다. 이는 우리 문학에는 물론이거니와 역사에 중대한 결과를 남겼다고 필자는 확신한다.

소설의 제목 '유정(有情)'은 춘원이 16년 전인 1917년에 쓴 장편 소설 『무정(無情)』의 제목의 정확히 반대되는 말로, 작품의 주제가 직접 연관되어 있음을 시사한다. '무정'이라는 제목이 사랑이 없는 차디찬 세상과 조선, 그리고 주인공 이형식이 자기 마음에도 사랑이 없음을 한탄하는 것이었다면, 그와 반대로 '유정'이라는 제목은 '그래! 거기에 사랑이 있었다 치자!'는 말이다. 즉 사랑의 불모지 조선 땅에 사랑이라는, 이를테면 하나의 꽃이 있었다면 '그 꽃은 과연 아름답게 필 수 있었을까?'라고 묻고 있다.

이 작품이 보통 사람들이 서로 자연스레 사랑하며 사는 곳에서의 사랑 이야기였다면 춘원은 '유정(有情)'이라는 제목을 달지 않았을 것이다. 그 반대였기 때문에 춘원은 '유정'이라는 제목을 달았

한국인의 탄생

다. 과연 『유정』에서 조선 사람들은 주인공 남녀의 사랑을 이해하지 못했고 잔인하게 짓밟았다. 이 작품은 무지와 오해에서 비롯되는 이야기였고, 그러한 오해를 풀기 위해서 두 인물이 목숨을 바쳐야 했던 그런 이야기였다.

이 소설은 특별한 형식, 편지체와 일기체로 쓰였다. 이러한 형식은 김동인이 확립한 것으로 춘원은 그것을 『유정』에서 멋지게 활용하였다. 이 작품은 주인공 최석이 그의 유일한 친구에게 편지와 일기를 전하는 방식을 취한다. 독자들은 거기에 쓰인 최석의 고백을 보면서, 온 세상이 어떻게 그와 남정임 간의 사랑을 오해하는지 보게 된다. 편지와 일기의 폐쇄적 성격은 주인공의 고백의 진실성을 보증한다. 편지와 일기는 진실의 유일한 통로이며, 오해를 푸는 역할을 한다. 즉 편지와 일기는 비밀스러운 글이기에 그 진실성을 전제하며, 현재에는 불가능하더라도 미래에는 만천하에 공개되어 그들의 오해를 풀어줄 수 있는 것이다. 이 소설은 오해와 진실에 대한 이야기인 만큼 뚜렷한 사건의 연속보다는 미묘한 내면의 움직임을 어떻게 섬세하게 드러내고 있는가에 주목해야 한다.

『유정』은 우리 문학사에서 기념비적인 작품이다. 서구에서 도입한 사랑 이야기로 서구의 고전적 문학 작품들과 같이 주인공의 비감한 죽음으로 끝나는 최초의 비극이었다. 물론 이전에도 주인공이 죽고 끝나는 이야기는 꽤 있었지만 문학적 수준을 만족시키면서 남녀 간의 사랑이 비감한 죽음으로 끝나고 비극적 감정을 불러일으키는 작품으로는 『유정』이 처음이었다. 이로써 춘원은 사랑 이야기, '연애 소설'을 비로소 완성시킨 것이다. 앞에서도 이야기했지만 비극을 쓴다는 것은 초기 한국의 근대 소설가들에게는 숙원이었다. 독자 대중은 해피엔드를 더 원했을지 모르지만, 순수문학을 추구하며 사회적 책임을 느끼는 지식인들에게 당시에 비극은 각별한 의미를 갖는 것이었다. '비극의 탄생'은 특별한 역사의 순간이며, 이는 문화적 대변동을 의미할 수밖에 없다. 이는 '새로운 정서(情緒)'의 출발을 의미하며 문화의 심층에 심대한 요동을 수반할 수밖에 없었다.

욕망과 이성

○

『유정』에서 말하고 있는 사랑은 서구의 고전적인 연애 소설에서 전형적으로 나오는 '사랑해서는 안 될 사랑'에 빠지는 이야기였다. 주인공 최석은 독립운동과 투옥의 경력을 갖고 있는 학교 교장이다. 독립운동을 하던 당시 동료가 죽으면서 최석에게 그의 가족을 부탁하였고, 최석은 그의 중국인 부인과 남정임이라는 여자아이를 데리고 조선으로 돌아왔다. 그는 오자마자 감옥에 3년이나 들어가 있어야 했다. 그가 출옥했을 때는 정임의 어머니는 죽고 없었다. 최석은 당시 12살인 정임을 집에서 같이 키우는 수밖에 없었다. 그녀는 어렸지만 눈에 띄는 미인이었다. 또 총명하여 학교에서는 늘 1등이었고 노래도 잘 부르고 재능이 많아서 늘 주변의 칭찬과 사랑을 받았다. 사건은, 정임의 이러한 미모와 총명함을 시샘한 최석의 아내와 친딸 순임의 노골적인 시기와 질투에서 시작된다. 특히 그의 아내는 최석과 남정임의 관계를 남녀 간의 육체관계로 오해하여 야비한 질투를 더욱 발전시켜 나간다. 이것은 정임이 16세 되던 때였다.[3] 최석은 물론 아내의 그런 말도 안 되는 이야기를 가급적 흘려들으며 되도록 집안이 조용해지기만을 바라고 있었다.

다행히 정임이 학교를 일등으로 졸업하여 일본에 유학하는 특전을 얻게 되었고 그녀가 유학을 가기 전에 최석은 그의 가족과 정임의 선생님들과 함께 사은(師恩)에 감사하는 저녁 식사를 하게 되었다. 그는 택시를 타고 약속한 조선호텔에 도착한다. 저녁 식사 장소는 멋지고 '무드' 있게 꾸며진 방이었고 그들은 고급스런 양식을 들며 즐거운 분위기 속에 대화를 나눈다. 그런데 한순간 최석이 자기 딸 순임에 대하여 던진 농담 때문에 분위기가 싸늘해진 가운데 최석은 정임이 고개를 숙이는 순간을 보고 그녀의 모습을 다시 발견하게 된다. 정임은 최석의 양딸로 오랫동안 같은 집에 살아온 너무나 익숙한 존재였지만, 최석은 그 자리에서 정임의 여성으로서의 아름다움을 새로이 충격적으로 발견한 것이었다. 최석은 그때 그녀의 모습을 편지에서 다음과 같이 기술한다.

> 이때에 정임은 삼지창을 들다가 도로 놓으며 고개를 숙이는 모양이 내 눈에 띄었소. 아 과연 정임은 미인이로구나 하는 생각이 번개같이 내 몸에 쩌르르 하고 돌았소.
>
> 내 아내가 작별 선물로 지어 준 진달래 꽃빛 양복과 틀어 올린 검은 머리는 정임을 갑자기 더 미인을 만든 것 같았소. 그 투명한 살이 전깃불에 비친 양은 참 아름다왔고 가벼운 비단 양복이 그리는 몸의 선, 그리고 고개를 폭 수그린 양은 말할 수 없이

한국인의 탄생

아름다웠소. 나는 처음 이렇게 아름다운 정임을 발견하였소.

다음 순간에 정임이가 혼란하던 어떤 감정을 진정하고 고개를 가만히 들어 정면을 정향 없이 바라볼 때에는 그 두 뺨에는 홍훈이 돌고 검고 큰 눈에는 눈물이 빛났소. 정임은 다시 고개를 숙여 하얀 목덜미를 보이며 소매 끝에 넣었던 손수건으로 두 눈을 잠간 눌러 눈물을 찍어내었소. 어떻게도 가련한 동양적, 고전적 미인의 선인고! 리듬인고!

『유정』, 22쪽

최석은 이 순간 자신의 몸과 마음에 전해진 충격 속에서 감지된 것이 적절하지 못한 감정, 이를테면 '치명적 사랑(fatal love)'인 것을 직감하고 손에 든 "은 집게로 호두를 깨뜨리며 전신에 힘을 주어서 내 혼란한 감정을 눌러 버렸"다. 이후부터 최석은 정임이라는 자신의 양딸에 대해서 느끼는 감정, '애욕'을 억제하기 위해 온갖 노력을 기울인다. 또 이때부터 최석은 정임의 신변에 무슨 작은 일만 생겨도 크게 놀라고 기뻐하고 슬퍼한다.

정임이 일본으로 공부하기 위해 건너간 후 당분간 그의 가정은 평온을 유지한다. 그러던 어느 날 최석은 일본으로부터 정임이 아프다는 급한 연락을 받는다. 그는 동경으로 건너가 정임이 병원에 입원했다는 것을 알고는 하늘이 무너지는 충격을 받는다.* 최석은 정임의 입원실을 옮겨주는 등 필요한 도움을 주다가 마침내 의사의 요청에 따라 정임에게 수혈을 해주게 된다. 최석과 정임 둘의 몸과 마음이 하나가 되는 순간이었다. 그런데 최석이 집으로 돌아오자 아내는 느닷없이 공격을 퍼붓는다.

『흥, 각혈? 흥, 각혈? 뻔뻔스럽게 나를 속여 보려고. 낙태를 시
키려다 피를 쏟았다더구먼, 왜 내가 모르는 줄 알고. 흥, 지난
여름에 나왔을 적에—아이구 분해. 아이구 분해. 내가 어리석
은 년이 되어서 감쪽같이 속았네에—. 그런들 설마 제 딸 동갑
인 계집애를 건드리랴 했지. 엑 이 짐승 같은 것. 그리고도 교육
가. 흥, 교장. 아이구 분해라.』

『유정』, 34쪽

아내가 이렇게 공격을 퍼부은 것은 그동안 정임의 일기장을
누군가가 아내에게 보내주어 읽어보았기 때문이었다. 최석이 그 일
기장을 받아 읽어보니 과연 그렇게 오해할 만한 부분이 있었다. 일
기의 어떤 부분은 정임의 최석에 대한 애절하고 직설적인 '사랑 고
백'이었고, 어느 날 일기에는 최석의 사랑과 자기의 목숨을 바꾸겠
다는 의지를 다지는 내용도 있었다. 일기를 읽고 난 후, 최석의 정임

• 일본에 가서 정임이가 각혈을 하고 입원을 했다는 소식을 듣고, "정임이
가 죽다니! 이것은 도무지 있을 수 없는 것이었소. 만일 정임이가 죽는다
고 하면 세상이 온통 캄캄해질 것 같았소. 그렇게 몸과 마음과 영혼으로
아름다운 정임이가 꽃봉오리째로 떨어지다니! 이것은 가슴이 터질 노릇
이었소.
나는 택시를 몰아서 T대학 병원을 향하고 달렸소. 나는 오랫동안 있던 동
경, 청춘의 꿈 같은 기억이 있는 동경의 거리를 보는지 안 보는지 몰랐소.
내 가슴은 놀라움과 슬픔과 절망으로 찼던 것이요." (이광수 1979 4: 28-29).
택시를 타고 병원으로 향하는 최석의 눈에는 아무것도 눈에 들어오지 않
았다. 그렇게 그리던 낭만의 동경 거리이건만 아무것도 보이지 않았다.

에 대한 사랑은 더욱 지극해질 수밖에 없었다. 그의 아내는 정임의 일기장에서 본 이야기를 그녀가 상상한 대로 만나는 사람마다, 온 세상에 떠들고 다닌다.

이렇게 정임의 일기장이 최석의 아내에 의해 온 동네 사람들에게 공개되다시피 하여 오해가 공식화되어 가던 어느 월요일 아침 최석은 학교에서 학생들에게 공개적으로 망신을 당한다. 최석은 결국 학교에 사직서를 제출한다. 최석은 이제 학교에서도 가정에서도 자리가 없는 처지가 되었고, 조선에서도 쫓겨날 상황임을 알아차린다. 그는 재산을 정리하는 한편 유서를 작성하고, 만주로 망명길을 떠나기 전에 정임을 한 번 더 보고자 동경으로 간다. 최석은 병실에서 정임을 만나 그간의 일을 대충 설명해준다. 정임은 울면서 최석에게 자신을 '딸'이라 불러 달라 하고 최석은 정임을 '딸'이라고 불러준다.

최석은 호텔로 돌아와 목욕을 한다. 그러고 나서 책상에 앉아 정임에게 편지를 쓰다가 산보를 하고 온다. 그때 정임이 호텔로 찾아온다. 그녀는 최석이 쓰다가 둔 편지를 본다. 정임은 거기에 '사랑'이라고 쓴 것을 보고는 "벌떡 일어나 내게 달려들어 안겨 버렸"다. 이 순간은 소설 전체에서 가장 뜨겁고, 황홀하고도 고통스런 순간이었다. 최석은 그때를 이렇게 기억한다.

형! 나를 책망하시오. 심히 부끄러운 말이지마는 나는 정임을 힘껏 껴안아 주고 싶었소. 나는 몇 번이나 정임의 등을 굽어보면서 내 팔에 힘을 넣으려고 하였소. 정임은 심히 귀여웠소. 정임이가 그처럼 나를 사모하는 것이 심히 기뻤소. 나는 감정이

재우쳐서 눈이 안 보이고 정신이 몽롱하여짐을 깨달았소. 나는
아프고 쓰린 듯한 기쁨을 깨달았소. 영어로 엑스터시지라든지,
한문으로 무아(無我)의 경이란 이런 것이 아닌가 하였소. 나는
사십 평생에 이러한 경험을 처음 한 것이요.

형! 형이 아시다시피 나는 내 아내 이외의 젊은 여성에게 이렇
게 안겨 본 일이 없소. 무론 안아 본 일도 없소.

그러나 형! 나는 나를 눌렀소. 내 타오르는 애욕을 차디찬 이지
의 입김으로 불어서 끄려고 애를 썼소.

『유정』, 46쪽

정임이 최석이 쓰고 있던 편지에서 '사랑'이라고 쓴 글자를
읽은 순간 최석의 정임에 대한 '사랑의 고백'은 이루어진 것이나 다
름없었다. 이로써 그들의 마음속에서 서로는 공식적으로 뜨겁게 사
랑하는 애인이 되었다. 다만 그 사실은 비밀이었고 행동으로 표현할
수 없는 것이었다. 이때부터 본격적으로 최석의 격렬하고 잔인한 시
련이 시작된다. 치밀어 오르는 정임에 대한 '애욕'을 "차디찬 이지의
입김으로 불어서 끄려"는 다급한 위기가 수시로 반복되었고 갈수록
그 갈등이 점점 더 맹렬하게 커 가는 것을 피할 수 없었다.° 정임은
최석이 어디로 가든 자신도 따라가겠다고 고집을 피우지만, 그는 단
호히 그녀를 따돌리고 다음 날 부리나케 만주로 외로운 여행을 시작

● 최석은 편지에 이렇게 하소연하였다. "형! 어떻게나 힘드는 일이요? 참으
면 참을수록 내 이빨이 마주 부딪고 얼굴의 근육은 씰룩거리고 손은 불끈
불끈 쥐어지오." (위의 책: 46).

한국인의 탄생

한다. 최석은 정임을 남겨두기 위해 했던 말을 돌이켜 보며 편지에
다음과 같이 썼다.

> 그러나 나는 그때에 이런 말을 아니할 수 없었소. 왜 그런고 하
> 니, 그것이 내 진정이니까. 나도 학교 선생으로, 교장으로 또 주
> 제넘게 지사로의 일생을 보내노라고 마치 오직 얼음 같은 의지
> 력만 가진 사람 모양으로 사십 평생을 살아 왔지마는 내 속에
> 도 열정은 있었던 것이요. 다만 그 열정을 누르고 죽이고 있었
> 을 뿐이요. 무론 나는 아마 일생에 이 열정의 고삐를 놓아줄 날
> 이 없겠지요. 만일 내가 이 열정의 고삐를 놓아서 자유로 달리
> 게 한다고 하면 나는 이 경우에 정임을 안고, 내 열정으로 정임
> 을 태워 버렸을지도 모르오. 그러나 나는 정임이가 열정으로
> 탈수록 나는 내 열정의 고삐를 두 손으로 꽉 붙들고 이를 악물
> 고 매어달릴 결심을 한 것이요.

『유정』, 49쪽

최석은 자신에게서 전혀 다른 모습을 발견했다. 그리고 자기
가 살아온 인생을 다시 해석한다. 하지만 그는 그간 살아왔던 자신
의 정체성을 끝까지 지킬 것을 결심하고 있다. 즉 그는 무슨 일이
있어도, 정임에 대한 애욕이 아무리 강하게 치밀어 올라도 끝까지
억제하고 자신의 원래 모습을 잃지 않기로 결심하였다. 최석은 여행
을 출발하기 전에 이미 여행의 종말에서 만날 자신의 모습을 결의
하였다.

그러나 최석은 곧 정임에 대한 자신의 애욕의 무서운 힘이 인

간 역사에서 나타났던 열정의 거대한 힘에 연결되어 두려움으로 다가옴을 느낀다.

나는 어디까지든지 아버지의 위엄, 아버지의 냉정함을 아니 지켜서는 아니 되오.

그렇지마는 내 가슴에 타오르는 이름지을 수 없는 열정의 불길은 내 이성과 의지력을 태워 버리려 하오. 나는 눈이 아뜩아뜩함을 깨닫소. 나는 내 생명의 불길이 깜박깜박함을 깨닫소.

그렇지마는! 아아 그렇지마는 나는 이 도덕적 책임의 무상 명령의 발령자인 쓴 잔을 마시지 아니하여서는 아니 되는 것이오.

『산! 바위!』

나는 정신을 가다듬어서 이것을 염하였소.

그러나 열정의 파도가 치는 곳에 산은 움직이지 아니하오? 바위는 흔들리지 아니하오? 태산과 반석이 그 흰 불길에 타서 재가 되지는 아니하오? 인생의 모든 힘 가운데 열정보다 더 폭력적인 것이 어디 있소? 아마도 우주의 모든 힘 가운데 사람의 열정과 같이 폭력적 불가항력적인 것은 없으리라. 뇌성, 벽력, 글쎄 그것에나 비길까. 차라리 천체와 천체가 수학적으로 계산할 수 없는 비상한 속력을 가지고 마주 달려들어서 우리의 귀로 들을 수 없는 큰 소리와 우리가 굳다고 일컫는 금강석이라도 증기를 만들고야 말 만한 열을 발하는 충돌의 순간에나 비길까. 형아. 사람이라는 존재가 우주의 모든 존재 중에 가장 비상한 존재인 것 모양으로 사람의 열정의 힘은 우주의 모든 신비한 힘 가운데 가장 신비한 힘이 아니겠소? 대체 우주의 모든

한국인의 탄생

힘은 그것이 아무리 큰 힘이라고 하더라도 저 자신을 깨뜨리는 것은 없소. 그렇지마는 사람이라는 존재의 열정은 능히 제 생명을 깨뜨려 가루를 만들고 제 생명을 살라서 소지를 올리지 아니하오? 여보, 대체 이에서 더 폭력이요 신비적인 것이 어디 있단 말이요.

『유정』, 50-51쪽

여행을 앞두고 최석은 다시 한 번 결의를 굳히지만 앞으로 닥쳐올 애욕의 힘에 대해 공포를 느끼지 않을 수 없었다. 이성으로 억누르면 억누를수록 더욱 거센 힘으로 반발할 것이기 때문이었다. 화자는 최석의 편지에서 그가 죽으려고 마음먹고 있다는 것을 알아차리고 "사랑은 목숨을 빼앗는다."는 말의 뜻을 처음 느꼈는지 그 말을 반복해서 읊조린다.

편지에서 여행 과정에 대해서 길게 이야기하고 난 이후의 시점, 최석이 바이칼 호에 도착하여 괴로움이 절정에 달했을 때 그는 일기에 다급한 심정을 이렇게 쓴다.

나 같아서는 마침내 이 애욕의 불길에 다 타서 재가 되어버릴 것만 같다. 아아 어떻게나 힘있고 무서운 불길인고.

『유정』, 86쪽

그러고는 다음 부분에서는 이 애욕과 그에 맞선 이성 사이의 갈등은 불꽃이 튀고 피비린내가 진동하는 전쟁으로 치달아 가고 광기(狂氣)마저 나타나고 있음을 보여준다.

「아아 나는 하루 바삐 죽어야 한다. 이 목숨을 연장하였다가는 무슨 일을 저지를는지 모른다. 나는 깨끗하게 나를 이기는 도덕적 인격으로 이 일생을 마쳐야 한다. 이 밖에 내 사업이 무엇이냐.」

또 어떤 곳에는,

「아아 무서운 하룻밤이었다. 나는 지난 하룻밤을 누를 수 없는 애욕의 불길에 탔다. 나는 내 주먹으로 내 가슴을 두드리고 머리를 벽에 부딪쳤다. 나는 주먹으로 담벽을 두드려 손등이 터져서 피가 흘렀다. 나는 내 머리카락을 쥐어 뜯었다. 나는 수없이 발을 굴렀다. 나는 이 무서운 유혹을 이기려고 내 몸을 아프게 하였다. 나는 견디다 못하여 문을 박차고 뛰어 나갔다. 밖에는 달이 있고 눈이 있었다. 그러나 눈은 핏빛이요, 달은 찌그러진 것 같았다. 나는 눈속으로 달음박질쳤다. 달을 따라서 엎드러지며 자빠지며 달음질쳤다. 나는 소리를 질렀다. 나는 미친 사람 같았다.」

『유정』, 86쪽

그리고 최후를 맞기에 앞서 최석은 일기장에 '사랑'이란 자기에게 무엇인가를 술회한다.

이른바 사랑—사랑이란 말은 종교적 의미인 것 이외에는 입에 담기도 싫어하던 말이다—이란 것은 내 의지력과 자존심을 녹여 버렸는가. 또 이 부자연한 고독의 생활이 나를 이렇게—내 인격을 파괴하였는가.

그렇지 아니하면 내 자존심이라는 것이나, 의지력이라는 것이나, 인격이라는 것이 모두 세상의 습관과 사조에 휩쓸리던 것인가. 남들이 그러니까—남들이 옳다니까—남들이 무서우니까 이 애욕의 무덤에 회를 발랐던 것인가. 그러다가 고독과 반성의 기회를 얻으매 모든 회칠과 가면을 떼어 버리고 빨가벗은 애욕의 뭉텅이가 나온 것인가.

그렇다 하면, 이것이 참된 나인가. 이것이 하나님이 지어 주신 대로의 나인가. 가슴에 타오르는 애욕의 불길—이 곧 내 영혼의 불길인가.

어쩌면 그 모든 높은 이상들—인류에 대한, 민족에 대한, 도덕에 대한, 신앙에 대한, 그 높은 이상들이 이렇게도 만만하게 마치 바람에 불리는 재 모양으로 자취도 없이 흩어져 버리고 말까. 그리고 그 뒤에는 평소에 그렇게도 미워하고 천히 여기던 애욕의 검은 흙만 남고 말까.

『유정』, 87-88쪽

최석은 마지막에 사랑이라는 문제를 계기로 진정한 자기에 대해서 의문을 갖게 되었다. 표면 아래 자신의 깊은 곳에 생각지도 못했던 진실한 자신의 모습이 따로 있을 수 있음을 깨닫게 된 것이다.

정임이 최석을 마지막으로 만나기 위해 서둘러 오두막에 도착했을 때 최석은 이미 숨져 있었다. 최석은 결국 정임을 향한 끝없이 불타오르는 애욕과 이를 억제하려는 이성 사이의 끝없는 갈등 속에서 생명을 유지하지 못했다. 그의 안에서 애욕과 이성은 어느 것도 다른 것을 제압하지 못했다. 최석이 자신의 양딸인 정임과 부적절한 사랑에 빠진 순간, 자신 안에 애욕이 생겨났고 점점 솟아오르기 시작했다. 그는 이성으로 그것을 억제했다. 그러나 욕망은 이성과의 대결 속에 더욱 커져갔고 이성 또한 다시 욕망을 억누르기 위해 강해져야만 했다. 최석은 이러한 욕망과 이성의 상승 작용(escalation) 속에서 그것들의 힘이 점점 강해지는 와중에, 자신의 모습을 잃지 않으면서도 사랑과 이성의 진실성(truthfulness)을 지키기 위해 자신의 목숨을 대가로 지불해야 했다.

춘원은 1933년 9월 22일 『유정』의 연재를 시작하기 직전에 다음과 같이 말했다.

> 나는 인생 생활을 움직이는 힘 중에 가장 힘있는 것이 인정인 것을 믿습니다. 그리고 인생을 높게 하고 깨끗하게 하는 것도 인정인 것을 믿습니다. 돈의 힘으로도, 권력의 힘으로도, 군대의 힘으로도 할 수 없는 힘을 인정의 힘으로 할 수 있을이만큼 인정에 신비한 힘이 있는 것을 믿습니다. 나는 순전히 정으로만 된 이야기를 써보고 싶습니다. 사랑과 미움과 질투와 원망과 절망과 희한과 흥분과 침울 등등, 인정만으로 된 이야기를 쓰고 싶습니다.[4]

과연 『유정』은 인간의 '정(情)', 사랑이라는 것이 얼마나 큰 힘인가, 그리고 사랑에 빠져, 그 욕망을 억제하려는 인간은 얼마나 강한 존재이어야 하는가를 여실히 보여준 작품이었다. 인간은 욕망의 힘과 이성의 힘을 자신 안에서 더욱 강하게 키워냄으로써, 그리고

한국인의 탄생

그 강하고 순수하고 진정한 사랑과 이성을 위해서 생명을 바치는 희생을 감행했기에 강하고 위대한 존재인 것이다.

두 번의 죽음

○

주인공 최석

겉으로 드러난 이 소설의 스토리, 두 사람 간의 사랑과 주변의 오해
라는 이야기는 그 자체만으로는 무언가 미진함을 느끼지 않을 수 없
다. 다시 말하면, 작가가 작품에 쓴 이야기만으로는 이야기가 충분
하지 않고, 무언가 또 다른 현실이 있어야만 한다고 느낄 수밖에 없
다. 소설이 시작되면 화자는 곧 당시 조선의 분위기를 전한다.

> 세상에서는 최석과 남정임에 대하여 갖은 험구와 갖은 모욕을
> 가하고 있다. 세상 사람의 말에 의지하건댄 최석은 나이가 십
> 여 년이나 틀리는, 그러고도 제가 아버지 모양으로, 선생 모양
> 으로 감독하고 지도하지 아니하면 아니 될 어린 여자를 농락해
> 서 버려 준 위선자요, 죽일 놈이요, 남정임은 남의 아내 있는 남

자, 아버지 같은 남자와 추악한 관계를 맺은 음탕한 계집이다. 이 두 남녀는 도덕상 추호도 용서할 점이 없는 죄인이라고 세상은 판정하고 있다. (……) 도무지 이 세상이 이렇게 무정하고 반복 무상한 세상인가보다. 더구나 최석의 은혜를 받고 최석의 손에 길려 났다고 할 만한 무리들까지도 최석이, 최석이 하고 마치 살인 강도 죄인이나 부르듯 하는 것을 보면 눈물이 난다.

　나는 어찌하면 이 변명을 하여 주나 하고 퍽 애를 썼지마는 도무지 어찌할 길이 없었다. 몇 번 변명하는 말도 해 보았으나 그러할 때마다 핀잔만 받았다.

『유정』, 15-16쪽

　말하자면 우리는 최석이라는 인물을 낭만주의 소설에 등장하는 전형적인 주인공으로서 '고독한 존재'라고만 볼 수는 없다. 그러기에는 그가 처한 상황이 너무 살벌하다. 나아가서 최석의 아내 및 주변 사람들의 '오해'는 도를 넘고 있다. 최석은 늘 자신의 아내는 배운 사람이고 보통의 조선 여자들보다는 나은 사람이라고 하며 마지막까지 자신은 아내를 원망하지 않음을 다짐한다. 하지만 최석의 아내는 바가지를 긁는 정도가 아니라 살기를 가지고 최석을 증오한다. 그녀는 분명히 오해의 소지가 있는 정임의 일기장, 증거를 손에 넣고는 서울의 모든 아는 사람들에게 의도적으로 퍼뜨렸다. 이렇게 최석을 사회적으로 매장시키려는 시도는 부부 간의 갈등, 오해, 질투를 한참 넘어서는 것이다.

　최석과 정임을 곤경에 빠뜨리고 공격하려는 사람들은 비단 그의 아내만은 아니었다. 정임의 기숙사 방 친구인 키 큰 여학생, 그리고 최석이 근무하는 학교의 교무주임, 동료 교사들, 수많은 학생 등 이 소설에서 언급되는 모든 조선 사람은—화자를 제외하고—합심하여 최석과 남정임을 공격한다. 그리고 그 공격은 비난이나 모략 정도가 아니라 살의(殺意)를 노골적으로 드러내는 공격이었다.

첫 번째 죽음

결국 그들은 어느 월요일 아침 최석을 그의 자리인 학교에서 잔인하게 '공개 처형'하였다. 그때의 일을 최석은 편지에 다음과 같이 길게 썼다.

> 그것은 어느 월요일이었소. 나는 조회 시간에 생도들에게 「여자를 존경하라, 여자를 희롱하는 생각을 가지지 말아라」하는 훈화를 하였소. 그것은 전날 신문에 어떤 학교 학생 셋이 지나가는 여학생을 희롱하다가 어떤 의분 있는 행인과의 사이에 말썽이 되었다는 기사를 보고 느낀 바 있어서 한 말이었소.
>
> 그랬더니 첫 시간인 사년급 수신 시간에 나는 가장 엄숙한 안색과 태도로 출석부와 교과서와 분필갑을 들고 교실로 들어갔소. 출석부를 부를 때마다 교실에는 끼득끼득 한두 사람의 웃는 소리가 들렸으나 원체 까다롭게 굴려고 아니하는 나는 그런 것을 못 들은 체하였소. 그리고 태연히 출석부를 다 부르고 나서 책을 펴놓고 교수를 시작하려 할 때에 사십여 명 학생 중에서 거진 반수나 되는 듯싶도록 교실을 흔들게 웃었소.
>
> 아무리 까다롭지 못한 나로도 낯이 화끈하고 불쾌한 감정이 일어나서,

『웬 일들이냐?』

하고 소리를 질렀소. 내 소리는 교실 유리창이 울리도록 크고 또 떨렸소. 이전에 없던 성난 소리에 학생들은 웃음을 그쳤소. 나도 내 음성이 그렇게 컸던가, 또 떨렸던가를 놀라지 아니할 수 없었소.

아이들이 정연해지기로 나는 더 추궁하려고 아니하고 다시 강의를 시작하려고 하였소. 그러나 내가 말을 시작하기도 전에 그들은 또 소리를 내어 웃었소. 아주 유쾌하게 그리고 조롱하는 듯한 웃음이었소. 이에 나는 필유곡절이라고 생각하고 책을 덮어 놓고 무서운 눈으로 학생들을 노려보았소. 내 눈을 보고 마음이 약한 아이들은 시치미를 뗐으나 평소에 다소 불량성을 띤 놈들은 「허, 허」, 「하, 하」하고 분명히 선생이요 교장인 내게 대하여 적의와 모멸을 표하였소.

『선생님.』

하고 한 학생이 일어나며,

『저희들은 칠판에 써놓은 저 글이 우스워서 웃었습니다.』

하고 손가락으로 칠판을 가리키오.

나는 그제야 몸을 돌려서 칠판을 보았소. 그리고 앞이 캄캄해짐을 깨닫는 동시에 뒤에서 아이들이 일제히 발을 구르며 웃고 칠판에 쓰인 글을 노래하는 듯이 합창함을 들었소. 나는 그 순간에 교단 위에 쓰러지지 아니한 것을 이상하게 여기오. 내 심장의 고동과 호흡은 분명히 정지가 되었었소. 내 수족과 등골에는 언제 어떻게 솟은 것인지 찬땀이 흘렀소. 세상에 이런 일도 있소? 그러한 지 거의 일 년을 지낸 오늘날이언마는 이 글을 쓸 때에도 내 심장의 고동과 호흡이 막힘을 깨닫소.

나는 아득아득하는 눈을 다시 떠서 칠판을 한 번 더 바라보았소. 그러나 칠판에 쓰인 글자는 아까나 지금이나 변함이 없을 뿐더러 내 눈의 관계인지 더욱 크게 보이오 —「에로校長 崔晳, 에로女子高等師範學校 南貞任」.

이렇게 써 놓은 것이오.

나는 번개같이 내 날이 온 것을 깨달았소. 나의 십오 년간 교육자로의 생활의 끝 날이 온 것을 깨달았소. 그리고 나는 그 칠판에 쓴 것을 지워 버릴 생각도 아니하고 출석부와 책과 분필갑을 들고 교실 밖으로 나왔소. 뒤에서 아이놈들이,

『에로 교장 만세! 만세! 만세!』

하고 만세를 합창하고는 박장을 하고 발을 구르고 웃는 소리가 나오.

나는 그중에 어느 소리가 어느 놈의 소리인지 분명히 알 수가 있었소. 내가 몸소 입학 구술 시험을 보아서 들이고 내 손으로 사년 동안 가르친 아이들이 아니요? 그 한 놈, 그 한 놈을 내가 내 친자식과 같이 애지중지하던 것들이 아니요?

『유정』, 39-40쪽

학생들은 모두 음모를 꾸며 정교한 의식(儀式)을 준비하여 그들의 선생이자 교장인 최석을 공개 처형 즉 살해(殺害)했던 것이다. 자기가 직접 가르친 제자들의 이런 행동은 진정으로 믿을 수 없는 일이었다. 더구나 신문에도 그에 대한 기사가 실렸고 신문 기사를 다 읽고 난 그의 아내는 최석에게 한바탕 저주를 퍼붓는다.

「아이 고소해라!」

하는 한 마디를 내어던지고는 우는 순임을 보고,

「울기는 왜 우니? 왜 신문에서 없는 말을 썼니? 신문 기자가 날 더러 물었더면 좀 더 자세히 말을 해 줄 것을……」

하고 다음에는 나를 향하여,

「잘됐구려. 원래 교장 노릇을 하기가 잘못이지. 무슨 낯으로 뻔뻔스럽게 교장 노릇을 한단 말요? 애시 고만둘게지. 흥 교육가. 인제 잘 됐구려. 짓망신하고 인제야 더 망신할 나위 없으니 마음대로 정임이하고 사랑을 하든지 건넌방을 하든지 하시구려.」

하고는 잠간 쉬었다가,

「흥 모양 좋소. 인제 어디 낯을 들고 나가 댕긴단 말요? 아이 고소해라! 깨깨 싸지.」

하고 길게 한숨을 내어 쉬오.

『유정』, 42쪽

이로써 최석은 학교에서 교장으로서든 선생으로서든 머물러 있을 수 없음을 깨닫고 학교에 사표를 제출하고, 집에서도 가장(家長) 자리에 있을 수 없음을 알고서 떠날 준비를 하기에 이른다. 더 나아가 가정과 직장에서는 물론 "조선에서 쫓겨나갈 프로그램에 다다른 것"임을 알아차리고 "세상을 떠나 버리자."라고 결심한다. 이 부분 또한 '사이 나쁜 부부'에서 나올 법한 이야기를 한참 넘어서고 있다.

결핍

문제는 이런 식의 사태 발전을 최석의 아내의 질투, 무지몽매함이나 주책없음, 거친 성격과 같은 개인적인 이유로는 도저히 설명할 수 없다는 것이다. 이야기의 처음부터 최석은 그의 아내로부터 남녀 관계에서 나타나는 통상의 질투가 아니라 자신에 대한 악의와 살기를 느꼈다.* 최석은 마지막까지 그의 '인격'을 과도하게 증명하며 자신은 아내를 원망하지 않는다고 말하지만, 제삼자인 화자는—독자들과 마찬가지로는—최석의 아내에게 적대감과 분노를 갖게 되고 이를 그녀에 대한 살의를 드러내는 말로 표현한다.** 생각해 보면 이 이야기의 표면 뒤에는 무언가 작가가 독자에게 보여주지 않고 숨기고 있는 시커먼 덩어리, '암흑 물질' 같은 것이 움직이고 있지 않나 하는 느낌을 지울 수 없다. 기술된 말들만으로는 앞뒤가 맞지 않는다.

최석은 편지의 모두에서 자신의 독립운동 경력을 자랑하고 남정임의 부친 또한 유명한 독립 투사였음을 언급하며 두 인물의 조선에서의 정통성을 내세운다. 그리고 기미년 일로 인해 3년이나 감옥에 있었다는 사실도 잊지 않고 밝힌다. 또 그는 편지의 여러 곳에서 자신은 선생, '엄한 선생'이라고 말하며, 특히 자신이 학교 교장이라는 것에 대한 자부심을 표시한다. 그는 자신이 평생을 깨끗하게, 윤리적으로, 금욕적으로 살아왔으며, 자부심으로 가득 찬 인생을 살아온 사람임을 수차에 걸쳐 공언한다. 그리고 그러한 자신의 사회적 위치에서 다소라도 떨어질 수 있는 가능성은 그 자체로 상상할 수 없는 끔찍한 악몽임을 여러 차례에 걸쳐 "무슨 망신"이라는 말로 표현한다. 과연 그의 아내가 최석을 공격할 때 결정적으로 겨냥했던 부분은 최석에게서 가장 소중한 급소, 즉 '교육자'로서의 그,

'교장'으로서의 그, 그리고 그의 자부심이었다. 사실 최석의 이런 지위 의식, 자부심, 생활 자세는 당시 주변의 조선 사람들과 갈등을 야기할 가능성이 다분한 것이었다. 식민지 조선 땅에서 '민족주의자'를 자처하는 선생들의 위치는 대단히 힘들고 괴로웠을 것이다. 식민지 사회라는 독특한 환경에서 '민족의 지도자'라는 자부심은 과도한 책임감에 따른 무리한 행동을 유발했을 것이고, 남들이 보는 자신의 모습에 대해 과민해져서 심각한 신경증으로 발전하기 십상이

● 최석이 아내에게 정임을 기숙사가 넣을 것을 제안하자 아내는 "『왜? 내 말이 당신 생각을 꼭 알아맞혔으니깐 좀 가슴이 뜨끔하오?』하고 내 아내는 둘째 살촉을 내 심장을 향하고 들여 쏘았소." (위의 책: 20-21).

●● 화자는 이야기가 끝나갈 무렵 최석의 편지 묶음을 최석의 아내에게 주었고 그녀는 일기를 읽고는 화자를 만나자 물었다. "『선생님 애 아버지가 정말 죽을까요? 정말 영영 집에를 안 돌아올까요?』하고 묻는다. 그 눈에는 벌써 눈물이 어리었다.

『글쎄요. 내 생각 같아서는 다시는 집에 돌아오지 아니할 것 같습니다. 또 그만치 망신을 했으니 이제 무슨 낯으로 돌아옵니까. 내라도 다시 집에 돌아올 생각은 아니 내겠읍니다.』 하고 나는 의식적으로 악의를 가지고 부인의 가슴에 칼을 하나 박았다.

그 칼은 분명히 부인의 가슴에 아프게 박힌 모양이었다. (……)

부인은 다시 울며 최석을 찾아달라고 매달리자, 화자는, 『글쎄, 어디 있는 줄 알고 찾습니까. 노석의 성미에 한번 아니한다고 했으면 다시 편지할 리는 만무하다고 믿습니다.』 하여 나는 부인의 가슴에 둘째 칼날을 박았다. 나는 비록 최석의 부인이 청하지 아니하더라도 최석을 찾으러 떠나지 아니하면 아니될 의무를 진다. 산 최석을 못 찾더라도 최석의 시체라도, 무덤이라도, 죽은 자리라도, 마지막으로 있던 곳이라도 찾아보지 아니하면 아니 될 의무를 깨닫는다." (위의 책: 73-74). 화자는 최석의 복수로 부인의 가슴에 칼날을 두 개 꼽았음을 자랑스레 이야기한다.

었을 것이다. 민족의 장래를 걱정하는 선생들의 눈에 학생들의 작은 게으름, 성실하지 못함, 나아가서 비문명적 습관들은 하나하나 도저히 용서할 수 없는 민족 멸망의 원인으로 보였을 것이며, 이들에 대한 엄격한 가르침과 처벌은 선생과 제자 모두에게 엄청난 고통이었을 것이다.

그런가 하면 최석은 기회가 되는 대로 화려한 생활을 했고 그런 화려함을 만끽하고 있었다. 그는 정임이 1등으로 학교를 졸업하고 유학 가기 전날의 일을 다음과 같이 진술한다.

> 내일 아침 차로 정임이가 일본으로 떠난다는 날 나는 정임에게 대한 송별의 의미로 정임과 아내와 순임과 또 M학교 교장 L씨와 여자 교원 두 사람을 조선 호텔로 청하여 만찬을 대접하였소. 아직 진달래가 필락말락한 이른 봄이요 바깥에는 찬 바람이 부나 호텔 안은 여름날과 같이 따뜻하였소.
>
> 나는 택시 하나를 불러 내 아내와 정임과 순임을 뒤에 앉히고 나는 운전수 곁에 앉아서 지극히 유쾌한 기분으로 육조 앞으로 황톳마루로 자동차를 몰아 조선 호텔 현관으로 달려들었소. 진실로 이날같이 기쁜 날, 몸이 가뿐한 날을 나는 그때까지 삼사 년래에 경험한 일이 없었소. 우리 식당은 조그마한 별실이었소. 밝은 전등에 비취인 고전식 붉은 방 장식과 카펫과 하얀 식탁보와 부드럽게 빛나는 은칼과 삼지창과 날카롭게 빛나는 유리 그릇과 그리고 온실에서 피운 가련한 시크라멘, 모두가 몽상과 같고 동화의 세계와 같았소.
>
> 『유정』, 21-22쪽

최석은 보통의 조선 사람들과는 뚜렷이 구별되는 화려한 생활을 하였고 이를 즐기고 또한 과시하는 태도도 드러난다. 만찬이 끝나고 그날 저녁을 이렇게 평가한다.

이날 밤의 만찬회는 이 모양으로 여러 가지 방면으로 큰 성공을 하였소. 불과 삼십 원 돈이 이처럼 큰 효과를 내리라고는 예상도 못하였던 것이요.

『유정』, 23쪽

당시에 30원이면 결코 적은 돈이 아니었을 것이며 작가는 확실한 의도를 가지고 '불과'라는 말을 덧붙였을 가능성이 크다. 하여튼 최석은 돈의 효과를 감탄하고 자랑하고 있고 이는 일반적인 조선 사람들의 현실과는 엄청난 격차가 있음을 작가가 드러내고 있다. 최석은 또 병원에 입원한 정임을 보러 급하게 동경에 가는 길에 정임을 질투하는 딸의 비위를 맞추기 위해 피아노를 사야 하는 일을 한탄하여 다음과 같이 말한다.

야마하 피아노면 오백 원짜리로부터 있지마는 순임의 눈에 그런 것이 들리는 없고 적어도 이천 원 돈은 들여야 순임의 비위를 맞추겠으니 딸의 아비 되기도 어려운 일이라고 생각하였소.

『유정』, 28쪽

당시 2천 원이면 엄청난 돈이었고, 최석은 자신이 친딸의 비위를 맞추느라 얼마나 희생했는가를 말하며 이렇게 큰돈 쓴 자랑을 했다. 결국은 긴자 방면으로 가서 "일천칠백 원짜리 하나를 값을 해서 수송하기를 청하고 약속금 오백 원을 치렀"다. 또 그런가 하면 최석은 자신이나 정임이 보통 사람들과 같이 취급받았을 때는 모욕감을 느꼈다는 사실을 큰 소리로 이야기한다.• 그리고 최석은 아내가 폐병에 걸려 치료를 받는 동안 아기 보는 유모를 구할 때도 집으로 몰려드는 조선 여성 후보자들을 위생 관념도 없는 미개한 야만인들로 취급하였다.

최석의 이러한 행동들은 작은 에피소드처럼 삽입된다. 하지만 우리는 이를 통해, 최석이 마음 깊은 곳에서는 조선 민족과 문화를 경멸하고 조선 사람을 경원하고 증오하는 인물이며 스스로도 그러함을 알고 있고, 또한 그 주변의 모든 조선 사람들도 분명 최석의 그러한 모순을 발견하고 느끼고 있었음을 알 수 있다. 작가는 이를 은근히 또 어떤 경우는 말투까지 인용하여 꼬집고 있다. 말하자면 최석은 주변의 조선인들에게 잘난 척하는 꼴 보기 싫은 권위주의자로 혐오의 대상이었을 가능성이 많다. 최석을 얄미워하고 증오하던 조선 사람들은 최석과 그의 양딸 사이의 관계를 평소에도 의

• 정임이 병이 나서 입원했다는 기별을 받고 최석은 일본으로 건너간다. 그는 일본 대학병원으로 가서 정임이 입원해 있는 방에 들어가서는 그때 느낌을 다음과 같이 말한다. "이렇게 어렵게 허락을 얻어가지고 나는 X실이라는 병실에 들어갔소. 그것은 아마 무료 병실이나 아닌가 할이만큼 나쁜 병실이었소. 게다가 한 방에 칠팔인이나 환자가 누웠소. 나는 우리 정임을 이러한 병실에 입원시킨 데 대하여서 군세게 모욕감을 느꼈소." (위의 책: 29). 결국 최석은 의사에게 청하여 정임의 입원실을 1등실로 옮겼다.

한국인의 탄생

도적으로 왜곡하고 있었고, 그러던 차 일기장이 등장하고 증거로 활용할 수 있게 된 것이다. 그리하여 그것을 명분으로 최석 주변의 모든 조선 사람 사이에 공모가 일어나고 결국 그를 희생양(scapegoat)으로 지목하여 살해하기에 이르렀다고 해석할 수밖에 없다. 물론 그들이 살해의 이유를 공식적으로 표명한 적은 없었겠지만 조선 민족의 모든 재앙의 원인을 근친상간(近親相姦)을 저지르는 최석과 남정임의 탓으로 돌리고, 평소부터 조선 민족과 자신을 구별 짓고 경원하면서도 민족의 지도자로, 학생들을 가르치는 선생으로, 학교 교장으로 자처하는 꼴 보기 싫은 최석이라는 인간을 희생양으로 지목하여 의식과 더불어 살해하여 조선 민족에 대한 하늘의 분노를 달래려한 것으로 해석할 수밖에 없다.[*] 그날 월요일 오전 학교에서 학생들이 최석을 놓고 벌인 일은 의식을 동반한 공개 처형이었다. 최석은 직장과 가정에서 자리를 잃었고 자신의 일이 신문에도 보도되어 조선 천지에서도 살아갈 수 없는 상황에 처했다. 그는 유서를 쓰고 망명길을 떠나야 했다. 말하자면 최석은 살해당한 것이다. 이것은 그에게는 '사회적 죽음'이었다. 조선 민족의 모든 재앙의 원인으로 지목받고 희생양으로 살해당한 것이었다. 정임과의 관계에 대한 오해는 명분이자 형식적 죄목에 불과했다.

순례자

소설을 시작하며 화자는 최석이 시베리아에서 보내온 편지를 읽고

---

[*] 희생양, scapegoat의 개념에 대해서는 지라르(Girard 1972)를 참조할 것.

서 최석이 지금 죽으려 하고 있으며 그 편지는 '유서'와 다름없는 것임을 느낀다.[*] 사실 한국인들이 '죽어버리겠다'고 스스로 말하는 것은 믿을 수 없다. 편지에서 최석이 여러 차례 그런 말을 하지만 한국인과 한국어를 잘 아는 사람은 그 말을 그대로 믿지 않을 것이며 실제로도 작중의 이야기는 계속 진행된다. 따라서 "유서가 아니고서는 쓸 수 없"다는 화자의 평가는 그가 글 전체에서 느껴지는 분위기로 검증하여 최석의 말이 '진짜'임을 확인하는 것이다.

최석은 그런 일을 당한 후 유서를 쓰고 망명길에 올랐다. 많은 조선 사람들처럼 만주로 가겠다고 했다. 그의 망명길은 일본 동경을 떠나며 시작되었다. 출발을 마음속으로 준비하던 때부터 최석의 머릿속은 온통 '조선', '사랑', '이성', '죽음' 등 몇 가지 생각으로 가득 차 있었고 보이는 모든 사물과 경치는 하나같이 그 몇 가지 생각과 연결되어 해석되었다. 최석은 일본으로 우선 건너가 먼저 병원에서 정임을 만나본 후 처소로 돌아와서는,

로비 한편 구석 테이블 앞에 어떤 인도 사람인 듯한 이 하나가

---

[*] "두 사람의 편지는 이름이 편지지마는 일종의 자서전이었다. 특히 최석, 남정임 두 사람의 관계에 대하여서는 두 사람이 다 극히 담대하게 극히 자세하게 죽으려는 사람의 유서가 아니고는 쓸 수 없을이만큼 솔직하고 열렬하게 자백이 되어 있다. 나는 최석의 편지를 보고 어떻게나 슬펐고 어떻게나 분개하였던고. 더구나 남정임의 편지를 볼 때 어떻게 불쌍하고 어떻게 가슴이 아팠던고. 나는 이 사람의 편지를 다만 정리하는 의미에 다소의 철자법적 수정을 가하면서 될 수 있는 대로 본문을 상하지 아니하도록 옮겨 쓰려고 한다." (위의 책: 16).

혼자 앉아서 무슨 생각을 하고 있소. 그렇게도 고요하게, 그렇게도 애수의 빛을 띠고, 다른 아리안족들은 모두 혹은 동족 여자와, 혹은 일본 여자와 유쾌하게 기운있게 환담을 하는데 인도인 신사 한 분만이 그렇게도 적막하게 앉았소.

내가 내일 이곳을 떠나면 어디로 갈는지 모르거니와 내 앞에 닥칠 내 신세가 꼭 저 인도인의 신세와 같을 것 같았소.

영국인, 미국인—그 호기 있는 사람들에게는 말을 붙일 생각이 없었으나 나는 이 인도인 신사와는 말을 붙여 보고 싶었소. 그는 나와는 퍽 가까운 관계를 가지고 있는 것 같았소. 처음 보지마는 정다운 것 같았소.

그러나 내 가슴에 사무친 한량없는 근심은 이 인도인 신사에게 말을 붙일 여유를 주지 아니하였소. 아까 병원에서 정임이가 울고 내 가슴에 안기던 모양이 눈앞에 번쩍하면 내 심장은 형언할 수 없는 격렬함과 불규칙함을 가지고 뛰었소. 쾅쾅쾅쾅하는 절망적이오 어지러운 소리가 내 귀에 들리는 듯하였소.

『유정』, 44-45쪽

최석은 고국 조선을 떠나 여행을 시작하려고 마음먹었을 때 제일 먼저 머리에 떠오른 것은 '조선 사람'이라는 자신의 쓸쓸한 정체성이었다. 이러한 그의 정체성으로 말미암아 그는 인도 신사에게 친근감을 느껴 말을 걸어보려 하지만, 그 순간 정임에 대한 생각과 욕망이 치밀어 올라 그만두고 말았다. 고국을 떠나자 정임에 대한 그리움과 욕망은 더욱 자유롭게 분출하였다. 호텔로 정임이 최석을 찾아와 그가 의도하지 않은 '사랑 고백'이 이루어지고, 최석은 인생

최고의 희열과 고통의 순간을 맞이한다. 최석은 정임을 돌려보내기 위해 설득하며 다음과 같이 말한다.

> 네가 다 옳게 알았다. 나는 네 말대로 조선을 영원히 떠나기로 하였다. 그렇지마는 나는 이렇게 된 것을 조금도 슬퍼하지 아니한다. 너를 위해서 내가 무슨 희생을 한다고 하면 내게는 그것이 큰 기쁨이다. 그뿐 아니라, 나는 인제는 세상이 싫어졌다. 더 살기가 싫어졌다. (……) 그렇지마는 나는 이것이 다 내가 부족한 때문인 줄을 잘 안다. 나는 조선을 원망한다든가, 내 동포를 원망한다든가, 그럴 생각은 없다. 원망을 한다면 나 자신의 부족을 원망할 뿐이다.
>
> 『유정』, 48쪽

최석은 자신이 조선에서 처형된 이유의 진실을 알고 있으며 여행의 출발에서 그것을 되새긴다. 그는 '조선', '동포' 때문에 처형된 것이며 지금 출발하는 최후의 여행은 그들 때문에 시작된 것이자 그들과 자신의 관계를 재정립하기 위한 것이었다. 그 여행은 최석 자신이 '조선'과 '동포'를 더 이상 원망하지 않기 위한 여행이자 자신이 더 이상 민족의 재앙의 원인으로 지목받지 않기 위한 여행이었다. 즉 기존의 위치를 잃지 않으면서 자신이 조선 민족과 같이 어우러지는 존재, 더 이상 그들의 증오를 받지 않으면서 민족에 대한 사랑을 이해하는 그런 존재로 다시 태어나기 위한 여행이었다. 이 여행의 출발점에서 최석의 머릿속은 '조선'으로 가득 차 있다.

첫 번째 유혹

최석은 드디어 여행을 출발하여 대련으로, 그러고는 하르빈(하얼빈)으로 20년 전에 알던 친구이며 지금은 소비에트군의 장군이 된 사람을 찾아갔다. 그를 먼저 찾은 이유는 "평소에 이상하게도 그리워하던 바이칼 호를 볼" 수 있으려면 여행권이 필요한데 그를 통해서만 그것을 얻을 수 있기 때문이었다. 언제부터였는지는 알 수 없으나 그의 여행의 목적지는 이미 정해져 있었다. '바이칼 호'였다. 그 이유는 알 수 없고 그가 그곳을 평소에 그리워했다는 말뿐이다. 아마 바이칼 호가 우리 민족의 연원, 성지(聖地)라 들었기 때문일 것이다. 최석은 민족주의적 언어에 아주 민감한 사람이다. 그는 하르빈에 도착해서 그곳과 그곳 거리의 모든 사람을 우리 민족과 연관되는 것으로 해석하고 있다.

최석은 하르빈에서 그 옛 친구를 만나서 반가움을 나눈다. 대화 중에 그 친구는 최석에게 진지한 제안을 한다.

「이상하게 생각하시겠지. 하지만 고국에 무슨 그리울 것이 있단 말인가, 그 빈대 끓는 오막살이가 그립단 말인가. 나무 한 개 없는 산이 그립단 말인가. 물보다도 모래가 많은 다 늙어빠진 개천이 그립단 말인가. 그 무기력하고 가난한, 시기 많고 싸우고 하는 그 백성을 그리워한단 말인가. 그렇지 아니하면 무슨 그리워할 음악이 있단 말인가, 미술이 있단 말인가, 문학이 있단 말인가, 사상이 있단 말인가, 사모할 만한 인물이 있단 말인가. 날더러 고국의 무엇을 그리워하란 말인가. 나는 조국이 없는 사람일세. 내가 소비에트 군인으로 있으니 소비에

트가 내 조국이겠지. 그러나 진으로 내 조국이라는 생각은 나
지 아니하네.」

『유정』, 54쪽

이 친구는 최석이 순례길에서 첫 번째로 조우한 유혹(誘惑)이
었다. 그러나 이 달콤한 유혹은 사실 최석 자신이 오랫동안 마음속
에 품고 있던 생각이었고, 그의 마음 한구석이 소외(疏外)되어 나타
난 것이었다. 그렇기에 친구의 이 유혹은 솔깃할 수밖에 없었다. 그
러나 최석은 이미 자신의 이 부분에 대해 죄책감을 느끼지 못하던
처지가 아니었다. 바로 이 부분 때문에 조선 사람들에게 오해를 받
고 희생양으로 지목되어 처형당하고 추방당했다는 사실을 생각하
면, 이 유혹은 너무나 익숙한 것이었고 단호하게 물리치기 어려운
유혹은 결코 아니었다. 자신의 죄는 명분으로는 정임과의 사랑에 대
한 조선인들의 오해였고 그런 의미에서 그는 억울했지만, 자신의 실
제 죄는 조선 사람들에 대한 자신의 이중적 비양심(非良心)임을 최석
자신도 이미 알고 있었기에 자신에 대한 처벌의 부당함을 항변하지
않고 조용히 망명의 길을 떠난 것이었다. 이 유혹을 물리치는 일은
이 여행의 핵심적인 과업이었고 이미 여러 차례 연습한 바 있었다.
자신 안의 이런 생각을 지우기는 쉽지 않겠지만 소외시켜 밖에서 대
면한 유혹은 어렵지 않게 단호히 거절할 수 있었다.

친구는 최석에게 조용히 요양을 하고 싶으면 코카서스 지방
으로 가볼 것을 추천한다. 그렇지만 최석의 마음에는 "지금 내 처
지에는 그런 따뜻하고 경치 좋은 지방을 가릴 여유도 없고 또 그러
한 지방보다도 눈과 얼음과 바람의 시베리아의 겨울이 합당한 듯하"

였다. 최석은 당시에 자신은 차디찬 곳에 가야한다고 느꼈다. 무언가 '뜨거운' 것이 자신을 온통 들쑤시고 괴롭히고 있었다. 최석은 친구와 이별하고 북만철도로 송화강의 철교를 건널 때에도 그가 바라보는 강이나 벌판이나 모든 것을 묘사함에 있어 우리 민족과 연관된 언어를 끝없이 뇌까린다. 이 소설의 거의 반을 차지하고 있는 순례 여행과 그 여로에서 최석이 바라보는 단순하면서도 끝없이 변하는 풍경에 대한 묘사는 춘원이 작가로서 최대의 심혈을 기울여 최대한의 역량을 발휘한 부분이었다. 최석은 편지에서 "기쁨 가진 사람이 지리해서 못 견딜 이 풍경은 나같이 수심 가진 사람에게는 가장 공상의 말을 달리기에 합당한 곳이요."라고 하였다. 결코 간단할 수 없고 단순할 수 없는 최석의 마음에 비추어진 그 경치들의 사연은 극적이면서도 섬세한 역사였다. 이 부분에서 어느 비평가의 말처럼 "방랑의 광증"의 분출을 발견할 뿐이었다면 이는 한국 현대 지식인의 후안무치에 다름 아니다.

두 번째 유혹

최석은 열차를 타고 끝없는 벌판을 나아가면서 오후의 타오르는 둥근 해를 바라보며 그 아름다움에 심취한다. 거대한 벌판은 그 커다란 태양도 다 비추지 못하는 광활한 세계였다. 말하자면 그의 순례 여행에서 최석은 그의 거대하게 부풀려진 '초자아(super-ego)'의 아름다움과 위대함을 경탄하며 그 인도를 받아 나아가는 길이었다. 그러나 그는 다른 한쪽에서 자신의 위대한 초자아로도 감당하지 못할 광란의 파도가 구석구석에 매복하고 있음을 예감한다. 열차가 드디어 'F역'에 도착했을 때 그 일대 경관도 긴박하게 막바지 국면에 다

다른다. 그 거대한 해가 지평선으로 넘어가려고 하자 그는 어스름한 호수들의 아름다움에 도취되어 자기도 모르게 열차가 떠나려는 때에 "무의식적으로 차에서 뛰어내렸"다. 수많은 호수로 이루어진 그 지역의 아름다운 경관에 빠져 해가 거의 떨어져 만드는 호수면의 빛 무늬에서마다 최석은 정임의 얼굴을 찾는다. 또 끝없이 걸으며 하늘에서 '두 별'을 보고 그 '두 별'을 따라 걷는다. 햇빛이 사라지고 천지가 캄캄해지자 최석의 눈앞에는 믿을 수 없는 일이 벌어진다. 호수 수면 위로 정임의 모양이 "얼굴만 아니라 그 몸 온통이, 그 어깨, 가슴, 팔, 다리까지도, 그 눈과 입까지도 그 얼굴의 흰 것과 입술이 불그레한 것까지도, 마치 환한 대낮에 실물을 대한 모양으로 소상하게 나타났"다. 최석의 길을 이끌던 거대한 붉은 태양이 지평선 밑으로 사라지고 어둠에 휩싸이자 최석은 사방에서 정임의 모습을 찾았고 그녀의 모습이 드디어 눈앞에 나타났던 것이다. 그런데 그 모습이 어느 순간 자취를 감추자 최석은 '정임이!'를 소리쳐 부르며 광야를 헤매기 시작한다.

　　최석이 광야에서 캄캄한 밤중에 정임을 찾아 헤매다가 우연히 마주친 것이 바로 R이라는 조선 사람이었다. 그는 신문을 통해 최석이라는 사람과 최근에 그가 겪은 어려운 상황을 이미 알고 있었고, 그는 정임의 아버지도 알고 있는 사람이었다. 그는 집으로 향하던 길목에서 '두 별 무덤'이라는 글씨가 씌어 있는 목패를 보여준다. 그는 자기 집으로 최석을 안내하여 저녁을 대접하고 가족의 이야기와 그 '두 별 무덤'의 이야기를 들려준다. 그는 단군의 초상화를 집에 모셔놓고 매일 절을 하며 살고 있었고, 그곳에 사는 이유도 무변광야에서 자식들을 "이런 호호탕탕한 넓은 벌판에서 길러나면 마음이 좀 커질까 하"여서 "새 민족을 하나 만들어 볼까"라고 자랑하며 자신의 삶에 대한 흐뭇한 마음을 유감없이 드러낸다. 최석은 그들 부부의 '두 별 무덤' 이야기를 듣는다. 그들은 최석과 정임과 비슷한 처지로 약을 먹고 둘이 죽기로 했다가 죽은 척하고, 가짜 무덤을 만들어 하늘을 속여 천벌을 따돌리고 행복하게 살고 있다는 이야기를 들려준다. 그리고 최석과 정임에게 그들이 했던 방법을 활용할 것을 권한다. 이 '두 별 무덤'의 이야기는 최석에게는 엄청난 유혹이었다. 최석은 여관으로 와서 침대에 누워 생각한다.

『그 두 별 무덤이 정말 R과 그 여학생과 두 사람이 영원히 달치 못할 꿈을 안은 채로 깨끗하게 죽어서 묻힌 무덤이었으면 얼마 나 좋을까. 만일 그렇다 하면 내일 한번 더 가서 보토라도 하고 오련마는.』

하고 나는 R 부처의 생활에 대하여 일종의 불만과 환멸을 느 꼈소.

그리고 내가 정임을 여기나 시베리아나 어떤 곳으로 불러다가 만일 R과 같은 흉내를 낸다 하면, 하고 생각해 보고는 나는 진 저리를 쳤소. 나는 내 머리 속에 다시 그러한 생각이 한 조각이 라도 들어올 것을 두려워하였소.

급행을 기다리자면 또 사흘을 기다리지 아니하면 아니 되기로 나는 이튿날 새벽에 떠나는 구간차를 타고 F역을 떠나버렸소, R에게는 고맙다는 편지 한 장만을 써 놓고. 나는 R을 더 보기를 원치 아니하였소. 그것은 반드시 R을 죄인으로 보아서 그런 것 은 아니오마는 그저 나는 다시 R을 대면하기를 원치 아니한 것이요.

『유정』, 67쪽

'두 별 무덤'의 유혹은 정말 강력한 것이었다. 죽은 척, 제스처를 크게 휘둘러 하늘을 속이고 외딴 곳에서 부부가 되어 새로운 세상과 새로운 민족을 만들며 행복하게 산다는 생각은 과연 묘책이 아닌 게 아니었다. 그러나 이번의 유혹도 처음 만난 것은 아니었다. 최석으로서는 이미 일본에서 만주로 여행을 떠나기 직전에 머리를 스치고 지나간 아이디어 중의 하나였고 수차에 걸쳐 뿌리치는 연습과 마음의 다짐을 한 바였다. 그래도 그는 이 유혹에 대해서는 냉정하지 못했고 아침에 R을 다시 만나면 꿋꿋이 유혹을 물리칠 자신이 없었다. 여기에서 최석은 여태까지 살아온 모습과는 전혀 다른 자신이 나타날 가능성을 현실적으로 느끼며 극도로 두려워한다.

두 번째 죽음

최석의 편지는 그가 R로부터 새벽에 도주하는 장면으로 끝난다. 그가 그곳에서 나와 어떻게 바이칼 호반에 이르렀고 편지를 썼는지는 알 수 없다. 다만 최석은 R을 떠나올 때 그를 마지막으로 모든 순례의 여정과 방랑의 과정을 마무리한 것이다. 즉 최석은 '두 별 무덤'의 유혹을 떨치고 R로부터 도주했을 때 자신의 삶에 대한 그리고 죽음에 대한 모든 번뇌를 드디어 마무리한 것이다. 최석이 여행에서 들르는 곳, 만나는 사람들은 모두 우리 민족을 연상시키는 존재들이었다. 긴 여행 동안 최석은 우리 민족주의의 그림자를 한 발짝도 벗어나지 못했고 새로운 것은 아무것도 보지 못했다. 그가 보고 만난 것들 모두가 그의 머릿속에 있는 것들의 현현(顯現)인 이상, 하나하나가 기적(奇蹟)인 동시에 변화무쌍한 만화경의 화려함처럼, '그게 그거'였다. 최석의 여행은 전형적인 순례(順禮)였다. 그는 편지 끝에 결론을 평이하게 말한다.

> 내가 이 앞에 어디로 가서 어찌 될는지는 나도 모르지마는 희미한 소원을 말하면 눈 덮인 시베리아의 인적 없는 삼림 지대로 한정없이 헤매다가 기운 진하는 곳에서 이 목숨을 마치고 싶소.
>
> 『유정』, 67쪽

최석이 자신의 다른 모습을 도저히 받아들일 수 없다면 죽음의 길밖에 없었다. 다른 길, 다른 결론은 없었다. 그 결론마저도 이미 예정된 것이었다. 다만 의식에서 문자로 그리고 음성으로 표현된 것이 그때였을 뿐이다.

최석은 편지를 끝내고는 다른 종이에다가 다시 자신의 상황을 고백한다.

> 형! 나는 보통 사람보다는 정보다는 지로, 상식보다는 이론으로, 이해보다는 의리로 살아왔다고 자신하오. 이를테면 논리학적으로 윤리학적으로 살아 온 것이라고 할까. 나는 엄격한 교사요, 교장이었소. 내게는 의지력과 이지력밖에 없는 것 같았소. 그러한 생활을 수십 년 해 오지 아니하였소? 나는 이 앞에 몇십 년을 더 살더라도 내 이 성격이나 생활 태도에는 변함이

없으리라고 자신하였소. 불혹지년이 지났으니 그렇게 생각하였을 것이 아니오?

그런데 형! 참 이상한 일이 있소. 그것은 내가 지금까지 처해 있던 환경을 벗어나서 호호탕탕하게 넓은 세계에 알몸을 내어던짐을 당하니 내 마음 속에는 무서운 여러 가지 변화가 일어나는구료. 나는 이 말도 형에게 아니하려고 생각하였소. 노여워하지 마시오, 내게까지도 숨기느냐고. 그런 것이 아니오. 형은커녕 자신에게까지도 숨기려고 하였던 것이오. 혹시 그런, 기다리지 아니하였던 원, 그런 생각이 내 마음의 하늘에 일어나리라고 상상도 아니하였던, 그런 생각이 일어날 때에는 나는 스스로 놀라고, 스스로 슬퍼하였소. 그래서 스스로 숨기기로 하였소.

그 숨긴다는 것이 무엇이냐 하면 그것은 열정이오. 정의 불길이오, 정의 광풍이오, 정의 물결이오. 만일 내 의식이 세계를 평화로운 풀 있고, 꽃 있고, 나무 있는 벌판이라고 하면 거기 난데없는 미친 짐승들이 불을 뿜고 소리를 지르고 싸우고, 영각을 하고 날쳐서, 이 동산의 평화의 화초를 다 짓밟아 버리고 마는, 그러한 모양과 같소.

형! 그 이상야릇한 짐승들이 여태껏, 사십 년간을 어느 구석에 숨어 있었소? 그러다가 인제 뛰어나와 각각 제 권리를 주장하오?

지금 내 가슴은 끓소. 내 몸은 바싹 여위었소. 그것은 생리학적으로나 심리학적으로나 타는 것이오, 연소하는 것이오. 그래서 다만 내 몸에 지방만이 타는 것이 아니라, 골수까지 타고, 몸이

탈 뿐이 아니라 생명 그 물건이 타고 있는 것이요. 그러면 어찌
할까.

지위, 명성, 습관, 시대, 사조 등등으로 일생에 눌리고 눌렸던
내 자아의 일부분이 혁명을 일으킨 것이요? 한번도 자유로 권
세를 부려 보지 못한 본능과 감정들이 내 생명이 끝나기 전에
한번 날뛰어 보려는 것이요. 이것이 선이요? 악이요?

그들은 내가 지금까지 옳다고 여기고 신성하다고 여기던 모든
권위를 모조리 둘러엎으려고 드오. 그러나 형! 나는 도저히 이
혁명을 용인할 수가 없소. 나는 죽기까지 버티기로 결정을 하
였소. 내 속에서 두 세력이 싸우다가 승부가 결정이 못 된다면
나는 승부의 결정을 기다리지 아니하고 살기를 그만두려요.

『유정』, 68쪽

최석은 자신 속에서 불타오르는 자신의 새로운 부분 즉 '열정'
에 대해서 이를 자신의 '이지력(理智力)'으로 극복할 수 있다고 생각
할 수 없었다. 혁명은 시작되었고 원하든 원하지 않든 피할 수 없음
을 느꼈다. 마지막에 가서 최석은 혁명을 진압할 수 없을 것 같으면
스스로 죽겠다고 마음먹었다. 최석은 승리의 묘책을 알아냈다. 즉 이
성이 패배할 것 같으면 죽으면 된다, 죽는다면 이겼다고—그 말이
거짓말이든 무엇이든—말할 수 있다는 생각에 도달한 것이다.*

화자는 그의 편지를 받고 나서 다시 순임에게서 급한 전보를
받고 시베리아로 달려가서 최석을 만날 수 있었다. 최석은 잠시 의
식을 차렸을 때 자신의 일기장을 태워버릴 것을 부탁한다. 그 일기
장에 하루는 이렇게 쓰여 있었다.

나는 지금 곧 죽어버릴까. 나는 육혈포를 손에 들어 보았다. 이 방아쇠를 한번만 튕기면 내 생명은 없어지는 것이 아닌가, 그리 되면 모든 이 마음의 움직임은 소멸되는 것이 아닌가. 이것으로 만사가 해결되는 것이 아닌가.

아 하나님이시여, 힘을 주옵소서. 천하를 이기는 힘보다도 나 자신을 이기는 힘을 주옵소서. 이 죄인으로 하여금 하나님의 눈에 의롭고 깨끗한 사람으로 이 일생을 마치게 하여 주시옵소서, 이렇게 나는 기도를 한다.

그러나 하나님은 나를 버리셨다. 하나님은 내게 힘을 주시지 아니하시었다. 나를 이 비참한 자리에서 썩어서 죽게 하시었다.

『유정』, 85쪽

● 하루는 최석이 꿈을 꾸었고 꿈에서 그는 정임의 이름을 미친 듯이 부르며 그녀를 찾아 헤맸다. 그러고는 다음과 같이 말한다. "형! 나는 자백하지 아니할 수 없소. 이 꿈은 내 마음의 어떤 부분을 설명한 것이라고. 그러나 형! 나는 이것을 부정하려오. 굳세게 부정하려오. 이 꿈을 부정하려오. 억지로라도 부정하려오. 나는 결코 내 속에 일어난 혁명을 용인하지 아니하려오. 나는 그것을 혁명으로 인정하지 아니하려오. 아니요! 아니요! 그것은 반란이요! 내 인격의 통일에 대한 반란이요. 단연코 무단적으로 진정하지 아니하면 아니 될 반란이요. 보시오, 나는 굳게 서서 한 걸음도 뒤로 물러서지 아니할 것이요. 만일에 형이 광야에 구르는 내 시체나 해골을 본다든지, 또는 무슨 인연으로 내 무덤을 발견하는 날이 있다고 하면 그때에 형은 내가 이 모든 반란을 진정한 개선의 군주로 죽은 것을 알아 주시오." (위의 책: 69).

말하자면 자신이 죽으면 지지 않은 것이며, 이는 곧 이긴 것임을 알아달라는 것이다. 이는 묘책임이 틀림없다.

한국인의 탄생

육혈포는 자신을 지켜내지 못할 때, 애욕이 너무 강해서 도저히 버틸 수 없는 지경이라고 판단될 때를 위해 준비했을 것이다. 지금 일기의 이 부분을 쓰는 순간은 자신을 지켜낼 수 있을 것 같지 않은 좌절의 순간이었을 것이다. 이 순간에 자살은 그에게는 탈출구였다. 마지막에 그는 신의 도움을 청하며 자신이 폐렴에 걸려 죽기를 빌었다. 그리고 다음 일기에는 다음과 같은 글이 있었다.

> 「정임, 정임, 정임, 정임.」
> 하고 정임의 이름을 수없이 쓴 것도 있고, 어떤 데는,
> 「Overcome! Overcome!」
> 하고 영어로 쓴 것도 있었다.
> 그리고 마지막에,
> 「나는 죽음과 대면하였다. 사흘째 굶고 앓은 오늘에 나는 극히 맑고 침착한 정신으로 죽음과 대면하였다. 죽음은 검은 옷을 입었으나, 그 얼굴에는 자비의 표정이 있었다. 죽음은 곧 검은 옷을 입은 구원의 손이었다. 죽음은 아름다운 그림자였다. 죽음은 반가운 애인이요 결코 무서운 원수가 아니었다. 나는 죽음의 손을 잡노라. 감사하는 마음으로 죽음의 품에 안기노라. 아멘.」
> 이것을 쓴 뒤에는 다시는 일기가 없었다.
>
> 『유정』, 86쪽

애욕과 이성 어느 쪽도 패하고 끝난 승부는 아니었다. 마지막에 남은 것은 다만 최석의 죽음이었고 이는 애욕과 이성의 대결의

몫은 아니었다. 그의 죽음이 폐렴 때문이든 어떤 다른 병 때문이든 그는 저승사자를 편한 마음으로 맞았다. 이는 패배자로서의 죽음은 결코 아니었다. 그는 마지막까지 애욕과 이성의 싸움을 위해 몸을 빌려주었고 끝까지 버텨냈다. 그간에 그가 겪은 괴로움과 고통은 상상을 초월하는 것이었고, 자살은 그가 선택할 수 있는 마지막 '유혹'이었다. 결국 마지막에 비린내를 풍기는 피가 바닥에 흥건히 흘렀다면, 이는 누가 보아도 권총으로 자살한 베르테르(Werther)의 흔적이었을 것이며 이미 사방에 패배의 울부짖음이 울려 퍼지고 난 후였을 것이다. 최석에게 자살이란 패배이자 현실 도피였다. 그는 베르테르의 유혹도 물리치고 더욱 강한 인간임을 증명했다.

최석이 조선을 떠나 일본으로, 만주로, 그리고 시베리아로 거쳐 간 여행은 결국 '순례'의 길이었다. 그리고 그 순례의 종착점은 자신이 죽고 싶은 곳, 죽어야 할 곳이었고 이는 꽤 오래전에 이미 그의 무의식 속에 결정된 바였다. 그는 바이칼 호를 바라보며 마지막 편지를 다음과 같이 쓰고 있다.

나는 바이칼호의 가을 물결을 바라보면서 이 글을 쓰오. 나의 고국 조선은 아직도 처서더위로 땀을 흘리리라고 생각하지마는 고국서 칠천리 이 바이칼호 서편 언덕에는 벌써 가을이 온 지 오래오. 이 지방에 유일한 과일인 「야그드」의 핏빛조차 벌써 서리를 맞아 검붉은 빛을 띠게 되었소. 호숫가의 나불나불한 풀들은 벌써 누렇게 생명을 잃었고 그 속에 울던 벌레, 웃던 가을 꽃까지도 이제는 다 죽어 버려서, 보이고 들리는 것이 오직 성내어 날뛰는 바이칼호의 물과 광막한 메마른 풀판 뿐이오.

아니 어떻게나 쓸쓸한 광경인고.

남북 만리를 날아다닌다는 기러기도 아니 오는 시베리아가 아니오? 소무나 왕소군이 잡혀왔더란 선우의 땅도 여기서 보면 삼천리나 남쪽이어든—당나라 시인이야 이러한 곳을 상상인들 해보았겠소?

이러한 곳에 나는 지금 잠시 생명을 붙이고 있소. 연일 풍랑이 높은 바이칼호를 바라보면서 고국에 남긴 오직 하나의 벗인 형에게 나의 마지막 편지를 쓰고 있소. 지금은 밤중. 부랴트족인 주인 노파는 벌써 잠이 들고 석유 등잔의 불이 가끔 창틈으로 들이쏘는 바람결에 흔들리고 있소. 우루루탕 하고 달빛을 실은 바이칼의 물결이 바로 이 어촌 앞의 바위를 때리고 있소. 어떻게나 처참한 광경이요?

무슨 말부터 써야 옳을까. 지금 내 머리 속은 용솟음쳐서 끓어오르고 있소. 중년 남자의 자랑인 자존심과 의지력으로 제 마음을 통제하려 하나 도무지 듣지 아니하오. 아마 나는 이 편지를 다 쓰지 못하고 정신과 육체가 함께 다 타버리고 말는지 모르겠소.

『유정』, 16-17쪽

바이칼 호반의 모든 사물과 풍경은 '죽음'을 연상시킬 뿐이었다. 그는 죽을 곳을 찾아 이 먼 길을 어렵사리 찾아왔지만 눈앞에 닥쳐오고 있는 죽음은 두렵고 스산하기만 하다. 죽음보다 더욱 끔찍한 욕망에 탐닉한 자신의 또 다른 모습이 나타나는 악몽을 꾸지 않았다면 이 섬뜩한 죽음의 땅에 결코 오지 않았을 것이다. 이 죽음의 상징의 숲에서 최석은 이제 소설의 모두에서처럼 진실을 술회할 차분함을 찾으려 하나 무언가가 머릿속에서 '용솟음'치고, 머릿속을 휘젓고 있음을 느끼지 않을 수 없었다.

최석의 여행은 자신이 억울하게 희생양으로 지목되어 당한 처형에 대항하여 순교를 행하기 위한 순례의 길이었다. 최석이 처음에 조선에서 희생양으로 처형당했다면, 그다음은 의도적 순교, 자살에 가까운 죽음의 선택이었다. 즉 자기 손으로 다시 죽는 것이었다. 이 순례의 목적은 자신의 모습, 민족의 청년들을 가르치고 민족의 장래를 짊어진 사람 그리고 그런 존재로서 주변으로부터의 인정과 존경을 의식하고 지켜가는 '이성(理性)'을 자신의 양딸인 정임에 대한 '애욕'으로부터 지켜내는 것이었다. 최석은 이길 수 없는 죽음의 결투를 선택했고 이 싸움에서 패배할 것을 대비하여 육혈포를 준비했다. 하지만 다행히 알 수 없는 병으로 편안한 죽음이 찾아왔고 안도했다. 최석은 이길 수 없는 싸움에서 결코 지지 않았다.

식민지 조선과 구원

작품의 초반부에서는 최석이 아내를 비롯한 주변의 오해와 음모 속에 희생양으로 지목되어 죽임을 당하는 진정한 이유를 사실 알 수 없다. 정임과의 관계에 대한 조선 사람들의 오해는 명분이었을 뿐이다. 최석은 식민지 조선의 민족주의자, 민족의 선생으로서의 과도한 책임감에 사로잡혀 경직된 지위 의식과 무리한 행동 그리고 조선 대중으로부터의 구별 짓기를 해왔고, 따라서 오해의 진정한 이유는 아마 그러한 교만한 마음과 의도치 않은 실수가 결합하면서 생긴 갈등 때문이었을 것이다. 춘원은 자신의 복잡한 심리, 어쩌면 '피해망상'

의 일부를 최석이라는 인물을 통해 표현하고 있었을 것이다. 최석의 정임에 대한 뜨거운 사랑의 진정한 의미는 후반부의 시베리아 순례 길에서 드러난다. 여기에서 정임에 대한 사랑은 최석 자신의 정체성을 박탈할 수 있는 결정적 요인으로, 순례를 완성하는 길의 최대의 장애물로 나타난다. 최석은 여행길에 소련군 장군 친구의 유혹은 간단히 물리쳤지만, '두 별 무덤'의 유혹은 쉽게 물리치지 못하고 도망치는 수밖에 없었다. 사랑은 최석이 순례의 끝에 죽을 수 있도록 하는 요인이었지만 동시에 자신을 지키기 위해 이성의 힘을 극한까지 키우도록 만드는 상대(adversary)였다. 최석은 자신을 지키기 위해 이성의 힘을 키워 사랑과, 애욕과 대결해야 했다. 그의 이성은 사랑 때문에, 사랑에 굴복하지 않도록 더욱 강해져야 했다. 사랑은 그의 이성의 적이었고, 사랑 때문에 그의 이성은 더욱 강해져야 했다.

최석은 이광수가 자신의 시대, 일제 강점기에 만든 '강한 인간'의 최신 모델이었다. 이해할 수 없는 괴물로서의 무서운 존재가 아니라, 우리와 비슷한 인간이며 대화할 수 있는 인물이지만 끈질기고, 독살스러우며, 그리고 무엇보다도 의지가 강한, 자신을 결코 포기하지 않는 그런 종류의 강한 인간이었다. 그의 강함의 핵심 요인은 정임에 대한 사랑과 자신을 지키겠다는 이성(理性)이 모두 최석 안에서 뜨거운 갈등과 대결을 통해 진정성을 유지하며 상승 작용을 통해 강화되었다는 데 있다. 최석의 죽음은 목숨을 대가로 사랑과 이성의 진정성과 위대함을 증명하는 순교였다. 이제 최석에 이르러 '자살'은 패배요 현실 도피가 되었다. 최석의 힘은 죽음으로 향하는 고난의 삶을 지켜나가는 힘이었다.

이광수의 『유정』과 유사한 이야기가 서양 문학에 있다면 아마 유일하게 꼽을 수 있는 작품은 고대 희랍의 소포클레스(Sophocles)의 '오이디푸스(Oedipus) 연작' 즉 『오이디푸스 왕(*Oedipus the King*)』과 『콜로누스의 오이디푸스(*Oedipus at Colonus*)』일 것이다. 물론 춘원이 이 작품을 읽고 흉내 냈다는 증거는 찾을 수 없다. 오이디푸스는 희생양이 되어 맹인 거지로 딸 안티고네(Antigone)와 망명의 길을 떠난다.° 그러고는 다음 작품에서 신이 가르쳐준 자신이 죽을 곳을 찾아 세상에 도움을 주는 유익한 주검이 되는 죽음을 겪는다. 죽음을 선택하는 사람은 인간의 유한성(finitude)을 극복하려는 존재이다. 그의 죽음은 비감할지 몰라도 자신이 스스로 인간으로서의 한계를 극복했음을 증명하는 것이다. 비극의 감흥은 바로 이 느낌에 있는 것이며 이웃 민족의 노예가 된 우리 민족에게 비극을 향유하는 의미는 각별한 것일 수밖에 없었다. 김동인이 비극을 생각하고부터 근 15년 만에야 가능했던 일이었다. 제일의 자연법(the law of nature)을 넘어선 인간보다 더 강한 인간은 없다. 바로 식민지 조선에서 이 강한 인간을 키워낸 핵심의 무공은 기술적으로는 '사랑해서는 안 될 사랑'이었다.

최석은 순례길을 통해 이미 그와 정임이 높은 가치의 인간임을 드러내고 있었다. 최석의 친딸 순임이 정임과 아버지 최석의 가치를 발견한 것은 정임과 같이 아버지를 찾으러 그 순례의 길을 따라 가던 여정에서였다. 순임은 화자에게 쓴 편지에서 다음과 같이 말한다.

● 지라르는 오이디푸스를 희생양(scapegoat)으로 해석한다 (Giard 1972).

한국인의 탄생

저는 그동안 며칠 동안 정임과 같이 있는 중에 정임이가 어떻게 아름답고 높고 굳세게 깨끗한 여자인 것을 발견하였습니다. 저는 제가 지금까지 정임을 몰라본 것을 부끄럽게 생각합니다. 그리고 또 제 아버지께서 어떻게 갸륵한 어른이신 것을 인제야 깨달았습니다. 자식된 저까지도 아버지와 정임의 관계를 의심하였습니다. (……)

정임은 제가 아버지를 아는 것보다 아버지를 잘 아는 것 같습니다. 평소에 아버지와는 그리 접촉이 없건마는 정임은 아버지의 의지력, 아버지의 숨은 열정, 아버지의 성미까지 잘 압니다. 저는 정임의 말을 듣고야 비로소 참 그래, 하는 감탄을 발한 일이 여러 번 있습니다. 정임의 말을 듣고야 비로소 남보다 뛰어나신 인물인 것을 깨달았습니다. 아버지는 정의감이 굳세고 겉으로는 싸늘하도록 이지적이지마는 속에는 불 같은 열정이 있으시고, 아버지는 쇠 같은 의지력과 칼날 같은 판단력이 있어서 언제나 주저하심이 없고 또 흔들리심이 없다는 것, 아버지는 모든 것을 용서하고 모든 것을 호의로 해석하여서 누구를 미워하거나 원망하심이 없는 것 등, 정임은 아버지의 마음의 목록과 설명서를 따로 외우는 것처럼 아버지의 성격을 설명합니다. 듣고 보아서 비로소 아버지의 딸인 저는 내 아버지가 어떤 아버지인가를 알았습니다.

『유정』, 77-78쪽

어떤 이유에선지 성지, 죽을 곳을 찾아가는 순례의 길은 모든 진리가 드러나는 곳이었다. 최석은 죽음을 통해 자신의 진실성을 증명하였고, 마침내 조선 사회는 순임의 입을 빌어 그에 대한 오해를 풀었음을 보여준다. 최석의 순교는 조선 사회에 중대한 의미를 가진 다는 것이 화자의 확신이었다. 그에 따르면 "사람의 세상에서 동정 할 만한 곳에 동정의 눈물을 흘리지 아니하게 되면 그 세상은 망할 것"이다. 진리라는 것은 세상의 존립에 중대한 요인이며 최석의 진 실된 편지의 의미는 세상을 다시 일으켜 세우는 일이었다.

부활의 전사,
강한 조선인 만들기

이광수의 『유정』에서 제시된 강한 조선인의 새로운 모습에서 영감을 얻어 민족 운동의 현장에 투입할 수 있는 전사(戰士)를 창조한 대표적인 작품은 심훈(沈熏)의 『상록수(常綠樹)』였다. 이 작품은 『유정』이 연재되고 2년 후 1935년에 『동아일보』에 연재되었다. 이 소설은 당시 동아일보사를 중심으로 전개되던 '브나로드 운동'의 맥락에서 농촌 계몽 운동에 대한 이야기였다. 이 작품 또한 농촌과 농민에 대한 소설이라기보다는 '계몽 운동가'들에 대한 소설이었다. 이 작품은 엄청난 영향력을 발휘하여, 수많은 조선 젊은이들에게 영감을 주었고 그들로 하여금 민족 운동에 뛰어들게 하였다.

소설은 '브나로드 운동'의 활동가들의 집회에서 시작된다. 여기에서 눈에 띄는 젊은이들은 박동혁이라는 남학생과 채영신이라는 여학생이었다. 그들은 모두 열성적인 운동가로 가난한 조선 농민들을 위해서 인생을 바칠 준비가 되어 있는 사람들이었다. 특히 채영신은 당시 경성을 휘젓고 다니던 '모던 껄'들과는 달리 "과년한 시골처녀 같은", "복성스럽게 생"긴 멋 부리는 것과는 거리가 먼 수수한 모습의 여성이었다. "의지가 굳어 보이는 여자"라고도 했다. 그녀는 "남자 뺨치는" 활동가였다. 채영신은 연설에서 "여러분은 학교를 졸업하면 양복을 갈러부치고 의자를 타구 앉어서, 월급이나 타먹으려는 공상버틈 깨트려야 헙니다." 하며 그 시대의 젊은 사람들의 안이한 사고를 질타한다. 박동혁과 채영신은 민족과 특히 농민에 대해서 강한 책임감으로 사는 혁명 동지들이었고 서로를 이성(異性)으로 인식하지 않았다. 그들은 학교도 그만두고 농촌 계몽의 현장으로 뛰어들어 물불을 가리지 않고 농민을 위해서 끊임없이 일했다. 그들은 민족과 농민의 계몽 활동에 남다른 의무감을 갖고 일하는 사람들이었다.

아무리 그들이 서로를 이성으로 인식하지 않는 혁명가들이라 해도 관심이 없지는 않았다. 겉보기와는 달리 영신은 내면은 여성스러운 처녀였고 표현은 못하고 있지만 동혁에게 강한 연정을 품고 있었다. 그러던 어느 날 저녁 해변가에서 영신은 손풍금으로 "애련한 영탄조"의 곡을 연주하고 있었고 자연히 동혁은 옆으로 다가와서 둘 간의 사랑은 순식간에 뜨겁게 불타오르게 되었다. 서로에 대한 뜨거운 사랑을 확인한 후 그들은 서로에게 앞으로 3년 동안은 서로에 대한 사랑와 열정을 잊고 민족과 농민들을 위한 운동에 전념하자고 약속을 하고 각자 활동으로 돌아갔다. 이 젊은 열성 운동가들에게 그들의 뜨거운 사랑은 '사랑해서는 안 될 사랑'이었다. 동혁과 영신은 서로에 대한 불타는 욕망을 민족과 농민에 대한 뜨거운 의무감으로 억제하며 그 어느 때보다도 열심히 일했다. 어떤 난관과 장애물과 탄압에도 굴하지 않고 '불개미'처럼 일했고 특히 영신은 과로하게 되었다. 그러던 중 영신은 봉사활동을 더욱 효과적으로 하기 위하여 일본에 유학 가서 공부를 하기로 하였다. 영신은 특히 자신이 동혁을 사랑했다는 죄책감에서 더욱 열심히 일하고 공부했고 결국 과로로 병을 얻어 회복하지 못하고 "찬송가를 부르며" 숨지고 말았다.

동혁은 영신의 죽음을 누구보다도 애통해 하며, 그녀가 순교자임을 선언하고 그녀의 시신에 대고 "못 다허구 간 일과 두 몫을 허리다!"라고 맹서하였다. 동혁은 영신의 장례 연설에서 다음과 같이 말했다.

> 그러나 이분이 끼쳐준 위대한 정신은, 여러분의 머릿속에 살어잇을 것입니다. 저 아이들의 조그만 골수에도 그 정신이 박혓슬 겝니다. (……)
> 그러나 여러분 조끔두 설어하지 마십시요. 이 채선생은 결단코 죽지 않엇습니다. 살과 뼈는 썩을지언정 조 가엾은 아이들과 가난한 동족을 위해서 흘린 피는 벌서 여러분의 혈관 속에 섞엿습니다. 지끔 이 사람의 가슴속에서도 그 뜨거운 피가 끓고 잇습니다!
>
> 『상록수』, 347-348쪽

동혁을 뜨겁게 사랑하면서도 민족과 농민에 대한 의무감으로 자제하며 뜨겁게 일하다 과로로 숨진 채영신은 결국 부활하여 우리 모두의 몸속을 돌고 있으며, 그 누구보다도 박동혁의 몸속에, 골수에 섞여서 영원한 생명의 힘을 주게 되었다. 장례식에 끝난 후 산기슭에 올랐을 때 저녁 바람은 소름이 끼칠 만큼 쌀쌀했다. "그러나 그는 추운 줄을 몰랐다." 영신이 죽고 부활한 영혼은 박동혁을 위시한 수많은 활동가들 그리고 수많은 우리 민족에게 몸과 마음의 변화를 가져왔다. 결국 뜨겁게 사랑하고 끝없이 욕망을 억제하며 민족을 위해 일하고 싸우다 숨져 부활한 영혼은 자신뿐만 아니라 그의 사랑하던 사람들을 모두 '상록수(常綠樹)' 즉 불멸(不滅)의 존재로 만들었다. 모든 사람들은 영신의 시신에 끝까지 두 몫 이상을 싸울 것을 맹세하였고 영신의 영혼(靈魂)은 그들의 수호천사가 되어 불멸을 지켜주었다.

1933년 이광수의 『유정』이 발표되자 강한 조선인을 만드는 비결(秘訣)이 드디어 공표되었다. 사랑해서는 안 될 사랑으로 욕망과 이성의 갈등이 시작되고 두 힘 사이에 상승 작용이 일어난다. 그리고 두 힘을 최대한으로 확대시켜 그 사람을 죽게 한다. 그러면 그 죽은 이의 영혼은 자신이 사랑했던 사람과 주변 사람들을 강하게 만들 것이고, 그들은 끝까지 싸우는 불멸의 전사가 된다. 이것이 바로 그 비결이었다. 이는 결코 복잡한 과정이라 할 수는 없을 것이다. 심훈은 최초로 이를 간파한 천재였고 『상록수』에서 멋지게 활용하여 불멸의 전사들을 민족 운동의 전선에 바로 배치하였다. 이광수 자신도 『유정』을 발표한 후에 2년 후 『이차돈의 사』를 발표하여 순교자들을 양산할 채비를 하였다. 1930년대 중반이 되면 조선에서 사랑의 의미는 전적으로 변화하였다. 사랑은 행복을 위하여 이성과 행복한 교제를 하는, 그런 일이 아니었다. 사랑은 뜨겁게 그러나 끝없이 자제해야 하는 일이며, 이는 행복한 삶을 만드는 것이라기보다는 강한 인간, 강한 의지로 끝없이 참고 이루는 인간을 만드는 더욱 진지한 일이었다.[*] 사랑은 고통스럽지만 보람 있고 생산적인 일이었다. 소설에서 사랑은 점점 더 가혹한 시련의 과정으로 변해갔고 그 시련을 이겨나가는 과정과 마음가짐은 종교적인 색채를 띠게 되었다. 그 극단적인 예가 이광수의 『사랑』일 것이다. 사랑은 고행 그 자체로 연결되었고 작품은 더욱 더 엽기적으로, 자학적으로 변해 갔다. 1930년대 중반 조선인들은 시련과 고문에 지친 모습이었다. 한편으로는 수도승 같은 애정과 긍정의 마음이었지만 다른 한편에서는 독이 바짝 오른 모습들이었다.

강한 조선인을 만든다는 프로젝트는 김동인이 먼저 공식적으로 출범시킨 것이었다. 구한말부터의 '실력양성론'의 연장일 수 있지만 개인을 강한 사람, 약한 사람을 나누어 탐구함으로써 강한 인간의 얼개를 그려낸다는 것은 우리 문화사와 사상사에서 새로운 흐름을 만드는 중대한 일이었고 쉽지 않은 일이었다. 김동인은 강한 사람이란 『목숨』에서 악마의 말대로 "마음먹은 것을 끝까지 이루는 사람"이라는 것까지는 규명해 보였지만 '어떻게?'라는 질문에는 답하지 못했다. 문제는 그 '에너지', '힘'을 어디서 어떻게 얻을 수 있는가였고 김동인은 1930년대 초반까지 알아내지 못했다. 어디서 왔는지 모르는, 속을 알 수 없는 불투명한, 시커먼, 강력한 존재들이 가끔 발견된다는 사실 외에는 그 이상을 알아내지 못했다.

1920년대 후반부터 춘원도 본격적으로 김동인이 제기한 문제에 달려들기 시작했다. 강한 조선인의 모델을 찾아서 역사를 거슬러

---

[*] 이런 사랑의 대표적인 예는 박계주의 『순애보』일 것이다 (박계주 1938).

올라가 보기도 했다. 그중에 『단종애사(端宗哀思)』는 비교적 성공적인 작품이었다. 그러나 잔인한 고문을 이겨낸 성삼문(成三問)은 너무나 고루한, 당시의 조선인들이 혐오하던 주자학자였다. 강한 조선인이란 잔인한 고문에 끝까지 버텨내는 것으로 충분치 않았다.

춘원이 1930년대에 시도한 것은 역시 이미 그가 오랫동안 씨름해왔던 '사랑'이라는 서구에서 들어온 신비스런 물체였다. 그는 이미 『무정』에서 사랑이 발휘하는 마법의 힘 한 가닥을 발견한 바 있다. 욕망과 그에 대한 억제로서의 사랑이 시작되면, 인간에게 희한한 일 '이상한 불길'이 일어나며, '속눈'이 떠지고, '속뜻'을 알게 되고, '속사람'이 나온다는 것이었다. 춘원은 1930년대에 이 마술을 더욱 확대하여, 더 깊이, 더 아프게, 다시 한 번 활용을 시도하였다. 이미 서양에서는 많이 시도해왔던 '사랑해서는 안 될 사랑'을 실제 실험하는 일이었다. 이 실험은 위험한 일이었다. '사랑해서는 안 될 사랑'이란 부도덕한 것이고 그런 사랑에 빠진다면 인생은 끝장날 것이다. 여기에서 잔인한 실험을 끝까지 밀고나간 것이 바로 『유정』이었다. 이광수는 이 극단적인 실험에서 강한 조선인을 탄생시키는 데 성공했다. 사실 강한 조선인을 만드는 길은 잔인하고 변태적인 길이었다. 그의 제자들을 시켜 선생을 죽여야 했고, 희생자는 그 죽음에 승복하지 않고 다시 스스로 순례의 먼 길을 떠나 자기 자신을 다시 순교자 삼아 죽여야 했다. 두 번 죽고 나서 다시 또 부활의 과정까지 거쳐야 비로소 새로운 모델이 되었다. 춘원은 복잡하고 긴 과정을 거쳐 이러한 비결을 만들었다. 일차로 희생 제의를 거쳐, 동경에서, 만주로, 몽고로, 시베리아로 긴 여정을 따라가야 했고, 바이칼 호반에 가서도 마지막에 어떻게 죽을 수 있는가는 간단한 문제가 아니었다. 그러나 일단 춘원이 성공하고 그 비결이 알려지자 그 비결을 이해한 사람들은 어렵지 않게 응용해서 새로운 강한 조선인들을 만들어 갈 수 있었다. 이제 '사랑해서는 안 될 사랑'을 시켜서 죽게 하고, 영혼이 나와 사랑하던 사람을 불멸의 전사를 만드는 일은 그렇게 어려운 일은 아니었다.

김동인은 최초로 강한 인간을 만들려고 시도했지만 인물들로 하여금 죽음을 겪도록 할 만큼 마음이 모질지 못해서 다음 과정으로 넘어가지 못했다. 김동인의 강한 인간 모델은 그 과정을 결여했고 따라서 거기서 발생하는 '에너지'도 얻지 못했다. 춘원은 욕망과 이성이라는 지극히 상반된 성질의 요소 사이의 접촉과 갈등에서 뿜어져 나오는 엄청난 에너지를 발견하였고 그 에너지를 충분히 공급하여 강한 인간을 만들 수 있었다. 김동인은 남녀의 성관계, 특히 타락한 성관계에만 몰입했고 어쩌면 너무 유치하다고 생각했는지 '순수한 사랑'에는 눈을 돌리지 않았기에 그 신비한 에너지를 이해하고 활용하지 못했을지 모른다. 김동인의 소설들에서 죽은 이들, 예를 들어 복녀는 부활하지 못했다. 순수한 사랑을 하지 못했기 때문에 불멸의 영혼이 되지 못했다.

새롭고 강한 조선인의 창조는 춘원의 획기적인 업적이었다. 1930년대에 들어 조선 지식인들은 민족의 선생이라는 공식적 자리에서 물러나와 월급도 없고 정기적인 수입도 없는 지식인 예술가의 길을 걸었고 이는 앞장에서 말했듯이 고난의 과정이었다. 춘원은 개인적으로 그가 스승으로, 아버지처럼 모시던 도산 안창호가 일제에 체포되자 칩거하여 창작에 몰두하였고, 그 성과가 바로 『유정』이었다. 물론 이는 예술 작품이었지만 동시에 수많은 강한 조선인을 독서에서, 교육에서 찍어 낼 수 있는 공정(工程) 또는 '틀'의 발명으로 이해할 수도 있을 것이다. 이렇게 보면 일제 후기 식민지 조선에서의 새로운 흐름, 사랑의 새로운 관념은 춘원의 업적이자 우리 근대사에서 중대한 전환점으로 이해할 수 있다. 춘원은 강한 조선인을 그려나가며 최석이 북만주 벌판에서 만났던 R처럼, "새 민족을 하나 만들어 볼" 생각을 안 해본 것도 아닐 것이다. 사실은 그런 뿌듯한 보람에서 R이란 인물을 설정하고 그에게 이런 대사를 큰 소리로 외치도록 했을 것이다.

우리 근대사를 보면, 합일병합을 당할 시점의 우리 민족의 모습과 해방을 맞이했을 때 우리 민족의 모습은 전혀 달랐다. 해방을 맞이한 그때, 우리 민족 대부분은 누구와도 싸울 준비가 되어 있었고, 폭력도 테러도 어떤 수단도 사용할 준비가 되어 있었다. 물론 싸움은 대부분 우리끼리의 싸움으로 이어졌고 한국 전쟁 때도 그러한 생존의 능력은 유감없이 발휘되었다. 1930년대는 조선의 지식인들에게는 새로운 환경에 적응해야 하는 힘든 시기였지만 그들이 새롭게 매진한 창조의 길은 새로운 민족의 지평을 만들고 있었다.

우리 근대사에서 강한 한국인이 나타나는 거대하고 심오한 문화적 전환은 그때 당시에는 표면에 잘 드러나지 않았지만 문화 변동의 깊은 층위를 조사하면 뚜렷이 드러날 것이다. 이는 물론 일제가 우리에게 가르쳐 준 것이 아니었다. 그들의 여러 정책에도 불구하고, 노예 상태에 처해 있던 우리가, 은밀히, 우리끼리 만들어 온 것이었다. 그들의 폭력에 끝까지 견디고 언젠가는 복수하고 말겠다는 원한(ressentiment)을 쌓아갔으며, 그러한 복수의 의지는 우리를 강하고 독하게 만들어왔다. 이 과정에서 춘원의 공로는 지대한 것이었다. 사랑은 핵심의 무공이었다.[●] 그의 수많은 성격적 결함과 과실에도 불구하고 춘원은 스스로 자처해온 민족주의자로서의 그의 의무와 역할은 충실히, 성공적으로 수행하고야 말았다.

● 니체는 유대인들의 노예근성과 그들의 원한(ressentiment)의 위대한 창조물은 기독교 즉 사랑의 종교였으며, 그들의 이러한 원한은 선과 악(gut und böse)이라는 가치 기준을 만들었다고 주장하였다 (Nietzsche 1886; 1887). 이에 비하면 일본에서는 낭만주의는 당시에 이미 인기가 없었고, 당시 주류이던 사소설(私小說)에서 '사랑'이란 결코 빠져서는 안 되는 인생을 망치는 함정이었다. 사소설은 일본인들에게는 사랑에 빠지지 않고, 인생을 살아가는 양생법(養生法)이었다. 결국 일본의 상황과 대조되는 식민지 조선에서의 사랑에 대한 집착은 식민지 상황에 대한 민족적 좌절로 인한 것으로 이해해야 할지 모른다 (최정운 2000a; 2000b; 2011).

제8장

민중 영웅의 창조

벽초(碧初) 홍명희(洪命憙)에 의해서 1928년부터 1940년까지 무려 13년 동안 『조선일보』에 연재되었던 『임꺽정』은 우리 근현대 문학 최고 수준의 작품임에 이의가 없다.* 방대한 내용으로나 예술적 수준에서나 구사한 우리말의 격조로 보나 이에 필적할 작품은 별로 없다. 이 소설은 형식적으로는 16세기에 실존했던 인물과 사건을 소재로 한 소설이지만 실제로는 집필 당시, 식민지 조선에 정치적 의미를 갖는 소설이었다. 이 소설은 역사 소설로 볼 수는 없다. 어떤 인물의 삶을 통해서 역사의 흐름이나 현실을 말하기 위한 소설은 아니다. 임꺽정에 대한 역사적 기록은 『조선왕조실록』과 야사(野史)에 간략히 언급되어 있을 뿐이고, 소설의 대부분은 벽초에 의해 그럴듯하게 만들어진 이야기, 픽션(fiction)이었다.** 이 소설이 높은 수준의 작품임은 일반적인 평가지만 국문학사에서는 별로 논의되지 못했다. 그 이유는 아마도 후대의 비평가와 학자들이 벽초의 정교한 구상, 즉 역사적 인물의 신화적인 이야기를 근대 소설로 꾸며낸다는 구상을 이해하지 못했기 때문으로 보인다.

소설은 주인공 임꺽정이라는 인물에 대한 이야기로, 독자들은 역사에 대한 이야기라기보다는 일제에 저항하는 민족주의자의 이야기 또는 계급적 지배와 싸우는 '민중' 영웅의 이야기로 읽었다. 이러한 독서는 저자의 의도와도 부합하는 것이었다. 임꺽정의 정체와 의미를 판독하고 해석하기는 쉽지 않지만 하여튼 임꺽정은 근대에, 특히 일제 시대에 등장한 새로운 종류의 영웅이었다. 특히 이 소설은 현대에 이르기까지 한국 정치에서 빼놓을 수 없으며 중대한 요인으로 작동해온 '민중(民衆)'을 말뿐이 아니라 피와 육신을 갖춘 살아 있는 영혼으로 창조했다는 점에서 결코 간과할 수 없다. 그러나 임꺽정이 표출하는 반지성주의(反知性主義) 또한 오늘에 이르기까지 우리 사회와 문화 전반에 깊은 영향을 미쳐 왔다. 식민주의의 유산으로서의 반지성주의는 우리나라를 정체성이 취약한 나라로 몰아왔다. 반지성주의는 우리나라를 생각 없는 짐승들의 세상으로 만드는 한편, 외국, 선진국의 학문과 사상에 기대어 살겠다는 지적 의존의 나쁜 습관을 심화시켜 왔다.

한국인의 탄생

● 제목은 처음에는 『林巨正傳』이었으나 1937년 12월 12일부터 『林巨正』으로 바뀌었다. 이 소설은 세 차례에 걸쳐 연재가 중단된 적이 있었다. 이 소설은 1939년에서 1940년까지 조선일보출판부에서 전4권으로 출판되었고 〈의형제편〉에서 〈화적편〉의 전반부까지 포함되었다. 따라서 〈봉단편〉, 〈피장편〉, 〈양반편〉과 〈화적편〉의 후반은 출판되지 못했다. 해방 후 1948년에 을유문화사에서 단행본 전6권으로 출판되었으나 역시 〈의형제편〉부터 〈화적편〉 전반부까지만 출판되었다. 벽초는 〈의형제편〉 이전까지는 나중에 다시 써서 출판할 생각이었다고 한다. 당시까지 단행본은 제목이 모두 『林巨正』이었다.

연재되었던 모든 부분이 『임꺽정』이라는 제목으로 출판된 것은 1985년 솔 출판사의 『임꺽정』 전10권이 처음이었다. 이 출판은 그간 분실된 신문들을 미국 하버드대학교의 옌칭 도서관에서 오랜 기간에 걸쳐 찾아 정리하여 이루어졌다.

참고로 '林巨正'이라는 표기가 우리말로 '임꺽정'이 되는 것은 『명종실록』에 처음으로 언급되며 이름이 '林巨叱正'으로 표기되어 우리말 발음으로 '임꺽정'이 되기 때문이다.

●● 그가 양주 백정이라는 점은 여러 야사에 나온다. 대부분의 야사에서 그의 일차적인 특징으로 '교활함(狡)'이 지적된다. 대표적으로 『연려실기술(燃藜室記述)』, 『기재잡기(寄齋雜記)』, 『열조통기(列朝通記)』 등에 그의 교활함이 강조되어 있다 (임형택 강영주 편 1996). 소설을 시작할 당시에 임꺽정은 별로 알려지지 않은 인물이었고 따라서 벽초는 편한 마음으로 썼다고 한다 (강영주 1999: 270-271).

영웅 임꺽정

천상의 영웅 임꺽정

소설은 이장곤의 이야기로부터 정희량의 이야기로, 서경덕도 등장
하고, 갖바치의 이야기로 옮겨가며 우리 역사에서 뛰어나고 청렴한
선비들, 특히 비범한 능력을 가졌다는 이른바 '이인(異人)'들의 이야
기로 시작된다. 이들, 이인들은 임꺽정의 탄생을 준비해 왔으며 그들
의 가호 아래 임꺽정이 탄생한 것이다. 임꺽정이라는 인물은 전10권
중의 제2권 〈피장편〉의 중간쯤에 처음 소개되며 그는 이인들의 세계
즉 천상의 가호(加護)를 받고 태어나 보호되고 관리되던 영웅이었다.
특히 소설에서 '갖바치'는 이인들이 내려보낸 임꺽정의 수호천사였
다.* 그럼에도 불구하고 작가는 의도적으로 임꺽정을 아무런 태몽
도 징조도 없이, 탄생에 대한 아무런 에피소드도 없이, 불현듯 돌부
리처럼 우리 앞에 나타나게 한다. 임꺽정은 아버지가 용꿈을 꾸고

잉태시켰다는 홍길동과는 전혀 다른 종류의 인물이었다. 그러나 벽초가 아무리 이렇게 수를 부렸어도 분명한 것은 많은 역사적 인물들이 30여 년 전부터 고난을 겪어가며 임꺽정이 태어나도록 준비하고 기다리고 있었다는 사실이다. 또한 벽초는 「머리 말씀」에서 『수호전』과 『삼국지』를 언급하며 중국의 이들 소설에서 영감을 얻어 이야기를 풀어내려는 듯이 말했다. 그러나 실제로는 중국의 이런 소설보다는, 벽초가 의도하지는 않았을지 모르지만, 조선 사람들에게 너무나 익숙한 『홍길동전』을 기준으로 모든 이야기를 풀어나간 것으로 보인다. 소설 『임꺽정』은 신화로서의 『홍길동전』의 일제 시대에서의 반복이었다고 해도 결코 틀린 말이 아니다. 그러나 벽초는 한편에서

• '갖바치'란 "갖신을 만드는 일을 업으로 하는 사람"이라는 뜻의 일반 명사지만 이 소설에서는 처음부터 중요한 인물의 호칭으로써 고유명사처럼 사용한다. 처음에 그는 봉단의 아버지 양주삼(梁周三)의 동생 양주팔(梁周八)로 등장한다. 나중에 꺽정의 아비가 되는 '돌이'는 양주삼의 처조카였으니 돌이에게 양주삼은 고모부가 되며 따라서 양주팔과는 사돈 관계가 된다. 따라서 임꺽정에게 양주팔은 촌수를 따질 수 없는 할아버지뻘로 먼 친척이라 할 수도 있고 아니기도 한 지내기 나름의 관계라 할 수 있다. 양주팔의 아내가 죽은 후 돌이 아버지와 양주삼네 가족과 다 같이 살았으니 양주팔과 꺽정의 아버지 돌이는 꽤 가까운 사이였다. 양주팔은 봉단과 결혼한 이장곤의 청에 따라 서울에 와서 동소문 안에서 갖바치 노릇을 하였고 소설 전10권 중에 제2권인 〈피장편〉의 주인공이 된다. 그는 임꺽정을 가르쳤고 그와 전국을 여행하고는 묘향산에서 머리를 깎고 중이 되어 병해대사(甁亥大師)가 된다. 그는 제6권 후반에 예언적 유언을 남기고 죽는다. 그는 소설을 통해 두 번 호칭이 바뀌는데, 그가 갖바치였을 시절에 제일 활약도 많았고 임꺽정과 관계도 긴밀했던 까닭에, 이 책에서는 세 호칭 즉 양주팔(백정 학자), 갖바치(피장), 병해대사 중에 '갖바치'로 부르기로 한다.

는 『홍길동전』과는 달라야 한다는 독창성에 관한 강박관념도 갖고 있었던 것으로 보인다.

"양주 백정 임꺽정은 천하장사였고 도적 떼의 두목이 되어 의롭게 싸우다 관군에게 죽었다."는 이야기는 우리에게 자연스럽게 들린다. 그러나 전 세계적으로 보면 이는 결코 흔한 이야기가 아니다. 세계에는 수많은 의적 이야기가 있다. 『수호전』, 『로빈 후드(Robin Hood)』, 실러(Friedrich von Schiller)의 『군도(Die Räuber)』 등 헤아릴 수 없을 정도지만 이 중에서 천하장사, 제일 힘이 센 사람이 두목이었던 경우는 없다. 『수호전』의 양산박 두목 송강은 임꺽정과는 아무런 유사성이 없는 인물이었다. 송강은 순전히 정치적인 인물이었다. 양산박에서 힘이 제일 센 무송과 노지심은 양산박의 조직 서열에서 10위 이하였다.[*] 로빈 후드의 경우는 명궁이기는 했지만 그의 부하인 리틀 존(Little John)이나 프라이어 터크(Friar Tuck) 등에 비해 싸움 실력이나 힘은 한 수 아래였다.[**] 또한 『군도』의 경우 도적 떼를 이끌던 주인공은 분노한 지식인 귀족 자제였다. 이들 도적 두목들은 임꺽정과는 전혀 다른 종류의 인물들이었다. 임꺽정과 가장 닮은 도적 괴수가 있다면 그는 바로 우리의 신화적 영웅, 홍길동일 것이다. 홍길동은 힘은 물론, 각종 무술, 도술 등 모든 무공을 갖추고 활빈당을

• 하늘에서 내린 돌비석에 새겨진 서열에 따르면 108명 중 노지심은 13위, 무송은 14위였다 (시내암 1991 6: 318).

•• 로빈 후드는 리틀 존과 프라이어 터크와의 첫 대면에서 대결을 벌여서 패했지만 곧 그들에게 친구가 되자고 제의하여 한 패가 되었다. 이러한 일화들은 그의 정치적 능력을 암시한다.

혼자서 이끌었고 임꺽정은 그러한 홍길동의 후예였다. 낯선 눈으로 바라보면, 임꺽정은 특이한 유형의 인물이며 우리 역사에서만 나타난 '토종' 인물, 홍길동의 아류였다. 임꺽정은 홍길동의 무공에서 비합리적이고 신비스런 부분은 모두 그를 창조한 천상의 이인들에게 넘기고, 합리적으로 측정 가능한 근육의 힘을 중심으로 이루어진 영웅으로서 '홍길동의 합리화'라 할 수 있을 것이다. 이러한 홍길동의 합리화 때문에 『임꺽정』은 『수호전』의 모작으로 오해되기도 했다.

임꺽정은 홍길동과 마찬가지로 타고난 천하장사였다. 그는 어려서 친구들과 새를 잡으러 산에 갔다가 생나무를 뽑았고 갖바치와 여행하던 중에 평산에서 화적 떼를 만나 "굵은 나무 한 주를 뽑아" 휘둘렀다. 또 한번은 길막봉이와 힘자랑을 벌여 호두와 잣을 한 바가지씩 놓고 맨손으로 까는데 길막봉이는 곧 포기했지만 꺽정이는 "처음이나 조금두 다름없이" 태연히 다 깠다. 청석골 대장이 된 후 그는 서울에 와서 기생집에 가서는 큰 놋쇠 화로를 양손으로 "해박쪼가리같이 오그려놓았다." 그리고 그는 서울 아내를 얻으려 매파를 따라 과부 모녀를 보러 갔다가 윤원형(尹元衡) 집 하인 열두 명을 불나는 집에 가두어 놓고 불을 끄지 못하게 "작지도 않은 향나무"를 그것도 언 땅에서 뿌리째 뽑아 우물에 거꾸로 처박았다. 그는 예사 장사가 아니었다. 이러한 일화들은 『수호전』에서 무송이나 노지심이 힘쓰는 장면을 참고했겠지만 임꺽정은 그들보다 한 수 위의 장사로 묘사되었다. 무송처럼 맨손으로 호랑이를 잡는 것쯤은 청석골의 막내 곽오주의 몫이었다. 임꺽정은 홍길동의 합리화라 해도 힘의 양은 신비화되었다. 그는 십대 후반부터 천하장사로 전국에 소문이 자자했고 심지어 그가 숭례문을 뛰어넘었다는 소문도 있었다. 그가 입당하여 괴수가 되자 도처에서 가짜 임꺽정들이 출현하기 시작했다. 이러한 이야기는 홍길동의 도술을 합리적으로 설명한다. 홍길동은 도술로 초인(草人)들을 만들어 여러 홍길동들이 출몰하도록 하여 전국을 혼란에 빠뜨렸지만 임꺽정의 경우는 도적들이 스스로 각처에서 임꺽정 행세를 했다는 것이다. 임꺽정은 타고난 힘으로 소설 안에서 신화가 되었다. 여기에서 홍길동과 또 하나의 유사한 점이 드러난다. 임꺽정도 영웅이기 이전에 '스타(star)'였다.

그러나 임꺽정은 결코 '힘이나 쓰는' 장사가 아니었다. 그는 나면서부터 비범한 인물이었다. 임꺽정은 친구 박유복이가 표창 던지기를 연마하고 이봉학이가 활쏘기에 달인이 된 것이 부러워 자기는 검술을 배우러 간다. 보통 검술은 '도사' 같은 스승 밑에서 오래 배워야 한다는 독자들의 고정 관념을 깨고 임꺽정은 누군지도 모르는 선생에게 검술을 배워 불과 일 년여 만에 대가가 되었다.[*] 또한 말타기는 죽산 칠장사(七長寺)의 어느 중에게 달포 만에 다 배우고 말았다. 이장곤은 머슴질도 제대로 못해서 갖은 구박을 다 받았고 갖바치도 신발 하나 제대로 못 만들어 밥벌이를 못했는데, 임꺽정은 매사에 교육도 스승도 필요 없는 천재였다. 임꺽정은 하늘이 내린 천하장사요, 천재였다.

원래 임꺽정은 폭력을 휘두르기 좋아하는 성품이 아니었고 여간해서는 사람을 해치지 않았다.[**] 임꺽정은 홍길동과 유사하게 필요 이상의 어마어마한 능력을 하늘에서부터 부여받아 타고난 영웅이었다. 임꺽정 역시 홍길동처럼 폭력이 필요 없을 정도의 압도적인 능력을 갖고 있었고, 결과적으로 『홍길동전』이 그랬듯 이 작품도 폭력성이 상당히 제거되었다. 실제로 이 소설은 적어도 〈화적편〉이

전까지는 폭력성이 거의 없고 유머와 위트로 점철되어 있다. 벽초는 임꺽정의 모습을 그에 걸맞게 묘사한다. 갖바치는 어린 꺽정이를 보자마자,

> 살빛이 거무스름한 네모 번듯한 얼굴에 가로 찢어진 입도 좋고 날이 우뚝한 코도 좋거니와 시커먼 눈썹 밑에 열기가 흐르는 큼직한 눈이 제일 좋았다. 인물이 그릇답게 생기었었다. 갖바치가 "대장감으로 생겼구나"

『임꺽정』 2권, 158쪽

라고 했다. 또한 그가 장성한 모습을 다음과 같이 그렸다.

- 임꺽정은 부평 근처 구슬원에 어느 화적이 칼을 잘 쓴다는 소문을 듣고 그를 찾아가서 약 일 년간 배워 대가가 되었다. 그러나 그 선생의 이름도 모르고 또 그 선생이 누구에게 검술을 배웠는지도 모른다. 다만 그는 전쟁에 나갔다가 공을 탐하여 참형을 당하기 직전에 누군가의 도움으로 살아났다고 하며, 이후로 화적질을 하며 살았던 그저 걸렁한 늙은이로 다뤄진다 (홍명희 1928-1940 2: 186-210).

- •• 평양 봉물 사건으로 꺽정은 그를 잡으려는 장교와 사령들과 격투를 벌인다. "꺽정이가 수교를 노리며 쫓아나가다가 한번 뛰어 수교 뒤로 넘어가서 바른팔을 잡아쥣히고 칼을 뺏었다. 장교와 사령들이 이것을 보고 쫓아올 때 꺽정이는 벌써 칼을 쥐고 이리 닫고 저리 닫고 하였다. 꺽정이가 삽시간에 장교 사령 이십여 명을 치는데, 치는 것은 칼등이라 사람은 하나도 상치 아니하였으나 치는 곳은 바른팔이라 병장기를 모두 떨어뜨리어서 옥문에 기대서서 구경하던 황천왕동이가 땅에 떨어진 칼과 창을 집어다가 한옆에 모아놓았다." (홍명희 1928-1940 6: 117).

상투 속인은 일변 말하며 일변 바람에 날리는 수염을 아래로 걸어 내리었다. 그 사람은 수염이 좋았다. 구레나룻과 윗수염도 숱이 많거니와 아랫수염이 채가 길었다. 검은 눈썹 아래에 큰 눈이 박히고 넓은 얼굴 복판에 우뚝한 코가 솟아서 어느 모로 보든지 장부다운 중에 시커먼 좋은 수염이 장부의 위풍을 돋아보이었다. 이 수염 임자가 양주 임꺽정이다.

『임꺽정』 3권, 249쪽

양반들 눈에는 건방지게 보였던 검고 짙은 긴 수염은 카리스마의 상징이었다. 임꺽정은 생긴 모습도 하늘이 내린 영웅에 걸맞는 모습이었다.

벽초 식 사실주의와 '조선의 정조'

『홍길동전』과 달리 『임꺽정』에서 천상의 이인들은 상당히 정교한 구상과 준비를 하여 임꺽정이라는 인물을 지상에 내려 보냈다. 이러한 구도가 짜여진 것은 벽초가 당시 조선인들에게 너무나 익숙한 홍길동 신화를 활용하여 사실주의적 근대 소설을 시도했기 때문이다. 문제는 『홍길동전』은 근대 이전의 고대 신화를 17세기 조선이라는 여전히 전근대적인 범주 안에서 반복했던 작품이라는 사실이다. 『홍길동전』은 전근대적 서사시이자 신화로서 근대 소설이 아니다. 구체적으로 주인공 홍길동은 기능적 영웅으로서 개성이 드러나지 않으며, 동시에 천상의 영웅으로서 역사적, 사회적 성격이 희박해서 언제 어디서나 여하한 조건에서도—예를 들어 세종 때든 철종 때든—나타날 수 있는 천상의 영웅으로 설정되어 현실에 뿌리박고 있지 못

한국인의 탄생

하다. 돌려 말하면, 이 점을 해결하지 못하면 근대 소설로서 성립할 수 없다. 이것은 임꺽정이라는 인물에게도 해당하는 문제였다. 만약 이 문제를 해결하지 못하면, 임꺽정이라는 인물, 우리의 독특한 역사적 영웅은 우리의 현실에서 뿌리박고서 살아가지 못할 것이고 천상으로 떠나 버리고 말 것이었다. 벽초에게 『임꺽정』이 『홍길동전』과는 상당히 달라야 한다는 문제는 한 영웅의 생사(生死)에 관한 문제였다.

주인공 개인과 그의 생각, 행적을 묘사하는 근대 서구의 전형적인 사실주의적 묘사로는 아무리 정교하게 기술해도 전근대의 신화적인 천상의 영웅을 현실에 뿌리박도록 할 수 없었다.* 소설이 전체적으로 사실주의적으로 나타나기 위해서는 임꺽정이라는 천상의 영웅이 뿌리박을 현실 자체를 사실주의로 살려내야 했다. 그렇게 함으로써만 임꺽정과 그가 몸담은 공동체를 외부 세상과 갈등하고 대결하는 고독한 영웅과 그 집단으로 설정할 수 있으며, 독자들이 감동할 수 있는 근대적 소설문학의 효과를 얻을 수 있을 것이다. 벽초의 해결책은 한편으로 임꺽정이라는 인물에 개성을 부여하고, 다른 한편으로 그가 싸우고 있던 상대인 세상과 그가 뿌리박고 있던 공동체 전체를 사실주의적으로 묘사하여 생명력을 불어넣는 것이었다.

---

* 임화(林和)는 『임꺽정』을 다음과 같이 비판한다. "우리들과 같은 성격이나 우리가 탐내는 뚜렷한 성격도 없고, 그 성격과 환경과의 비비드한 갈등도 없으며, 따라서 작품을 관류하는 일관한 정열도 없다. / 단지 『임꺽정』의 매력은 그 시대의 여러 가지 인물들과 생활상의 만화경과 같은 전개에 있다." 「세태 소설론」 (1938. 4. 1~6, 동아일보), (임형택·강영주 편 1996: 268-269).

이로써만 홍길동 신화를 근대 소설로서 다시 쓰겠다는 벽초의 구상 즉 '벽초 식'의, '벽초 특유의'의 사실주의가 가능할 것이었다. 이에 '조선의 정조(情調)'란 벽초 식 사실주의의 핵심 기제였다.[*] 임꺽정이 전형적인 조선 사람일 뿐만 아니라 그 주변의 모든 사람들 그리고 공동체 전체가 조선의 정조를 사실주의적으로 나타내야 했다.[**]

우선 작품의 배경적 측면을 보면, 이인들 즉 이장곤, 정한림, 서경덕 등이 살던 조선과는 대조적으로 임꺽정이 살아가던 시기 조선 전체의 현실은 부패해 있다. 양반들은 대부분 자신들의 이익을 위해 권세와 재물을 좇고 있고 그나마 청렴하고 양심 있는 선비들은 권력 투쟁에서 밀려나 뜻을 펴지 못하고 쫓겨난 판국이고, 백성들은 도탄에 빠져 있다. 전10권 중 3권은 〈양반편〉으로 조선이란 나라의 부패상을 장황하게 묘사하고 있으며 이것이 바로 임꺽정이 싸워야

- "그것은 조선문학이라 하면 예전 것은 거지반 지나문학(支那文學)의 영향을 많이 받아서 사건이나 담기어진 정조(情調)들이 우리와 유리된 점이 많았고, 그리고 최근의 문학은 또 구미문학의 영향을 많이 받아서 양취(洋臭)가 있는 터인데 『임꺽정』만은 사건이나 인물이나 묘사로나 정조로나 모두 남에게서는 옷 한 벌 빌려 입지 않고 순조선 거로 만들려고 하였습니다. '조선정조(朝鮮情調)에 일관된 작품' 이것이 나의 목표였습니다." 「『林巨正』을 쓰면서―장편소설과 작자(作者)심경」, (삼천리 제5권 9호, 1933. 9.), (위의 책 1996: 39).

- 이원조는 다음과 같이 지적한다. "그러나 이 작품은 그러한 시간적이요 직선적인 것보다는 더 많이 공간적이요 환경적이요 연포적(延布的)인 것은 그 극단의 예를 들면 작중 인물들의 활동하는 지리적 거리에 대해서는 이 작가가 지극히 세밀하게 용심(用心)하면서도 그 인물들의 연대에 관해서는 비교적 등한한 것도 그 일례가 아닐까 한다." 「『임꺽정』에 관한 소고찰」, (조광, 1938. 8.), (위의 책: 273).

했던 상대로서의 컨텍스트(context)였다. 그런가 하면 이 작품은 임꺽정이 태어나고 사는 곳으로서의 조선과 민중의 삶의 현실을 묘사하는 데 많은 공을 들이고 있다. 주지하듯이 이 소설의 중요한 공헌 중의 하나는 그간 잃었던 우리말, 특히 민중의 말을 상당히 되찾았다는 점이다. 조선 사람, 특히 민중의 일상 대화에서 따뜻함과 유머 감각을 현실감 있게 되살리는 데 벽초가 유별난 관심을 보인 것은 임꺽정이라는 영웅을 내려 보내며 지상의 현실에 적응시키고 뿌리 박도록 해야 했기 때문이었다. 더구나 고유한 조선인의 언어와 생활 풍습을 되살리는 작업을 통해 벽초는 '양취(洋臭) 나는' 서양식 사실주의 기법, 예를 들어 고독한 주인공과 고백체를 극복할 수 있었다. 말하자면 주인공의 속마음을 그의 고백을 통해서만 아는 것이 아니라 공동체 속에서 나누는 격의 없는 대화, 농담, 욕지거리 등을 그대로 보여줌으로써 벽초 특유의 주체성을 형성해 간 것이다. 벽초가 보여주는 주체성이란 개인에만 속한 것일 수 없다. 주인공 영웅이 속한 공동체 전체가 주체적이어야 했다. 많은 부분에서 스토리 전개보다 예비 설명이 너무 길다거나 오늘날 독자들의 취향과 다소 다른 부분이 있는 것은 바로 이런 연유 때문이었다.

　천상의 이인들은 임꺽정을 조선이라는 현실 속에서 기르고 교육하고 보호하는 임무를 갖바치에게 맡겼고 그는 임꺽정을 오랫동안 꼼꼼히 관리하고 가르쳤다. 그리고 작가는 임꺽정이 등장하기에 앞서 그의 평생 친구 박유복과 이봉학을 먼저 등장시켰다. 말하자면 두 친구를 먼저 조선 땅에 내려 보내서 임꺽정의 탄생을 준비하게 했다. 한편 임꺽정의 수호천사 갖바치는 그를 조선에 적응시키기 위해 그와 더불어 조선 전국을 여행했고 그 여행길에서 당시에 뛰어난 조선 사람들을 하나하나 꺽정에게 소개시켜주었다. 이 작품의 민족주의적 요소는 바로 여기에서 드러난다. 임꺽정이 당시의 타락한 대부분의 조선 양반을 적으로 삼은 데 반해 그가 '조선 팔도'에 각별한 애정을 보인 것은 이러한 수행 과정이 있었기 때문이다.

임꺽정은 백정이라는 천한 자리에 잘못 태어난 영웅이라기보다는 하늘이 조선 사회의 제일 밑바닥 자리를 임꺽정에게 점지해 준 것이었다. 원래 그는 백정 계급의 대표로서 백정을 포함한 천한 계급들을 규합해서 계급 투쟁을 벌이게 되어 있었다.* 그러나 임꺽정은 한 번도 백정 일을 한 적이 없었다.** 나아가서 그는 백정이기에 사회의 밑바닥 계층으로 온갖 수모를 받지만 백정으로서의 삶의 방식이 그의 의식에 미친 영향은 전혀 없었다. 그는 물론 백정이라는 직업, 즉 소 잡는 일에 대한 자부심이나 직업의식도 전혀 없다. 임꺽정은 백정 계급 또는 천민의 전형이라 할 수 없으며 그에게 백정임은 사회의 밑바닥이라는 추상적 조건에 지나지 않는다. 오히려 그는 전국적인 인물이었다. 그의 아버지가 숙부인(淑夫人)의 이성(異姓) 사촌 오빠임은 말할 것도 없고, 그는 열 살 남짓 되어 갖바치를 따라 서울로 올라가서는 고향 양주에는 잠깐씩만 들렀을 뿐 우리 강토 전역을 백두산부터 한라산까지 순례했다. 갖바치는 어린 이순신을 포함하여 조선의 많은 명사들을 소개시켜 주었고 심지어 퇴계(退溪)는 꺽정을 양주로 직접 찾아왔다가 문전박대를 당하기도 했다. 그는 천한 백정이었지만 조선 팔도의 산천과 인물들을 섭렵했다. 임꺽정은 계급적인 인물로 출발했지만, 전국적이고 민족적 의미를 갖는 인물로 발전하는 가운데 탈계급화(déclassé)되었다.

임꺽정과 서림

그가 백정임은 양반들로부터 천대받고 그들을 증오했다는 사실로밖에는 표출되지 않았다. 사회의 가장 천한 자리에 태어난 만큼 그는 타고난 반항아였다. 그는 아기 적에 어머니 젖꼭지에 상처를 입히고 아버지에게 대드는 등 효(孝)와 예(禮)를 무시했다. 임꺽정이 아버지를 대하는 태도는 효(孝)라기보다는 불쌍한 인간에 대한 따뜻한 정으로 보아야 한다. 그의 아버지가 중풍에 걸려 기동을 못하고 있을 때 옆에서 오랫동안 지극히 간호했던 것은 아버지에 대한 효가 아니라 불쌍한 인간에 대한 동정심에서였다.

● 벽초는 1929년에 다음과 같이 쓰고 있다. "임꺽정이란 옛날 봉건사회에서 가장 학대받던 백정 계급의 한 인물이 아니었습니까. 그가 가슴에 넘치는 계급적 ○○의 불길을 품고 그때 사회에 대하여 ○○를 든 것만 하여도 얼마나 장한 쾌거였습니까. / 더구나 그는 싸우는 방법을 잘 알았습니다. 그것은 자기 혼자가 진두에 선 것이 아니고 저와 같은 처지에 있는 백정의 단합을 먼저 꾀하였던 것입니다. / 원래 특수 민중이란 저희들끼리 단합할 가능성이 많은 것이외다. 백정도 그러하거니와 체장사라거나 독립협회 때 활약하던 보부상이라거나 모두 보면 저희들끼리 손을 맞잡고 의식적으로 외계에 대하여 대항하여 오는 것입니다. 이 필연적 심리를 잘 이용하여 백정들의 단합을 꾀한 뒤 자기가 앞장서서 통쾌하게 의적 모양으로 활약한 것이 임꺽정이었습니다. 그러이러한 인물에 현대에 재현시켜도 능히 용납할 사람이 아니었으리까." (위의 책: 34).

●● 그런 장면이 소설에서 빠진 것이 아니라 꺽정은 소 잡는 일을 하지 않았다. 꺽정의 아버지가 중풍으로 기동을 못할 때 김덕순이 찾아가자 그간의 사정을 말하기를, "병신이 되어서 운신(運身)을 맘대로 못한다고 하소연하고, 관푸주를 남에게 넘기어서 여러 식구 살기가 극난이라고 집 형편을 궁설(窮說)하고 (……)." (홍명희 1928-1940 3: 264).

임꺽정은 '아래-위'라는 것을 부정했고 커서도 "예법이니 무엇이니 그런 것만 가지고 떠들기 때문에 세상이 망"한다고 믿었다. 그는 어려서 아버지가 자랑하던 가보인 '최 장군이 쓰던 활'을 "이까짓 게 보배야." 하며 딱 부러뜨렸다. 그의 아버지는 화가 나서 "몸에 구렁이를 감아놓"을 정도로 매질을 했고 꺽정은 이를 악물고 맞았다. 그는 '전통의 파괴자'였다. 이러한 특징은 대대로 물려받은 것이었다. 꺽정의 아버지는 이장곤의 아내가 된 봉단이의 이성(異姓) 사촌 오빠였는데 그도 젊어서부터 고분고분한 사람이 아니었고 삐딱한 불평분자였다. 그런가 하면 꺽정의 아들 백손이가 아비를 대하는 불손한 태도는 제 아비 못지않았다. 임꺽정은 선천적으로 계급 질서를 수긍하지 못하는 '반항 정신'을 타고난 인물이었다.

임꺽정은 어려서부터 눈에 뵈는 게 없는 기고만장한 장사였다. 그는 양반에 대한 증오심을 드러내고 틈만 나면 "세상이 한번 뒤짚어 엎이면 좋겠"다고 읊조리고 다녔다. 임꺽정은 어려서부터 부모 및 주변에 반항하는 천성을 타고난 사람이었고, 이러한 천성은 자라면서 정치적 저항으로 발전하였다. 그러나 그는 정치와 권력에 대해서는 깊은 생각을 못하는 사람이었다. 임꺽정은 지독한 반항아이긴 했지만 반역아는 아니었다. 그는 피지배자의 위치를 거부하고 지배자들에게 저항하고 힘을 욕망했지만, 지배자의 자리에 앉기 위해 교묘한 계략을 궁리할 줄은 모르는 위인이었다. 그는 '순수한 저항 정신'의 영웅이었다.

임꺽정의 반항 정신은 인간이 만든 모든 제도를 부정하고 도전하며 포괄적으로 나타난다. 임꺽정은 문명을 거부하는 거칠고 아름다운 원시인이자 야만인 같은 존재였다. 벽초가 임꺽정을 정확히 그런 식으로 부른 일은 없지만 임꺽정은 아내 운총을 통해 그러한 정체성과 연결된다. 그녀는 백두산에서 태어나 인적 없는 곳에서 들짐승과 함께 자랐고, 인간 세상을 전혀 모르는 소박하고 아름다운 '들짐승 같은' 야만인이었다. 임꺽정은 아내 운총을 처음 만났을 때 아내와 그녀의 남동생 천왕동이와 함께 사냥을 나간다. 그리고 그들보다 먼저 표범과 사슴을 잡아 그들 남매보다 더욱 야만인임을 증명한다. 꺽정과 운총은 곧 사랑에 빠져 아이를 낳고 결혼한다. "사랑스럽고도 거룩한 눈동자"를 가진 운총은 동생 천왕동이와 더불어 백두산에서 '못 배우고 자란 만큼' 문명의 기준과는 다른 방식으로 총명하였다.

임꺽정이 맞닥뜨려 싸워야 할 조선이란 세상, 투쟁의 대상으로서 현실은 그렇게 녹록한 것이 아니었다. 무엇보다 조선의 타락한 문화가 그를 타락시키지 못하란 법은 없었다. 이에 자연인으로서의 꺽정을 보호하는 장치로 설정된 것이 바로 그의 반지성주의였다. 임꺽정의 또 하나의 중요한 특징은 글을 못 배웠다는 것이다. 청석골에는 모사(謀士)인 서림 외에도 몇몇 두령들이 언문을 읽었지만 대장인 임꺽정은 언문도 읽지 못했다. 그가 글을 못 배운 것은 백정이라 기회가 없었기 때문은 아니었다. 그는 글방에 가서 아이들과 선생이 백정이라고 업신여기는 데 화가 나서 양반집 아이들을 패주고 선생의 '면상'에 책을 내던지고는 나가지 않았다. 그 후에도 갖바치가 글을 가르쳐 보려 하였으나 싫다고 단호히 거절했다. 갖바치로서 꺽정에게 무언가를 가르칠 수 있는 유일한 방법은 그저 이야기나 들려주는 것뿐이었고 꺽정은 이야기로만 『육도삼략(六韜三略)』을 배웠다. 중요한 사실은 갖바치도 꺽정에게 글을 가르쳐주어야 할 필요를 절실히 느끼지 않았다는 점이다. 임꺽정을 창조하고 수호한 갖바치를 포함한 이인들은 결코 반지성주의자들이 아니었다. 즉 임꺽정의 반지성주의는 애초에 그를 조선의 제일 밑바닥에 태어나도록 점지한 천상의 뜻이었고, 결코 그의 결점이 아니었다. 글공부는 조선 문화의 나쁜 점으로 임꺽정이 싸워야 할 적(敵)들의 핵심적인 문화였고 임꺽정은 가까이해서는 안 될 문화였다. 천상의 이인들은 임꺽정을 반지성주의로 무장시켰던 것이다.

이 작품의 반지성주의의 결정적인 지표는 서림(徐霖)이라는 인물이다. 그는 아전 출신으로 청석골에서는 유일하게 글을 아는 사람이었다. 사료에도 나와 있듯이, 그는 임꺽정을 배신했다. 그러나 배반했다는 역사적 사실 외에 그의 모든 모습은 벽초가 지어낸 이야기였다. 우선 서림은 권력 지향적 인간이자 물욕과 색욕과 권력욕으로 가득 찬 거짓말의 명수였다. 그는 머리가 좋을 뿐만 아니라 구변도 좋고, "남의 뜻을 짐작도 잘하고 비위를 맞추기도 잘하"는 능력 있는 사람이었다. '나쁜 짓은 다 잘한다.'는 뜻의 "선행불선(善行不善)"은 그의 트레이드마크였다. 서림의 배신은 결코 의도된 것은 아니었지만 야사에 나와 있는 대로 조정에 임꺽정 일당을 잡기 위한 정보를 주었다는 정도가 아니었다. 서림은 그들을 잡기 위해서는 가족들을 먼저 잡아야 한다는 등 악랄한 수법을 제시했다. 흥미로운 점은 청석골 두령들이 모두 서림에게 속았지만 유일하게 처음부터 그의 본질을 간파한 사람은 무리에서 제일 무식하고 우악스러운 막내 곽오주였다는 점이다. 서림을 처음부터 증오한 것은 임꺽정이 아니라 벽초였다. 꺽정은 서림을 끝까지 신임했지만 벽초는 꺽정과 서림으로 하여금 서로 철천지원수가 될 운명을 부과하였다.[*]

　　　　　　　　　　　　　　　　　　　　한국인의 탄생

동서고금에 지식인과 배신은 결코 보편적인 등식이 아니다. 제갈량은 끝까지 주군을 저버리지 않았다. 글에 기대어 사는 지식인 이란 사악한 종자라는 생각은 벽초와 당시 지식인들의 생각이었다. 그들은 이제는 하늘에서 떨어지듯 사회 밑바닥의 민중들이 솟아올라 치욕과 고통의 시대를 마감해야 한다고 생각했을 것이다.

임꺽정과 그의 공동체

그러나 임꺽정을 이렇게 조선의 신분 제도에 대해 철저히 반항하는 인물로 설정하는 과정에서, 그리고 조선의 타락한 문화의 영향으로부터 임꺽정을 보호하는 과정에서 조선의 전통문화에 반(反)하는 이질적인 요인들이 개입되었다. 우선 모든 조선의 제도를 부정하는 야

● 임꺽정은 마지막까지 서림을 신임했던 것으로 이야기되었다. "꺽정이는 서림이가 조정에 귀순한 줄을 안 뒤에도 서림이에 대하여 아직 용서성이 많았다. 서림이가 마산리 모임을 고발한 것은 용서하기 어려운 죄나 약한 위인이 혹독한 단련을 받고 본의 아닌 소리를 지껄였거니, 서림이가 처자를 그대로 두지 않고 꾀바르게 빼간 것은 괘씸한 짓이나 저의 죄를 처자에게 연좌(連坐) 쓸까 겁내기도 용혹무괴한 일이거니, 꺽정이가 이렇게 너그럽게 생각한 것은 서림이를 자기의 제갈량(諸葛亮)으로 알아서 아니 들은 말이 없고 아니 쓴 계교가 없도록 종시 신임하였으므로 서림이 제 비록 조정에 귀순하였을지라도 자기의 은의(恩義)는 잊지 아니하려니 믿었던 까닭이다. 그런데 자기 잡을 계책을 내고 자기 잡으려는 관군을 따라온다니, 이것은 분명 자기를 잡아서 저의 공명(功名)을 삼자는 것이라 꺽정이가 통분하기 짝이 없어하는 판에 눈치코치 모르는 곽오주가 분을 더 돋워서 분이 꼭뒤까지 났었다." (홍명희 1928-1940 10: 27-28). 서림이 배신한 것을 알고 임꺽정은 서림의 아들을 인질로 잡고 있다가 서림을 잡아 그가 보는 앞에서 죽이겠다고 했다. 그러나 결국 서림의 아들은 탈출을 시도하다가 붙잡혔고 임꺽정은 그를 죽이라고 명령하였다 (위의 책: 31-86).

만인, 자연인임을 설정하는 데 서구적 관념이 개입했다. 단적으로 꺽정이가 백두산 여행 중에 만난 그의 아내 운총과 그녀의 동생 천왕동이는 그야말로 우리 민족의 '타잔(Tarzan)'이었다.* 그리고 꺽정과 그의 아우들에게 부과된 자연주의는 근대 서구에서 나타난 사상이었다. 나아가서 임꺽정이 직설적으로 표현하고 있는 반지성주의는 동양의 전통에는 찾아볼 수 없는 사상이며 이 또한 근대 서구에서만 나타난 사상이었다. 이렇게 보면 임꺽정이라는 인물을 설정함에 있어 주변의 제도나 문화의 일부를 부정(否定)하는 지점에서 이질적인 서구 문화가 도입되었다는 것을 알 수 있다. 그리고 이 서구 문화의 개입은 의도치 않았던, 우연히 일어난 사고(事故)는 아니었다. 반지성주의는 갖바치도 인정한 것이었고 반지성주의의 핵심인 서림은 꽤 긴 7명의 전기(傳記)의 주인공 중의 하나였다.

벽초는 임꺽정이라는 인물을 서구 소설에 등장하는 고독한 개인으로 설정할 것을 거부했다. 앞에서 지적했듯이 근대 서구의 소설이라는 장르는 공동체에서 이탈된 고독한 개인의 이야기를 위해서 만들어졌다. 그러나 벽초의 임꺽정은 기존의 홍길동 신화를 반복하려는 이상 새로운 고독한 인물을 창조할 수는 없었고, 벽초는 '조선의 정조'로 임꺽정을 공동체 안에 존재하는 사람으로 그렸다. 그가 존재하는 공동체를 사실주의적으로 묘사하여 오히려 공동체 전

---

* 타잔(Tarzan)은 미국의 소설가 에드거 라이스 버로스(Edgar Rice Burroughs)가 1914년에 출간한 장편 소설 *Tarzan of the Apes*의 주인공이다. 이 소설은 출간 당시 2500만 부가 팔렸고 1918년에 무성 영화로 만들어졌다. 벽초가 이 작품을 접했는가는 알 수 없다.

체를 고독한 영웅으로 부각시키는 방식으로 사실주의 소설을 구상하였다. 우선 그의 이름부터 어려서 본래 '놈'이었지만 하도 말썽을 부려 외할머니가 '걱정아 걱정아'라고 탄식하던 말이 된소리로 '꺽정이'가 되었다는 것이다. 밖에서는 영웅일지 몰라도 그는 집안과 동네에서는 걱정거리였다. 임꺽정이 도적 떼에서 두목으로 추대된 가장 중요한 이유는 따뜻하고 인정 많고 친구와 호걸들을 잘 사귄다는 것이었다. 그는 어려서부터 친구들을 끔찍하게 위하였다. 애초에 꺽정의 친구들은 갖바치가 준비해 놓은 박유복이와 이봉학이었고 이들을 통해 호걸들과 사귀게 되었다. 물론 이 과정에서 그는 힘자랑으로 인정과 존경을 받았고, 엄청난 주량도 큰 도움이 되었다. 임꺽정은 불쌍한 처지에 있는 사람을 보면 누구라도 동정하고 도와주었다. 그는 짐승과도 정을 통하고 호랑이의 체통이 상하는 것도 못 보는 위인이었다. 나아가서 그는 평소에는 감정 통제를 꽤 잘하는 편이었다. 결국 그는 바보도 아니었고 무지막지한 사람도 아니었다.* 임꺽정은 천하장사이자 천재일 뿐 아니라 인간적인 매력도 타고난 공동체 안의 영웅이었다.

임꺽정의 의형제들에 대해서는 홍길동의 활빈당의 경우와는 달리 이야기가 길게 펼쳐진다. 벽초가 의형제들의 이야기를 길게 소개한 것은 수많은 희한한 이야기들을 들려줄 자리를 마련하기 위함이었고 이는 『수호전』의 영향으로 보인다.[1] 따라서 〈의형제편〉은 모방이라 볼 수도 있으나 오히려 변형이라는 점에서 벽초의 독창성이 돋보인다. 청석골에는 양산박처럼 분업과 전문화가 이루어져 있었다. 임꺽정은 힘과 검술, 이봉학은 활쏘기, 박유복은 표창 던지기, 곽오주는 쇠도리깨, 황천왕동이는 속보, 배돌석이는 돌팔매의 대가였고 서림은 모사였다. 그들의 재주는 모두 신기에 가까웠고 그들의 이야기는 영웅전 안에 들어 있는 독립된 소영웅전이었다. 이들이 양산박 영웅들과 다른 점은 각각의 의형제들은 하나같이 '의로운' 양산박의 영웅들과는 달리 독특한 사연과 무용담이 있기도 하지만 각자 개성과 괴벽과 심리적 문제를 안고 있다는 점이다. 나아가서 이들은 다양한 계급 출신으로 분배되었다. 중인 출신, 양반집 서자 출신, 장사꾼 출신, 역졸 출신, 머슴 출신, 아전 출신 등 사회 밑바닥의 다양한 계급의 대표들이었다. 그러나 임꺽정의 경우와 마찬가지로 그들은 그들의 계급 대표성이 영웅으로서의 조건에 아무런 의미가 없는 탈계급화된 인물들이었고 다른 한편에서는 개인의 정체성이 뚜렷하지 않은 집단이었다.**

당연히 이들의 조직에는 한계가 있었고 양산박과는 다른 원리로 움직이고 있었다. 임꺽정이 입당하기 이전에 이들의 조직은 이미 얼추 이루어져 있었다. 탑고개에서 행인을 터는 일도, 보초를 서는 일도 순번으로 정해져 있었고 패거리 안의 계급 구조도 확정되어 있었다. 서림이 입산하던 때에는 "청석골 적굴의 대소사는 다섯 두령이 같이 의논하여 결처하되 늙은 오가가 연치·이력·언변으로 괴수격이 되어서 의논을 조종하고 결처를 좌우하는 일이 많았다." 각자가 소영웅들로서 이들은 거의 평등한 관계였고 이들의 조직은 원시 공동체 같은 형태였다. 꺽정은 이렇게 끈끈한 정으로 뭉쳐진 가족과 비유되는 집단의 맏형이었고, 그가 이들을 통제하는 방법은 '인격적 지배'였다. 그들은 임꺽정의 아우라는 이유만으로 이해관계는 물론이고 모든 명분, 원한, 논리, 이념 등이 초월되는 가부장제적 집단이었다. 그들은 늘 농담을 주고받고 언쟁을 벌이고 짓궂은 어린

애들처럼 장난질을 치는 모습으로 나타났다. 뒤에서 논의하겠지만 임꺽정이 권력욕을 갖게 된 후에는 이들의 공동체가 서서히 변하기 시작한다.

영웅 임꺽정

사회의 밑바닥에 태어난 영웅 임꺽정은 여러 문제들을 맞닥뜨리게 되었고 그 대표적인 것이 정치와 권력에 대한 모순된 생각과 행동들이었다. 원래 기고만장한 그였지만 백정으로 천대받고 좌절 속에 세상과 부딪치며 나이 사십 가까이 살다보니 현실주의자가 되어갔다. 그러나 그는 세상에 복수하려는 생각보다는 자유롭게 살아갈 궁리를 하게 되었다. 일단 그는 관계(官界)에 진출하여 출세하고 영달을 누려 보려는 생각은 아예 포기했고 미련도 없었다. 자신은 원래 조

• 최명(崔明)은 다음과 같이 말하였다. "벽초 자신이 유식하니까 아무리 꺽정이를 무식하게 그리려 하여도 무식하게만 그릴 수는 없었던 모양이다." (최명 1996: 258). 한편 작품이 금서가 된 이후 조영암(趙靈巖)은 모작을 썼는데 〈의형제편〉에 해당하는 부분에서 시작하며, 임꺽정이라는 인물의 성격을 다음과 같이 요약하며 시작한다. "임꺽정(林巨正)은 비록 백정의 아들로 태어났으나, 분명히 영특한 인물이었다. 그는 정신이 빼어나게 총명하였을 뿐 아니라, 또한 힘이 천하 장사였다. 그는 힘이 천하장사일 뿐만 아니라 또한 전고에 없는 유명한 검객이었다." (조영암 1956-1957 1: 22). 이 말은 조영암이 벽초의 임꺽정을 제대로 이해하고 있었음을 보여준다.

••• 이들은 작품에서 각자 이름을 가진 개인 영웅들로 등장했지만 이 작품이 금서가 된 이후에 나온 모작들에서는 모두 이름이 바뀌어 다른 이름들로 나오고 있다. 이들 의형제들은 고유한 정체성을 가진 개인들이기도 했지만 동시에 집단으로 인식되었다.

직과 권력 관계에 얽매이는 것을 천성적으로 견딜 수 없다는 것을 그는 잘 알고 있었다. 그는 권력 관계에 대하여 결과를 생각하며 행동하는 간특(奸慝)한 타입과는 거리가 멀었다.

임꺽정은 도적이 되는 것에 대해 이중적인 생각을 갖고 있었다. 그는 도적이 된 친구들을 동정하였고, 그토록 순수한 사람들이 도적이 될 수밖에 없게 하는 세상은 '망할 세상'이라고 확신하고 있었다. 한편으로 임꺽정은 도적이 되는 것을 권력에 도전하는 길이라기보다는 오히려 이 '망한 세상'에서 양반들과 관의 억압을 피해 자유롭게 살아가는 유일한 방법이라고 생각했다. 그럼에도 불구하고 한편으로 그는 도적은 나라에 도전하는 일이라 간주하고 자신은 도적이 되지 않기 위해 노력했다. 그는 나이 사십이 다 되어 막다른 골목에 몰리기 전까지는 입당하지 않았다. 양반들을 증오하고 세상을 싫어한다고 입버릇처럼 말했지만 행동에 나서지 않은 것은 그도 고민이 많았기 때문이었다.* 임꺽정은 타고난 저항 정신과 백정이라는 현실의 갈등 속에서 좌절하고 번민하는 슬픈 현실주의자가 되어 갔다. 임꺽정이 청석골 두목으로 입산한 것은 병해대사(갓바치)가 아무도 이해하지 못할 한시(漢詩)로 된 유언을 남기고 죽고 난 후였다.** 그가 죽자 임꺽정은 한편으로는 끈 떨어진 연 같은 흔들리는 존재가 되었고 다른 한편으로는 무엇이라도 할 수 있는 자유로운 존재가 되었다. 임꺽정이 청석골의 두목으로 입산했을 때는 갈등과 모순으로 꽉 찬 존재였다. 한번은 청석골에 관상쟁이가 와서 꺽정을 보고 "저렇게 극히 귀하구 극히 천한 상은 나는 처음 보우"라고 했다.

나이 사십이 가까워 청석골 괴수가 된 임꺽정은 어릴 때와는 아주 달라진, 일그러진 모습이었다. 그는 계급과 권력의 문제에 관한 한 어려서처럼 아무 생각이나 함부로 내뱉는 그런 사람이 아니었다. 작가는 그의 심리를 다음과 같이 묘사한다.

> 대체 꺽정이가 처지의 천한 것은 그의 선생 양주팔이나 그의 친구 서기(徐起)나 비슷 서로 같으나 양주팔이와 같은 도덕도 없고 서기와 같은 학문도 없는 까닭에 남의 천대와 멸시를 웃어버리지도 못하고 안심하고 받지도 못하여 성질만 부지중 괴상하여져서 서로 뒤쪽되는 성질이 많았다. 사람의 머리 베기를 무밑동 도리듯 하면서 거미줄에 걸린 나비를 차마 그대로 보지를 못하고 논밭에 선 곡식을 예사로 짓밟으면서 수채에 나가는 밥풀 한 낱을 아끼고 반죽이 눅을 때는 홍제원 인절미 같기도 하고 조급증이 날 때는 가랑잎에 불붙은 것 같기도 하였다.
>
> 『임꺽정』 7권, 23쪽

- 임꺽정은 평양 봉물 사건과 연루되어 아비는 죽고 가족들은 모두 옥에 갇혀 있는 상황에서 자수할 것인가, 도피할 것인가 그렇지 않으면 파옥하고 모두 구출하여 도적이 될 것인가 고민하였다. "세갈랫길이 다같이 꺽정이 마음에는 좋지 않았다. 도적놈의 힘으로 악착한 세상을 뒤집어엎을 수만 있다면 꺽정이는 벌써 도적놈이 되었을 사람이다. 도적놈을 그르게 알거나 미워하거나 하지는 아니하되 자기가 늦깍이로 도적놈 되는 것도 마음에 신신치 않거니와 외아들 백손이를 도적놈 만드는 것이 더욱 마음에 싫었다. 서림이가 중언부언 이해를 말하고 천왕동이가 조급하게 결정을 재촉하여도 꺽정이는 이렇다 저렇다 대답 한마디가 없어서 (……)."(홍명희 1928-1940 6: 124).

- 갖바치가 남긴 한시로 된 유언은 다음과 같다. "三年笛裏關山月 / 九月兵前草木風 / 扶桑西枝封斷石 / 天子旌旗在眼中."

그는 성격에 모순이 많았고 그 정도는 보통 사람보다 좀 심했으리라고 상상할 수 있다. 그는 호걸이었지만 '알고 보면' 원한에 차 있으면서도 섬세한 인간이었다. 천한 자리에 태어난 영웅 임꺽정은 자신의 능력에 대한 자신감에도 불구하고 겪어온 온갖 좌절로 인해 모순 덩어리가 되었고 이 마음의 틈새로 유혹과 시련이 찾아왔다.

단적으로 임꺽정은 '민중' 영웅이었다.[*] 이렇게 '민중' 영웅으로 나타나게 된 이유는 벽초가 홍길동의 신화를 벽초의 시대에 뿌리박은 사실주의적 근대 소설의 영웅으로 만들어 나가는 과정에서 벽초를 위시한 당시의 지식인들 사이의 사상이 가미되어 나타난 결과였다. 임꺽정이 '민중 영웅'인 것은 벽초는 '민중'이라는 말을 거의 쓴 일이 없지만 임꺽정이 대표하고 이끄는 사람들은 가난하고 힘없는 사람들로서 지식인들의 지도를 거부하고 독자적인 삶의 공간, 공동체를 이루어 왔고 이를 지키며 싸움에 나선 사람들이었기 때문이다.

• '민중 영웅'이라는 용어는 조동일의 용어였고 우리 문화를 이해하는 데 대단히 중요한 개념이라 생각된다. 조동일은 민중 영웅의 특징을 "① 미천한 혈통을 지닌 인물이다. / ② 범인과는 다른 탁월한 능력을 타고 났다. / ③ 능력을 발휘하지 못하고 비참하게 죽었다."는 세 부분으로 제시한다 (조동일 1992: 55). 물론 필자는 임꺽정의 경우에 타당한 개념이라 생각하지만 이보다는 좀 더 다른 내용이 있다고 생각된다.

한국인의 탄생

근대인 임꺽정

임꺽정은 전10권 중 제7권 〈화적편〉에 이르면 청석골 두목이 되고 서울에 가서 부인―첩이 아니라―을 셋이나 얻고 기생첩을 얻는 등 독자들을 혼란에 빠뜨렸다. 더구나 그는 포악하고 '치졸한' 모습도 보이기 시작했다. 이 부분은 『임꺽정』을 해석하려는 학자들에게도 큰 난제로 남아 있다. 혹자는 벽초가 당시에 작가로서의 집중력을 상실하여 일관성을 유지하기 못한 탓으로 돌리기도 했고 또 혹자는 독자들이 재미있게 읽도록 황당한 이야기를 늘어놓은 탓으로 돌리기도 했다.* 그러나 작품을 자세히 읽어보면 이러한 설명은 난센스임을 알 수 있다. 이 대목은 앞뒤로 정교한 플롯으로 짜여 있다.

변신

임꺽정은 청석골 두목이 되자 처음에 조직을 이끌고 무엇을 어떻게 할지 별로 뚜렷한 생각이 없었다. 그런데 어느 날 서림은 은밀히 할 이야기가 있다며 다음과 같이 말한다.

> "화내시지 말구 제 말씀을 끝까지 들어 주십시오. 앞으루 큰일을 하실라면 순서가 있습니다. 먼저 황해도를 차지하시구 그 다음에 평안도를 차지하셔서 근본을 세우신 위에 비로소 팔도를 가지구 다투실 수가 있습니다. 그런데 황해도를 차지하시기까지는 아무쪼록 관군을 피하시구 속으루 힘을 기르셔야 합니다."
> 꺽정이가 서림이 말을 들을 때 눈썹이 치어들리고 입이 벌려지더니 몸을 움직여서 서림에게로 가까이 나앉으며
> "황해도 하나를 차지하두룩 되재두 졸개가 사오백 명 있어야 하지 않겠소?"
>
> 『임꺽정』 7권, 16쪽

서림은 모반 즉 혁명을 일으킬 장기 계획을 은밀히 제시하고 이를 위해서 쳐들어올 관군과 접전을 피하고 힘을 길러야 한다는 계

• 강영주는 다음과 같이 설명한다. "이러한 〈화적편〉의 초두 부분은 형식 면에서는 〈의형제편〉보다도 원숙한 수준을 보여주고 있다. 그러나 내용 면에서 보면 이와 같이 민중 생활에 밀착된 묘사에서 일탈하여 의외의 사건으로 이야기가 빗나가고 있을 뿐 아니라, 사건 진행이 지나치게 느려지고 있음을 발견하게 된다. 이러한 비판의 소지가 있는 만큼 〈화적편〉 '청석골' 장이 내용상 궤도 이탈의 조짐을 보이게 된 것은, 이 시기 홍명희가 질병과 가난에 시달리는 한편 사회적 전면을 점차 잃어가게 된 사정과도 무관하지 않을 것이다." 이와 비슷하게 염무웅도 벽초의 긴장이 풀어졌다고 설명한다 (임형택·강영주 편 1996: 291; 332-334).

한국인의 탄생

책을 내놓는다. 이에 임꺽정은 가타부타 대답을 하지는 않았으나 곧 그의 행동은 달라지기 시작한다. 이어지는 각종 변화들은 그의 마음에 이는 풍랑, 권력에의 부푼 꿈의 결과였다. 그는 이천(伊川) 광복산으로 잠시 산채를 옮기는 계획을 공론에 부치지 않고 강행하며 반대를 억누르기 위해 '군령판(軍令板)'을 만든다. 청석골 식구들은 전전긍긍한다. 더구나 임꺽정은 산채를 옮기는 과정에서 의도적으로 살인을 저지르고, 옮기고 나서는 마을 사람들이 말을 듣지 않는다는 이유로 몰살시켜 버린다. 임꺽정은 포악해지고 청석골이 끔찍한 '화적 떼'로 변한 것은 이 맥락에서 벌어진 일이었다.

그 와중에 꺽정은 가짜 임꺽정이 철원과 영평에 출현해서 부녀자를 겁탈하는 등 만행을 저지른다는 소식을 듣게 된다. 그는 격분했고 다음날 아침 서울에 다녀오겠다고 한다.

"어젯밤에 생각해 보니 내가 아무래두 서울을 한번 갔다 와야겠어. 내가 서울 가 앉어서 내 이름을 가지구 창피한 짓 하는 놈들을 자세히 알아본 뒤에 한두 놈 본보기를 내놀 작정이야. 이왕 가는 길에 우리들에게 있는 금은보패를 가지고 가서 팔아왔으면 이런 두메 구석에서두 군색치 않게 지낼 수 있을 테니 연전에 평양 봉물 노노목한 것을 모두 도루 거둬서 나를 주면 좋겠는데 여럿의 의향이 어떤가? 가지구 싶은 물건은 가지구 팔아 쓰구 싶은 물건만 내놓으란 말이야. 이번에 내놓는 물건을 팔아서 공용에 쓰거나 내가 쓰게 되면 그건 나중에 도루 다 물어주지."

하고 말하니 여러 두령은 다 네네 대답들 하였다.

격정이는 자기의 이름을 떠대고 창피한 짓 하는 놈을 몇 놈 본
보기로 버릇 가르칠 생각도 났거니와 두메 구석에 들어앉아서
답답하게 지내느니 번화한 곳에 가서 속시원하게 놀다 오고 싶
은 생각이 들어서 겸두겸두 서울길을 떠나는데 피물·약재·서
화(書畫)·옥기명·금은붙이를 한 짐 좋게 만들어서 졸개 하나를
짐꾼삼아 데리고 단둘이 보행으로 떠났다.

『임꺽정』 7권, 50쪽

임격정이 서울에 가는 동기는 복합적이었다. 가짜 임격정들
을 혼내주고, 평양 봉물에서 나온 보화를 현금화하는 등 일도 보아
야 하겠지만 한편으로는 마음이 들떠서 서울에서 좀 놀다 오리라고
생각한다. 길을 떠나 영평 고개에서 쉬고 있는데 어떤 애꾸 하나가
환도를 들고 나타나 자기가 임격정이라며 짐을 내놓으라고 한다. 격
정은 어이가 없었다. 자기가 진짜임을 밝히고 바로 애꾸를 제압하니
그는 무릎을 꿇고 목숨만 살려달라고 빈다. 그리고는 너스레를 떨기
시작한다. 그의 이름은 '노밤'이라고 했다. 한참이나 실없는 소리를
계속 지껄이니 격정은 그의 말을 받아주다가 말려들기 시작한다.

격정이는 처신으로 실없은 말을 안할 뿐외라 천성이 실없은 말
을 잘하지 못하는 까닭에 졸개가 근 일 년 동안 격정이 수하에
가까이 돌았건만 누구하고든지 실없은 말 하는 것을 들어본 적
이 없었다. 격정이가 노밤이 데리고 수작하는 말을 졸개는 옆
에서 듣고 속으로 괴이쩍게까지 여겨서 (……)

『임꺽정』 7권, 64쪽

한국인의 탄생

노밤은 온갖 아첨을 떨고 희한하고 웃기는 이야기들을 늘어놓아 꺽정의 마음을 녹이고 말았다. 서림의 계책으로 인해 들뜨고 긴장했던 꺽정의 마음은 맥없이 풀어지고 말았다.

꺽정은 서울에서 장물업자인 '남소문안패'의 괴수 한 첨지 집에 여장을 풀었고 그의 아들 한온은 친구이자 물주가 되었다. 심심하던 차에 한온은 꺽정에게 기생방에 놀러가자고 했고 꺽정은 처음에는 여러 차례 사양하지만 결국 "옛날 송도 황진이(黃眞伊)나 성주 성산월(星山月)이나 평양 옥매향(玉梅香)이 같은 절등한 미인"에 대해 호기심을 내어 기생방에 따라 나선다. 생전 처음 기생집에 간 꺽정은 거기에 있던 왈짜들에게 한껏 힘자랑을 하여 다 쫓아버리고 기생 소홍이와 동침한다. "소홍이는 사내를 놀리는 수단이 좋고 꺽정이는 계집을 거느리는 힘이 좋아서 둘의 사이가 찰떡과 같고 꿀 같았다." 그러던 차 매파가 꺽정에게 "서울 안해"를 얻으라고 유혹한다. 처음에는 거절하지만 매파가 계속 조르자 나중에는 꺽정도 적극적으로 달라붙는다. 매파를 따라 과부 모녀를 만나러 가자 윤원형네 집 하인들이 몰려드는데, 꺽정은 10여 명을 그 자리에서 해치우고 향나무를 뽑아 전대미문의 영웅담을 만들었다. 또 하루는 집에서 일하는 '상노 아이'의 어미가 아들이 보쌈을 당해 죽었다며 복수를 애원한다. 꺽정은 거절했으나 노밤이 도저히 거절할 수 없는 상황을 만들어 결국 야밤에 원 판서 집 딸을 죽이러 담을 넘는다. 그러나 그는 그 집에서 애꿎은 할미만 발로 차서 죽이고 딸은 죽이지 못하고 업어와 또 아내로 삼는다. 그러고는 또 업어온 원 판서 집 딸을 위해 얻은 집의 옆집에서 '못된 과부 여편네'가 소란을 피워 혼내주러 밤에 담을 넘어갔다가 정분이 맞아 또 아내로 삼는다.

꺽정이 서울에 머물며 산채로 돌아가려 하지 않고 5~6개월이 지나자, 답답한 두령들이 서울로 찾아와 산채로 돌아가자고 독촉한다. 그러나 꺽정은 종내 돌아가려 하지 않는다. 꺽정의 이런 행동은 두령들에게는 전혀 뜻밖이었다. 천왕동이는 꺽정에게 따귀를 얻어맞고 "기가 막혀서 말이 안 나왔다." 그러고는 산채에 돌아와 두령들에서 "우리 대장이란 이가 꼭 오장이 바뀐 것 같은데"라고 꺽정이 딴사람이 되었다고 하소연한다. 결국 꺽정의 아내는 백손이 등과 함께 꺽정을 데리러 서울로 와서 대판 붙고야 만다.

꺽정이가 백손 어머니를 머리채 잡아서 치켜들고 내두르다가 휜당기 내세울 때 손을 놓아서 백손 어머니는 방바닥에 나동그라졌다. 백손 어머니가 다시 일어나며 곧 꺽정이게로 바락바락 달려들어서 꺽정이는 치고 차고 백손 어머니는 물고 뜯고 쌈을 하는데 건넌방에 있던 사람들이 우 건너와서 이봉학이, 박유복이, 한온이 세 사람이 꺽정이의 앞을 둘러막고 백손이가 저의 어머니 앞을 가로막아서 쌈을 떼어놓았다. 꺽정이도 몸에 몇 군데 상채기가 났지마는 백손 어머니는 그동안에 벌써 참혹하게 당하였다. 육중한 손에 이마가 터져서 피투성이가 되고 센 발길에 앞정강이가 부러져서 다리 한 쪽이 병신이 되었다.

『임꺽정』 7권, 277쪽

이런 일이 있은 후에야 꺽정은 마지못해 청석골로 돌아왔다.

유혹

서울에 가기 전과 서울에 가서의 꺽정의 모습 사이에 명백한 단절이 있음은 여러 차례 작품 안에서 인물들에 의해서 지적된다. 그 사이에는 몇 가지 사건들이 정교하게 배치되어 있다. 우선 서림의 '조선 팔도'를 장악하기 위한 장기 계획이 있었고, 그에 따른 청석골 내부의 진통이 있었고, 산채를 광복산으로 잠시 옮기는 대사업이 있었고, 그러고는 가짜 임꺽정 행세를 하던 노밤과의 만남이 있었고, 마지막으로 서울에서 한온과 매파들의 유혹이 있었다. 이 과정은 벽초가 미리 구상해서 깔아놓은 복선에 따라 시작되었다.* 그리고 이 과정에서 결정적인 요인은 몇 차례로 나누어져 이루어진 일련의 유혹(誘惑)이었다. 첫째, 서림이 조선 팔도를 약속했고 그때부터 임꺽정

---

* 임꺽정이 청석골에 들어가기 전 제6권에서 서림이 평양 봉물 수송의 정보를 청석골에 알려주어 그들은 봉물을 약탈하였고 이 사건이 계기가 되어 임꺽정은 입산하지 않을 수 없는 상황에 몰리게 되었다. 나아가서 제6권 후반에서 길막봉이가 아내를 데리러 갔다가 안성에서 잡히게 되었다. 꺽정과 친구들은 파옥을 하여 막봉이를 구하고 도주하여 진천 이방 집에 숨어 있게 되었다. 그사이 꺽정은 그를 유혹하는 이방의 첩과 관계하게 되었다. 그는 떠나면서 이방에게 그의 첩과 관계했음을 사과할 요량으로 솔직히 말했다. 이방은 화가 났으나 참고 지내다 하루는 그의 첩을 죽이고 도망갔다. 그 사건으로 꺽정이네 패가 그 집에 숨어 있던 것이 들통이 나고 결국 그 집 가산은 적몰당하고 집은 '파가저택(破家瀦澤)'을 당하고 말았다 (홍명희 1928-1940 6: 315-326).

평양 봉물 사건으로 꺽정에게 이른바 '물욕(物慾)'이 나타났다. 즉 당장 필요하지도 않은 엄청난 양의 재물에 대한 욕심이 나타났고, 진천 이방 집 사건으로 임꺽정은 '색욕(色慾)'이 나타나게 되었다. 이 일화는 얼핏 별 의미 없이 쓰인 것 같지만 이후의 사건들을 암시하고 준비하고 있다.

은 변하기 시작했다. 둘째, 해학적이기도 하고 '숭물스런' 노밤과의 만남은 그에 못지않게 중요한 계기였다. 서림의 장기 계획이 고전적인 권력의 유혹이었다면 노밤의 경우는 꺽정의 심리를 묘하게 이완시켜 무방비 상태로 만들어버린 경우였다. 노밤은 임꺽정이 부러워 애꾸 주제에 그를 흉내 내려했던 어처구니없는 임꺽정의 '극성 팬'이었고, 꺽정은 노밤의 아첨과 너스레에서 '천하장사 임꺽정', 멋진 자신의 모습을 보았다. 임꺽정에게 노밤이 미울 리가 없었고 꺽정은 노밤의 애교와 아첨과 너스레에 이성을 잃고 나르시스(Narcisse)가 되고 말았다.ᐧ 노밤의 아첨과 너스레는 '허영(虛榮)의 유혹'이었다.

조선 팔도를 약속한 서림은 이를테면 메피스토펠레스(Mephis-topheles)의 분신이었다. 그리고 애꾸눈 노밤이는 메피스토펠레스의 다른 분신이었다. 메피스토펠레스는 파우스트에게 강아지의 모습으로 다가가 그를 유혹하여 순진한 소녀를 죽음으로 몰아가고 기어이 트로이(Troy)를 파멸로 몰고 간 헬레네(Helene)를 찾아 나서게 한다. 서림과 노밤은 그 악마의 조선판이었다. 임꺽정은 서림이 제시한 '권력의 유혹'에 마음이 흔들린 다음, 다시 노밤을 통해 이성을 잃고 본능에 사로잡힌 상태가 되었고, 따라서 꺽정의 서울 나들이는 서림과 노밤에 의해 궤도가 조작된, 욕망의 세계로의 신나는 새로운 모험이었다. 서림의 경우는 이미 청석골에 입당할 때부터 평양 봉물을 안겨줌으로써 청석골 도적들에게 물욕(物慾)의 저주를 내린 바 있었

ᐧ 주변에서는 임꺽정에게 노밤이는 '음흉하다', '위험하다', '불길하다'고 내치라고 충고하였다. 그러나 그때마다 임꺽정은 늘 '밉상은 아니다' 하며 충고를 무시했다.

한국인의 탄생

다. 그 후에도 서림과 노밤은 임꺽정을 배신하여 그를 사지(死地)에 몰아넣었다. 임꺽정은 서림의 배신은 나중에 알았지만 노밤의 배신은 까맣게 모르고 있었다. 아마 소설이 완결되었다면 노밤이야말로 구월산성에서 결정적으로 배신한 장본인이었을 것이다.* 화적 임꺽정의 서울 나들이 대목은 많은 차이점에도 불구하고 벽초가 괴테의 『파우스트』에서 아이디어를 얻어 활용한 부분이었다.** 물론 이 과정에서 벽초는 '조선의 정조'를 지키기 위해 『파우스트』 식의 장중한 독백체는 한 마디도 쓰지 않았고 신비스러운 분위기를 피하고 친숙하고 인간적인 분위기를 유지하고자 메피스토펠레스를 작은 악마들로 분리하여 서림이, 노밤이, 한온이, 매파 등의 인물들에게 유혹자의 역할을 나누어 맡겼다.

이 부분을 집필한 때는 벽초가 작가로서의 집중력을 잃고 있던 시기가 아니었다. 1934년 9월부터 1935년 12월까지의 기간은 40

---

* 이익(李瀷)의 『성호사설(星湖僿說)』에 따르면 임꺽정이 구월산성(九月山城)에서 남치근과 싸울 때 서림이 귀순해 와서 꺽정이패의 약점을 일일이 알려주어 관군이 토포에 성공하고 임꺽정도 죽였다는 것이다 (이익 1997: 220). 또한 『기재잡기』에도 그렇게 쓰여 있다 (임형택·강영주 편 1996: 457). 그러나 『명종실록』에 따르면 서림은 이미 오래전에 귀순한 것이 사실이며 소설에도 그렇게 쓰였다. 따라서 구월산성에서 배신한 사람은 서림이었을 리가 없으며 야사 작가들이 이름을 혼동했던 것이다. 벽초가 이 자료들을 알고 있었다면 마지막에 배신할 사람으로 노밤이를 남겨두고 있지 않았을까 하고 짐작할 수 있다.

** 벽초가 괴테를 언급한 경우는 「『신소설』 창간사」(1929. 12.)가 유일한 경우였다. 그는 다만 서양의 대문호들의 이름을 나열했을 뿐이다 (위의 책: 72).

대 중반의 원숙한 작가로서 명정한 의식과 집중력으로 집필에 몰두하던 시절이었고 이 부분이야말로 대문호의 자질이 십분 발휘된 곳이었다.[*] 『명종실록』 권26에 나온 서울 성 안에 임꺽정의 처가 셋이 있어 체포했다는 기록과 각종 사료에 나오는 임꺽정의 살인, 방화 등의 포악한 행적들을 자신이 쓰는 민중 영웅 이야기 '임거정전(林巨正傳)'에 어떻게 수용할 것인가는 까다로운 문제였을 것이다. 벽초는 오랫동안 이 문제에 대해 고민하여 처음부터 구체적인 구상을 가지고 출발했을 것이다.[**] 만약 임꺽정이 원래 처음부터 색이나 밝히고 살인을 일삼는 인물이었다면 벽초가 그리고자 했던 '민중 영웅', 임꺽정은 불가능했을 것이다. '한때 권력과 허영의 유혹에 빠져 욕망

---

[*] 이 부분이 연재되고 있던 1934년부터 1935년까지의 시기는 벽초로서는 가난했던 시기라고 볼 수 없다. 강영주는 다음과 같이 말한다. "『임꺽정』을 연재 중이던 1934년 무렵 홍명희는 조선일보사로부터 매월 백 원씩을 받아, 당시 조선 문단에서 최고의 고료를 받는 문인이자 드물게 원고료로 생활하는 문인으로 알려져 있었다. 그러나 『임꺽정』은 몇 차례나 연재가 중단되었을 뿐 아니라 연재되는 동안에도 휴재가 잦았으므로, 그 원고료 만으로는 대가족의 생계를 해결하기에 부족했을 것이다." (위의 책: 322).

[**] 벽초 자신은 이 부분의 연재를 1934년 9월에 시작하며 "화적 임꺽정이 사람 임꺽정의 본전(本傳)이요, 소설 임꺽정의 주제목(主題目)입니다."라고 밝혀 가장 중요한 부분임을 스스로 다졌다. 「『林巨正傳』의 본전—화적편 연재에 앞서」(1934. 9. 8. 조선일보), (위의 책: 40). 나아가서 이번 연재에는 460일 동안 140회 가량밖에는 연재되지 못하였다. 강영주는 벽초의 건강이 안 좋았기 때문이 아닌가 짐작했으나 다른 한편 어느 부분보다도 심혈을 기울였기 때문일 수도 있다. 강영주 스스로도 당시 벽초는 집필과 독서에 전념하던 시기였다는 점을 확인한다 (강영주 1999: 290-292).

한국인의 탄생

의 세계를 잠시 여행했다.'는 플롯은 임꺽정의 영웅상을 유지할 수 있는 묘수였다. 임꺽정은 〈화적편〉에서 자신의 능력을 어느 때보다 실컷 발휘했고 벽초 또한 소설가로서의 재능을 마음껏 발휘했다.

돌아온 임꺽정

그리고 유혹에 빠져 이성을 잃었던 임꺽정이 원래 자신의 모습으로 돌아오는 과정 또한 정교하고 세밀하게 기술되었다. 일단 색욕에 관하여 꺽정의 마음은 그의 부하들이 꺽정의 아내와 그들의 아내들을 데리고 송도에 굿 구경 갔다가 한 차례 곤혹을 치르고 나서야 다시 다잡을 수 있었다. 그러고도 꺽정이는 다시 서울에 들러 며칠 소흥과 지내기는 했지만 고민이 많아 여색에 대한 관심은 잃어버린 지 오래였다. 그는 소흥으로부터 봉산 군수로 부임하는 윤지숙이 임꺽정이 백정이라고 했다는 말을 전해 듣고 화가 치밀었다. 꺽정은 술을 연거푸 마시고는 소흥이에게 이렇게 말한다.

> "나는 함흥 고리백정의 손자구 양주 쇠백정의 아들일세. 사십 평생에 멸시두 많이 받구 천대두 많이 받았네. 만일 나를 불학 무식하다구 멸시한다든지 상인해물한다구 천대한다면 글공부 안 한 것이 내 잘못이구 악한 일 한 것이 내 잘못이니까 이왕 받은 것보다 십 배, 백 배 더 받더래두 누굴 한가하겠나. 그 대신 내 잘못만 고치면 멸시 천대를 안 받게 되겠지만 백정의 자식이라구 멸시 천대하는 건 죽어 모르기 전 안 받을 수 없을 것인데, 이것이 자식 점지하는 삼신할머니의 잘못이거나 그렇지 않으면 가문 하적하는 세상 사람의 잘못이니까 내가 삼신할머

니 탓하구 세상 사람을 미워할밖에. 세상 사람이 임금이 다 나보다 잘났다면 나를 멸시 천대하더래두 당연한 일루 여기구 받겠네. 그렇지만 내가 사십 평생에 임금으루 쳐다보이는 사람은 몇을 못 봤네. 내 속을 털어놓구 말하면 세상 사람이 모두 내 눈에 깔보이는데 깔보이는 사람들에게 멸시 천대를 받으니 어째 분하지 않겠나. 내가 도둑눔이 되구 싶어 된 것은 아니지만, 도둑눔 된 것을 조금도 뉘우치지 않네. 세상 사람에게 만분의 일이라두 분풀이를 할 수 있구 또 세상 사람이 범접 못할 내 세상이 따루 있네. 도둑눔이라니 말이지만 참말 도둑눔들은 나라에서 녹을 먹여 기르네. 사모 쓴 도둑눔이 시굴 가면 골골이 다 있구 서울 오면 조정에 득실득실 많이 있네. 윤원형이니 이량이니 모두 흉악한 날도둑눔이지 무언가. 보우(普雨) 같은 까까중이까지 사모 쓴 도둑눔 틈에 끼여서 착실히 한몫을 보니 장관이지. 이런 말을 다 하자면 한이 없으니까 고만두겠네. 자네가 지금 내 본색을 안 바에는 인제 고만 자네하구 작별인데, 이 세상에서 다시 만날는지 모르는 마지막 작별에 말없이 일어서기가 섭섭해서 내 속에 있는 말을 대강 하네. 그러구 내 종적을 자네가 헌사할 리는 만무하지만 혹시 한두 사람에게라두 말한 것이 드러나면 오입쟁이 임선달 대신 도둑눔 괴수 임꺽정이가 자네를 보러 올는지 모르니 그리 알구 조심하게."

『임꺽정』 8권, 145-146쪽

바로 여기에서 임꺽정은 평생 처음으로 자기의 속마음을 사석(私席)에서 직설적으로 털어놓았다. 소설에서 최초로 그리고 유일

　　　　　　　　　　　　　　　한국인의 탄생

하게 주인공 임꺽정이 '양취(洋臭) 나는' 고백(confession)을 하는 장면이다. 〈화적편〉은 근대 서구 문학의 대표작의 플롯을 빌려 온 부분이었다. 따라서 임꺽정은 '양취 나는' 고독한 영웅이 될 수밖에 없었고, 그러한 고독한 영웅이라면 고백을 안 할 수 없었다. 급기야 임꺽정답지 않은 장면을 연출하고야 말았다. 이 장면은 벽초가 얼마나 섬세하고 정교한 작가인가를 유감없이 드러낸다.

그 후 임꺽정은 괴수로서의 힘을 의식하고 관원들에게 도발하는 등 복수심을 해소하는 일로 소일한다. 꺽정은 아내들과 첩을 데려오기 위해 다시 서울에 갔다가 노밤의 밀고로 포교들과 접전을 벌이고 소홍을 청석골로 데려왔다. 그는 서울에 남겨둔 세 아내들이 잡혀서 전옥(典獄)에 갇히자 무리한 파옥 계획을 강행하다가 문제를 일으키기도 했다. 그러나 이런 일들은 꺽정으로서는 여인들에 대한 인간적 연민에서 연유된 것이지 색욕이 다시 동했다고 보기는 어렵다. 무엇보다 이때 오래 단산(斷産)했던 백손 어미는 임신을 해서 딸을 낳았다.

이윽고 임꺽정에게는 다른 종류의 시련이 찾아왔다. 어느 날 청석골에는 과거 보고 돌아가던 선비들이 잡혀왔는데 대부분은 살려달라고 했으나 그중 하나는 끝까지 도적들에게 굽히지 않았다. 더구나 그들은 그중 '신 진사'로부터 뼈아픈 꾸지람을 듣기까지 했다.＊ 결국 꺽정은 그들 중 셋을 놓아 보내지 않을 수 없었다. 며칠 후에는 당대 피리의 명인 단천령(端川令)이 잡혀왔다. 꺽정은 그를 잘 대접하고 잔치를 벌여 그의 피리 소리를 청해서 듣게 되었다. 피리 소리가 한참 무르익어 가자,

춘몽(春夢) 같은 세상이요, 초로(草露) 같은 인생인데 시름도 첩
첩하고 설움도 첩첩하다. 첩첩한 시름과 설움을 피리로 풀어내
는 듯 피리 소리가 원망하는 것도 같고 한탄하는 것도 같고 하
소연하는 것도 같으나, 어떤 마디는 천연 울음을 우는 것과 같
았다. 그칠 듯 자지러지는 소리는 목이 메어 울음이 나오지 않
는 것 같고 호들갑스러운 된소리는 울음이 복받쳐 터지는 것
같았다. 사람의 울음은 아니나 울음소리 같은 것은 필시 귀신
의 울음일 것이다. 오가는 죽은 마누라의 혼이 와서 울고불고
하는 듯 생각하고 닭의똥 같은 눈물이 뚝뚝 떨어졌다. 다른 두
령들도 각기 구슬프고 한심한 생각이 나서 혹은 눈을 끔벅거리
고 혹은 한숨을 지었다. 바깥마당에서는 누가 우는지 흑흑 느
끼는 소리까지 났다. 꺽정이가 마음이 공연히 비창하여지는 것
을 억지로 참는 중에 이 광경을 보고 급히 손을 내저으며
"피리를 고만 끄치우."

● 신 진사는 다음과 같이 꾸짖었다. "옛말에 양상(梁上)에 군자(君子)가 있고
녹림(綠林)에 호걸(豪傑)이 있다 하니 그대네 중에 군자도 있을 것이요, 호
걸도 있을 것인데 그대네가 어찌하여 대당(大黨) 소리들만 듣고 의적(義賊)
노릇들은 하지 않는가. 의적이 되려면 의로운 자를 도웁기 위하여 불의한
자를 박해하고 약한 자를 붙들기 위하여 강한 자를 압제하고 또 부자에게
서 탈취하면 반드시 빈자를 구제하여야 할 것인데 그대네의 소위는 빈부
와 강약과 의·불의를 가리지 않고 한결같이 박해하고 압제하고 탈취하되
인가에 불놓기가 일쑤요, 인명을 살해하는 게 능사라 하니 이것이 그대네
의 수치가 아닐까. 그대네가 전일 소위를 다 고치고 의적 노릇을 해볼 생
각이 없는가. 다 고쳐야 할 일이지만 그중에도 지중한 인명을 무고히 살해
하는 건 천벌(天罰)을 받을 일이니 단연코 고치라고." (홍명희 1928-1940 9:
31).

한국인의 탄생

하고 소리를 질렀다. 단천령이 못 들은 체하고 피리를 그치지
아니하여 꺽정이가 벌떡 일어나서 단천령의 팔죽지를 잡아 일
으켜 세웠다. 단천령은 팔죽지가 떨어지는 것 같아서 아이쿠
소리를 부지중에 질렀다. 꺽정이가 잡은 팔죽지를 놓고

"우리 자리루 가서 술이나 더 먹읍시다."

하고 말하였다.

여러 사람이 다같이 먼저 앉았던 자리에 와서 다시 좌정한 뒤
에 꺽정이가 주안을 새로 가져오라고 하여 술들을 또 한 차례
먹고 다담을 잇대어 가져오라고 하여 밤참들을 먹었다.

『임꺽정』 9권, 102-103쪽

임꺽정은 마음에 형언할 수 없는 큰 충격을 받았다. 이토록
고민이 많은 상황에서 애절한 음악은 극도의 감동이자 고통이었을
것이다.

그 후 꺽정이는 이춘동이의 어머니 환갑잔치에 갔다가 전에
청석골 옆 운달산에서 화적 괴수를 하다 은퇴해서 조용히 살고 있는
박연중을 만나게 되었다. 박연중은 임꺽정과 겹사돈 맺을 것을 약속
하고 꺽정에게 충고한다. 쓸데없이 관에 도발하고 복수한다는 등의
'객기' 부리지 말라는, 즉 겸허하라는 충고였다. 그런데 배신한 서림
이가 제공한 정보에 따라 그곳에 관군 오백이 쳐들어왔다. 꺽정이는
접전하고자 하였지만 이번만은 박연중의 충고에 따라 싸우지 않고
도망가기로 마음을 정했다. 그러나 상황이 여의치 않아 일곱 사람은
피치 못하게 오백 명의 관군들과 접전을 벌이게 되었다. 이것이 곧
'평산쌈'이었다. 관군을 따돌리고 청석골로 돌아온 꺽정은 바로 서

림의 배신을 알게 된다. 더욱이 그의 배신은 마지못해 한 행동이 아니라 적극적인 배신임을 알고 큰 충격을 받는다. 곧 임꺽정은 화를 못 참아 흥분했지만 조정에서 황해도와 강원도에 '순경사'를 보낸다는 소식을 듣고 이에 대비하는 과정에서 서서히 자신의 모습을 되찾게 된다. 이 과정에서 결정적인 역할을 한 사람은 갖바치가 꺽정의 친구로 미리 마련해 두었던 박유복이와 이봉학이었다.

벽초는 임꺽정이 자신을 되찾아가는 모습을 섬세하게 그리고 있다. 서림이 없어지자 청석골 도회청은 차차 민주적인 모습을 되찾아 갔다. 꺽정은 순경사에 대항하는 전략을 공론에 붙여 두령들 간에 활발하고 진지한 토의를 벌였다. 이 과정을 주도한 사람은 이봉학이었다. 또한 임꺽정은 원래의 '리버럴'한 스타일을 되찾아 가고 있었고, 개인적인 따뜻함도 다시 우러나오게 되었다. 나아가서 임꺽정은 더 이상 완력에 의존하지 않고 민심과 여론을 존중하는 방향으로 돌아가기 시작했다. 더구나 청석골 두령들 간의 인간적인 관계에 대해서도 새삼스레 민감하게 이해하기 시작했다. 심지어 꺽정이 부모 말을 무시하는 것도 옛 모습을 되찾고 있었다.

나아가서 임꺽정은 이제는 조선 팔도에 대한 욕심과 계획을 포기했음이 암시되고 있다. 자모산성으로 가기 위해 청석골에서 철수하려 하자 늙은 오가는 혼자 남겠다고 우기며,

"내가 대장 위해서 청석골 유수 노릇을 잘할 테니 대장께서 소원 성취하는 날 나를 송도유수로 승차나 시켜주시우."
하고 너털웃음을 내놓았다. 오가 수다떠는 바람에 박유복은 말문이 열리지 못한 채 그대로 막히었다. 꺽정이가 오가의 실없

는 말은 대꾸 않고

"누구든지 가구 싶지 않은 사람은 오두령하구 같이 여기 남아
있어두 좋다."●

『임꺽정』 10권, 116쪽

여기에서 벽초는 늙은 오가의 말에 대한 꺽정이의 반응을 독
자들이 상상할 수 있는 가능성을 봉쇄했다. 오가의 말은 '실없는 소
리'에 불과했다. 드디어 선진(先陣)이 자모산성으로 출발하여 가는
길목에 도평 마을에 도착했다. 그들은 밤을 지내고 다음 날 아침 황
천왕동이는 주민들을 모아서 다음과 같이 결정 사항을 통고했다.

"우리가 청석골 임대장의 부하인 것은 말 안해도 다들 알았겠
지. 우리 대장께서 이번에 잠시 피접을 나실 일이 있어서 자무
산성에 와서 과동하시기루 작정하셨는데 산성 안 백성들을 그
대루 내쫓아두 고만이지만 연부년(年復年) 흉년에 간신히 구명
도생하는 것들을 추운 동절에 집을 뺏구 그대루 내쫓기가 불쌍
하니 이 동네서 맡아서 곁방살이루라두 거접들을 시켜달라구.
우리가 맡긴 뒤에 만일 열의 한 집이라두 거산하게 된다면 그
죄는 그 동네서 져야 할 줄 알아. 그러구 군량·마초와 일용 제
구를 나중에는 청석골 있는 것을 운반해 오거나 또는 달리 변

● 이 대사를 홍기삼은 임꺽정이 권력에 욕심이 있다는 암시로 읽었지만 이
는 오독이다. 단적으로 유머를 이해하지 못한 것이다 (홍기삼·한용환 공편
1995: 22).

통할 테지만 우선 당장 쓸 것은 이 동네서 지공할밖에 없는데 파는 물건은 곧 값을 내줄 테구 팔지 않는 물건은 나중에 물건으루 갚을 테야. 물건이 있는 대루 성심껏 지공하면 동네에 해가 없을 게구 만일 있는 물건을 숨기구 없다구 속이러 들면 물건은 물건대루 뺏기구 죄책은 죄책대루 받을 테니 그리 알라구. 이외에두 일러두구 싶은 말이 많으나 추운 데 오래 붙잡구 늘게 있나. 고만두지. 동임들만은 우리 아침밥 먹은 뒤에 다시 와서 우리 심부름을 좀 해줘야겠어."

『임꺽정』 10권, 126쪽

살벌한 협박이지만 이 말은 꺽정이가 전에 권력욕에 눈이 어두워 광복산에서 저지른 양민 학살을 되풀이하지 않기 위함이었다.＊ 자모산성을 향해 가는 임꺽정의 모습은 어느 때보다도 차분하고 진지했다. 그는 자신의 원래의 모습으로 비극적 종말을 향해 나아가고 있는 듯했다.

임꺽정이 서림의 유혹에서 벗어나 원래의 모습을 되찾은 것은 작품이 거의 중단되던 시점이었다. 문제는 벽초가 임꺽정의 변화하는 모습을 묘사한 수법이 너무 섬세하여 대부분의 독자들이 놓치고 있고 또한 이 부분은 1985년 이후에야 단행본에 포함되어 이전 판본을 읽은 독자들은 접할 기회가 없었다. 벽초가 작품의 대미(大尾)도 아닌 이 부분을『조선일보』가 폐간된 후에 굳이『조광』에 별도로 실어야만 했던 이유는, 바로 이 부분이 없이는 임꺽정은 그야말로 포악한 '화적'으로 끝나버렸을 것이기 때문이었다. 그리고 그 이후에 굳이 작품을 끝내려고 하지 않았던 이유는, 임꺽정이 자신의

한국인의 탄생

모습을 되찾고 운명적 죽음으로 다가가는 과정, 구월산성에서의 마지막 전투 등은 벽초에게는 엽기적이고 자학적인 폭력에 불과했기 때문일 것이다. 만약 그러고도 소설이 계속되었다면 이후에는 서림 없이 스스로 높은 민중 혁명의 이상을 다듬어가는 영웅의 모습이 나타났을지 모른다. 또는 이러한 역할은 임꺽정이 죽은 후 아들 백손이의 몫으로 남았을지 모른다.** 그러나 어쩌면 지금 상태의 '미완'이야말로 미학적 선택일 수도 있었을 것이다.

약동하는 심장

'화적' 임꺽정의 모습은 근대 서구 문학 특유의 인간형이 비서구적

- 이전에 자모산성으로 옮기자는 논의가 이루어지며 꺽정과 이봉학이 사이에 이미 다음과 같은 대화가 있었다. "'집이 십여 호(十餘戶)나 되니 원거인(原居人)들만 어떻게 처치하면 우리 식구들이 잠시 거접이야 못하겠습니까?' / '원거인들을 어떻게 처치하잔 말인가. 광복산 처음 갔을 때처럼 모두 죽여 없애잔 말인가?' / '죄없는 백성들을 하필 죽일 것 있습니까. 어디든지 가서 집 사 가지구 살 만한 밑천들을 주어 보내두 좋겠지요.' / '그럼 소문이 나지.' / '만일 소문들을 내면 어디든지 쫓아가서 집안을 도륙낸다구 을러 보내지요. 그럼 소문들을 못 낼 겝니다. 소문낼 것이 정히 염려되면 토막나무집을 몇 채 지어주구 산성 안에서 밖에들을 못 나가게 붙들어 두지요.' / '그놈들이 안식구들의 말을 고분고분 들을 것 같은가?' / '우리 중의 누구든지 하나 안식구들을 따라가 있을 것 아닙니까?' / '글쎄.'" (홍명희 1928-1940 10: 82).

- 애초에 벽초의 구상에는 "끝편은 꺽정의 후손의 하락"을 쓰려고 했다 「『林巨正傳』 義兄弟篇 연재에 앞서」, (임형택·강영주 편 1996: 36). 소설에서 하루는 관상쟁이가 와서 상을 보는데 꺽정에게는 "귀자(貴子)"를 두겠다고 했고 백손이 보고는 "병수사(兵水使)"를 하겠다고 했다 (홍명희 1928-1940 6: 205-206).

인 나레이션을 통해 전달되어 독자들에게는 혼란스러울 수밖에 없었다. 임꺽정은 입체적인 인물일 뿐만 아니라 근대 서구인 특유의 이중 구조를 갖고 있는 인물이었다. 한편으로는 하늘로부터 힘과 재능과 인간적인 매력과 지고의 저항 정신을 받고 태어난 영웅의 모습이 있었고, 다른 한편에는 악마에 유혹되어 색과 권력을 탐하는 전혀 다른 모습이 나타났다. 즉 원래 영웅의 모습 외에 그 안에 잠재하던 본능이라는 타자에 사로잡힌 또 다른 모습이 있었다. 본능이라는 타자는 악마의 유혹 등의 촉매 작용을 통해서 드러나는 경우 이성을 압도한다. 그리고 다시 이 타자가 극복되고 이성을 되찾는 데는 목숨을 건 용기와 결단이 요구된다. 이러한 모습의 근대 서구인의 영웅됨은 힘과 재능을 갖춘 인간이 유혹으로 인해 나락으로 떨어진 상태를 스스로 극복하여 자신의 이성을 되찾는 의지의 힘에 있는 것이다. 벽초는 임꺽정에게 이런 영웅상을 부여하려 했다. 파우스트도 죽음을 앞두기 전에는 이성의 회복을 이루지 못했었다.

임꺽정은 마지막에 본래의 모습을 되찾았지만 그 과정을 독자들에게 '드라마틱하게' 뚜렷이 보여주지는 못했다. 이 『조광』에 따로 실렸던 마지막 부분이 1985년 판 이전의 단행본들에 포함되지 않았던 것은 부끄러운 일이었다. 임꺽정의 회복 과정은 그 자신의 의지보다는 주로 외부적인 사건들—선비들의 호된 꾸중, 단천령의 피리 소리, 박연중의 충고, 서림의 배신 등—로부터의 자극에서 비롯된 것이었다. 이 사건들은 임꺽정의 내면을 뒤흔든 것들이었다. 그러나 조선 팔도를 넘보는 권력욕으로부터 순수한 저항 정신의 회복 과정을 실존적 의미로 충만한 극적 반전으로 그려내기는 어려웠을 것이다. 돌이켜보면 임꺽정은 순수한 저항의 영웅이었던 시절에도 양반들에 적대한 것은 천성에 따른 것이었지 이성적 판단과 각별한 의지를 갖고 추구한 것으로 보기는 어렵다. 임꺽정의 저항 정신은 이성적 판단이어야 했겠지만 벽초는 식민지 지식인으로서 저항 정신이 절대로 소외될 수 없도록 만들기 위해 그것을 너무나 골수 깊이 각인하였고 더 나아가 본능, 타고난 유전자의 일부로 만들어 버렸다. 따라서 임꺽정의 저항 정신은 서림에 의해 일깨워진 본능적 욕망과 대조를 이루기 어려웠고 따라서 처음부터 이성과 본능 사이를 가름할 낭떠러지를 부각시키지 못했다. 임꺽정에게는 이성마저도 저항 정신의 다른 측면, 즉 '반합리주의'적 분노였고, 그것은 순수한 분노이기도 했다. 사실 우리가 임꺽정을 영웅이라 하는 것은 작가와 작중인물들이 그를 영웅으로 하도 치켜세웠기 때문인지 모른다. 그는 영웅이라기보다는 '스타'에 가까운 인물이었다.

민중 영웅 임꺽정에 파우스트 모델을 적용한 것은 임꺽정의 인물적 성격을 변화시켰다고 볼 수는 없다. 파우스트 모델은 기본적으로 개인에 초점을 맞추고 있다. '화적' 임꺽정도 자신의 동생들과 마찰을 일으키며 고민이 깊어진다. 그러나 벽초는 마지막 부분에서 임꺽정이 회복하는 과정을 보여줌으로써 민중 영웅의 본래의 모습을 확인한다. 파우스트는 마지막에 신(神)의 해석을 통해서 메피스토펠레스의 손아귀에서 벗어나지만, 임꺽정의 경우는 본래의 민중 영웅의 회복된 모습을 그대로 보여주어 그의 정체를 확인시킨다.

벽초가 임꺽정에게 파우스트 모델을 적용한 것은 단순히 사료에 나타난 행적의 알리바이를 위한 것만은 아니었다. 나이 사십에 가까운 임꺽정은 모순투성이의 고민에 빠져 있고, 청석골의 두목이 된 것도 마지못해 내디딘 걸음이었다. 말하자면 기운이 다 빠진, 벌써 늙어버린 존재였다. 더구나 '민중'은 지식인들이나 다른 계급의 지도나 충고를 사절하는 이상 임꺽정의 타고난 힘이 다 소진된 지금은 다른 힘의 원천이 있어야 했다. 파우스트 모델은 그간 감추어져 있던 임꺽정 내부의 엔진을 가동한 것이었다. 이 엔진은 동양 전통에서는 의(義)로운 인물은 사용해서는 안 되는 기관이었고 근대 서구에서도 18세기 후반부터야 발견되어 사용되기 시작한 기관이었다. 이 기관의 작동 원리는 인간의 마음 속에 이성(理性)과 욕망이라는 상반된 요소들을 반응시켜 나오는 에너지를 얻는 것이었다. 이 기관을 우리나라에서 처음으로 서구에서 도입하여 활용한 사람은 춘원 이광수라 할 수 있다. 벽초는 드디어 이 기관의 작동 원리 중에서도 높은 단계인 강한 이성과 욕망이 차례로 분출되어 인간이 변신을 거듭하며 힘을 발휘하는 기관을 도입하여 활용한 것이며 이는 우리 사상사에서 중대한 의미를 갖는다. 파우스트, 근대 서구인의 심장(心腸)을 장착한 임꺽정은 끝없이 움직이고, 끝없이 진출하고, 끝없이 싸우는 새로운 전사의 모델이었다.[*] 파우스트의 심장을 장착한 임꺽정은 가끔은 쉬기도 하고, 즐거운 시간도 가지고, 성적 욕망을 발산하기도 해 가며, 스스로 힘을 만들어 가며 끝없이 싸워 나가는 전사인 것이다.

이전에 단재의 『꿈하늘』의 '한놈'은 신(神)으로부터, '무궁화꽃'으로부터, '을지문덕, 강감찬'으로부터 계속 도움을 받고, 꾸중을 들어가며 싸우는 전사였고, 그 자신은 왜 싸워야 하는지 모른 채 명령에 따라 싸우는 낡은 전사 모델이었다.[**] 한놈의 원형에 해당하는 버니언의 크리스천은 늘 자신을 '지친 순례자(a weary pilgrim)'라고 소개하곤 했다. '한놈' 또한 마지못해 싸우는 지친 전사일 수밖에

한국인의 탄생

없었다. 거기에 비하면 임꺽정은 고민이 많지만 스스로 힘을 내서 민중을 잊지 않고, 성욕도 해소해 가며 그들과 함께 지치지 않고 싸워나가는 전사이다. 파우스트는 서구에서 19세기 초반에야 개발된 최신의 전사 모델이었다. 그러나 다른 한편 파우스트는 민중이 아니라 지식인이었고 부르주아를 대표하는 인물이었다. 이 사람의 엔진 즉 서구 부르주아의 심장을 민중 영웅 임꺽정에 장착했다는 것은 여러 가지 부작용의 가능성이 있을 수밖에 없으며 그 부작용의 가장 중요한 부분은 임꺽정은 가끔 자기 자신이 민중임을 잊고 부르주아처럼, 고독한 개인 영웅처럼 행동한다는 것이었다. 물론 다시 민중의 모습으로 돌아오기는 했지만 상당한 대가를 치러야만 했다.

- 독일의 역사가 오스발트 슈펭글러(Oswald Spengler)는 1926년부터 1928에 출판된 *The Decline of the West*(*Die Untergang des Abendlandes*)에서 파우스트의 의미, 파우스트주의(Faustinianism)를 토론하며 파우스트라는 인물, 특히 19세기 초 괴테의 파우스트의 의미를 전 세계, 우주에 끝없이 진출하는 서구의 제국주의자, 부르주아의 영혼이라고 작품의 의미를 해석하였다. 이 해석은 『파우스트(*Faust*)』의 1부만이 아니라 2부에 대한 결정적 해석이었다 (Spengler 1926-1928: 183-216).

- ● 신채호의 『꿈하늘』에 결정적인 영향을 미친, 1895년에 우리말로 『천로역정(天路歷程)』으로 번역된 존 버니언(John Bunyan)의 *The Pilgrim's Progress*는 영국의 청교도 혁명 후 1684년에 출판되었다. 즉 그 고독한 전사는 서구에서 17세기에 개발된 전사 모델이었던 셈이다.

민중의 정체

민중의 연원

'민중'이라는 말은 한국에서는 5·18광주민중항쟁 이후 1980년대 중반부터 널리 쓰이기 시작하여 현재는 강한 어조를 가진 정치 언어로 자리 잡았다.[2] 1990년대 초반에 학자들 간에 많은 논의들이 있었으나 '민중'이라는 말의 뜻, '민중'이 어떤 사람들을 가리키는지 그들의 사회적 정체에 대해서는 합의에 이르지 못했다. 놀랍게도 당시 토론에 참여했던 학자 중에 '민중'이라는 말의 역사를 알고 있는 사람은 단 한 사람도 없었다. 그런가 하면 현대 중국에서는 '민중'이라는 말은 '인민대중(人民大衆)'의 준말이라고 사전에 나와 있다. 즉 현대 중국어에는 '민중'이라는 단어가 존재하지 않는다. 또 한편 일본에서는 표준 사전인 『광사원(廣辭苑)』에 '민중'이라는 항목이 존재하지 않는다. '민중예술(民衆藝術)'이라는 말은 나와 있으나 '민중'은 없다. 앞으로 논의하겠지만 '민중'이라는 말은 19세기 말에 일본에서 만들어져, 중국을 거쳐 식민지 조선으로 들어온 말이었다. 현재에 이르기까지 한국인들은 '민중!'을 그 어느 때보다도 큰 소리로 외치고 있지만 '민중'을 먼저 말하기 시작했던 일본과 중국에서는 어느 틈엔가 그 말은 사라져 버렸다. 아마 정치적 이유로 인해, 정치 권력의 작용에 의해 사라졌을 가능성이 농후하다. '민중'은 기구한 운명을 가진 말이었다.

　'민중'은 오래된 말은 아니다. 공자의 『춘추(春秋)』에 단 한 차례 등장하는데 별다른 뜻을 지닌 말이 아니었으며 따라서 '민중'은 동양 고전에는 없던 말이라 할 수 있다. 근대에 서양의 정치 언어를 번역하여 만든 말인가 하면 그렇지도 않다. 영어의 '피플(people)'이란 말은 일본에서 막부 말에 '인민(人民)'으로 번역되어 현재에 이르기까지 널리 사용되어 왔고, '네이션(nation)'은 '민족(民族)'으로 1870년대에 번역되어 20세기에 들어와서 폭넓게 사용되어 왔다. 그에 반하여 '민중'은 서양의 어떤 정치 언어의 번역이 아니었다. 하지만 이 말은 근대 서구 사상과 정치 언어들이 도입되어 널리 사용되는 가운데 한자권(漢字圈)인 동북아 삼국 간에 독창적으로 만들어지고 쓰여 온 말이었다. 말하자면 '민중'은 동양의 전통문화에서 나온 말은 아니었고 서구 정치 언어의 번역어도 아니었다. 오히려 동북아 삼국의 지식인들이 근대에 창의적으로 만든 말이었고, 적어도 한국에서는 약 100년 후에 대성공으로 나타났다.

　'민중'이라는 말이 최초로 등장한 것은 1888년 일본의 자유민권 운동을 대표하는 사상가인 나카에 초민(中江兆民)의 「국회론(國會論)」에 처음 나타났다고 한다. 여기에서 '민중'이라는 말은 당시 자

유 민권 운동에서 주로 쓰이던 '평민(平民)'이라는 말과 유사하면서
도 애매한 뜻이었다고 한다. 그리고 '민중'이라는 말이 다시 쓰인 것
은 1901년 나카에 초민의 사후 그의 제자 고토쿠 슈즈이(幸德秋水)
가 미국을 방문했을 때였다고 한다. 미국에서 발표된 「사회혁명당선
언(社會革命黨宣言)」에서 '백만민중(百萬民衆)'이라는 말을 세 번 사용
했다고 한다. 고토쿠는 미국을 방문했을 때 아나키즘에 대한 불신을
해소했다고 하며 따라서 그가 이 글에서 '평민'을 사용하지 않고 '민
중'이라는 말을 굳이 세 차례나 사용했다는 것은 아나키스트적 의미
를 갖고 쓴 것이 아닌가 생각해 볼 수는 있지만 글에서는 전혀 명백
한 뜻이 드러나지 않는다고 한다. 그 후에 '민중'이라는 말을 차용하
여 자주 사용했던 사람은 중국의 혁명사상가 리다자오(李大釗)와 마
오쩌둥(毛澤東)이었다. 그러나 그들의 경우에도 확실한 뜻을 가지고
'민중'을 사용했는가에 대해서는 논란의 여지가 있다.

민중의 탄생

공통적으로 '민중'이라는 말은 '백성 민(民)'에 '무리 중(衆)'을 합하
여 '국가에 속하는 수많은 군중들, 큰 무리의 사람들'이라는 뜻으로
쓰였을 것이다.* 또한 사람들의 생각이나 지혜라기보다는 수많은
사람들의 밀어붙이는 힘, 엄청난 규모의 물리적 완력에 초점이 맞
추어진 말이었을 것으로 짐작할 수 있다. '백만민중(百萬民衆)'이라
는 쓰임새는 단적으로 많은 사람이라는 군중의 규모에 착안한 말이
었음을 짐작할 수 있다. 그렇다면 '민중'이란 '정치적 의미를 갖는 육
체적 힘으로 구성된 수많은 군중들' 정도의 뜻으로 만들어진 말이며
그렇게 쓰이고 있었다고 말할 수 있을 것이다. 1920년대 전까지는

'민중'이라는 말은 서서히 정치적, 혁명적 의미의 작은 조각들이 그 안에 모여들고 쌓여가는 과정이었다고 이해할 수 있다. 점점 시간이 갈수록 '민중'이라는 말은 혁명(革命)을 생각하던 사람들, 나아가서는 혁명을 일으키려는 사람들이 사용하고 있었다.

20세기 초에 조선의 경우에도 1908년 단재(丹齋) 신채호(申采浩)는 '민중'이라는 말을 한 차례 사용한 일이 있었다.** 여기에서 '민중'은 '국민' 또는 '민족' 등과 비슷한 뜻으로 "국가를 희망"하는, 정치적 의미를 가진 많은 사람들의 뜻으로 쓰고 있다. 아마 '국민(國民)'이라는 말은 일본에서 만든 말이며 나아가서 당시 대한제국에서 쓰이던 바의 정치적 의미가 싫어서 '민중'이라는 정치적 뜻이 뚜렷치 않은 말을 선택했던 것이라 보인다. '민중'이라는 말은 따라서 뚜렷한 뜻이 없어서 선택된 말이었고 그 후에 다른 글로 연결되지 않고 다만 한 번으로 끝나고 말았다.

그리고 조선에서 '민중'이라는 말이 쓰였던 중요한 예는 1919년 육당(六堂) 최남선(崔南善)이 쓴 「기미독립선언서」에서였다. 현대문으로 옮긴 두 번째 문단 머리에 등장하는데 그때 '민중'의 뜻은 길거리에 쏟아져 나온 수많은 사람들, '군중'을 지칭하는 말로 읽힌다.

● 참고로 '무리 중(衆)'의 현대 중국식 간자는 '众'이라고 쓴다.

●● 단재는 1908년 4월 『대한매일신보』에 기고한 「대한의 희망」이라는 글에서 다음과 같이 썼다. "希望이란 者는 萬有의 主人이라 華가 有하매 實이 有하며, 根이 有하매 幹이 有함같이 希望이 有하면 事實이 必有하나니, 上帝의 希望으로 世界가 卽有하며 民衆의 希望으로 國家가 卽有하며 (……) 野蠻이 希望하여 文明을 有하며 (……) 大하다 希望이며, 美하다 希望이여." (신채호 1977 下: 63-64).

아마 육당으로서는 어려서 보았던 만민공동회 때 서울의 큰길 거리에 모인 수많은 군중들의 모습을 떠올린 것으로 이해할 수 있을 것이다. 어쩌면 「기미독립선언서」에 쓰인 '민중'이라는 말은 겉으로는 비폭력 평화적 시위로 선언하며 기미독립운동을 시작했지만, 마음 한편에서는 노도와 같은 군중의 힘으로 밀어붙일 것을 기대하는 마음, 혁명을 기대하는 마음을 드러낸다고 생각해 볼 수도 있을 것이다. 그리고 '민중'이라는 말은 3·1운동 이후 1920년대부터 새로 발간된 일간 신문들의 사설에 가끔 등장했다. 그러나 그때 당시 '민중'은 특정한 정치적 의미를 담은 말은 아니었다고 한다. 그리고 백암(白巖) 박은식(朴殷植)의 저서에서도 '민중'이라는 말이 가끔 등장하지만 특정한 정치 이념이나 혁명 이론을 갖고 쓴 말이라고 보기는 어렵다. 오히려 '중(衆)'자의 '많은 무리'라는 뜻에 착안하여 썼던 말로 보인다.* 그리고 당시에 조선의 신문들은 '국민' 즉 '고꾸민(國民)'이라는 일본에서 만든 말을 쓰기 싫어했다는 것이다.

무엇보다 '민중'이라는 말이 특정한 강한 정치적 의미를 띠게 된 것은 1923년 단재의 「조선혁명선언(朝鮮革命宣言)」이었다. 이 글의 주제는 잔혹한 "강도 일본"과 온갖 수단을 동원하여 싸워야 한다는 것이며 여기에 모든 사람들이 나서야 함을 주장하였다. 그는 일본과는 공존할 수 없으며 그들과 타협하려는 자들도 모두 똑같이 "우리

• 1905년 10월 18일 『대한매일신보』의 〈잡보〉에 '衆力', '衆智'라는 단어가 사용되었고 11월 2일 논설 〈공담하익(空談何益)〉에도 '衆民'이라는 말이 쓰인 것으로 보아 많은 사람들의 참여가 중요하다는 생각은 이때부터 나타난 것으로 보인다.

한국인의 탄생

의 적임을 선언"하고 있다.[3] 이에 우리가 맞서 싸울 유일한 방책으로 "민중 직접혁명의 수단을 취함을 선언"하였다.

단재는 기존의 혁명, 말하자면 볼셰비키 식의 혁명론을 부정하며 "민중의 직접혁명"만이 유일한 미래의 희망임을 주장한다. 단재는 이렇게 말한다.

구시대의 혁명으로 말하자면, 인민은 국가의 노예가 되고 그 위에 인민을 지배하는 상전, 즉 특수세력이 있어서 그 이른바 혁명이라는 것은 특수세력의 명칭을 변경하는 것에 불과하였다. 다시 말하자면, 곧 '을'의 특수세력으로 '갑'의 특수세력을 변경하는 것에 불과하였다. 그러므로 인민은 혁명에 대해서 다만 갑·을 두 세력, 즉 신·구 상전 중에서 누가 어진지, 포악한지, 선한지, 악한지를 보아 그 향배를 정할 뿐이요, 직접적인 관계가 없었다. 금일의 혁명으로 말하면 민중이 곧 민중 자기를 위해서 하는 혁명이기 때문에 '민중혁명', '직접혁명'이라고 칭하며, 민중이 직접 하는 혁명이기 때문에 그 비등(沸騰)하고 팽창(澎漲)하는 열기가 숫자상의 강약비교의 관념을 타파하며, 그 결과의 성패가 매번 전쟁학(戰爭學)상의 정해진 규칙을 벗어나서 금전과 병기가 없는 민중이 백만의 군대와 억만의 부력(富力)을 가진 제왕도 타도해서 외구(外寇)도 구축하나니, 그러므로 우리 혁명의 첫걸음은 민중 각오의 요구이다.[4]

기존의 사상에서 인민은 혁명에 동원되었다가는 다시 노예상태로 회귀하게 되어 있으며 '민중의 직접혁명'만이 무한한 힘을 발휘할 수 있는 방법이며 민중이 진정으로 새로운 세상을 만들 수 있는 길이라는 것이다. 여기에서 바로 단재의 아나키즘(anarchism)의 이념적 입장이 뚜렷이 드러난다. 그는 위에서 '인민(人民)'이라는 말과 '민중(民衆)'이라는 말을 대비시킨다. '인민'이란 구시대에 국가의 노예가 되어 있던 사람들이며, 특수세력의 지도를 받아 혁명에 참여하여 다시 '특수세력'에 의해 노예로 전락하는 사람들을 말하는 반면 '민중'이란 직접혁명에 '자기(自己)'를 위하여 참가하는, 혁명에 스스로 나서는 사람들을 말한다. 여기에서 '인민'이란 혁명당, 즉 혁명을 획책하는 특수세력의 지도를 받아 움직이는 사람이며, '민중'이라는 말은 특정한 사회적, 계급적 정체를 가진 사람들을 말하는 것이 아니라 혁명에 직접 자기를 위하여 나서는 사람들을 말하고 있다. 이에서 중요한 점은 '인민'과 '민중'은 같은 사람들일 수 있지만 다른 단어로 지칭하여 이들 간에는 엄청나게 중요한 차이가 있음을 강조한다는 것이다. '인민'은 '특수세력'에 의해 혁명에 끌려 나가는 사람들인 반면 '민중'은 스스로 떨쳐 일어서 직접혁명에 나서는 사람들이라는 것이다.

따라서 중요한 일은 그들을 '민중'으로서 직접혁명에 나서도록 '각성(覺醒)'시켜야 한다는 점이다. 즉 '민중'이라는 말뜻은 각성되어 직접혁명에 나서는 행동의 주체를 칭하는 말이다. 민중의 각성에 대해서는 다음과 같이 말한다.

민중은 신인(神人)이나 성인(聖人), 또는 어떤 영웅호걸이 '민중을 각성'하도록 지도해서 각오하는 것도 아니요, '민중아, 각성하자', '민중이여 각성해라' 그런 열떤 절규의 소리로 각오하는

한국인의 탄생

것도 아니다.

오직 민중이 민중을 위해 민중 향상에 장애가 되는 일체 불평·부자연·불합리한 것들을 먼저 타파하는 것이 곧 '민중을 각오하게' 하는 유일한 방법이니, 다시 말하자면 곧 선각한 민중이 민중 전체를 위해서 혁명적 선구가 되는 것이 민중 각오의 첫번째 길이다.

일반 민중이 굶주림·추위·곤궁함·처의 울부짖음·아이의 울음소리·납세의 독봉(督棒)·사채의 독촉·행동의 부자유·모든 압박에 몰려서 살려니 살 수 없고 죽으려 해도 죽을 바를 모르는 판에, 만일 그 압박의 주원인이 되는 강도정치(强盜政治)의 실행자인 강도들을 때려죽이고, 강도의 일체 시설을 파괴하고, 복음(福音)이 사해(四海)에 전하며 만중(萬衆)이 동정의 눈물을 뿌려서, 이에 사람들이 모두 그 '아사(餓死)' 이외에 아직도 혁명이라는 한 가지 길이 남아 있음을 깨달아서, 용기 있는 자는 그 의분(義憤)에 못 이기고 약한 자는 그 고통에 못 견뎌서, 모두 이 길로 모여들어 계속적으로 진행하며 보편적으로 전염하여 거국일치(擧國一致)의 대혁명이 되면 그것은 간활잔포(奸猾殘暴)한 강도 일본이 필경 구축되는 날이 되리라. 그러므로 잠들어 있는 우리의 민중을 깨워서 강도의 통치를 타도하고 우리 민족의 새 생명을 개척하자면 의병 10만이 폭탄을 한번 던지는 것만 못하며, 억천(億千) 장의 신문·잡지가 폭동을 한번 일으키는 것만 못할 것이니.

민중의 폭력적 혁명이 발생하지 않으면 그만이지만, 이미 발생한 이상엔 마치 벼랑 끝에서 굴리는 돌과 같아서 목적지에 도달하기 전에는 정지하지 않는 것이다. 우리의 이미 지나간 경과로 말하면, 갑신정변은 특수세력이 특수세력과 싸우던 궁중의 한때의 활극일 뿐이며, 경술년 전후의 의병은 충군애국의 대의로 힘차게 일어난 독서계급의 사상이며, 안중근·이재명 등 열사의 폭력적 행동이 열렬했지만 그 배후에 민중적 역량의 기초가 없었으며, 3·1운동의 만세소리에 민중적 일치의 의기(意氣)가 언뜻 나타났지만 또한 폭력적 중심을 갖지 못했다. 민중과 폭력 두 가지 가운데 하나라도 빠지면 비록 굉렬장쾌(轟裂壯快)한 행동이라도 또한 순식간에 속박 당하게 된다.[5]

민중의 각성은 성인(聖人) 즉 철학자나 지식인 등 외부 사람들에 의해서 이루어질 수 없다. 민중이 직접혁명에 나서기 위해서는 외부의 각성이나 계몽을 따르는 것이 아니라 민중 스스로 각성되어야 하며 특히 폭력적 방법이 동원되어야 한다는 것이다. 일부의 각성한 '민중'이 말이나 글이 아니라 폭력적 방법으로 모든 '민중'들을 각성시키는 것을 말한다. 이 글에서 단재는 자신의 '민중의 직접혁명'을 명쾌하게 제시하고 있다. '민중'이란 스스로를 위하여 직접 혁명에 나서는 사람들이다. 민중은 특수세력 즉 지식인 혁명당의 지도를 받아서는 혁명을 이룰 수 없으며 외부 지식인의 지도에 따라 각성될 수도 없다. 그들은 오직 자신에 의해서, 일부의 먼저 각성한 '민중'의 행동에 따라, 민중들의 고유한 자산인 폭력을 통해서 각성되고 동원되어야 한다는 것이다. 이렇게 일어난 '민중'의 직접혁명은 무한한 힘을 발휘한다.

20세기에 동북아 지역에서 만들어져 쓰이기 시작하여 애매한 정치적 의미를 갖고 있던 '민중'이라는 말은 단재에 의해서 아나키즘의 뚜렷한 의미를 갖게 되었고 이 이후에는 이런 뜻으로 사용되었다고 보인다. 예를 들어 1925년 최서해(崔曙海)의 단편 소설 『탈출기(脫出記)』에서 마지막에 주인공은 "나는 이러다가 성공 없이 죽는다 하더라도 원한이 없겠다. 이 시대, 이 민중의 의무를 이행한 까닭이다."라고 말한다. 말하자면 지독한 가난과 생존의 위협에서 폭력적 저항으로 폭발하는 인물이 자신의 행동을 정당화하는 이 설명은 단적으로 민중 자신의 폭력적 행위의 정치적 의미를 단재 식으로 외치고 있다.

우리의 민중

벽초의 『임꺽정』은 단 한 차례도 '민중'이라는 말을 사용하고 있지 않지만 단재가 논한 민중 혁명을 이끄는 민중 영웅의 이야기를 하고 있다. 벽초는 오히려 민중의 독자성을 더욱 강조하였다. 임꺽정이 이끌고 거느리고 싸우는 사람들은 배신 잘 하는 지식인들의 도움을 차단해야 하며 글도 배우지 말아야 한다는 이야기는 민중을 독자적 투쟁의 주체로 뚜렷이 설정한 것이다. 벽초는 민중의 독자성을 이렇게 소극적으로 표현했을 뿐만 아니라 적극적으로 그들의 공동체적 삶의 현실을 생동감 있게 표현함으로써 민중 영웅이 이끄는 민중이라는 공동체 집단의 구체적 실존을 부각시켰다. 단재가 언어로 '민중'이라는 말뜻을 명쾌하게 부각시켰다면 벽초는 이 말에 피를 돌게 하고 살을 입혀 우리의 눈앞에 '민중'의 영혼을 창조하였다. 사회의 밑바닥에 태어난 천상의 영웅은 자신이 속한 공동체와 함께 지식인들 및 외부 계급의 지원이나 간섭을 배제하며 싸워나갔다는 이 이야기는 벽초가 우리의 홍길동 신화를 민중적으로 변형시킴으로써―
홍길동을 사회의 밑바닥에 태어나게 하는 실험을 통해―시작된 것
이었다. 그러나 그 실험은 단순한 아이디어로 끝날 일이 아니었다.
벽초의 이러한 시도는 단재 신채호의 아나키스트적 민중 개념과 공
명하였다. 나아가서 벽초뿐만 아니라 당시 조선의 지식인 계층도 민
중 개념을 폭넓게 공유했을 것이다. 더구나 조선의 역사에서 피지배
계급들이 독자적인 공동체를 이루며 살아온 전통의 기억에서 '민중'
이라는 말과 이미지는 강한 설득력을 얻었을 것이다.

　　'민중'이라는 말은 1920년대를 지나면서 좌파적 의미가 충만
한 말이었으며 나아가서 지식인 혁명당을 거부하는 아나키스트적인
말이었기에 좌우(左右)의 정치권력에 의해서 말살되어 버렸을 것이
다. 특히 중국의 경우에 '민중'은 1920년대까지 마오쩌둥도 즐겨 쓰
던 말이었지만 1930년대 혁명이 진행되며 사라져버렸다. 이것은 '민
중'이라는 말이 지식인 등 다른 계급의 지도를 거부하며 끝없이 저
항하고 봉기하는 사람들을 의미하는 만큼 중국공산당의 입장에서
정치적으로 위험한 말이었기 때문이다.

　　한국의 경우에는 한국전쟁 기간에 '민중'이라는 말은 사라졌
고 『임꺽정』도 금서가 되었다. 하지만 1950년대 후반에 '임꺽정'은
모작들이 나타나며 다시 살아났다. 1950년대 후반부터 출판된 모작
들에 나타난 임꺽정과 그 아우들의 모습은 성적 욕망 덩어리였고 소
설은 거의 '포르노'를 방불하였다. 말하자면 전후 한국에서 임꺽정
이 다시 살아날 수 있었던 것은 벽초가 독창적으로 활용한 파우스트
모델 덕분이었다. 민중 영웅은 잠시 자신의 모습을 감추고 색광(色
狂)으로 변신함으로써 냉전의 감시망을 피해 세상에 다시 나타날 수

있었고 1960년대까지 임꺽정과 그의 아우들은 그러한 색광의 모습으로 반공의 시대를 견디어냈다. '파우스트 모델'은 이번에는 민중 영웅의 기막힌 변장술이었다. 그리고 1970년대 말 '긴급 조치 시대', 민주화 운동이 본격적으로 시작되며 '민중'은 부활했고 급기야 1980년대 강력한 민중 저항 운동 속에서 5·18민중항쟁의 해석을 통해 '민중'은 새로운 생명을 얻었다. 이 '민중'의 탄생과 부활은 실로 '신비스러운 역사'라고밖에 묘사할 말이 없다. 이는 언어와 문학예술과, 망각과 부활의 역사였다.

일본과 중국에서와 달리 한국에서 '민중'이라는 말이 지워지지 않고 되살아날 수 있었던 이유는 무엇보다 한국에서는 『임꺽정』이라는 문학 작품을 통해 '민중'이 말뿐이 아니라 피와 살로 이루어진, 그리고 생명력이 요동치는 존재로 나타났기 때문이었다. 동북아 삼국에서 쓰여 온 '민중'이라는 단어는 서양 철학에서 말하는 '개념(槪念)'이라 볼 수는 없다. 이 말이 지칭하는 대상을 고정시킬 수 없는 것이 현실이었다. 어떤 범주의 사람들을 피동적으로 지배당하거나 피동적으로 혁명에 참여하는 그런 사람들이 아니라 스스로 능동적으로 혁명과 저항에 참여하는 사람들로 말하는 이상, 그 대상은 애매하며 논리적으로 말할 수 있는 '개념'이 될 수 없다. 어떤 사람들을 현재 상태로 말하는 이상, '민중'은 개념이 되기에는 너무나 직관적인 감각을 기준으로 판단하는 말이며 따라서 그 말의 타당성은 논리적으로 판단할 수 없다.

우리는 '민중'의 경우에서 논리를 따지는 사상이 아니라 생명력이 넘치는 영혼을 창조하는 예술을 통해 표현된 사상의 힘을 실감할 수 있다. 그리고 『임꺽정』이 보여주는 이러한 민중의 존재가 설득력을 얻었던 것은 전통적으로 한국 문화에서 '민중' 즉 가난한 농부들, 천민들이 자신들의 독자적이고 독립적인 공동체를 이루어 살아온 경험이 '민중'이라는 말과 인간상의 현실감을 높여주었기 때문인지도 모른다. 그렇다면 '민중'이란 말이 단순히 말의 문제로 그치는 것이 아니라 현실 속의 근대 한국인의 '상(像)'과 그에 대한 역사적 기억, 그리고 사상에 장기적으로 중대한 결과를 야기했음을 알수 있다. 그리고 이 민중 영웅은 근대 서구인으로서의 변신술(變身術)로 엄청난 생존력과 번식력을 얻을 수 있었다. 물론 일본과 중국에서는 민중 영웅은 한국에서와 같은 변신술을 얻을 수 없었다.

반지성주의의 성격

○

지식인과 민중

고대로부터 우리 역사에서 『임꺽정』과 같이 반지성주의가 노골적으로 나타난 예는 없었다. 근대 이전의 전통 사회에서 반지성주의는 생각할 수 없는 것이었다. 나아가서 조선이 망해가던 시절 폭력적 무장 투쟁을 외치던 저항민족주의자들조차도 국민에게 학문을 권했고 학교를 세우는 일이 그들의 주된 활동이었다. 벽초 또한 민족 문제나 계급 문제에 대하여 반지성주의를 일반론으로 제시한 것은 아니었다. 그는 미래 사회에서 지식인의 역할은 줄어들 것이지만 당시 조선 사회에는 지식인의 역할이 막중하다고 믿었다. 그는 조선의 문화유산의 가치에 대해서는 부정적으로 평가하고 국수주의에 반대했지만, 지식인으로서 새로운 문화 창조는 민족의 장래에 결정적으로 중요하다고 역설했다. 그는 실용적인 서양 학문을 강조하고 우리 문학계에 천재의 등장을 기대했다. 소설에서도 벽초가 반지성주의를 일반론으로 펼친 것은 아니었다. 반지성주의는 임꺽정에게만 부여된 특권이었고 다른 인물들에게는 동일하게 적용되지 않았다.[•] 임꺽정이 아무리 백정 출신 도적이라지만 그의 반지성주의는 결코 자연스러운 모습이 아니었고 따라서 특별한 의미와 각별한 배려가 부여된 것이었다.

또한 반지성주의는 우리 근대사에서 못 배운 민중, 즉 '지식인'의 반대편 사람들의 목소리로 볼 수 없다. 1860년대에 등장하여 1890년대 조선의 지배 체제에 정면으로 도전했던 동학(東學)을 우리 근대의 '민중적' 사상이라 본다면 민중적 사상은 지성의 중요성을 부정하지 않았다. 동학은 지배 계급의 주자학적 이념을 부정했지만, 민중을 지배자로 삼으려는 정치적 목표를 내세우기 이전에, 동학의 교리인 '시천주(侍天主)', '사인여천(事人如天)', '인내천(人乃天)' 등은 모두 민중을 고귀한 존재로 승화시키는 일을 일차적 목표로 삼고 있었다. 동학은 우리 사회에 존재하던 각종 지적 요소인 주자학, 불교, 도교 등과 더불어 기독교의 여러 측면을 결합한 종교였다. 더구나 '천서(天書)'의 전설뿐만 아니라 『동경대전(東經大全)』, 『용담유사(龍

• 꺽정과 함께 이순신을 만난 김덕순은 어린 이순신에게 "네가 이 다음 큰 인물이 되려거든 장난보다 공부에 힘써 해라."라고 말했다 (홍명희 1928-1940 3: 288). 물론 김덕순은 양반이라 꺽정과는 시각의 차이가 있다. 그러나 여기에서 분명히 드러나는 것은 김덕순의 말이 상식적인 일반론이라는 것이 벽초의 생각이었다는 점이다. 즉 벽초의 생각에 임꺽정은 특수한 경우라는 것이며 글을 못 배우고 교육을 거부하는 것은 영웅의 일반적 조건은 아니라는 점이다.

潭遺詞)』의 편찬은 민중의 지성주의(知性主義)를 단적으로 보여준다. 말하자면 반지성주의는 동학과 3·1운동 등 '민중의 등장'에서 영감을 받았을지 모르지만 민중 자신들의 목소리는 아니었다. 반지성주의는 민중의 목소리가 아니라 민중을 보았던 사람들의 목소리였다. 즉 민중의 맞은편에 있던 사람들의 목소리였다.

20세기 초부터 본격적으로 등장한 서구 사상의 영향을 받은 민족주의자들은 개화와 학문을 권장하고 있었지만 마음속에는 이미 반지성주의적 요소가 자라고 있었다. 그들은 나라가 망하게 된 원인으로 민족을 문약하게 만든 주자학을 지목하였다. 민족주의자들은 새로운 역사 쓰기를 통해 중화주의와 기자(箕子) 조선을 부정하고 우리 민족을 단군의 자손으로 규정했다. 고대는 샤머니즘의 정교일치(政教一致)의 시대였고 그때 우리 민족은 동아시아 지역을 무력으로 지배하였다. 이러한 새로운 역사 쓰기는 물론 고도의 지적 작업이었지만 민족주의자들은 결국은 당시 민족의 지성적 요소들을 '빌어 입은 남의 옷'으로 하나씩 벗겨내고야 말았다. 특히 단재는 조선의 기초였던 주자학이야말로 우리 민족을 문약하게 만든 장본인이라 지적하며 척결을 주장한 바 있다. 우리의 유학 전반에 관한 비난은 춘원 이광수에 의하여 3·1운동 직전에 본격적으로 비롯되었다.[●] 벽초 또한 이러한 흐름의 한가운데 서 있었다. 그는 우리 문화에서

● 이광수는 1918년 9월부터 『매일신보』에 「신생활론(新生活論)」을 기고하였고 이는 9월 6일부터 10월 19일까지 연재되었다. 이 「신생활론」은 춘원을 필두로 조선에서의 본격적 유교 비판의 시작이었다 (이광수 1979 10: 325-351).

가치 있는 것은 '땅에 묻혀 있는' 것밖에 없다고 하였다.[•]

또한 반지성주의는 저항민족주의자였던 단재의 아나키스트적 민중론의 일부로 볼 수도 없다. 단재는 앞에서 논의했듯이 지식인에 의한 민중 각성을 부정하지만 지식인의 영향을 부정적으로 평가하지는 않았고 그들의 영향을 적극적으로 차단하려고 하지도 않았다. 그는 다만 지식인의 역사적 역할을 낮게 평가하였다. 임꺽정이라는 인물로 형상화된 반지성주의는 민중 자신들의 주장이 아니며, 민중의 직접혁명을 주장한 아나키즘 이론의 일부라 볼 수도 없다. 말하자면 『임꺽정』에 나타난 반지성주의는 민족주의자들의 주자학에 대한 비난이나 거부에서 유래했다고 볼 수는 없다. 전통적 학문이나 지성(知性)의 부정은 오히려 근대적 신학문에의 몰입을 야기했을 뿐이었다.

한편 임꺽정의 창작 동기에 대하여 최명은 다음과 같은 의견을 피력하였다.

벽초 자신은 지식인이었으나, 그는 지식의 용도에 관하여 상당

[•] "만일 사소한 형용의 아름다움만 주장코 손실을 구하지 않는다면 그는 어리석은 사람이라 더불어 말할 바가 아니요, 만일 고인의 자취를 깨뜨리기가 아까워 주저한다면 그는 우리의 환경을 스스로 이해치 못함이다. 옛것 둘을 버리고 새것 하나를 주우라 하더라도 우리로는 나아가는 것밖에 없으니 자체의 조직쯤을 개량함에는 두 번 생각할 여가조차 없을 것이다." 「학창산화(學窓散話)」(1926) (임형택·강영주 편 1996: 103). 벽초는 민족주의자였지만 조선의 문화, 특히 문학에 대한 자부심은 없었다. 「홍명희·유진오 문학대화」(1937. 7. 16-18 조선일보), (위의 책: 166-171).

한 회의를 지니고 있던 사람이다. 그 자신은 인문학에 관한 공부를 많이 하였지만, 1920년대에 주로 동아일보에 기고한 단문들을 보면 알 수 있듯이 그는 자연 과학에도 조예가 깊었다. 이러한 사실은 그가 실용적인 학문을 중시했음을 의미한다. 쓸모가 없는 지식은 필요하지 않다고 생각한 것이다. 그는 이른바인문학적 지식과 지식인의 사회적 역할에 대하여 심한 회의를느끼고 있었다. (……)

그렇다면 벽초는 배운 것을 후회하고, 지식인이 된 것에 대한자괴(自愧)의 심리가 역설적으로 '무식한 민중'에 대한 선망, 동정, 연민의 의식으로 발전하게 되었는지 모른다. 여기에는 죽고 싶어도 죽지 못하는, 아버지가 자결한 후 가족에 대한 책임때문에 함부로 목숨을 버릴 수도 없는 심정도 중요한 작용을하였다고 생각한다. 그래서 그는 어떻게 해서든지 무식한 인물들을 이야기를 써야겠다고 생각하여, 꺽정이 형제들을 하나같이 무식하게 묘사하였다고 하면, 억설일까?[6]

지식인이었던 벽초는 임꺽정이라는 인물을 자신과 정반대편에 있는 가상적인 존재로 창조했다는 것이다. 벽초는 어려서 한학(漢學)을 배우고 일본에 유학하여 서양 문학을 섭렵하여 당대 최고지성인으로, '인텔리겐치아(intelligentia)'로 자신을 규정할 수 있었을것이다. 벽초에게 반지성주의는 자신 안에서 끊임없이 일어나는 수많은 이념과 지식에 대한 혐오감과 더불어 자신이 무기력한 지식인임에 대한 자괴심과 부정의 표현이었을 것이다. 말하자면 임꺽정은벽초가 '내가 차라리 ~라면'이라 스스로 말하며 가설적으로 만들어낸 '다른 자아(alter ego)'였다. 이러한 해석은 벽초의 마음속에 관한 한 일편 이상의 진리를 담고 있다. 그렇다면 반지성주의는 벽초라는 지식인이 자신의 '다른 자아'인 임꺽정을 창조하며 그의 몸에 힘들여, 억지로 새겨준 격률인 셈이다. 그렇다면 임꺽정의 반지성주의는 지식인들이 만들어낸 '민중'이라는 유령의 속성이었다고 할 수 있으며, 임꺽정은 벽초의 '또 다른 자아' 즉 그의 개인적 심리 작용의 산물이며 벽초가 자신의 피조물의 몸에 새겨 넣은 인위적이고 가상적인 양심(良心)이었다.* 다시 말하면 그 유령 자신의 목소리도 아니었고 지식인 창조주가 힘써 가르쳐준 노래였다고 이해해야 한다. 반지성주의는 조선 지식인의 비밀스런 내면의 갈등을 은밀히 나타내고 있다.

저주의 안개

동·서양 문명이 교차하는 가운데 식민지 조선 지식인들은 지식의 생산자로서의 위치를 포기하고 소비자와 전달자의 위치로 추락한 자신을 발견하게 되었다. 더구나 외국에서 도입된 이념들의 거대한 투쟁 사이에서 우리 지식인들은 길을 잃고, 존재 의미를 잃었다. 반

• 한편 미국의 반지성주의(anti-intellectualism)의 경우 리처드 호프스태터 (Richard Hofstadter)는 지식인들에 혐오하는 사회(society)의 계속적인 압박으로, society vs. the intellectual의 구도로 설명하고 있다 (Hofstadter 1963). 우리의 반지성주의는 미국의 경우와는 다른 연원과 구조를 갖고 있다. 미국의 경우는 민중들로부터 유래되는 자유주의 도그마(dogma)의 결과였다면 우리의 경우는 이념들의 갈등 상황에 처한 지식인들이 만들어낸 이념이었다.

한국인의 탄생

지성주의는 이런 상황에 처한 좌절한 지식인들이 자신에게 던지는 거친 언어, 즉 '욕'이었다. 더욱 중요한 현실적인 문제는 서구의 지식을 배워 와서 민족을 계몽시켜야 우리 민족이 살아날 수 있다 주장하면서 자신들이 조선 민족을 이끌 지도자요 '중추 계급'을 자처하던 신지식인들 대부분이 식민지 권력의 주구(走狗)가 되고 민족을 배신하는 현실이었다. 그들은 유혹에 넘어간 자신들의 또 다른 모습이었고, 괴로워하고 분노하는 것 외에 다른 수가 없는 엄연한 현실이었다. 이로써 동서양의 모든 지식, 지식 일반, 그리고 무엇보다 '지식인'들이 저주의 대상이 되었다.* 바로 이 지점에서 무엇보다 반지성주의는 조선 지식인들의 순수한 저항을 사악한 권력 지향적 지식인들과 일제의 유혹으로부터 보호하기 위한 방역선(防疫線)이었다.

반지성주의는 남들 앞에서 큰 소리로 외칠 수 있는 일반 원칙의 주장은 아닐 것이다. 서구 지식의 섭렵을 포기하고 돌아서서 저주하는 것은 수치스러운 일이며, 남모르게 신세를 한탄하며 "차라리 ~라면"을 중얼거리며 '또 다른 나'를 가정하고 지금까지 자신이 살아온 과정의 현실과 정반대의 과격한 격률을 가상의 '나'에게 명심시키는 격률인 것이다. 당시 반지성주의는 벽초를 포함한 현실을 긍정하지 못하는 조선 지식인들의 자신만의 초현실적이고 가정적인 격률이었다. 그리고 이 격률에는 지식인 일반에 대한 불신과 의혹이 포함되어 있었다. 또한 반지성주의에는 자신에 대한 욕과 저주, 대상을 가리지 않는 폭력적 충동이 늘 빠지지 않았다. 반지성주의는 조용한, 사적이며 자신만의 비밀스런, 귓속말로만 전해질 사상이지만 조용한 만큼 폭력적이고 격렬한 감정이 실려 있는 사상이었다.

반지성주의는 당시 식민지 조선 사회의 여러 곳에서, 모든 곳에서 나타나고 있던 흡사 안개같이 형체와 연원을 알 수 없는 사상이었을 것이다. 특히 지배 국가가 문명 전파의 주도자로 또 열등하고 야만적인 피지배 민족의 선생으로 자처하고 있는 경우 신지식인

• 1922년 『신생활』에 기고한 정백은 「지식계급의 미망(迷妄)」에서 이렇게 말한다. "지식의 그 실상이 아무리 고귀하다 하더라도 오늘날 우리를 모든 인습과 미신으로써 얽어매며 씌워준 것을 생각하면 도리어 나는 지식을 저주하기를 주저하지 않습니다. '지식! 마술! 어느 것이 지식이며 어느 것이 마술이냐? 지식아 대답하여라. 너의 기원은 무엇이냐 웅. 너의 기원은 마술이로다.'
(……) 그러나 그들이 단독으로서만은 그 횡포와 발호를 임의로 자행자지(自行自止)할 수 없으리라 합니다. 다시 말하면 한 사람 한 사람씩 분리시켜 놓을 것 같으면 저들은 아무러한 권위도 임의로 행사하지 못할 한 우상에 불과합니다. 그러나 이 우상을 도와가지고 강대한 위세를 부리게 하는 자는 곧 지식계급이외다. 지식계급은 특권계급의 주구가 되며 또는 수족이 되며 노예가 되어서 활동하므로 아첨부종(阿諂附從)하므로 그들은 기탄이 없이 횡포하며 발호하는 것이 아닙니까. 그러므로 근육노동자를 근육을 파는 노동자라 할 것 같으면 지식계급은 양심을 팔아먹는 노예가 될 것이올시다.
그런데 이러한 처지에 있음에도 불구하고 저들은 저들에게서 호위(虎威)를 빌어가지고 지배와 명령의 태도로써 노동계급을 대합니다. 이로써 생각해 보면 노동계급은 특권계급보다도 지식계급을 더 증오하는 것도 무리가 아니외다. 그런 즉 중간에 처함 지식계급은 특권계급으로 기우는 경향은 많아도 노동계급과는 기필코 격리(隔離)하게 될 것이외다. 그러므로 지식계급은 이러한 자살적 미망을 먼저 각오하여야 할 것이외다." (김진송 1999: 137-138에서 재인용).
인용문은 사회주의 역사이론을 원용하여 지식인의 의미를 축소하며 비판을 시작했지만 그의 지식과 지식인에 대한 본격적 거부와 증오는 일차적으로 식민지 조선의 지식인의 배신이 핵심이 되어 출발하고 있음을 알 수 있다.

들은 대부분 민족을 배신하는 사람들로 치부될 가능성이 농후한 것이다. 민족의 장래를 걱정하는 진지한 지식인들조차 배신자로 오해되는 경우가 비일비재했을 것이며 이 또한 식민 지배국의 통치 전략의 중요한 일부였을 것이다. 그리고 신지식인들은 앞에서 1910년대부터—특히 이광수의 『무정』에서 보았듯이—해외 유학을 통해 서구의 지식을 도입하여 민족을 가르친다는 명분으로 지배 계급의 위치를 요구하고 있었고, 일제에 시달리는 비지식인들로서는 그러한 신지식인들을 질투와 증오의 대상으로 삼기 십상이었다. 지식인들은 서구 지식의 중개상에 불과했고, 조선인들은 일부 존경도 했겠지만 의혹의 눈초리로 보지 않을 수 없었다. 특히 민족주의 내의 좌파와 우파 간의 갈등은 이러한 신지식인 일반에 대한 증오와 적대감을 부추겼을 것이다.

앞에서 논의한 이광수의 『유정』의 경우 주변의 많은 조선인들이 주인공 최석을 굳이 오해하려 들고, 악의적으로 모략하고, 희생양으로 살해한 그 기운(氣運)은 해당 장에서 따로 분석하지는 않았지만 '반지성주의'라는 저주의 안개였을 것이다. 나아가서 1934년 채만식(蔡萬植)의 「레디메이드 인생」에서 당시에 좌절에 빠져 있는 인텔리 P는 자기 자식 창선이는 '인텔리'라는 존재는 되지 말아야 한다고 생각하고 기술을 배우게 하려고 공장에 데리고 간다.[7] 채만식의 「레디메이드 인생」은 벽초의 『임꺽정』과 상당히 유사한 방식으로 유사한 종류의 반지성주의를 드러낸다. 나아가서 1936년에 출판된 위에서 논의했던 심훈의 『상록수』에서는 학교란 졸업하여 월급이나 타먹으려는, 조선 민중을 착취하는 직종을 원하는 사람들이나 열심히 다니는 곳으로 매도된다. 민족의 장래를 걱정하는 사람들은 마땅히 학교를 그만두고 농촌 계몽의 현장에 뛰어들어야 한다고 주인공들의 입을 빌어 주장한다. 그러면서도 나중에 채영신은 공부를 더 할 필요가 있으니 일본으로 유학 간다고 하여 여전한 조선 지성과 교육의 국제적 종속 의식을 드러내고 있다. 말하자면 『임꺽정』이 드러내는 노골적인 반지성주의는 작가가 그러한 사상을 처음으로 만들어서 제시하고 주장하는 것이 아니라 기존의 조선 사회 어디에나 퍼져 있던 생각을 전달하고 있음에 불과한 것으로 보인다. 그리고 그 사상은 사람들이 공개적으로 부르짖는 사상이 아니라 남몰래 은근히 자신의 '다른 자아'에게 강요하는 격률인 것이다. 보통은 말로 드러나지 않지만 간혹 행동으로 나타날 수 있는 사적인 신념이며 따라서 예상치 못한 곳에서 나타날 수 있는 것이었다. 반지성주의는 프란츠 파농(Franz Fanon)이 지적하는 식민지 사회 전체에 번져 있는 폭력성과 유사한 것으로 느껴진다.[8]

민중의 내면

임꺽정의 영웅으로서의 모든 부분은 태어나면서부터 하늘에서 받은 것이었다. 힘뿐만 아니라 천재적 능력들 그리고 무엇보다 중요한 것은 저항 정신이었다. 그가 양반들을 미워한 것은 양반들이 우연히 그의 앞에 지배자의 자리에 있어서였고, 특별히 어떤 계기가 있어서가 아니었다. 그의 저항 정신은 선천적인 것이었다. 그가 저항의 길, 도적 괴수의 길을 간 것은 그가 별도의 의지를 갖고 추구했기 때문이 아니라 운명으로서 주변의 모든 일이 그렇게 되어 갔기 때문이었다.[*] 그는 억압받지 않는 자유로운 삶을 원했을 뿐이며 그런 의미에서 그의 저항 정신은 순수한 것이었다. 임꺽정이 어려서부터 표출하

한국인의 탄생

던 반지성주의는 그의 순수한 저항 정신을 조선의 썩은 문화로부터 보호하기 위한 것이었다.

임꺽정이 하늘에서 받은 또 하나의 선물은 본능이었다. 본능은 서양인들만이 근대에 이르러 부여받은 축복이자 저주였지만, 이제 벽초는 식민지 조선의 영웅에게도 부여하였다. 서림과 노밤의 유혹을 통해 깨어난 임꺽정의 본능은 그를 전혀 다른 사람, 포악하고 음탕한 도적으로 만들고 말았다. 화적 임꺽정은 우리 근대 사상사에서 본격적인 근대 서구인의 핵심 기관, 즉 근대 서구인의 심장을 장착한 영웅이었다. 그의 심장이란 이성과 비이성 또는 본능적 욕망이 분리되어 섞이지 않고 자리 잡아 서로 반응하여 끝없는 에너지를 발생시키는 엔진인 것이다. 임꺽정은 조선 민중에서 태어나 조선의 토

• 정호웅은 다음과 같이 지적한다. "임꺽정의 불기(不羈) 정신은 그런 여러 가지 이유로 인해 신분제 질곡을 타파할 수 있는 현실적 힘으로까지 전화하지는 못한다. 그 하나는 임꺽정과 그 일당들의 삶이 당대의 사회경제적 현실과는 거의 무관하게 그려져 있다는 점이다. 당대의 엄격한 신분질서란 사회 경제적 토대의 반영일 터인데 임꺽정 등의 신분질서 속 삶과 그에 대한 인식은, 그 같은 토대와는 별다른 관련을 맺지 않고 있는 것이다. 당대 신분제의 성격은 어떠하며 임꺽정 일당은 왜 그 같은 신분제에 항거하는가. 이 작품의 처음에서 마지막까지 계속해서 진지하게 탐구되어야 할 중요한 문제가 양반들이 무도하게 백정 등 하층민들을 억누르기 때문에 항거한다는 지극히 단순한 결론으로 처음부터 규정되어 있다. 임꺽정은 물론이거니와 그를 쫓는 무리들이 도적으로 변신하게 되는 계기 또한 이 차원을 멀리 벗어나지는 못하고 있으니 작품 『임꺽정』의 치명적 맹점의 하나는 바로 이것이다.", "지극히 평명적인 성격의 소유자이기에 임꺽정은 고뇌하지 않는다. 충동적인 감정의 움직임에 따라 직접적으로 반응할 뿐, 행위의 선택과 과정 그리고 결과에 대해 되돌아 점검하지 않는다." (정호웅 외 1993: 88-90).

속어를 말하고, 조선 옷을 입었지만, 그의 몸과 마음의 깊은 곳에는 근대 서구인의 엔진, 심장이 뛰고 있었다. 벽초가 굳이 『임꺽정』을 '조선의 정조(情調)'를 살려가며 쓴 것은 근대 서구인으로서의 임꺽정을 우리 사회에 단단히 뿌리박도록 하기 위한 각별한 배려였지만, 임꺽정이 끝없는 투쟁을 위한 에너지를 얻기 위해서는 근대 서구인의 심장을 장착해야 했다.

그러나 임꺽정의 근대 서구적 주체성의 내용은 서구의 본판 주체성과는 중대한 차이점를 안고 있다. 그의 저항 정신은 이성의 위치에 자리매김되어 있지만 본질에 있어서는 '의(義)'나 '이성(理性)'이 아니라 증오와 원한의 감정이었다. 이러한 격렬한 감정에 이성의 지위를 부여한 것이 임꺽정의 순수한 저항 정신이었다. 이러한 설정은 식민지 조선의 민족주의자로서는 자연스러운 사상이었을 것이다. 그러나 저항 이외에는 아무런 이성을 설정하지 않은 것은 분명히 '저항민족주의'로서의 왜곡이었다. 분노에는 분명히 이성적 차원이 있다. 분노라는 감정은 판단에 의해 용기를 냄으로써 비로소 분출할 수 있다. 그러나 그 본질에 있어서는 감정이라는 데는 의문의 여지가 없다. 나아가서 욕망 또한 감정임에 분명하다. 임꺽정의 마음속의 갈등은 '이성 대 욕망'의 갈등이 아니라 '분노 대 욕망'의 갈등으로 나타난다. '노(怒)'와 '욕(慾)'은 모두 '칠정(七情)'에 속한다. 그러고는 모반의 계책을 제시하며 저항을 권력을 위한 수단으로 삼은 서림은 악마로 규정하였다.[*]

여기에서 임꺽정의 결벽적 반지성주의는 중요한 장치였다. 임꺽정의 근대적 주체성이 기능하기 위해서는 두 가지 감정인 분노와 욕망이 분리되어야 한다. 이를 위해서는 분노와 욕망 사이에 특

한국인의 탄생

별한 칸막이가 필요하며 이러한 분리의 기능을 수행하도록 한 것이 임꺽정의 반지성주의였다. 현실적으로 억압받고 박탈감에 젖은 사람들은 각종 권력의 유혹에 약하며 이들의 마음속에서 이성으로 정의한 저항의 동력(動力)인 분노라는 감정을 욕망이라는 감정과 구분시키기 위해서는 인공적인 차단 장치가 필수적이다. 바로 그런 의미에서 반지성주의는 서구에서 도입하여 식민지 조선에서 개조된 서구식 주체성이 제대로 작동하도록 하기 위해 특별히 고안되어 장착된 부품으로 파악할 수 있다. 이 부품은 '결벽적(潔癖的)'이라고 했듯이 불필요한 과잉으로 보이지만 그 개조된 주체성에서는 필수적 부품이며, 이는 독특한 발명품이었다.

그러나 이러한 결벽적 이념은 작품 안에서 대가를 치러야 했다. 임꺽정은 서림의 아들을 죽임으로써 그와 원수가 되었지만 원래 서림이 임꺽정을 이용하여 노렸던 것은 자신의 생존과 더불어 국가권력의 탈취였다. 임꺽정의 본능에 비추어 볼 때 합리적 권력 탈취란 사악한 것이었다. 우리 근대의 '정치적 인간'은 '비합리적 (irrationalilst)'일 뿐만 아니라 '반합리적(anti-rationalist)'이며, 합리성에 대한 부정과 적대가 그의 내면과 양심이었다. 임꺽정은 혁명의 '완

• 아마 이 점이 서림과 메피스토(Mephisto)의 가장 중요한 차이점일 것이다. 메피스토는 자신을 파우스트에게 "늘 악을 행하려 하지만 늘 선을 행하는 힘의 일부입니다."라고 소개하여 자신이 기능적임을 말한다. *Faust*: 1335. 『파우스트』에서는 메피스토가 파우스트를 유혹했다기보다는 파우스트가 그에게 도움을 청한 측면이 강하다 (Goethe 1831). 그에 비해 서림은 기능적으로 나타나지 않고 순수하게 외부적이다. 그가 배신한 동기 또한 순수하게 자신이 살아남기 위해서였다.

성'을 거부하는 영웅, 끝없는 저항만을 위한 영웅이었고 이는 홍길동의 '영구 혁명'으로의 회귀였다. 단재의 '민중의 직접혁명'의 경우에도 혁명 완성의 의도와 계획은 타락이며 금기였다. 국가권력을 탈취하겠다는 계획은 사욕(私慾)의 발로였다. 단재는 민중의 직접혁명의 자연적인 폭발일 경우에 한하여,

> 그 비등(沸騰)하고 팽창(澎漲)하는 열기가 숫자상의 강약비교의 관념을 타파하며, 그 결과의 성패가 매번 전쟁학(戰爭學)상의 정해진 규칙을 벗어나서 금전과 병기가 없는 민중이 백만의 군대와 억만의 부력(富力)을 가진 제왕도 타도해서 외구(外寇)도 구축하나니, 그러므로 우리 혁명의 첫걸음은 민중 각오의 요구이다.[9]

아나키즘의 시나리오에 따르면 혁명이 무엇인지도 모르고 원치도 않는 사람들만이 진정한 혁명을 이룰 수 있다는 것이었다. 진정한 혁명이란 이른바 '무위(無爲)'로만 가능한 것이었다. 그렇게 되면 혁명이란 일단 시작되면 아무도 걷잡을 수 없는 것이며, 그런 것만이 진짜 '혁명'이라는 것이었다.

이후의 이야기

임꺽정은 우리의 전통적 영웅상을 대체하였다. 전통적 영웅은 단 하나의 목표를 향해 단 하나의 행동 원리에 따라 나아가는 인물이었다.* 이에 반해 임꺽정은 하늘이 능력을 내린 너무나 먼 존재였지만 동시에 너무나 가까운 '인간적'인 영웅이었다. 그의 생명력은 순

수한 저항 정신과 본능적 욕망이 갈등하며 끝없이 재생산되고, 바로 그러한 연유에서 모든 사람이 공감하고 매력을 느끼는 그런 존재였다. 전통적인 영웅이 고결한 존재였다면 임꺽정이 대표하는 우리의 근대 영웅은 누구나 부러워하고 질투할 수 있는 관능적 '스타'였다. 또한 임꺽정은 조동일이 제시한 '민중 영웅'의 모델과도 유사하며 「아기 장수 설화」, 『임진록』의 김덕령 설화, 『임경업전』 등의 반복으로 볼 수 있다. 그러나 임꺽정은 이들 민중 영웅들처럼 주변 사람들의 배신에 의해 억울하게 죽거나 때 이른 죽음으로 끝나지 않았다. 그는 영웅으로서 한때나마 전성기를 누렸기에 민중의 슬픔만을 담은 영웅은 아니다. 오히려 그는 끝없이 싸워야 하기에 동시에 불멸(不滅)의 영웅이었다. 우리의 민중 영웅은 뜻을 이루지 못하는 슬픈 존재로부터 이제는 나름대로 뚜렷한 흔적을 남기고 앞으로 태어날 비극적 영웅으로 진화할 존재였다. 『홍길동전』을 근대 문학으로 변형시켜 창조한 근대적 민중 영웅 임꺽정은 다시 홍길동으로 회귀

● 『수호전』의 경우 '구천현녀(九天玄女)'로부터 천서(天書)까지 받은 송강에게 천하를 얻기 위해 반란을 일으킬 것인가는 고민거리였을 것이다. 그러나 소설에서 송강은 철저하게 천자에게 충성해야 한다고 주장하고 있고 이에 대하여 흑선풍 이규는 계속 송강에게 황제가 되어야 한다고 하였다. 송강은 이규가 이 말을 할 때마다 크게 화를 냈다. 그러나 마지막에 독주를 마시고 죽음을 앞둔 송강은 이규를 불러 자신이 그에게 독주를 먹이고 같이 죽는다. 이규 또한 송강이 자신을 독살한 것에 대해 고마워할 따름이었다. 이러한 식의 종말은 사실 이규는 송강의 마음 한 부분을 대변하고 있었다고 해석된다. 일반적으로 동양 고전의 글쓰기에서는 한 사람이 두 마음이 되어 고민하는 상황은 직접 묘사하지 않고 이렇게 은유적으로 표현하였다. 송강과 같이 의로운 사람은 마음이 흔들려서는 안 되는 것이다.

하려는 경향을 피할 수 없었다.

임꺽정과 민중의 넓은 외연은 '의적(義賊)'이라는 이념적 인물로 상징되었다. 홍길동의 경우 그가 훔친 재물로 가난한 사람들을 도와주었다는 말은 단 한 줄도 채 안 되는 구절이었다. 임꺽정 또한 의적 행위를 한 것이라고는 못된 양반들을 혼내주고 관(官)에 도전한 것이 전부였고 도적질한 재물을 가난한 사람들에게 나누어준 일은 한 차례도 없었다. 오히려 의적이라는 명분은 늘 밥과 술이 모자란 줄 모르고 지내던 임꺽정과 청석골패에게는 비난의 명분일 따름이었고 실제로 신진사의 꾸중에 꺽정은 얼굴을 들지 못했다. 청석골패와 주민들 간의 관계를 벽초는 다음과 같이 묘사한다.

탑고개 동네에 사는 사람들은 도적의 그늘에서 사는 까닭에 도적을 무이지 못하였다. 이것은 탑고개 아래 있는 탑고개 동네뿐이 아니요, 탑고개 아래 있는 양짓말이든지 탑고개 넘어 있는 게정골이든지 다 매일반이나 탑고개 동네는 도적의 벌이자리 턱밑이니만큼 도적들과 교분 있는 사람이 다른 동네보다도 많았다. 청석골 붙박이도적 오가가 혼자서 구메도적질할 때에는 식전 나와서 저녁 때 들어가려면 점심을 싸가지고 다니었는데 댓가지 도적이란 박유복이가 오고 쇠도리깨 도적이란 곽오주가 와서 기세 있게 도적질하게 된 뒤로 시장하면 동네에 들어가서 술이나 밥을 달래서 먹었다. 동네 사람은 술이나 밥을 제공하는 대신 여러 가지로 덕을 보는 까닭에 도적이 오는 것을 조금도 싫어하지 아니하였다. 말하자면 청석골 여러 동네 사람은 대개 포도 군사 앞에 양민 노릇하고 도적 괴수 앞에 졸개 노릇하는 두길보기하는 사람들이었다.

『임꺽정』 5권, 34-35쪽

  그럼에도 불구하고 임꺽정은 의적의 표본으로 인식되었다. 아마 그 이유는 한편으로 의적이란 도적으로서 욕망을 억제하는 '순수한 저항 정신'의 발로라 여겨졌고 다른 한편에서 의적은 민중에게 물질적 부(富), 또는 '되찾음'을 이루어주는, 즉 욕망의 주체로서의 민중을 만들고 충족시키는 존재였기 때문이었다. 임꺽정이 의적인 것은 도적도 아니고 반도(叛徒)나 혁명당(革命黨)도 아닌 바로 물질적 부를 나누어주고 욕망을 충족시켜 줄 의적을 소망하는 민중을 창조했기 때문이었을 것이다.

  『임꺽정』 이후 의적은 민중 저항의 상징이자 '이데올로기'가 되었고 우리 현대사에서 1970년대 황석영(黃晳暎)의 『장길산』으로 그 정상에 도달했다. 장길산에게 의적은 불패의 정치 전략이자 이데올로기였다. 그러나 의적 이데올로기는 민중에 물질주의를 주입한 것에 다름 아니었다. 결국 『임꺽정』에서 투쟁을 위한 '파우스트 모델'의 활용은 민중을 욕망의 주체 쁘띠-부르주아(petit-bourgeois)로 만들었고, 이는 황석영에 의해서 '의적주의적 의적'의 탄생으로 이루어진 셈이었다. 개발독재에 따른 '긴급 조치 시대', 저항의 시대에 민중은 물질적 욕망의 주체로 재정립되었다. 그리고 그들은 전열(戰列)에서 이탈하기 시작했다. 장길산은 물질적 재분배와 평등을 약속하는 날쌘 물질주의 대중선동가였다.

근대적 민중 영웅

벽초가 월북하고 작가 홍명희의 이름이 지워지자 『임꺽정』은 곧 문자 그대로 신화, 공공재(公共財)가 되었다. 한국 전쟁 이후 이 작품이 판매 금지되어 사라지자 1956년부터는 다른 작가들에 의해 수차에 걸쳐 '짝퉁'으로 다시 쓰여 출판되었다. 1950년대부터 1980년대까지 유치한 수준의 모작들이 계속 쓰였고 『임꺽정』은 명실상부한 신화가 되었다.* 임꺽정 신화의 여러 판본은 임꺽정의 서로 다른 측면에 착안하여 미묘한 변천을 이루었고 홍길동 신화와 같이 어우러지고 때로는 뒤섞이기도 했다.** 임꺽정이라는 인물의 모습은 역사를 따라 변화를 겪었지만, 본판 임꺽정의 반지성주의는 박경리의 『토지』 후반에 등장하는 '몽치'라는 기묘한 인물 등을 통해 여전히 건재함이 확인된다. 그러나 '민주화'된 2000년대에 이르면 임꺽정 신화의 파괴가 시도되기도 했다.*** 이러한 복잡한 시대적 변천은 임꺽정

신화의 의미를 다시 한 번 생각하게 한다. 홍길동, 장길산 등과 구별되는 임꺽정의 독특한 정체는, 검고 긴 수염을 가진 남성성 넘치는 성숙한 어른으로서, 성적 욕망의 주체라 할 수 있다. 남성적 매력이 넘치는 임꺽정의 '짝퉁'들은 가끔은 욕망에 탐닉하는 모습을 보여주었고 우리는 그런 측면에서나마 그를 만나며 친근함을 느껴왔다. 그리고 무엇보다 이 짝퉁들은 '반공'의 시대 동안 민중 영웅 임꺽정을 은닉해주고 생존을 보장해준 은인들이었다. 이 모조품들은 임꺽정의 초인(草人)이자 분신이었다.

나아가서 임꺽정 신화는 우리 사회의 정치적 인간들의 몸과 마음에서 반복되어 왔다. 식민지 조선 지식인들의 정치적 이념들의

● 예를 들어 조영암,『新·林巨正傳』전9권 (서울: 인간사, 1956); 조흔파,『俠盜 임꺽정傳』(서울: 학원사, 1957); 허문영,『巨盜 林巨正』(청산출판사, 1961); 최인욱,『林巨正』전5권 (서울: 교문사, 1965), 김용제,『林巨正』(서울: 문교출판사, 1967); 조대현,『임꺽정』(서울: 계림, 1981); 김태길,『임꺽정(林巨正)』(서울: 효종, 1983); 유현종,『임꺽정』전5권(서울: 행림출판사, 1986) 등이 있으며 필자가 모르는 다른 임꺽정도 많이 있을 것이다. 물론 이들의 내용은 다소 차이가 있다. 1985년에는 벽초의 원본이 전10권으로 출판되었다.
흥미로운 사실은 이들 모작 중에서 가장 널리 읽혔던 조영암의 1956년 판은 대단히 음란한 소설이었다는 것이다. 해방 이후 최초의 임꺽정의 이미지는 성적 욕망이라 볼 수 있을지 모른다.

●●『홍길동전』의 경우도 해방 이후에 수많은 사람들에 의해 다시 쓰였고 그때마다 약간씩 다른 내용이 변하곤 했다. 예를 들어 박태원,『洪吉童傳』(서울: 금융조합연합회, 1949); 정비석,『洪吉童傳』전2권, nd.; 박연희,『홍길동전』전6권 (서울: 갑인출판사, 1975) 등이며 양도 장편 대하소설로 불어나게 되었다. 임꺽정과 홍길동이 뒤섞인 대표적인 경우는 1967년에 나온 김용제의『林巨正』일 것이다. 여기에서 마지막에 임꺽정은 무인도로 떠난다.

한편에 서식을 시작한 임꺽정이 드러내는 폭력적 충동은 해방 공간에서 벌어질 투쟁의 시대를 예감하고 있었는지 모른다. 해방 이후 임꺽정 신화는 독재 정권에 저항하여 끈질기게 투쟁하는 지식인들과 민중을 형성하여 민주화 과정에 결정적으로 기여했다. 그러나 한편 임꺽정의 반지성주의는 현대 우리 정치의 구조적 문제점들과 직결되어 있다는 느낌을 지울 수 없다. 장기적으로 임꺽정 신화는 나르시시즘에 전염되어 임꺽정을 자신과 혼동하는 정치 '스타'들을 대량으로 양산해왔다. 지식과 지성을 경멸하며 타고난 능력과 직접 경

●●● 구효서는 주어진 사료를 놓고 전혀 다른 방향으로 소설을 썼다. 서림을 주인공으로 하여 그가 본 임꺽정을 진술하는 형태로 쓰였다. "이제와 처음으로 말하건대 임꺽정은 힘도 세지도 키가 크지도 수염이 무성하지도 않았다. 벌목꾼의 작대기처럼 작고 단단할 뿐이었다. / 턱에는 겨우 창피를 면할 정도의 몇 가닥 수염이 자갈밭의 쇠비름처럼 성글게 붙어 있을 뿐이었다. 그를 따르는 두령들의 호위가 없다면, 그리고 일월을 상징하는 두건만 벗는다면 그는 당장에라도 꼴을 베는 초동이거나 양반의 조랑말을 끄는 초라한 견마부(牽馬夫)가 되기에 안성맞춤인 체구였다." "그의 이름인 꺽정이도 그의 보잘것없는 외모 때문에 붙여진 것이었다. 백정의 집안에 태어난 그의 용모가 도무지 범상치 않은데다가 먹는 것하며 노는 것이 꼭 이름이 꺽정이가 되어버렸다는 말도 없지는 않았지만, 그것은 잘못된 소문을 들은 사람들이 나중에 지어낸 말에 불과했다. / 태어나 돌이 넘도록 도무지 사람 구실 할 것처럼 생겨먹질 않자 그의 아비는 호적에다 올릴 엄두도 못 내고 있었다. 두 해가 지나서야 임 백정 집에 새로 태어난 아들이 있다는 소문을 듣고 찾아온 통주(統主)에게 그의 아비는 제 자식을 꺽정이라고 했고 통주는 그 이름을 그대로 본도에 올렸다." "그런 임꺽정이가 두령패를 이끌고 한강 이북 오도를 주름잡을 수 있었던 것은 순전히 그의 날렵한 단도 솜씨와, 태산을 밀고도 남을 담력과, 귀신도 곡할 지모(智謀) 덕분이었다. / 그의 단도 던지는 솜씨는 일품이다 못해 신기에 가까웠다." (구효서 2000 1: 17-19).

한국인의 탄생

험에만 의존하는 기형적인 독불장군 유형의 정치 영웅들은 우리 현대 정치인들 사이에서 우성의 종자로 번식해왔다. '원래 불의를 보면 못 참는다.'고 허세를 부리며 권력에 대한 욕망을 숨기지 않는 저항의 '스타'들은 우리 정치를 문자 그대로 '아수라(阿修羅)'판으로 만들어 왔다. 현대 한국 정치의 고질은 단순히 '제도적 결함'으로 이해할 수 있는 문제가 아니며 '정치 개혁' 식으로 해결될 문제도 아니다. 임꺽정 신화가 만들어온 저항의 영웅들은 '시민(市民)'과는 거리가 먼 존재들이었다. 이런 문제들은 우리의 '저항민족주의'의 관성(inertia)으로 이해할 수 있겠지만 우리들이 그간 임꺽정 신화의 의미를 정확히 해독해내지 못한 채 탐독했기에 더욱 악화되었는지 모른다.

임꺽정이 표출하고 있는 반지성주의는 한국 지식인들의 비밀스러운 내면의 갈등을 간직하고 있다. 현상적으로 어느 누구도 반지성주의를 큰 소리로 입에 올려 외친 적은 없지만, 반지성주의는 일제 시대에 나타나 '무진의 안개' 같은 갈피를 잡을 수 없는, 어느 틈에 번져나가는 저주(咀呪)로서 우리의 의식과 지성을 마비시키며 주체성을 풍화시켜 왔다. 반지성주의는 지식과 지식인에 대한 불신과 의혹과 증오와 질투를 통해 우리의 정체성 형성에 큰 장애가 되어 왔고 나아가서 개화주의자들의 '교육만능주의'와 단짝으로 결합되어 대한민국을 청소년들을 학살하는 최악의 '교육 지옥'으로 만들고야 말았다.

제9장

결
론

우리 역사가 '근대'로 들어오기 전부터 한국인의 모습들은 그려지고 있었고 이 시대에 그려진 대부분의 인물은 영웅들이었다. 이 영웅들은 우리 문화의 보편적 측면을 나타내며 그들이 나타났던 특정한 시대와 상관없이 늘 우리 앞에 출몰하여 우리의 현실과 역사에 개입한다. 그들의 모습에서 그들이 태어난 시대를 읽는 것은 가능하지 않다. 그들은 자신이 태어난 시대의 역사적 조건들을 체득하지 못했고 특정한 시대와 상관없는 '천상'의 존재임을 강변하고 있다. 한국인 상(像)의 구체적인 모습과 그 역사적 변화를 이해하기 위해서는 근대 출범 이후에 그려진 한국인의 모습들, 초상들을 바라보고 해석하는 수밖에 없다. 그들은 많은 것을 말해준다. 우리 사회의 역사적 시대 상황과 그 속에서 한국인들이 품은 사상, 그리고 그것의 실체로서 소설 속 인물들의 역사적, 사회 정치적 의미까지, 우리는 그 '떠오르는 모습'을 보았다.

　　우리 역사에서 최초로 근대적 소설이 나타난 것은 서구에서 근대 문학이 우리나라로 전파되어 들어왔을 때는 아니었다. 그로부터 20년 후에야 나타났다. 그 이유는 그때가 되어서야 이전의 문학 형식으로는 감당하지 못할 새로운 이야깃거리가 대두했기 때문이었다. 말하자면 근대 서구의 문학 형식에 담아야 할 새로운 종류의 이야기들, 구한말 특유의 문제적인 이야깃거리들이 나타났을 때에야 비로소 최초의 근대 소설들이 쓰였던 것이다. 그러나 이러한 소설들에는 주인공으로서의 한국인은 없는 것처럼 보였다. 대부분의 이야기에는 주인공이라고 할 인물은 없고 다만 악인(惡人)들과 아무런 개성이 없는 여성 피해자들만 나타났을 뿐이었다. 그러나 사실은 근대 한국인이 나타나지 않았던 것이 아니다. 다만 처음 우리 앞에 나타난 그들의 모습이 너무나 무력하고 왜소했을 뿐이다. 우리 역사 최초의 근대 한국인은 바로 이들, 너무나 연약하고 무력한 여성 피해자들이었다. 그들 내부에는 개성이 새겨질 공간도 없었고 주체 의식도 없었다. 우리 최초의 근대 소설인 신소설에는 주인공이 그런 인물들로 나타날 수밖에 없었던 사회적 조건이 뚜렷이 드러난다.

　　신소설에 그러한 한국인 상이 나타난 것은, 1906년경까지 조선 사회 전체의 분해 과정이 그 시대 가장 극한의 단계에 이르렀고 인물들이 그렇게 될 수밖에 없었기 때문이었다. 단적으로 조선 사회가 '홉스적 자연상태'로 붕괴되었을 때, 새로운 종류의 이야깃거리와 인물들이 등장했다. 모든 조선 사람, 특히 완력이 약한 여성들은 피해자의 위치에 있었고, 이들은 자신들의 운명이 어떻게 흘러갈지 예측할 수 없는 처지에서 욕을 당하고 기구한 운명을 겪을 것인가 그렇지 않으면 자기 손으로 목숨을 끊어 현실에서 도피할 것인가 하는 선택이 있을 뿐이었다. 그러나 한일병합 직전쯤의 시기에 오면 새로운 종류의 한국인들이 등장하기 시작했다. 홉스적 자연상태에서 생존을 위해 싸우다 보니 영악하고 강인한 생존의 대가들이 나타났다. 나아가서 홉스적 자연상태의 외로움과 괴로움 속에서 참혹한 현실을 벗어나기 위해 그들의 정체성, '조선인'임을 부정하는 사람들의 집단이 대규모로 출현했다. 그러자 이들 정체성을 부정한 집단에 자극받은 사람들은 그들을 '반역자'로 인식하며 그러한 부정을 다시 부정했고 이른바 우리의 근대 민족주의를 창시하였다. 우리의 근대 민족주의는 전통적 정체성을 바탕으로 어려운 위기 상황에서 우여곡절 끝에 형성되었던 것이다.

　　우리의 민족적 정체성은 구한말 위기의 시대에 응축된 역사의 진행 속에서 다급하게 이루어졌다. 유길준(兪吉濬)은 『서유견문(西遊見聞)』의 제12편 「애국하는 충성」에서 루소의 민족주의적 명제를 제시하며 '조선인'이라는 우리의 전통적 정체성을 언급한 바 있으나 그 말에 각별한 정치적 의미를 두지 않고 급박한 교육의 대상임을 평이하게 지적했을 뿐이었다.[1] 즉 우리의 전통적 정체성에 정치적 의미는 부여되지 않았다. 그리고 약 10년 후 대한제국에서 살아갈 수 없다고 판단한 일부 '조선인'들은 일본 제국 밑으로 들어가 살 것을 제안했다. 물론 이것은 살아남기 위해 계산된 판단이었고, 이는 바로 1904년 일본군 주둔과 때를 맞추어 일진회 창설로 이어졌다. 그러나 곧, 일진회가 만들어지고 2년 후부터 정체 없이 살자는 그들의 선택, 홉스적 사회계약의 선택은 다시 부정되었다. 의병들이 먼저 일진회를 공격하기 시작했고 이에 자극받은 지식인들이 비로소 우리의 새로운 정체를 찾게 되었다. 이런 단계를 거쳐서 우리의 근대 민족적 정체성의 틀이 모습을 드러내게 되었다. 개인으로서의 우리의 모습이나 민족으로서의 우리의 모습은 모두 이 위기의 시대에 급박한 이중 부정의 과정을 거쳐서 형성된 것이었다. 그러나 이러한 민족주의의 형성 배경, 즉 '홉스적 자연상태'의 상처는 후유증으로 남아 앞으로 전개될 한국인의 모습에 깊은 흉터를 남겼다.

3·1운동 직전에 나타난 초기 민족주의자들의 모습은 춘원과 단재에 의해서 그려졌다. 춘원이 제기한 초기 민족주의자는 그 출발에서부터 이미 서구에서 수입한 '근대인'이었다. 그는 서구에서 도입한 '내면'과 그 안에 욕망과 이성을 장착한 일본 유학을 거친 학교 영어 선생이었다. 춘원은 또한 서구에서 수입한 '사랑'을 가지고 이형식을 성장시킨다. 그는 욕망을 억제하고 사랑의 가능성을 느끼는 가운데 성장하여 모든 민족을 사랑하는 새로운 민족주의자로 나타난다. 그러나 진정으로 그가 원한 것은 김 장로의 지원을 받아 미국으로 유학 가서 신학문을 배워 민족의 선생의 자리에 올라 민족의 지도자, 새로운 지배 계급으로 등극하는 것이었다. 그가 지배 계급으로 등극하는 명분은 모든 민족을 진정으로 사랑하는 마음과 미국에서 새로운 서구의 학문을 배워온다는 계획이었다. 그의 목표는 미국에서 배워 올 학문을 가지고 조선인들을 가르쳐 '문명'을 가진 '민족'으로 만드는 일이었다. 그러나 그가 그렇게 되기 위해서는 선형이라는 소녀와의 관계를 발전시켜 김 장로의 사위가 되는 낯 뜨거운 계책이 필요했다. 그 역시 이 점을 모르지 않았고, 이는 장차 새로운 지식인 엘리트의 지위를 불안하게 만드는 상황이 대두할 것임을 암시했다. 더구나 모든 익명의 조선 민족을 사랑한다고 하는 이형식과

일행에게 쏟아진 바로 그 조선 민족의 열광과 환호는 그들의 민족에 대한 신(神)의 사랑, '아가페(agepe)'에 대한 인정이라기보다는, 단지 그들이 재앙에 처한 불쌍한 조선 백성들에게 베푼 아름다운 음악회에 대한 것이었다. 춘원은 이를 군중의 이형식의 사랑에 대한 감동인 것처럼 꾸몄지만, 민족에 대한 사랑이란 쉽게 검증될 수 없는 것이었다. 나아가서 이형식 같은 신지식인의 정통성은 서구의 지식을 소개하고 가르치는 데서 비롯되는데 이러한 지식 중개상의 지위는 실로 위태로운 것이었다.

단재가 제시한 민족주의자는 고독하고 아무것도 모르는 백지 상태의 개인을 신(神)의 명령에 따라 끝없이 싸우도록 하는 일이었다. 그는 외로움 속에 끝없는 질책과 처벌을 받아가며, 그러나 아무런 사심 없이 신의 명령에 따라 운명을 체득하는 것이었다. 이런 과정을 거쳐 결국에는 진정성을 체화시켜 스스로 싸우는 전사가 태어나도록 하는 것이었다. 단재의 '한놈'은 어떤 과정을 거쳐 스스로 싸우는 전사가 될 것인가에 대해서는 아무런 언급이 없고 다만 철저하게 권위주의적인 '님 나라'에서 싸우는 전사로 훈련받을 뿐이다. 그러나 '한놈'은 아무런 사심이 없는 이상 어떤 과정을 거치든 간에 결국은 조국과 민족을 위해 뜨거운 눈물을 흘리게 되리라 기대되는 인물이었다.

이 초기 단계에서 나타난 민족주의자들은 불안한 모습이었다. 이형식은 이성(異性)에 대한 욕망과 신분 상승에 대한 야망으로 움직이는 인물이었고 한놈은 아직 자신의 의지로 싸우는 단계에 이르지 못한 백지 상태의 인물이었다. 이 단계에서 민족주의자들은 무언가의 '부재(不在)'를 강하게 의식하는 욕망 덩어리였다. 이형식은 지식, 서구에서 배울 신지식과 신(神)의 자리를 갈구했고, 한놈은 하늘의 구원을 갈구했다. 이들은 자신이 느끼기에도 완전치 못한 존재였다. 이형식은 지식을 원했지만 스스로 만들 생각은 못했다. 지식의 생산자는커녕 수입상 이상은 생각하지 않았다. 우리 사회의 새로운 지배 계급의 자리를 원하는 신지식인은 출발에서부터 장애를 안게 되었다. 한놈은 하늘의 구원을 갈구했지만 아직은 스스로 하늘의 명령을 내화할 계기가 될 시련을 겪지 못했다.

초기에 민족주의자들이 이렇게 설정된 것은 당시의 상황을 염두에 둔 것이었다. 구한말에 공동체와 모든 문화와 윤리가 붕괴되고 분해된 참담한 상황에서 의미 있는 조선인의 모습을 현실에서 찾기는 거의 불가능했다. 춘원은 민족주의자를 처음부터 근대 서구에서 수입한 외래의 이질적인 존재로 출발시켰고, 단재는 참담한 현실을 초월하여 '님 나라'라는 환상의 세계에 아무런 조건이 없는 발가벗은 외로운 인간으로 상정하였다. 그들의 이러한 시도는 당시 구한말 상황의 연장선상인 현실에서는 민족을 위한 바람직한 인물상을 찾는 것이 불가능했기 때문이었다. 한놈이라는 민족주의 전사를 이렇게 설정한 것은 단재가 민족사를 쓰기 위해 아무런 사료도 거의 남아 있지 않은 고대로 올라간 것과 비슷한 동기였다. 현실 속에서 민족주의자를 찾지 못하고 근대 서구인으로 그리고 상상의 공간에서 백지 상태의 인물로 설정한 것은 구한말 '홉스적 자연상태'의 후유증에 의한 불가피한 선택이었을 것이다. 앞에서도 지적했듯이 '홉스적 자연상태'의 상처는 구한말 이후 반세기가 지난 후에도 아물지 않았다.

3·1운동이 끝나고 1920년대에 우리의 민족주의를 어떤 방향

한국인의 탄생

으로 전개할 것인가는 실질적이고도 철학적인 문제였다. 일단 우리 조선인들은 같은 '민족'이라는 사실을 강조하고 증명하는 민족사 연구는 사학자들에 의해서 계속 이루어지고 있었다. 그러나 한편으로 개화민족주의 계열에게는 민족의 존재를 확인한 다음에 우리 민족주의의 내용 즉 민족의 본질을 확보하는 문제는 절박한 것이었다. 앞에서 제시했듯이 춘원은 전 세계적인 '개조(改造)'의 논의에서 우리 민족의 문제를 도덕적인 문제로 설정하였다. 이러한 문제의식은 구한말 우리 사회의 과제를 반영한 것이었다. 그러나 조선 지식인들 전체는 대체로 김동인의 주도에 따라 각 개인의 차원에서 힘을 기르는 강한 조선인이 되어야 한다는 방향으로 수렴된 것 같고, 1920년대 말이 되면 춘원도 합류하게 되었다. 김동인의 이러한 강한 조선인을 만든다는 발상은 '개조'의 노선에서 영향 받은 바가 아니었고, 앞에서 지적한 바와 같이 니체의 철학에서 받은 영감으로 보인다. 그러나 김동인은 강한 조선인의 모델을 모색하며 다양한 인물을 찾아 헤맸지만, 그가 새롭게 시도했던 내면을 가진 근대 서구인의 모델로서는 적어도 1920년대에는 목적한 바를 이루지 못했다. 김동인이 크게 기여했던 근대 서구의 소설문학 기법의 도입은 오히려 약한 사람의 모습을 그리는 데는 대단히 유용한 수단이었다. 강한 사람을 그리는 데는 유용하지 못했다. 1920년대 말부터 김동인을 위시한 문학가들이 발견한 강한 조선인은 주로 내면을 알 수 없는 인물, 근대인의 모델과는 거리가 먼 인물들이었다.

　　1930년대가 되면 대도시화하는 서울을 배경으로 모더니즘 문학 작품들이 등장하기 시작했다. 박태원의 『소설가 구보씨의 일일』은 당시에 구보씨를 위시한 일련의 지식인들의 기묘한 생태를 보여준다. 그는 서울이라는 대도시의 길거리에 오전에 나가서 이리저리 산책도 하고 헤매다가 결국은 새벽 두 시가 넘어서야 술에 취해서 집에 돌아오는 그런 기괴하고 참담한 대도시에서의 삶을 사는 존재였다. 구보씨가 대표하는 한 세대의 조선 지식인의 생활 양식은 전대미문이며 이런 새로운 '종자'에 대한 호기심이야말로 모더니즘 문학의 동기였을 것이다. 그러나 구보씨의 경우도 서울 길거리에서의 그런 삶에 만족하는 사람은 아니었다. 그는 고민이 많았고 그때마다 두통이 밀려왔다. 그는 서울이라는 공간을 벗어나지 못하면서도 그곳을 늘 비난하고 역겨워하는 한 쪽 발만 딛고 있는 사람이었다.

사실 그들, 새로운 종자의 지식인들의 연원은 서울이라는 대도시와는 별개의 것이라고 할 수밖에 없다. 그간 우리 소설 문학에서 지식인, 소설가의 모습이 나타난 적은 많지 않았다. 약 15년 전 춘원의 『무정』에 나타났고 그 이후에는 뚜렷한 인물이 없었다. 『무정』의 이형식은 학교 영어 선생이었고 민족의 선생, 지도자가 되기 위해 미국 유학을 가는 길이었다. 나아가서 이형식은 과정에서는 고민도 많고 갈등도 많이 있었지만 결국은 환희와 자신감에 찬 청년이었다. 그에 반해 구보씨는 불안하고 초조하고 고민에서 한 시도 벗어나지 못하고 신경증 증세가 심각한 사람이었다. 구보씨는 이형식과 마찬가지로 일본 유학을 했다. 이형식은 당시에도 앞으로도 학교에서 우리 민족의 젊은이를 가르치는 선생님, 교육가의 위치에 보람을 느끼고, 만족하고, 미국 유학을 다녀와서도 '민족의 선생', '민족의 지도자'의 위치에 선다는 기대에 부풀어 있었다. 그러나 구보씨는 학교 선생님이 아니었다. 선생을 했던 적도 없고, 소설에서 그의 주변에 학교 선생은 한 번도 언급되지 않는다. 그는 소설가이며 한

때는 작품을 쓰기 위해 애를 쓰던 시절이 있었다. 구보씨는 일정한 수입이 없다. 어머니는 '월급쟁이'가 되라고 권하는 입장이지만 그의 머릿속에는 전혀 생각이 없다.

구보씨는 '실업자'가 아니라 '무직자'였다. 그와 그의 세대는 언제, 왜 그랬는지는 모르지만 '선생'이라는 전통적 '개화민족주의'의 핵심이자 상징적인 직업으로부터 떠났다. 전혀 미련도 남아 있지 않은 것으로 보아 타율적으로 강제되어 떠난 것 같지는 않다. 구보씨는 소설가는 수입이 없다는 사실을 모르지 않고 그 길을 택했고, 소설가의 삶, 계속 '창작'을 해야 하는 예술가의 삶이 얼마나 고되고 괴로운가도 모르지 않고 선택했을 것이다. 아직 본질(本質)을 갖추지 못한 우리 민족의 내용을 만들어 나가야 하는 문학예술가의 길이란 수입이 없어도 보람 하나로 충분한 인생이 될 것을 기대했을 것이다. 그러나 수입이 없다는 사실 때문에 어머니와의 관계나 행색 등 괴로운 문제가 한두 가지가 아니었을 것이다. 그는 매일 위장을 하고 시내로 나간다. 잘난 사람인 '척'하는 위장이 아니라 그저 군중에 파묻혀 눈에 띄지 않기 위해서 시내에 흔한 '월급쟁이'의 전형적인 모습으로 꾸민다. 이제는 어쩌다 보니 소설가의 삶이 너무나 고되어서 잠시 게을러졌다. 몇 년 된 것 같다. 그러다 보니 최근에 더욱 강해지는 대도시 서울의 매력에 끌려 매일 이렇게 싸돌아다니고 있지만 고민이 많다. 대도시의 매력이란 한두 가지가 아니다. 우선 나를 아는 사람을 만나기 쉽지 않아서 위장이 잘 통한다. 기본적으로는 고독하기 때문에 생각할 여유도 많다. 아침부터 노트를 갖고 나와서 창작 준비도 할 수 있다. 마음이 자유로워서 세상을 원망하고, 행인들을 경멸하고, 내 꼴을 돌아보는 마음의 자유가 넉넉하다. 그리고 밤이 되면 '노는 계집', 카페의 여급들이 나타나고 그들의 모습은 생명의 에너지를 준다. 그러나 이제는 너무 오래 이런 생활을 해왔다. 초조해진다. 다시 창작을 시작하려면 용기가 필요할 것 같다.

이런 고민스런 상황에서 나타난 과감하고, 기괴하고, 천재적인 타개책이 바로 이상의 『날개』였다. 문학예술가가 대도시에 산다는 것은 쉬운 일이 아니다. 그러나 신지식인이라면 농촌은 맞지 않는다. 도시여야 하지만 서울 같은 대도시에서 예술가로서의 삶을 꿋꿋하게 유지한다는 것은 거의 불가능하다. 대도시에서 오래 살다보면 삶은 서서히 무너질 수밖에 없고 다시 신선하게 예술가의 삶으로 다시 태어나는 길은 쉽지 않다. 이상은 이러한 상황에서 지식인 천재를 재생(再生), 재탄생시키는 길을 정교하게 고안해 보였다. 우선 스스로를 '박제'로 만들어 창녀촌에서 조용하게 꽤 긴 세월 동안 지내게 하면 결국은 못 견디고 몇 가지의 과정을 거쳐서 스스로 깨어나 '미스꼬시 옥상'에서 학(鶴)이 날아오르듯 예술가로서의 신선한 열정과 야망을 발휘하는 새로운 생명으로 다시 태어날 것을 기대한다. 이상의 『날개』는 기괴하며 천재적인 신화적 생체 실험을 다룬 픽션이었다. 1930년대 조선의 지식인은 이미 싸우고 있었고, 그 너머로 새로운 전선(戰線)과 그 싸움을 준비하고 있었다. 물론 작품 속 그들의 모습은 한편으로 우스꽝스럽고, 유치하고, 용렬해 보이지만, 다른 한편으로 문학적 표현 이면에 비치는 그들의 진정한 모습은 고뇌에 차 있고 진지하며, 보다 큰 싸움 즉 진정한 예술가의 삶을 준비하는 모습이었다.

과연 1930년대에 들어서면 새로운 지적 업적들이 산출되기 시작했다. 춘원은 다시 소설 창작에 몰두하였고 『유정』을 통해 당시 조선 지식인의 공통적인 숙제였던 '강한 조선인' 만들기에 드디어 성공했다. 3·1운동이 종료되고, 허무감을 느끼며 민족주의 지식인들이 좌와 우로 갈라져 다투고, 나아가서 국제적인 이념 투쟁과 연관되며 살벌하게 싸우던 시절도 신간회 해산으로 잠잠해 졌을 때, 춘원은 그간에 서구 문학에서 도입하여 오랫동안 집착했던 '사랑'이라는 주제를 더욱 심화시켜 김동인이 성공하지 못했던 계획 즉 근대인의 모델을 가지고 강한 조선인 만들기에 성공하였다. 서구의 고전적인 사랑 이야기의 전형인 '사랑해서는 안 될 사랑'에 빠지는 고뇌를 심화시켜, 한층 더 치열하게 밀고 나감으로써 그야말로 죽음을 넘어선 사랑과 이성의 화신으로서의 조선 지식인을 그려낸 것이다. 그의 시련은 본질적으로 '그녀'에 대한 사랑 때문이기보다는 그의 마음 깊은 곳에 자리 잡은 우리 땅, 조선 사람, 우리 민족에 대한 사랑과 증오로 인한 것이었고, 결국 그는 '그녀'와 자신과 조선을 사랑하는 지식인 정체성을 지키기 위해 순교하였다. 이는 곧 자신을 정화(淨化)한다는 의미였다. '강한 인간'의 길이란 김동인이 그 '갈색 악마'에서 들었듯이 '마음먹은 것을 하고야 마는' 아주 쉬운 일이며 그런 사람들이 주변에서 눈에 띄는 것은 누구나 겪는 일이었지만 어떻게 해야 그런 사람이 '될 수 있는가', 그런 사람을 '만들 수 있는가'는 다른 문제였다. 이 지점에서 춘원이 발견한 방법과 이상이 구상한 그 신화적 과정 사이에 있는 뚜렷한 공통점을 간과할 수 없다. 두 경우 모두 죽었다가 다시 살아나야 했다. 이상은 천재를 박제로 만들었다가 다시 살려서 미쓰코시 옥상에서 날아오르도록 했고, 춘원은 주인공이 두 번의 죽음—한 번은 처형(處刑)당하고, 또 한 번은 스스로 순교(殉教)의 길을 가는 과정—을 거쳐 다시 태어나도록 해야 했다. 심훈은 춘원의 이러한 작업에서 영감을 얻어 순교자의 영혼으로 불멸의 투사를 만드는 과정을 완성하였다. 춘원은 이제 순교자 양산 체제를 구상했고, 1930년대 중반부터 조선에서의 사랑은 달콤한 삶이 아니라 다시 태어나기 위한 죽음의 시련으로 변해가고 있었다.

춘원이 만든 강한 조선인의 핵심적인 특징은 집요함이었다. 자신의 그 모습을 유지한 채 죽겠다는 최석의 결의는 주머니에서 '육혈포'를 만지작거리면서 끝까지 사용하지 않음으로써 '베르테르'를 초월하겠다는 집념으로 나타났다. 이 집념은 이제부터 근대화(近代化) 역사를 추동할 핵심 동력이 될 터였다. 막스 베버(Max Weber)가 말하는 프로테스탄트 윤리의 핵심은, 목적을 이루기 위해 합리적 수단을 선택한다는 차원 외에 그 목적을 끝까지 이루고야 만다는 의지와 집념이 본질이며, 그것이 바로— 베버가 말한—자본주의적 기업가로 하여금 합리적 인간을 넘어 카리스마적 인물이 되게 만드는 요인이었다. 사실 근대화를 이루는 핵심적 인물은 결과를 예측하는 합리적 사고방식보다 이루고야 만다는 의지의 집요함을 갖춘 사람이며, 이러한 한국인의 모습은 춘원이 창조한 업적이었다.

같은 시대에 벽초 홍명희는 대하소설로 새로운 영웅의 모습을 정교한 솜씨로 창조하였다. 『조선왕조실록』에 등장하는 실존 인물을 소재로 하여 홍길동전의 신화적인 이야기를 하층민으로 초점을 바꾸어 사실주의적 근대 소설로 다시 쓰는 작업은 실로 정교하고 섬세한 창작 과정이었다. 벽초는 영웅에게 내적인 에너지를 주입하기 위하여 '파우스트' 모델을 활용하여 변신(metamorphosis)을 거듭해 가며 지치지 않고 끊임없이 싸워 나가는 진취적인 '민중 영웅'을 창조하였다. 이 인물은 그 시대 동북아시아 지역에서 언급되던 비(非)볼셰비키적 혁명의 주체로서의 '민중'을 형상화하였다. 단재 신채호가 전개한 아나키스트(anarchist)적 '민중'과 '민중의 직접혁명'의 논리와 언어에 벽초는 뼈와 살을 입히고 피를 돌게 하여 살아 있는 영혼으로 창조하여 우리에게 보낸 것이다. 한때 동북아시아 지역 전체에서 쓰이던 '민중'이라는 말은 우리를 제외한 다른 모든 나라에서 사라져 버렸다. 하지만 임꺽정이라는 생명력 넘치는 인물을 창조한 우리 민족에게는 이 '민중'이 아직도 생생하게 살아 숨 쉬며 싸우고 있다.

❖

한국인의 정체(identity)에 관한 언어가 최초로 나타났던 것은 구한말 일제에 의해서 나라가 망하고 우리가 노예로 전락했을 때였다. 일단 우리의 존재가 우리의 의식 속에 확보되자 우리 민족주의자들에게 민족의 본질을 얻기 위한 기갈(飢渴)이 시작되었다. 우선 민족의 본질을 구할 '민족주의자'를 설정하였는데, 그들은 이전부터 대안으로 여겨지던 서구의 '신지식'을 추구하며 그 정당성을 일종의 종교적 구원(救援)을 통해 확보하는 것으로 묘사되었다. 그러나 3·1운동 이후 우리의 본질은 힘, '강함'이 되어야 한다는 합의가 1920년대를 통하여 나타났다. 춘원은 전 세계적 흐름에 맞추어 '개조'의 방향을 도덕적으로 맞추어야 한다고 생각했다. 얼핏 타당한 방향이었다고 생각할 수 있지만, 우리의 전통을 '몽땅' 부정하고 저주했던 그 세대—개화민족주의자든 저항민족주의자든 똑같이—에게 우리 민족의 도덕성 회복을 기대할 수는 없었을 것이다. 우리가 잃어버린 도덕성이란 그 세대가 저주했던 성리학에 근거한 것이었다. 성리학을 혐오하던 세대에게 도덕성의 회복을 기대할 수는 없었다. 춘원이 제기한 도덕성 회복을 통한 '민족 개조'의 문제의식이 구한말의 현실에서 나왔다면 참으로 처절하고 적실성 있는 진단이었을 것이다. 그러나 이미 조선인들은 '홉스적 자연상태'를 거치며 개인으로 분해되어 버렸고, 이전의 주자학 사회로 돌아갈 수는 없었다. 3·1운동 이후의 시점에서 조선인과 조선 지식인에게 개인으로나 민족으로나 '힘'이 있어야 살아남을 수 있다는 생각은 뚜렷한 것이었다. 물론 이들이 생각한 힘이란 근육의 힘이나 폭력을 말하는 것이 결코 아니었다. 그러나 1920년대를 통해서 조선의 지식인들은 강한 인간이 되는 길을 발견하지 못했다.

1930년대는 우리 역사가 나름대로 새로 시작되는 의미를 갖는 시기였다. 오늘날과 비슷한 문화적 행위와 현상들이 나타나기 시작하고, 그 속에서 구한말 최초로 우리 앞에 나타났던 한국인의 모습이 결정적으로 달라지기 시작한 것이 바로 이 시대였다. 1930년대를 정치적으로 너무나 조용했던 시대, 그리하여 우리가 상상해왔듯이 일제에 굴복해서 조용히 살기로 마음먹었던 시대로 생각해서는 곤란하다. 우리의 지식인들은 자신들의 역사적 임무를 다시 설정하고 본격적으로 만들어 나가야 할 '민족'의 모습을 창조하고자, 어려운 처지를 딛고 대도시 한가운데서 온갖 유혹에 저항하며 날개를 펴기 시작했다. 드디어 강한 조선인의 새로운 모습을 춘원이 발명했고, 그 영향력과 결과는 의미심장한 것이었다. 많은 사람들이 정확히 지적하듯이 춘원은 자신이 창조한 인물을 잔인하게 취급하는 악

한국인의 탄생

취미를 계속 강화했다. 그야말로 죽기보다 더 힘든 과정을 주인공들에게 강요했다. 실제로 이상이 『날개』에서 제시한 길이나 춘원이 『유정』에서 제시한 강한 조선인의 길이란 모두 죽음을 거쳐야 하는 잔인한 과정이었고 나아가서 다시 '부활(復活)'이라는 초자연적 과정을 거쳐야 하는 것이었다. 춘원은 계속해서 힘의 중요성을 강조하고 잔인한 이야기를 써나갔다. 춘원은 1936년 1월 6일 『조선일보』에 기고한 글에서 다음과 같이 말한다.

> 중생(衆生)이 끝이 없음과 같이 현존한 인류가 일대변혁(一大變革)을 당하는 날까지도 전쟁의 절멸은 기(期)하기 어려운 것이다.
>
> 그렇다 하면, 전쟁에 지는 사람보다는 이기는 사람이 좋을 것이다. 못 싸우는 사람보다는 잘 싸우는 사람이 인적(人的) 가치가 높을 것이다. 주의(主義)에 있어서 안 싸우는 것은 별문제겠지마는 용기가 없어서 못 싸운다든가, 생명을 아껴서 못 싸운다든가, 싸우는 재주가 부족한 것 같은 것은 인적 가치가 낮은 것으로 수치일 것이다.
>
> 전쟁은 악(惡)이지마는 전쟁에 용기가 있는 것은 선인(善人)이다. 전쟁을 부인하여 죽기로써 이에 충실한 것은 더 좋은 일이겠지마는 진(陣)에 임(臨)하여 용(勇)이 없음은 타기(唾棄)할 인생이다. (……)
>
> 민중(民衆)이 의(義)를 생명 이상으로 아는 그러한 정신(精神)이 주(主)가 되는 것이다. 그러므로 어떤 국민이 건곤일척(乾坤一擲)의 전쟁을 감행할 만하다 하면 그 국민은 족히 천국(天國)을

건설할 만한 도덕적 자격을 갖추었다 할 것이다.

총검이 무서워서, 전장에 피에 젖은 시체가 되기가 무서워서 꽁무니를 빼는 그런 국민은 인류에 무슨 공헌을 할 만한 능력을 결(缺)한 쓰레기다.[2]

전쟁에 참가하는 것은 우리 민족을 강하게 만드는 길임은 의문의 여지가 없다. 우리 민족은 그간 오랫동안 '문약(文弱)'해져 왔고 감히 적과 싸울 생각도 못하고 살아와서 지금의 모욕을 당하고 있는 것이다.

춘원이 조선 청년들에게 전쟁에 참가하라고 독려하는 연설을 하고 다녔다는 사실은 일생일대의 부끄러운 일임에 분명하다. 하지만 그의 그런 행위에는 우리 민족, 특히 청년들을 전쟁이라는 삶과 죽음의 시련을 통해서 강하게 만들어야 한다는 생각이 깔려 있었다. 죽음의 전쟁터에 아까운 젊은이들을 내몬 사람들은 역사적으로 한두 사람이 아니다. 비록 남의 민족, 원수의 전쟁이었지만, 그리고 그들이 이긴다면 우리 민족의 노예 상태는 계속될 것이었지만, 전쟁이라는 현장, 삶과 죽음의 시련을 경험할 기회란 우리 민족은 아직 겪어보지 못한 흔치 않은 것이었다. 춘원이 우리 민족의 청년들을 강하게 만들어야 한다는 목적을 갖고 있었음은 분명하다. 춘원에게는, 나아가서 개화민족주의자 전체에게는, 일제에 저항하는가 협력하는가의 문제는 이차적인 것이었다. 그들의 목적은 우리 민족을 강하게 바꾸어 가야 한다는 것이었고, 그들은 조선인 개개인들이 일제와 협력한다고 해서 조선인임을 잊을 것이라고 생각하지 않았을 것이다. 사실 저항민족주의자 단재에게도 일제, 적(敵)에 대한 증오심이나

　　　　　　　　　　　　　한국인의 탄생

적대감은 중요한 전사의 조건이 아니었다. 『꿈하늘』에서 전사의 조건은 하늘의 명령에 따라 싸우는 것이며, 나중에는 그 뜻을 가슴에 새겨 스스로 싸우는 것이었다. 춘원의 일제와의 협력 행위는 부끄러운 일임에 틀림없다. 하지만 자신이 천명했던 우리 민족을 강하게 바꾸어 나가야 한다는 목적을, 그가 소설가로서 또 사상가로서 끝내 이루고야 말았음은 분명한 사실이었다.

1930년대 말이 되면 우리의 대도시 지식인은 나름대로 자신감을 얻어가고 있는 모습을 보여주었다. 현진건의 1939년 작품인 『적도(赤道)』에는 정열을 쏟을 대상이 없으면 못 사는 인물, 정열을 쏟을 대상과 문제를 찾아 헤매는 인물이 제시되었다. 일견 이 시대는 조선 지식인들이 일본의 군국주의에 동조하던 시대처럼 보였지만 조선 지식인들은 나름대로 독자적으로 정열을 불태울 문제들을 갖고 있었음을 보여준다. 또한 같은 해에 나온 김동인의 『김연실전』은 아무런 판단력도 문제의식도 없이 신지식인의 흉내를 내며 인생을 사는 여인의 이야기였다. 대중의 눈에 신지식인들은 이제 멋있는 사람으로 나타나는 시절이 되었다. 현진건의 1941년 작 『무영탑』의 마지막 부분에서 아름다운 부르주아 도시 여인 '주만'은 그녀가 사랑한 예술가, 석수 '아사달'에게 마지막에 이렇게 부탁한다.

'아사달님, 아사달님, 이만하면 아사달님 얼굴은 자세히 뵈었어요. 내 얼굴도 자세히 보아주세요. 그리고 내 얼굴을 그 돌 위에 새겨주셔요. 이것이 나의 마지막 부탁, 네 아사달님 들어주실 테지요? (……)
설마 아니 들어주실 리야 없겠지요. 이 몸이, 이 모양이 아사달님의 손으로 그 돌 위에, 새겨만 진다면, 다시 살아만 있다면 나는 죽어도 여한이 없어요. 이 하잘것없는 몸은 푸른 연기가 된다 해도 이 돌 위에 새겨진 내 얼굴은 몇백 년 몇천 년을 살아남을 것 아녜요. 우리의 비참한 사랑의 기념으로, 돌 하나를 남긴다 한들 죄 될 것이 없겠지요. 네, 아사달님, 이 정이야 들어주실 테지요.'

『무영탑』, 401-402쪽

1940년대가 되면 조선의 부르주아 지식인들은 자신의 모습을 만천하에 드러내고 싶어했던 것 같다. 그들은 이제 그야말로 허영을 부리기 시작했고 나르시시즘의 증세도 나타내고 있었다.

20세기 초에 최초로 근대 한국인의 모습이 나타난 이래 일제 식민지 시기를 거쳐 많은 변화가 있었다. 일제 시대는 일부에서 말하듯 우리 민족과 수많은 지식인이 일제에 협력하고 굴욕을 운명으로 받아들이던 그런 시대가 아니었다. 일제 시대 내내 한시도 쉬지 않고 우리를 찾아 헤매고, 우리의 새로운 모습을 모색하며 그려가고 있었다. 특히 3·1운동 이후는 우리 민족의 본질을 찾아서 강한 조선인을 찾는 과업이 제시되었다. 1920년대에는 이루어지지 못했지만, 1930년대에 이르면 우리의 지식인은 자신들의 정체성을 재정의하며 새로운 전선에서 창조적 예술의 지적 투쟁을 전개시켜 갔고 드디어 1930년대에는 강한 한국인의 모델을 발명하였다. 춘원은 우파의 입장에서, 벽초는 좌파의 입장에서 유사하면서도 상이한 두 인물을 창시하였고 이 두 전사, 영웅의 모델은 현대 한국인에게도 중대한 의미를 갖고 있다. 그간 춘원의 경우는 일제에 협력했던 경력 때

한국인의 탄생

문에 '친일파'로 낙인찍혀 학문적 연구 대상에서 제외되어 왔지만, 그는 자신의 시대와 후세대의 시선과 별개로 자신의 소박한 민족적 임무를 수행하고야 말았다. 필자는 춘원의 친일 행각을 두둔할 생각은 없다. 다만 소설가로서의 그의 업적이 파묻혀서는 안 된다는 생각이다.

　　일제 시대에 우리의 지식인은 투쟁을 멈춘 일이 없었다. 일제 시대 또한 우리에게 치욕의 시대라 할 수는 없다. 그간에 우리 민족은 자랐고 일제의 잔인한 탄압의 와중에도 우리는 더욱 강해졌다. 단적으로 해방되었을 때 우리 민족의 모습은 국망기의 우리의 모습과는 너무나 달랐다. 우리 민족은 누구와도 싸울 준비가 되어 있었다. 암살도 있었고, 테러도 있었고, 가두시위와 투쟁도 있었다. 그리고 무엇보다 전대미문의 동족상잔의 전쟁도 치렀다. 우리의 투쟁은 주로 우리 민족끼리 이루어졌지만, 싸운다는 일에는 이제는 거침이 없었다. 누가 이제 우리 민족을 '약한 민족', 문약한 민족이라 하겠는가? 거제도 포로수용소에서의 고독한 싸움은 실로 전대미문이었다.

　　그러나 일제 시대에 여러 전선에서 싸워나가고 스스로 힘을 기르는 과정에서 우리 사회에 만연하기 시작한 것은 반지성주의였다. 아마 이러한 사상, 사고방식은 식민지를 겪은 대부분의 나라에서 공통적으로 나타난 문제였을 것이며 우리만의 문제는 아닐 것이다. 처음부터 근대의 신지식인은 일본과 서구에서 지식을 수입함으로써 민족의 선생, 지도자가 되겠다고 주장하였고 주변에서 보기에 그들은 지식의 수입상이지 원래 우리가 알던 '선비'의 모습은 아니었을 것이다. 대중은 그들 지식인 가운데 많은 이가 민족을 배신하는 것을 보았고, 또 많은 이가 『무정』의 '배 학감'처럼 '장사꾼' 같은 사람임을 경험했을 것이다. 그 후에 지식인들은 나름대로 새로운 모습으로, 예술가로 스스로를 재정의하여 민족에 대한 의무를 다하려 했지만 쉽지 않은 일이었을 것이다. 지식인들은 자신들의 노력에 회의를 갖기도 하고, 지식인으로서의 자신의 운명을 저주하기도 하고, 이러한 생각들이 모여 주로 1930년대부터 반지성주의가 나타났을 것이다. 반지성주의야말로 해방 이후 우리 민족끼리의 목적 없는 잔인한 싸움을 부추겼을지 모른다.

　　나아가서 강한 조선인을 찾아 온 지식인들의 노력은 다른 대가도 치르지 않을 수 없었다. 우리 민족의 본질을 찾는 선택의 핵심은 1920년대 춘원이 제안했던 도덕성 회복을 통한 '민족 개조' 계획을 기각한 것이었다. 물론 이 선택을 우리가 비난할 수는 없겠지만 당시 '홉스적 자연상태'의 상처가 생생한 상황에서 도덕성의 문제를 제쳐놓고 강한 조선인을 추구한다는 것은 사회적 조건을 악화시키는 결과를 결코 비켜갈 수 없었을 것이다. 우리 민족의 도덕성의 문제는 한국인이 '해방'되었을 때 한국인의 첫 번째 특징으로 조우하게 될 문제였다. 해방된 한국인들은 아직도 너무나 거칠었고 여전히 박탈감에서 '힘'의 추구에 혈안이 되어 있었다. 이러한 문제들은 1930년대 춘원을 위시한 조선 지식인들이 이룩한 '강한 조선인' 추구의 대가였을지 모른다.

제1장 | 한국인의 정체에 접근하는 문제

1. Lukács 1920: 62-69.

제2장 | 근대 이전의 인물들

1. 박태원 1947a; 정비석 1956; 김이석 1972; 박연희 1975.

2. 김태준 1932: 71.

3. 설성경 1986.

4. 김영민 2007: 27-46.

제3장 | 신소설의 인물들과 그들의 세상

1. 전광용, 1968. 「살아있는 고전: 〈한국신소설전집〉의 의의」, 『한국신소설전집』
   권1: 이인직: 1-3.

2. Hobbes 1651; King 1993.

3. Lukács 1920: 111.

4. 서대석 1978: 238.

5. Tönnies 1887.

6. Hobbes 1651: 113.

7. 위의 책: 116.

8. Rousseau 1755: 35-36.

9. 최정운 1999a.

10. 루쉰 1919: 11-27.

11. Bishop 1898: 69.

12. 위의 책: 290.

13. 위의 책: 353.

14. Grebst 1912: 100-101.

15. 서울대 정치학과 독립신문강독회 편 2004.

16. 윤치호 1973 5: 207-208.

17. 황현 1996: 202-228.

18. 박찬승 1984: 113-115; 장양수 1991: 65-66.

19. 황현 1996: 676-677쪽

20. 방일영문화재단 1995a: 707.

21. Varat 1894: 81-82.

22. Goethe 1774.

23. Hobbes 1651: 117.

24. 위의 책: 157-159.

25. King 1991.

26. 연갑수 2001.

27. 정교 2004 6: 35-50.

28. 위의 책: 62.

29. 윤치호 1973 5: 296.

30. 황현 1996: 580-588.

31. 방일영문화재단 1995a: 721-722.

32. Nye 2004.

33. Hobsbawm 1994.

34. 정교 2004 7: 110-111.

35. 방일영문화재단 1995a: 684-685.

36. 김종준 2010: 47-48.

37. 황현 1996: 613-614.

38. 위의 책: 649-650.

39. Allen 1908: 71.

40. 권용기 1999; 권보드래 2004; 백동현 2009.

41. 김종학 2007.

42. 윤치호 1973 5: 208.

43. 독자 일반이 이해하기 쉽도록 원문을 풀어쓴 것이다. 원문은 다음과 같다.
　　是以로 韓國의 國權東渡를 人 皆 哭하더라도 我는 不哭하며, 韓國의

國利被奪을 人 皆 哭하더라도 我는 不哭하며, 韓國政府의 日人 日增을 人 皆 哭하더라도 我는 不哭하며, 韓國土地의 日人植民을 人 皆 哭하더라도 我는 不哭하는 바어니와, 此國에 日本 三大忠奴가 有함은 我가 不得不 哭이며, 我가 不得不 大哭이며, 我가 不得不 放聲哭이며, 我가 不得不 椎胷撫心哭이며, 我가 不得不 呼天叫地哭이로다.

彼 三大忠奴가 渠一身만 爲奴할진대 我가 不哭할지며, 渠一身만 爲奴할진대 我가 不哭할지나 嗚呼 慘哉라! 彼輩의 一轉目에 無辜良民을 奴境으로 日驅入하는도다 (신채호 1977 下: 55-56).

44. 위의 책 : 58-60.

45. 독자 일반이 이해하기 쉽도록 원문을 풀어쓴 것이다. 원문은 다음과 같다.

時局이 日幻하고 朝政이 日非하여 舟中天地에 擧目皆敵이요, 門前 荊棘에 移足恐觸이라. 腹心이 俱病하고 百骸가 皆痛하니, 비록 大英雄 · 大政治家 其人이 起하더라도 活動할 餘地가 何處인가.

是故로 希望의 反對者 卽 絶望이 常至하여 山林雌伏者가 頑夢을 稍醒하여 新事業에 留心하려 하다가, 驀然히 悲淚를 凄灑하고 古時代를 回仰하니, 壯하다 新羅 · 高句麗의 武略이여, 日本을 東禦하며 中國을 西征하고 契丹을 擊破하며 女眞을 驅逐하였으니, 當年 豪傑을 今日에 再得할 수 有한가. 盛하다 列祖 列宗이여, 道德에는 趙靜庵 · 李退溪며, 經世에는 丁茶山 · 柳磻溪며, 將略에는 李忠武 · 郭忘憂며, 文章에는 崔簡易 · 柳於于니, 如此盛運을 今日에 再挽할 수 有한가 (위의 책: 64).

46. 황현 1996: 867.

47. 정교 2004 9: 63-69.

48. Henderson 1968.

49. 이광수 1979 10: 200.

제4장 | 초기 민족주의자의 두 초상

1. 권보드래 2008.

2. 신채호 1977 下: 189.

3. 이중오 2000: 94-95.

제5장 | 만세 후에 찾은 인물들

1. 권보드래 2003.

2. 안창호 1999: 642ff.

3. 이광수 1979 10: 116.

4. 이광수 1979 10: 191-203.

5. 안창호 1999: 738-740.

6. Rousseau 1755; 1762b 등.

7. Zola 1877.

8. 김동인, 「朝鮮近代小說考」(김동인 1988 16: 32-33).

9. 김동인, 「春園硏究」, (김동인 1988 16: 95).

제6장 | 대도시 지식인의 출현

1. 김진송 1999: 13.

2. 위의 책: 245.

3. 신명직 2003: 132-135.

4. 김진송 1999: 120.

5. DeFoe 1719; 최정운 1999b.

제7장 | 새로운 전사의 창조

1. 김윤식 1999 1: 466.

2. 위의 책: 464-465.

3. 이광수 1979 4: 18-25.

4. 이광수 1979 10: 513.

제8장 | 민중 영웅의 창조

1. 최명 1996: 82-93; 한창엽 1997: 121.

2. 최정운 1999a: 260ff.

3. 신채호 1977 下: 37-38.

4. 독자 일반이 이해하기 쉽도록 원문을 풀어쓴 것이다. 원문은 다음과 같다.
　舊時代의 革命으로 말하면, 人民은 國家의 奴隷가 되고 그 以上에 人民을 支配하는 上典 곧 特殊勢力이 있어 그 所謂 革命이란 것은 特殊勢力의 名稱을 變更함에 不過하였다. 다시 말하자면 곧 「乙」의 特殊勢力으로 「甲」의 特殊勢力을 變更함에 不過하였다. 그러므로 人民은 革命에 對하여 다만 甲·乙 兩勢力 곧 新·舊 兩上典의 執仁·執暴·執善·執惡을 보아 그 向背를

定할 뿐이요, 直接의 關係가 없었다. (……) 今日 革命으로 말하면 民衆이
곧 民衆 自己를 爲하여 하는 革命인 故로 「民衆革命」이라 「直接革命」이라
稱함이며, 民衆 直接의 革命인 故로 그 沸騰 澎漲의 熱度가 數字上 强弱
比較의 觀念을 打破하며, 그 結果의 成敗가 매양 戰爭學上의 定軌에 逸出하여
無錢無兵한 民衆으로 百萬의 軍隊와 億萬의 富力을 가진 帝王도 打倒하여
外寇도 驅逐하나니, 그러므로 우리 革命의 第一步는 民衆覺悟의 要求니라
(위의 책: 41).

5. 독자 일반이 이해하기 쉽도록 원문을 풀어쓴 것이다. 원문은 다음과 같다.

民衆은 神人이나, 聖人이나 어떤 英雄 豪傑이 있어 「民衆을 覺悟」하도록
指導하는 데서 覺悟하는 것도 아니요, 「民衆아, 覺悟하자」, 「民衆이여,
覺悟하여라」 그런 熱叫의 소리에서 覺悟하는 것도 아니오.

오직 民衆이 民衆을 爲하여 一切 不平·不自然·不合理한 民衆向上의
障礙부터 먼저 打破함이 곧 「民衆을 覺悟케」하는 唯一方法이니, 다시
말하자면 곧 先覺한 民衆이 民衆의 全體를 爲하여 革命的 先驅가 됨이 民衆
覺悟의 第一路니라.

一般 民衆이 飢·寒·困·苦·妻呼·兒啼·稅納의 督棒·私債의 催促·行動의
不自由·모든 壓迫에 졸리어, 살려니 살 수 없고 죽으려 하여도 죽을 바를
모르는 판에, 萬一 그 壓迫의 主因되는 强盜政治의 施設者인 强盜들을
擊斃하고, 强盜의 一切 施設을 破壞하고, 福音이 四海에 傳하며 萬衆이 同情의
눈물을 뿌리어, 이에 人人이 그 「餓死」以外에 오히려 革命이란 一路가 남아
있음을 깨달아, 勇者는 그 義憤에 못이기어 弱者는 그 苦痛에 못견디어, 모두
이 길로 모여들어 繼續的으로 進行하며 普遍的으로 傳染하여 擧國一致의
大革命이 되면 奸猾殘暴한 强盜日本이 必竟 驅逐되는 날이라. 그러므로
우리의 民衆을 喚醒하여 强盜의 統治를 打倒하고 우리 民族의 新生命을
開拓하자면 義兵 十萬이 一擲의 炸彈만 못하며 億千張 新聞·雜誌가 一回
暴動만 못할지니라.

民衆의 暴力的 革命이 發生치 아니하면 已어니와, 이미 發生한 以上에는
마치 懸崖에서 굴리는 돌과 같아서 目的地에 到達하지 아니하면 停止하지
않는 것이라, 우리 已往의 經過로 말하면 甲申政變은 特殊勢力이 特殊勢力과
싸우던 宮中 一時의 活劇이 될 뿐이며, 庚戌 前後의 義兵들은 忠君 愛國의
大義로 激起한 讀書階級의 思想이며, 安重根·李在明 等 烈士의 暴力的 行動이
熱烈하였지만 그 後面에 民衆的 力量의 基礎가 없었으며, 三·一運動의

萬歲소리에 民衆的 一致의 意氣가 瞥現하였지만 또한 暴力的 中心을 가지지 못하였도다. 「民衆·暴力」兩者의 其一만 빠지면 비록 轟烈壯快한 擧動이라도 또한 電雷같이 收束하는도다 (위의 책: 41-42).

6. 최명 1996: 319-330.

7. 채만식 1997: 26-59.

8. Fanon 1961.

9. 신채호 1977 下: 41.

제9장 │ 결론

1. 유길준은 『서유견문』 제12편을 다음과 같이 시작한다. "夫國은 一族人民이 一幅大地를 據有하야 其言語와 法律과 政治와 習俗과 歷史가 同하고 又同一한 王과 政府를 服事하야 利害와 治亂를 共守하난 者니 土地의 廣함과 人民의 多함으로 各其山川를 割據하야 小者과 大者가 星의 羅함과 碁의 布함이라 然한 故로 人이 人되는 原理를 思究하면 彼此의 區別이 無하나 國이 國되는 大道로 推究하면 渠我의 分辨이 有함인 즉 國은 人의 會合함을 因緣하여 其名이 立함이 되고 人은 國의 建設함을 附依하야 其基를 成함이라 國이 雖人을 從하여 其名을 득하나 人도 國이 無하면 其基의 不存함은 姑舍하고 其名도 無하리니 此理를 析明하기 爲하야 論柄을 恣用하건대 人이 雖其家族의 姓氏와 行列의 名字가 有하나 此는各其 一身의 私稱이요 普同하는 公名 아니니 假令 朝鮮人으로 議하야도 朝鮮人 三字가 第一重大한 公稱이라 是以로 我輩의 朝鮮人되는 者는 其名姓은 誰某이든지 又其身의 貧富貴賤도 無論하고 如此히 重大한 朝鮮人이라 稱하는 公名을 同有하야 强弱의 區分이 無함으로서 其生은 可奪이로되 此名은 難奪이요 其業은 可毁언정 此名은 難毁라 (……)." (유길준 1895: 323).

이렇게 각 개인의 공적 정체(公的 正體)가 중요함을 논하고는 바로 인민 교육의 문제로 넘어가며 정체(正體)의 정치적 의미는 논하지 않았다.

2. 이광수 1979 10: 490.

1. 국내 저자

강동국, 2004, 「조선을 둘러싼 러·일의 각축과 조선인의 국제정치인식: '공아론'과 '인종 중심의 국제정치론'의 사상연쇄」, 『일본연구논총』, 20호, 163~197쪽.

———, 2005, 「근대 한국의 국민, 인종, 민족 개념」, 『동양정치사상사』, 제5집, 1호: 5~35쪽.

———, 2009, 「근대한국의 국민/인종/민족 개념」, 『근대한국의 사회과학 개념 형성사』, 하영선 외, 파주: 창비: 249~288쪽.

강동진, 1980, 『일제의 한국침략정책사』, 서울: 한길사.

강영주, 1991, 『한국 역사소설의 재인식』, 서울: 창작과 비평사.

———, 1995, 「벽초 홍명희와 신간회 운동」, 『괴향문화』, 제3집: 16~30쪽.

———, 1996, 「홍명희의 역사소설 〈임꺽정〉」, 『벽초 홍명희와 〈임꺽정〉의 연구 자료』, 임형택, 강영주 편, 서울: 사계절: 352~399쪽.

———, 2000, 『벽초 홍명희 연구』, 서울: 창작과 비평사.

강창석, 1994, 『조선 통감부 연구』, 서울: 국학자료원.

———, 2004, 『조선통감부연구 2』, 서울: 국학자료원.

강창일, 2002, 『근대 일본의 조선침략과 대아시아주의: 우익 낭인들의 활동과 사상을 중심으로』, 서울: 역사비평사.

고석규, 1998, 『19세기 조선의 향촌사회연구: 지배와 저항의 구조』, 서울: 서울대학교출판부.

공제욱, 정근식 편, 2006, 『식민지의 일상, 지배와 균열』, 서울: 문화과학사.

구자혁, 1993, 『장지연: 민족주의 사학의 선구』, 서울: 동아일보사.

구효서, 2000, 『악당 임꺽정』 전2권, 서울: 해냄.

권보드래, 2003, 『연애의 시대: 1920년대 초반의 문화와 유행』, 서울: 현실문화
　　연구.
──, 2004, 「'동포'의 역사적 경험과 정치성: 〈독립신문〉의 기사분석을 중심
　　으로」, 『근대계몽기 지식 개념의 수용과 그 변용』, 이화여자대학교 한국문
　　화연구원 편, 서울: 소명출판.
──, 2005, 「식민지 지식인의 '민족'과 '인류': 3·1운동 전후 나혜석과 김기
　　진을 중심으로」, 『정신문화연구』, 제28집, 3호: 311~332쪽.
── 외, 2007, 『〈소년〉과 〈청춘〉의 창: 잡지를 통해 본 근대 초기의 일상성』,
　　서울: 이화여자대학교출판부.
──, 2008, 『1910년대, 풍문의 시대를 읽다: 〈매일신보〉를 통해 본 한국 근대
　　의 사회·문화 키워드』, 서울: 동국대학교출판부.
권영민, 1976, 「개화기의 소설관과 신소설의 변모양상」, 『관악어문연구』 제1집,
　　1호: 155~179쪽.
──, 1978, 「개화기 지식인의 환상」, 『문학과 지성』, 겨울.
──, 1979, 「이해조의 신소설에 대하여」, 『전광용 박사 회갑논총』.
──, 1980, 「개화기소설의 사회적 성격」, 『한국학보』, 19.
──, 1983, 『한국근대문학과 시대정신』, 서울: 문예출판사.
── 외, 1987, 『개화기 문학의 재인식』, 서울: 지학사.
권용기, 1999, 「독립신문에 나타난 '동포'의 검토」, 『한국사상사학』, 제12집, 1호:
　　229~260쪽.
권태억, 2000, 「근대화, 동화, 식민지 유산」, 『한국사 연구』, 제108집: 115~140쪽.
── 외, 2003, 『한국 근대사회와 문화 I: 19세기 말에서 20세기 초를 중심으
　　로』, 서울: 서울대학교출판부.
── 외, 2005, 『한국 근대사회와 문화 II: 1910년대 식민통치정책과 한국사
　　회의 변화』, 서울: 서울대학교출판부.
김교봉, 설성경, 1995, 『근대 전환기 소설 연구』, 서울: 국학자료원.
김도형, 1994, 『대한제국기의 정치사상 연구』, 서울: 지식산업사.
──, 2000, 「대한제국기 계몽주의계열 지식층의 '삼국제휴론': '인종적 제휴
　　론'을 중심으로」, 『한국근현대사연구』, 제13집: 7~33쪽.
김동인, 1988, 『김동인전집』 전16권, 서울: 조선일보사.
김동택, 2001, 「19세기말 근대국가 건설과정에서 나타난 정치적 균열: 갑오개혁
　　과 광무개혁을 중심으로」, 『한국정치학회보』, 제34집, 4호: 41~55쪽.

———, 2002, 「근대 국민과 국가개념의 수용에 관한 연구」, 『대동문화연구』, 제41집: 357~388쪽.

———, 2004, 「『독립신문』의 근대국가 건설론」, 『사회과학연구』, 제12집, 2호: 68~98쪽.

———, 2008, 「『대한매일신보』에 나타난 "민족" 개념에 관한 연구」, 『대동문화연구』, 제61집: 405~434쪽.

김동협, 1981, 「'홍길동전' 연구: 특히 그 주제를 중심으로」, 『문학과 언어』, 제2집, 1호, 문학과 언어연구회: 169~194쪽.

김병욱, 1970, 「홍길동전 소고: 한국 고대소설에 대한 새로운 방법론의 적용」, 『서강』, 1, 서강대학교: 138~143쪽.

———, 1971, 「소설의 원형: 홍길동전을 중심으로」, 『월간문학』(2월호).

김병철, 1975, 『한국근대번역문학사연구』, 서울: 을유문화사.

———, 1980-1982, 『한국근대서양문학이입사연구』(상·하), 서울: 을유문화사.

김열규, 신동욱 편, 1981, 『신문학과 시대의식』, 전광용 해설, 서울: 새문사.

김사엽 편, 1988, 『춘원 이광수 애국의 글: 상해임시정부 기관지 「독립」에 무기명으로 쓴 항일 논설 모음집』, 서울: 문학생활사.

김성령 편, 1993, 『임꺽정』, 고려문화사.

김영민, 1988, 「신소설 '귀의 성' 연구」, 『연세대학교 매지논총』, 4: 63~94쪽.

———, 1989a, 「신소설 '혈의 누' '목단봉' 연구」, 『연세대학교 매지논총』, 5: 41~64쪽.

———, 1989b, 「안국선 문학연구: 〈금수회의록〉과 〈공진회〉 사이의 거리」, 『연세대학교 매지논총』, 6: 81~104쪽.

———, 1990, 「신소설 '은세계' 연구」, 『연세대학교 매지논총』, 7: 99~117쪽.

———, 1991, 「이인직과 안국선 문학 비교연구: 생애와 문학의 주제 비교를 중심으로」, 『동방학지』, 제70집: 255~293쪽.

———, 1997, 『한국 근대 소설사』, 서울: 솔.

———, 2005, 『한국 근대소설의 형성과정』, 서울: 소명출판.

김영민, 2007, 「정치사상 텍스트로서 춘향전」, 『한국정치학회보』, 제41집, 4호(겨울): 27~46쪽.

김영작, 1989, 『한말 내셔널리즘 연구: 사상과 현실』, 서울: 청계연구소.

김용제, 1967, 『林巨正』, 서울: 문교출판사.

김우창, 1976, 「한국 현대 소설의 형성: 3·1운동 전까지」, 『세계의 문학』, 창간

호: 104~135쪽.

──, 2006,『김우창 전집 1: 궁핍한 시대의 시인: 현대문학과 사회에 관한 에세이』, 서울: 민음사.

김윤식, 1983,「〈정치소설〉의 결여형태로서의 신소설: 이인직의 경우」,『한국학보』, 제9집, 2호: 56~81쪽.

──, 김현, 1977,『한국 문학사』, 서울: 민음사.

──, 1985,「우리 역사소설의 4가지 유형」,『소설문학』, 제11권, 6호(6): 147~167쪽.

──, 1987a,『염상섭 연구』, 서울: 서울대학교출판부.

──, 1987b,『김동인 연구』, 개정증보판, 서울: 민음사, 2000.

──, 1988,『이상 소설 연구』, 서울: 문학과비평사.

──, 정호웅 편, 1988,『한국 근대 리얼리즘 작가 연구』, 서울: 문학과 지성사.

──, 1989,『해방공간의 문학사론』, 서울: 서울대학교출판부.

── 편, 1989,『해방공간의 민족문학 연구』, 서울: 열음사.

──, 정호웅 편, 1989a,『한국 리얼리즘 소설 연구』, 서울: 문학과비평사.

──, 정호웅 편, 1989b,『한국문학의 리얼리즘과 모더니즘』, 서울: 민음사.

──, 1991,『작가와 내면 풍경: 김윤식 소설론집』, 서울: 동서문학사.

──, 1992a,『한국 현대 문학사상사론』, 서울: 일지사.

──, 1992b,『운명과 형식』, 서울: 솔.

──, 1993,『한국문학의 근대성 비판』, 서울: 문예출판사.

──, 정호웅, 1993,『한국소설사』, 서울: 예하.

──, 1997,『발견으로서의 한국 현대 문학사』, 서울: 서울대학교출판부.

──, 1999,『이광수와 그의 시대』(1, 2), 개정증보판, 서울: 솔.

──, 2004,『20세기 한국작가론』, 서울: 서울대학교출판부.

김윤희, 2009,「근대 국가구성원으로서의 인민 개념 형성(1876~1894)」,『역사문제연구』, 21호: 295~331쪽.

김재용 외, 1993,『한국근대민족문학사』, 서울: 한길사.

김정인, 2009,『천도교 근대 민족운동연구』, 파주: 한울.

김종준, 2010,『일진회의 문명화론과 친일활동』, 성남: 신구문화사.

김종철, 1988,「'은세계'의 성립과정연구」,『한국학보』, 제14집, 2호(여름): 115~146쪽.

김종학, 2007,「양계초 사상에서의 근대적 민족 개념의 형성: 근대 동아시아의 개념 전파와 의미 변이에 관한 연구」, 미출판 초고.

김주영, 1985~1987, 『활빈도』 전5권, 서울: 문이당, 2001.

김주현, 1999, 『이상 소설 연구』, 서울: 소명출판.

김중순, 1998, 『문화민족주의자 김성수』, 서울: 일조각.

김진송, 1999, 『서울에 딴스홀을 허하라: 현대성의 형성』, 서울: 현실문화연구.

김태준(天台山人), 1932, 『조선소설사』, 서울: 예문, 1989.

──, 1936, 「'홍길동전' 연구」, 『신동아』(8월호).

김필수, 1908, 『경세종』, 전광용 외 편, 『한국신소설전집』, 제5권, 서울: 을유문화
　　사, 1968: 347~364쪽.

김필자, 1988, 『양기탁의 민족운동』, 서울: 지구문화사.

김현주, 2005, 「3·1운동 이후 부르주아 계몽주의 세력의 수사학: '사회', '여론',
　　'민중'을 중심으로」, 『대동문화연구』, 제52집: 63~94쪽.

김효선, 1989, 『백암 박은식의 교육사상과 민족주의』, 서울: 대왕사.

──, 1993, 『백암 박은식: '혼'의 교육론』, 서울: 교육과학사.

김효전, 1996, 『서양 헌법이론의 초기 수용』, 서울: 철학과현실사.

──, 2000, 『근대 한국의 국가사상: 국권회복과 민권수호』, 서울: 철학과현실
　　사.

나도향, 1988, 『나도향 전집』(상·하), 주종연, 김상태, 유남옥 공편, 서울: 집문당.

도면회, 1999, 「일제 식민통치기구의 초기 형성 과정」, 『일제식민통치연구 1』,
　　서울: 백산서당.

──, 2003, 「황제권 중심 국민국가체제의 수립과 좌절(1895~1904)」, 『역사와
　　현실』, 50호: 71~100쪽.

민병수, 조동일, 이재선, 1974, 『개화기의 우국문학: 한국문학과 민족의식 Ⅱ』,
　　서울: 신구문화사.

박경리, 1993, 『토지』, 전16권, 서울: 솔.

박경식, 1986, 『일본제국주의의 조선지배』, 서울: 청아출판사.

박계주, 1938, 『순애보』, 서울: 문학과 현실사, 1995.

박연희, 1975, 『홍길동』, 전6권, 서울: 갑인출판사.

박은식, 1910, 『왕양명실기(王陽明先生實記)』, 이종란 옮김, 파주: 한길사, 2010.

──, 1911, 『조선동포에게 고함(夢拜金太祖)』, 김효선 옮김, 서울: 배영사,
　　1990.

──, 1920, 『한국독립운동지혈사(韓國獨立運動之血史)』, 김도형 옮김, 서울: 소

명출판, 2008.

박제형, 1981, 『근세조선정감』 상, 이익성 옮김, 서울: 탐구신서.

박종린, 2000, 「'김윤식사회장' 찬반논의와 사회주의세력의 재편」, 『역사와 현실』, 제38호: 254~273쪽.

박종성, 1997, 『강점기 조선의 정치질서: 인종(忍從)과 저항의 단층변동』, 서울: 인간사랑.

――――, 2001, 『한국정치와 정치폭력: 해방 후 권력과 민중의 충돌』, 서울: 서울대학교출판부.

박종화, 1935, 『금삼(錦衫)의 피』, 서울: 동아출판사, 1995.

――――, 『다정불심(多情佛心)』, 서울: 삼중당, 1973.

박찬승, 1984, 「활빈당의 활동과 그 성격」, 『한국학보』, 제10집, 2호(여름): 107~154쪽.

――――, 1989, 「3·1운동의 사상적 기반」, 『3·1민족해방운동연구』, 서울: 청년사.

――――, 1990, 「한말 자강운동론의 각 계열과 그 성격」, 『한국학연구』, 제68집.

――――, 1992, 『한국근대정치사상사연구: 민족주의 우파의 실력양성운동론』, 서울: 역사비평사.

――――, 1997, 『한국 근대사와 민족주의』, 서울: 집문당.

――――, 2002, 「20세기 한국 국가주의의 기원」, 『한국사연구』, 제117집: 199~246쪽.

――――, 2007, 『민족주의의 시대: 일제하의 한국 민족주의』, 서울: 경인문화사.

――――, 2008, 「한국에서의 '민족' 개념의 형성」, 『(한림대학교)개념과 소통』, 창간호(여름), 한림대학교 한림과학원: 79~120쪽.

――――, 2010, 『민족·민족주의』, 한국개념사총서5, 서울: 소화.

박태원, 1934, 『소설가 구보씨의 일일』, 『한국해금문학전집』, 제3권, 서울: 삼성출판사, 1988.

――――, 1947a, 『홍길동전』, 서울: 금융조합연합회.

――――, 1947b, 『약산과 의열단』, 서울: 백양당.

반성완, 1984, 「루카치의 역사소설이론과 우리의 역사소설」, 『외국문학』, 제3호(겨울).

방기중, 1992, 『한국 근현대사상사 연구: 1930·40년대 백남운의 학문과 정치경제사상』, 서울: 역사비평사.

방일영문화재단, 1995a, 『한국신문사설선집』, 제1권: 1883~1899, 서울: 방일영문화재단.

──, 1995b, 『한국신문사설선집』, 제2권: 1899~1910, 서울: 방일영문화재단.

배동문 편, 1986, 『마르크스주의와 민족문제: 계급운동과 민족문제의 기초이론』, 서울: 한울.

배성찬 편역, 1987, 『식민지시대 사회운동론 연구』, 서울: 돌베개.

배용일, 2002, 『박은식과 신채호 사상의 비교연구』, 서울: 경인문화사.

백동현, 2009, 『대한제국기 민족담론과 국가구상』, 서울: 고려대학교 민족문화연구소.

백순재, 신일철, 신용하, 이광린 편, 1979, 『동학사상자료집』 전3권, 서울: 아세아문화사.

백철, 1950, 『조선신문학사조사 ─ 현대편』, 서울: 백양당.

서남동, 1980, 「민중은 누구인가: 성서에 있어서의 민중동기와 오늘의 현실」, 『신동아』(4월호): 118~121쪽.

──, 1983, 『민중신학의 탐구』, 서울: 한길사.

서대석, 1978, 「고전소설의 〈행복한 결말〉과 한국인의 의식」, 『관악어문연구』, 제3집, 서울대학교 국어국문학과: 233~242쪽.

서연호 외, 2004, 『한국 근대 지식인의 민족적 자아형성: 일제 식민지 체험을 넘어서』, 서울: 소화.

서영희, 2003, 『대한제국 정치사 연구』, 서울: 서울대학교출판부.

──, 2008, 「『국민신보』를 통해 본 일진회의 합방론과 합방정국의 동향」, 『역사와 현실』, 69호: 19~45쪽.

서울대 정치학과 독립신문강독회 편, 2004, 『독립신문, 다시 읽기: 독립신문 사설 선집』, 서울: 푸른역사.

서인석, 1984, 「고전소설의 결말구조와 그 세계관: 홍길동전·구운몽·군담소설을 중심으로」, 『국문학연구』, 제66집, 서울대학교 대학원 국문학연구회: 1~195쪽.

서중석, 1989, 『한국근현대의 민족문제연구』, 서울: 지식산업사.

──, 1993, 『한국 현대 민족운동 연구: 해방후 민족국가 건설운동과 통일전선』, 서울: 역사비평사.

서진교, 1996, 「1899년 대한국제반포와 전제 황제권의 추구」, 『한국근현대사연구』, 제5집: 42~67쪽.

설성경, 1995, 『한국고전문학전집12: 춘향전』, 서울: 고려대학교민족문화연구소.

설성경, 2005,『신소설 연구』, 서울: 새문사.

송건호, 안병직, 한완상, 1976,「민중의 개념과 그 실체」(대담),『월간 대화』, 크
　　리스찬아카데미(11월호): 64~82쪽.

──── 외, 1980,『해방전후사의 인식』, 서울: 한길사.

────, 강만길 편, 1982,『한국민족주의론 I』, 서울: 창작과비평사.

────, 강만길 편, 1983,『한국민족주의론 II』, 서울: 창작과비평사.

────, 박현채 외, 1985,『해방 40년의 재인식』, 서울: 돌베개.

송민호, 1975,『한국개화기소설의 사적연구』, 서울: 일지사.

신동욱, 1970,「신소설에 반영된 신문화 수용의 태도」,『동서문화』, 4: 121~150쪽.

──── 편, 1981,『허균의 문학과 혁신사상』, 서울: 새문사.

신명직, 2003,『모던뽀이 경성을 거닐다: 만문만화로 보는 근대의 얼굴』, 서울:
　　현실문화연구.

신용하, 1976,『독립협회연구: 독립신문·독립협회·만민공동회의 사상과 운동』
　　(상·하), 서울: 일조각, 2006.

────, 1987,『한국 근대 사회사상사 연구』, 서울: 일지사.

────, 1987,『한국근대민족주의의 형성과 전개』, 서울: 서울대학교출판부.

────, 2004,『한말 애국계몽운동의 사회사』, 서울: 나남.

────, 2005,『한국근대지성사 연구』, 서울: 서울대학교출판부.

신일철, 1981,『신채호의 역사사상연구』, 서울: 고려대출판부.

────, 1995,『동학사상의 이해』, 서울: 사회비평사.

신채호, 1975,『단재신채호전집(補遺)』, 단재신채호선생기념사업회, 서울: 형설
　　출판사.

────, 1977,『단재신채호전집』(상·중·하), 단재신채호선생기념사업회, 서울:
　　형설출판사.

심훈, 1936,『상록수』, 조남현 해설·주석, 서울: 서울대학교출판부, 1996.

안국선, 1907,『연설법방(演說法方)』,『금수회의록·공진회(외)』, 서울: 범우사,
　　2004.

────, 1908,『금수회의록』,『신소설』, 이인직·이해조·안국선·신채호, 한국소
　　설문학대계1, 서울: 동아출판사, 1995.

안수길, 1959-1961,『북간도』, 서울: 동아출판사, 1995.

안재홍, 1981-2005,『민세안재홍선집』전6권, 서울: 지식산업사.

안창호, 1999,『안도산전서』, 증보판, 주요한 편저, 서울: 흥사단출판부.

안확, 1996, 『안자산(安自山) 국학론선집: 「조선문학사」 외 15편』, 최원식, 정해 염 편역, 서울: 현대실학사.

연갑수, 2001, 『대원군집권기 부국강병정책연구』, 서울: 서울대학교출판부.

염상섭, 1987, 『염상섭전집』 전11권, 서울: 민음사.

오갑환, 1974, 「부정의식의 한계: 사회학자가 본 〈홍길동전〉」, 『문학사상』, 20 (5월): 304~308쪽.

오문환, 2001, 「강증산의 '해원상생'의 의의와 한계」, 『정치사상연구』, 제4집(봄): 55~71쪽.

오영교, 2005, 『조선후기 사회사 연구』, 서울: 혜안.

오장환, 1998, 『한국 아나키즘운동사 연구』, 서울: 국학자료원.

유길준, 1895, 『서유견문』, 『유길준전서』, 제1권, 유길준전서편찬위원회 편, 서 울: 일조각, 1995.

유영렬, 1985, 『개화기의 윤치호 연구』, 서울: 한길사.

——, 1990, 「애국계몽파의 민족운동론」, 『국사관논총』, 제15집, 국사편찬위 원회.

——, 1997, 『대한제국기의 민족운동』, 서울: 일조각.

유영익, 1996, 『이승만의 삶과 꿈: 대통령이 되기까지』, 서울: 중앙일보사.

유인석, 2002, 『유인석의 20세기 문명 충돌 이야기: 우주문답』, 의암유인석선생 기념사업회.

유재천 편, 1984, 『민중』, 서울: 문학과지성사.

유현종, 1983-1986, 『임꺽정』 전8권, 서울: 평민사, 1992.

윤건차, 1982, 『한국근대교육의 사상과 운동』, 심성보 옮김, 서울: 청사, 1987.

윤백남, 1930-1931, 『대도전(大盜傳)』, 한국장편문학대계4, 서울: 성음사, 1970.

——, 1932, 『흑두건』, 『흑두건 / 회천기』, 서울: 을유문화사, 1960.

윤치호, 1975, 『(국역)윤치호일기 상』(1883~1885), 송병기 옮김, 서울: 탐구당.

——, 1975, 『(국역)윤치호일기 하』(1886~1889), 송병기 옮김, 서울: 탐구당.

——, 1973, 『윤치호일기』, 제1권~제6권, 한국사료총서19, 국사편찬위원회.

윤해동, 2003, 『식민지의 회색지대: 한국의 근대성과 식민주의 비판』, 서울: 역 사비평사.

——, 2004, 「식민지근대와 대중사회의 등장」, 『국사의 신화를 넘어서』, 임지 현, 이성시 편, 서울: 휴머니스트.

——, 2006, 『지배와 자치』, 서울: 역사비평사.

──── , 2007, 『식민지 근대의 패러독스』, 서울: 휴머니스트.

이광수, 1979, 『이광수전집』 전10권, 서울: 우신사.

이균영, 1994, 『신간회연구』, 서울: 역사비평사.

이기영, 1933, 『고향』, 한국문학대표작선집19, 서울: 문학사상사, 1994.

──── , 1933, 『서화』, 이기영 선집12, 서울: 풀빛, 1992.

이덕일, 2001, 『아나키스트 이회영과 젊은 그들』, 서울: 웅진닷컴.

이돈화 편, 1933, 『천도교창건사』.

이만열 편, 1980, 『박은식』, 서울: 한길사.

──── , 1990, 『단재 신채호의 역사학 연구』, 서울: 문학과지성사.

──── , 2000, 『한국기독교와 민족의식: 한국기독교사 연구논문』, 서울: 지식산업사.

이상, 1936, 『날개』, 『정본 이상 문학전집 2: 소설』, 김주현 주해, 서울: 소명출판, 2005: 252~279쪽.

이상비 편, 1984, 『의적과 역적: 이괄·홍경래·임꺽정 등』, 서울: 우성출판사.

이승만, 1904, 『독립정신』, 서울: 정동출판사, 1993.

이영훈, 1988, 『조선후기사회경제사』, 서울: 한길사.

──── , 안병직 공편, 2002, 『맛질의 농민들: 한국근세촌락생활사』, 서울: 일조각.

──── , 2002, 「18~19세기 소농사회와 실학: 실학 재평가」, 『한국실학연구』, 제4집: 1~33쪽.

──── , 2004, 「민족사에서 문명사로의 전환을 위하여」, 『국사의 신화를 넘어서』, 임지현, 이성시 엮음, 서울: 휴머니스트: 35~99쪽.

──── 편, 2004, 『수량경제사로 다시 본 조선후기』, 서울: 서울대학교출판부.

──── , 2007, 『대한민국 이야기: 〈해방전후사의 재인식〉 강의』, 서울: 기파랑.

이용남, 1984, 「이해조 소설의 풍속적 관심」, 『한국 현대 소설사연구』, 서울: 민음사.

이이화, 1997, 『허균』, 위대한 한국인2, 서울: 한길사.

이익, 1997, 『성호사설』, 나랏말쌈8, 민족문화추진회 편, (서울: 솔)

이인직, 1906a, 『혈의 누』, 『한국신소설전집』 권1: 이인직, 서울: 을유문화사, 1968: 11~54쪽.

──── , 1906b, 『귀의 성』, 『한국신소설전집』 권1: 이인직, 서울: 을유문화사, 1968: 135~268쪽.

──── , 1908a, 『치악산』, 『한국신소설전집』 권1: 이인직, 서울: 을유문화사,

1968: 269~406쪽.

─────, 1908b, 『은세계』, 『한국신소설전집』 권1: 이인직, 서울: 을유문화사, 1968: 407~468쪽.

─────, 1913, 『모란봉』, 『한국신소설전집』 권1: 이인직, 서울: 을유문화사, 1968: 55~133쪽.

─────, 2007, 『이인직 소설선 혈의 누』, 한국문학전집29, 서울: 문학과지성사.

이재선, 1972, 『한국개화기소설연구』, 서울: 일조각.

─────, 1979, 『한국 현대 소설사』, 서울: 홍성사.

─────, 1980, 「신소설의 문학사적 성격」, 『한국사학』, 2.

─────, 1981, 『한국현대소설사』, 서울: 홍성사.

─────, 1991, 『현대한국소설사 1945-1990』, 서울: 민음사.

이주형, 1979, 「주인공의 변신을 중심으로 본 '홍길동전'」, 『한국학보』, 제17집(겨울호): 88~106쪽.

이중오, 2000, 『이광수를 위한 변명: 춘원이 선택한 삶에 대한 정신과 의사의 새로운 분석』, 서울: 중앙 M&B.

이지원, 2007, 『한국 근대 문화사상사 연구』, 서울: 혜안.

이태진, 1998, 「대한제국의 황제정(皇帝政)과 '민국(民國)' 정치이념: 국기의 제작보급을 중심으로」, 『한국문화』, 제22집: 233~276쪽.

─────, 2000, 『고종시대의 재조명』, 서울: 태학사.

이해조, 1907, 『빈상설(鬢上雪)』, 『한국신소설전집』 권2: 이해조, 서울: 을유문화사, 1968: 11~84쪽.

─────, 1908, 『구마검(驅魔劍)』, 『한국신소설전집』 권2: 이해조, 서울: 을유문화사, 1968: 85~142쪽.

─────, 1909, 『원앙도(鴛鴦圖)』, 『한국신소설전집』 권2: 이해조, 서울: 을유문화사, 1968: 301~346쪽.

─────, 1910a, 『자유종(自由鍾)』, 『한국신소설전집』 권2: 이해조, 서울: 을유문화사, 1968: 143~166쪽.

─────, 1910b, 『화세계(花世界)』, 『한국신소설전집』 권2: 이해조, 서울: 을유문화사, 1968: 229~300쪽.

─────, 1911a, 『모란병(牧丹屏)』, 『한국신소설전집』 권2: 이해조, 서울: 을유문화사, 1968: 167~228쪽.

─────, 1911b, 『화의 혈(花의 血)』, 『한국신소설전집』 권2: 이해조, 서울: 을유문

화사, 1968: 347~412쪽.

———, 1911c,『구의산(九疑山)』,『한국신소설전집』권2: 이해조, 서울: 을유문
화사, 1968: 413~496쪽.

———, 2007,『빈상설·자유종·화세계 외 2편』, 문학사상사 한국문학 대표작 선
집28, 서울: 문학사상사.

이혜순, 1975,「홍길동전에 나타난 반항의 형태: 주로 비교적 관점에서」,『한국
문화연구원논총』, 제26집, 이화여자대학교: 41~55쪽.

이호룡, 2001,『한국의 아나키즘: 사상편』, 서울: 지식산업사.

이훈, 1987,「역사소설의 현실반영:『임꺽정』을 중심으로」,『문학과 비평』, 3호(가
을): 328~339쪽.

임형택, 최원식 편, 1982,『한국근대문학사론』, 서울: 한길사.

임형택, 강영주 편, 1996,『벽초 홍명희와 〈임꺽정〉의 연구 자료』, 서울: 사계절.

장덕순, 1980,『한국설화문학연구』, 성산 장덕순선생 저작집3, 서울: 도서출판
박이정.

———, 강한영, 조동일, 서대석, 조희웅, 1977,『한국구비문학선집』, 서울: 일
조각.

장양수, 1991,『한국의적소설사』, 서울: 문예출판사.

장인성, 2004,「문일평의 '문명'과 '조선아': 식민지 지식인의 자아인식과 민적적
자아」,『한국 근대 지식인의 민족적 자아형성』, 서연호 외, 서울: 소화.

장현근, 2003,「유교근대화와 계몽주의적 한민족국가 구상: 박은식·장지연의
국가 건설 사상」,『동양정치사상사』, 제3권, 2호: 139~168쪽.

———, 2009,「民의 어원과 의미에 대한 고찰」,『정치사상연구』, 제15집, 1호(봄):
131~157쪽.

전광용, 1986,『신소설 연구』, 서울: 새문사.

———, 송민호, 백순재 편,『한국신소설전집』전7권, 서울: 을유문화사, 1968.

전봉덕, 1981,『한국근대법사상사』, 서울: 박영사.

전영우, 1991,『한국근대토론의 사적 연구』, 서울: 일지사.

전우용, 2008,『서울은 깊다: 서울의 시공간에 대한 인문학적 탐사』, 서울: 돌베개.

정교, 2004,『대한계년사』, 전10권, 조광 편, 변주승 역주, 서울: 소명출판.

정비석, 1954,『자유부인』, 서울: 대일출판사, 1980.

———, 1956,『홍길동전』(상·하), 서울: 학원사.

정석종, 1983,『조선후기사회변동연구』, 서울: 일조각.

───, 1994, 『조선후기의 정치와 사상』, 서울: 한길사.

정선태, 1994, 「신소설의 서사론적 연구: 이인직 소설을 중심으로」, 서울대 석사 학위논문.

───, 1999, 『개화기 신문 논설의 서사 수용 양상』, 서울: 소명출판.

정호웅, 1990, 「벽초의 '임꺽정'론」, 『문학정신』, 9월.

─── 외, 1993, 『장편소설로 보는 새로운 민족문학사』, 서울: 열음사.

조경달, 1998, 『이단의 민중반란: 동학과 갑오농민전쟁 그리고 조선 민중의 내 셔널리즘』, 박맹수 옮김. 서울: 역사비평사, 2008.

───, 2002, 『민중과 유토피아: 한국 근대 민중운동사』, 허영란 옮김, 서울: 역 사비평사, 2009.

조남현, 1984, 『한국지식인소설연구』, 서울: 일지사.

───, 1987, 「개화기소설의 민요」, 『한국현대소설연구』, 민음사.

조대현, 1989, 『임꺽정』, 소년 소녀 영원한 세계의 명작문고, 서울: 계림출판사.

조동일, 1969, 「판소리의 장르 규정」, 『어문논집』, 제1집: 27~43쪽.

───, 1970, 「민요와 현대 시: 우리는 무엇을 잃고 있는가」, 임형택, 최원식 편, 『한국근대문학사론』, 서울: 한길사, 1982: 45~60쪽.

───, 1970, 「개화·구국기의 애국시가」, 임형택, 최원식 편, 『한국근대문학사 론』, 서울: 한길사: 135~173쪽.

───, 1973, 『신소설의 문학사적 성격』, 서울: 서울대학교출판부, 1990.

───, 1977, 『한국소설의 이론』, 서울: 지식산업사.

───, 1979, 『인물전설의 의미와 기능』, 경산: 영남대학교출판부.

───, 1981, 「영웅의 일생과 홍길동전」, 『허균의 문학과 혁신 사상』, 신동욱 편, 서울: 새문사.

───, 1992, 『민중영웅 이야기』, 서울: 문예출판사.

───, 1992, 『문학사와 철학사의 관련 양상』, 서울: 한샘.

───, 1998, 『한국문학사상사시론』, 제2판, 서울: 지식산업사.

───, 2005a, 『한국문학통사 4: 중세에서 근대로의 이행기문학 제2기 1860~1918』, 제4판, 서울: 지식산업사.

───, 2005b, 『한국문학통사 5: 근대문학 제1기, 1919~1944년』, 제4판, 서울: 지식산업사.

조소앙, 1979, 『소앙선생문집』, 삼균학회 편, 서울: 횃불사.

조연현, 1966, 『한국신문학고』, 서울: 문화당.

조영암, 1956-1957,『新·林巨正傳』전9권, 서울: 인간사.

조용만, 1964,『육당 최남선─그의 생애·사상·업적』, 서울: 삼중당.

──── 편, 1969,『일제하의 문화운동사』, 서울: 아세아문제연구소.

────, 1975,『일제하 한국신문화운동사』, 서울: 정음사.

────, 송민호, 박병채, 1969,『일제하의 문화운동사』, 서울: 민중서관.

조항래 편, 1993,『1900년대의 애국계몽운동 연구』, 서울: 아세아문화사.

조해일, 1986,『임꺽정에 관한 일곱 가지 이야기』, 서울: 책세상.

조흔파, 1957,『俠盜 임꺽정 傳』(상·하), 흔파학생소설선집, 서울: 아리랑사, 1973.

채만식, 1937-1938,『탁류』, 서울: 문학과현실사, 1994.

────, 1938,『태평천하』, 서울: 일신서적출판사, 1990.

────, 1997,『레디메이드 인생』, 한국남북문학 100선, 서울: 일신서적출판사.

채진홍, 1996,『홍명희의「林巨正」연구』, 서울: 새미.

천이두, 1993,『한의 구조 연구』, 서울: 문학과지성사.

최기영, 1991,『대한제국시기 신문연구』, 서울: 일조각.

────, 1997,『한국근대계몽운동연구』, 서울: 일조각.

────, 2003,『한국 근대 계몽사상 연구』, 서울: 일조각.

최남선, 1973-1975,『육당 최남선전집』전15권, 고려대학교 아세아문제연구소 육당전집편찬위원회 편, 서울: 현암사.

최명, 1996,『소설이 아닌 임꺽정: 벽초와 임꺽정 그리고 나』, 서울: 조선일보사.

최서해, 1925,『탈출기』,『최서해 전집』, 상권, 서울 : 문학과지성사, 1994-1995.

최석영, 1999,『일제하 무속론과 식민지권력』, 서울: 서경문화사.

최원식, 1986,『한국 근대소설사론』, 서울: 창작과비평사.

최인욱, 1965,『林巨正』전5권, 서울: 교문사.

최재서, 1977,『문학과 지성: 평론집』, 서울: 형론문화사.

최정운, 1999a,『오월의 사회과학』, 서울: 풀빛. (최정운, 2012,『오월의 사회과학』, 서울: 오월의봄).

────, 1999b,「새로운 부르주아의 탄생: 로빈슨 크루소의 고독의 근대사상적 의미」,『정치사상연구』, 창간호: 9~51쪽.

────, 2000a,「현대 사랑의 정치사회적 의미」,『전통과 현대』, 13호(가을): 75~95쪽.

────, 2000b,「사랑의 재현: 전통적 사랑이야기와 근대적 사랑 이야기의 차이

의 의미」, 『문화과학』, 24, 특집: '재현체계'와 근대성(겨울호): 269~297쪽.

——, 2001, 「한국 반지성주의의 기원과 의미: 『임꺽정』의 사상 분석」, 한국정 치사상학회 월례세미나 발표문, 11월 17일.

——, 2005, 「일제 후반기 임시정부와 조선 지식인들의 정치사상」, 한국정치 사상학회 창립10주년기념 학술대회 발표문, 12월 17일, 서강대학교.

——, 2010, 「민족문화 부정 부분은 재검토 필요—서구의 '사랑' 도입해 근 대화 길 제시」, 근대 백년 논쟁의 사람들 4: 이광수, 『교수신문』 제563호, 2010년 6월 21일 월요일: 4.

——, 2011, "Importation of Love from Modern Europe to Korea." Cultural Transfer in Dispute: Representations in Asia, Europe and Arab World since the Middle Ages, Jörg Feuchter, Friedhelm Hoffmann & Yun Bee, eds. Frankfurt-on-Main: Campus: 299~312.

최정호, 1989, 「무사상(無思想)의 사회, 그 구조와 내력—현대 한국의 정신적 상 황에 관하여」, 『계간 사상』, 창간호: 8~55쪽.

최종고, 1982, 『한국의 서양법 수용사』, 서울: 박영사.

최준, 1990, 『한국신문사』, 서울: 일조각.

『춘향전』, 한국고전문학선, 전영진 편저, 서울: 홍신문화사, 1995.

한국문학연구회, 2000, 『한국문학과 민족주의』, 서울: 국학자료원.

한국사연구회 편, 1995, 『근대국민국가와 민족문제』, 서울: 지식산업사.

한상일, 2004, 『제국의 시선: 일본의 자유주의 지식인 요시노 사쿠조와 조선문 제』, 서울: 새물결.

한영우, 1989, 「민족사관의 성립과 전개」, 『국사관논총』, 3호.

——, 1994, 『한국민족주의역사학』, 서울: 일조각.

한용운, 1926, 『님의 침묵』, 한계전 해설·주석, 서울: 서울대학교출판부, 1996.

한원영, 1990, 『한국개화기 신문연재소설연구』, 서울: 일지사.

한창엽, 1994, 「《林巨正》에 나타난 《수호전》 수용 양상」, 『한국학논집』, 제25집 (8월), 한양대학교 한국학연구소: 171~199쪽.

——, 1997, 『《林巨正》의 서사와 패러디』, 서울: 국학자료원.

함석헌, 『뜻으로 본 한국 역사』.

허균, 1616, 『홍길동전』(경판본), 『홍길동전; 박씨부인전』, 전영진 편저, 한국고 전문학선, 서울: 홍신문화사, 1995.

허문영, 1983, 『巨盜 林巨正』, 서울: 효종출판사.

현진건, 1939, 『적도』, 현진건, 김유정, 『한국문학전집』, 제5권, 서울: 삼성출판사, 1985.

———, 1941, 『무영탑』, 한국남북문학100선012, 서울: 일신서적출판사, 1990.

홍기삼, 1996, 『홍명희: 어느 민족주의자의 생애』, 서울: 건국대학교출판부.

———, 한용환 편, 1995, 『임꺽정에서 화두까지: 우리 소설 꼼꼼히 읽기』, 서울: 문학아카데미.

홍명희, 1928-1940, 『임꺽정』 전10권, 서울: 솔, 1988.

황석영, 1974, 『객지』, 서울: 창작과 비평사, 1989.

———, 1974-1984, 『장길산』 전10권, 개정판, 서울: 창작과비평사, 1995.

황정현, 1997, 『신소설 연구』, 서울: 집문당.

황패강, 1984, 『홍길동전의 사회의식』, 서울: 시인사.

———, 1985, 「고전소설 연구사 서설」, 『고전소설 연구의 방향』, 서울: 새문사.

황현, 1994, 『오하기문(梧下記聞)』, 김종익 옮김, 서울: 역사비평사, 1994.

———, 1996, 『매천야록』, 김준 옮김, 서울: 교문사, 1996.

2. 외국 저자

와타나베 나오키(渡辺直紀), 황호덕, 김응교 편, 2010, 『전쟁하는 신민, 식민지의 국민문화: 식민지 말 조선의 담론과 표상(*Behind the Lines: Culture in Late Colonial Korea*)』, 서울: 소명출판.

루쉰(魯迅), 1919, 『광인일기』, 『루쉰(魯迅) 소설전집』, 김시준 옮김, 서울: 서울대학교출판부, 1996.

시내암(施耐庵), 『수호지』 전10권, 이문열 옮김, 서울: 민음사 1991.

Allen, H. N., 1908, 『조선견문기(*Things Korean: A Collection of Sketches and Anecdotes, Missionary and Diplomatic*)』, 서울: 집문당, 1999.

Armstrong, John, 1982, *Nations before Nationalism*, Chapel Hill: University of North Carolina Press.

Balakrishnan, Gopal, ed., 1996. *Mapping the Nation*, Introduction by Benedict Anderson, London: Verso.

Bishop, Isabella Bird, 1898, 『한국과 그 이웃 나라들(*Korea and Her Neighbors*)』, 이인화 옮김, 서울: 살림, 1994.

Bourdaret, Emile, 1904, 『대한제국 최후의 숨결(*En Corée*)』, 정진국 옮김, 파주: 글항아리, 2009.

Bourdieu, Pierre, 1979, 『구별짓기: 문화와 취향의 사회학(*La Distinction: Critique social du jugement*)』(상·하), 최종철 옮김, 서울: 새물결, 1995.

Bunyan, John, 1684, *The Pilgrim's Progress*, With a Critical and Biographical Profile of the Author by Ola Elizabeth Winslow, London: Oxford University Press, 1970.

Byron, George Gordon, *Selected Works, Revised and Enlarged including Cain, Beppo, Don Juan, Letters and Journals*, Edited with an Introduction by Edward E. Bostetter, New York: Holt Rinehart and Winston, Inc., 1972.

Corbett, Martyn, 1988, *Byron and Tragedy*, London: Macmillan.

DeFoe, Daniel, 1719, *Robinson Crusoe: An Authoritative Text, Backgrounds and Sources Criticism*, Edited by Michael Shinagel, A Norton Critical Edition. New York: W. W. Norton, 1975.

Deuchler, Matina, 1992, 『한국사회의 유교적 변환(*The Confucian Transformation of Korea: A Study of Society and Ideology*)』, 이훈상 옮김, 서울: 아카넷, 2003.

Drakais, John, & Naomi Conn Liebler, eds., 1998, *Tragedy*, London: Longman.

Fanon, Franz, 1961, *The Wretched of the Earth*, Preface by Jean-Paul Sartre, Translated by Constance Farington, New York: Grove Press, 1968.

Foucault, Michel, 1976, *Histoire de la sexualité 1: La Volonté de savoir*, Paris: Gallimard.

Frazer, James George, Sir, 1922, 『황금 가지(*The Golden Bough*)』 전2권, 박규태 역주, 서울: 을유문화사, 2005.

Gellner, Ernest, 1964, *Thought and Change*, London: Weidenfeld & Nicolson.

──────, 『민족과 민족주의(*Nations and Nationalism*)』, 이재석 옮김, 서울: 예하, 1988.

──────, 1987, *Culture, Identity and Politics*, Cambridge: Cambridge University Press.

──────, 1994, *Encounters with Nationalism*, Oxford: Blackwell.

──────, 1997, *Nationalism*, New York: New York University Press.

Girard, René, 1961, 『낭만적 거짓과 소설적 진실(*Mensonge romantique et vérité romanesque)*』, 김치수, 송의경 옮김, 서울: 한길사, 2001.

──, 1972, 『폭력과 성스러움(*La Violence et le sacré*)』, 김진식, 박무호 옮김, 서울: 민음사, 1993.

──, 1978, *Things Hidden since the Foundation of the World (Des choses cachées depuis la fondation du monde)*, Translated by Stephen Bann & Michael Metteer, Stanford: Stanford University Press, 1987.

Goethe, Johann Wolfgang von, 1774, 『젊은 베르테르의 슬픔(*Die Leiden des jungen Werthers*)』, 장기진 옮김, 서울: 홍신문화사, 1993.

──, 1831, *Faust*, A New Translation by Walter Arndt, Edited by Cyrus Hamlin, A Norton Critical Edition, New York: W. W. Norton, 1976.

Grebst, William Andersson, 1912, 『스웨덴 기자 아손, 100년 전 한국을 걷다: 을사조약 전야 대한제국 여행기』, 김상열 옮김, 서울: 책과함께, 2005.

Henderson, Gregory, 1968, 『소용돌이의 한국정치(*Korea: The Politics of Vortex*)』, 박행웅, 이종삼 옮김, 서울: 한울 아카데미, 2000.

Hobbes, Thomas, 1651, *Leviathan, parts I and II, The Collected Works of Thomas Hobbes Vol III*, Collected and Edited by Sir William Molesworth, London: Routledge Thoemmes Press, 1992.

Hobsbawm, Eric. J., 1969, *Bandits*, Revised Edition, New York: Pentheon.

──, 1994, *Nations and Nationalism since 1780*, Cambridge: The Press of the University of Cambridge.

──, & Terence Ranger, eds., 1983, *The Invention of Tradition*, Cambridge: Cambridge University Press.

Hofstadter, Richard, 1963, *Anti-Intellectualism in American Life*, New York: Vintage Books.

Hulbert, H. B.(헐버트), 1906, 『대한제국 멸망사(*The Passing of Korea*)』, 한말 외국인 기록1, 신복룡 역주, 서울: 집문당, 2006.

King, Preston, ed., 1993, *Thomas Hobbes Critical Assessments III: Politics and Law*, London & New York: Routledge.

Lawrence, D. H., 1923, *Studies in Classic American Literature*, Harmondsworth: Penguin Books, 1983.

Lukács, György, 1920, 『소설의 이론(*Die Theorie des Romans*)』, 김경식 옮김, 서울: 문예출판사, 2007.

한국인의 탄생

————, 1973, *The Historical Novel: A Historico-Philosophical Essay on the Forms of the Great Epic Literature*, Translated by Anna Bostock. Cambridge: The MIT Press.

Mann, Thomas, 1924, 『마의 산(*Der Zauberberg*)』, 홍성광 옮김, 서울: 을유문화사, 2008.

McKenzie, Frederick Arthur(매켄지), 1908, 『대한제국의 비극(*The Tragedy of Korea*)』, 한말 외국인 기록2, 신복룡 역주, 서울: 집문당, 1999.

Moon, Yumi, 2005, *The Populist Contest: The Ilchinhoe Movement and the Japanese Colonization of Korea, 1896-1910*, Ph.D. Dissertation, Harvard University.

Nietzsche, Friedrich, 1886, *Beyond Good and Evil: Prelude to a Philosophy of the Future (Jenseits von Gut und Böse)*, Translated with Commentary, by Walter Kaufmann, New York: Vintage Books, 1989.

————, 1887, *On the Genealogy of Morals (Zur Genealogie der Moral)*, Translated by Walter Kaufmann & R. Hollingdale; Ecce Homo, Translated by Walter Kaufmann, Edited, with Commentary, by Walter Kaufmann, New York: Vintage Books, 1969.

Noble, Mattie Wilcox, 2010, 『노블일지, 1892~1934(*The Journals of Mattie Wilcox Noble*)』, 강선미, 이양준 옮김, 서울: 이마고.

Nye, Joseph S., Jr., 2004, *Soft Power: The Means to Success in World Politics*, New York: Public Affairs.

Pai, Hyung-Il, 2000, *Constructing 'Korean' Origins: A Critical Review of Archaeology, Historiography, and Racial Myth in Korean State-Formation Theories*, Cambridge: Harvard University Press.

————, & Timothy R. Tangherlini, eds., 1998, *Nationalism and the Construction of Korean Identity*, Berkeley: University of California Press.

Plamenatz, John, 1975, *Karl Marx's Philosophy of Man*, Oxford: Clarendon Press.

Robin Hood, Retold and Illustrated by Margaret Early, New York: Harry N. Abrams, Inc., Publishers, 1996.

Robinson, Michael, 1988, 『일제하 문화적 민족주의(*Cultural Nationalism in Colonial Korea, 1920~1925*)』, 김민환 옮김, 서울: 나남, 1990.

Rougemont, Denis de, 1983, *Love in the Western World* (*L'Amour et l'occident*), Translated by Montgomery Belgion, New York: Shocken Books.

Rousseau, Jea-Jacques, 1755, *Discourse on the Origins of Inequality* (*Discours sur l'origine et les fondements de l'inégalité parmi les hommes*), Collected Writings of Rousseau, Edited by Roger D. Masters and Christopher Kelly, Translated by Judith R. Bush, Roger D. Masters, Christopher Kelly, and Terence Marshall. Dartmouth College: University Press of New England Hanover and London, 1992.

――――, 1762a, 『사회계약론(*Du Contrat social ou principes du droit politique*)』, 이환 옮김, 서울대학교 인문학연구소 고전총서, 서울: 서울대학교출판문화원: 1999.

――――, 1762b, Emile or on Education (*Émile ou de l'éducation*), Introduction, Translation and Notes by Allan Bloom, Harmondsworth: Penguin Classics, 1991.

Sartre, Jean Paul, 1947, 『문학이란 무엇인가?(*Qu'est ce que la littérature?*)』, 민음사 세계문학전집9, 정명환 옮김, 서울: 민음사, 1998.

Schiller, Johann Christoph Friedrich von, 1781, 『군도(*Die Räuber*)』, 박찬기 옮김, 서울: 서문당, 1996.

Schmid, Andre, 2002, 『제국 그 사이의 한국 1895~1919(*Korea Between Empires, 1895~1919*)』, 정여울 옮김, 서울: 휴머니스트, 2007.

Shakespeare, William, 1968, *Hamlet*, New Swan Shakespeare Advanced Series, Edited by Bernard Lott M.A., Ph.D. Essex: Longman.

Sophocles, 1954, *Sophocles 1: Three Tragedies: Oepitus the King*, Translated by David Green; *Oedipus at Colonus*, Translated by Robert Fitzgerald; *Antigone*, Translated by Elizabeth Wyckoff, With an Introduction by David Green, Chicago: University of Chicago Press.

Sorel, Georges, 1906, *Reflections on Violence*, Translated by T. E. Hulme, Introduction by Edward A. Shils, New York: Collier Book, 1950.

Spengler, Oswald, 1926-1928, *The Decline of the West* (*Der Untergang des Abendlandes*), Authorized Translation with Notes by Charles Francis Atkinson, New York: Alfred A. Kopf, 1932.

Steiner, George, 1961, *The Death of Tragedy*, New Haven: Yale University

한국인의 탄생

Press.

Tönnies, Ferdinant, 1887, *Community and Society (Gemeinschaft und Gesell-schaft)*, Translated and Edited by Charles P. Loomis. East Lansing: The Michigan State University Press, 1957.

Varat, Charles Louis, & Chaillé Long, 1894, 『조선기행: 백여 년 전에 조선을 다녀간 두 외국인의 여행기(*Deux voyages en Corée*)』, 성귀수 옮김, 서울: 눈빛, 2001.

Watt, Ian, 1996, 『근대 개인주의 신화(*Myths of Modern Individualism*)』, 이시연, 강유나 옮김, 서울: 문학동네, 2004.

Weber, Max, 1905, *The Protestant Ethic and the Spirit of Capitalism*, Trans-lated by Talcott Parsons, With an Introduction by Anthony Giddens, New York: Charles Scribner's Sons, 1958.

──────, 1956, *Economy and Society: An Outline of Interpretive Sociology (Wirtschaft und Gesellschaft: Grundriss der verstehenden Soziologie)* 2 Vol-umes, Edited by Guenther Roth & Claus Wittich, Berkeley: University of California Press, 1978.

──────, 2011, 『막스 베버 사회과학방법론 선집』, 전성우 옮김, 서울: 나남.

Wells, Kenneth M., 1990, *New God, New Nation: Protestants and Self-Recon-struction Nationalism in Korea, 1896~1937*, Honolulu: University of Hawaii Press.

Wilde, Oscar, 1891, 『도리안 그레이의 초상(*The Picture of Dorian Gray*)』, 이원용 옮김, 서울: 일신서적출판사, 1993.

Zola, Émile, 1877, 『목로주점(*L'Assommoir*)』, 임해진 옮김, 서울: 청목, 1992.

한국인의 탄생

한국인의 탄생
시대와 대결한 근대 한국인의 진화

| 발행일 | 2013년 10월 10일(초판 1쇄) |
| | 2019년 6월 20일(초판 5쇄) |

지은이	최정운
펴낸이	이지열
펴낸곳	미지북스
	서울시 마포구 상암동 2-120번지 201호 (우편 번호 121-830)
	전화 070-7533-1848 팩스 02-713-1848
	mizibooks@naver.com
	출판 등록 2008년 2월 13일 제313-2008-000029호
책임 편집	김대수

ISBN   978-89-94142-31-9 93910

이 책은 한국출판문화산업진흥원의 2013년 〈우수저작 및 출판지원〉 사업 선정작입니다.
이 전자책은 한국출판문화산업진흥원의 2014년 〈우수콘텐츠 전자책 제작 지원〉 선정작입니다.

· 트위터 @mizibooks
· 블로그 http://mizibooks.tistory.com
· 페이스북 http://facebook.com/pub.mizibooks